JN412332

성경생각

이 책은
성경에 관한 생각을
성경적인 생각을
바로 그 "성경생각" 하나 갖고
살자는 뜻에서 나온 것이다.
37년 간 나의 청춘을 바친 원주영강교회와
영강교회 모든 성도들에게 바친다.

머리말

2차 대전을 주도한 히틀러는 유럽에 거주하는 유대인들을 붙잡아 죽일 생각만 하여 그 권력으로 유대인 600만 명을 학살했다. 그러나 전쟁 후 미국의 트루먼(Harry S. Truman, 1884-1972)대통령은 유럽에서의 학대를 피해 미국으로 건너 온 유대인들을 살릴 생각을 하므로 이스라엘을 살리고, 이스라엘을 통해 미국을 살렸다. 노벨상을 탄 사람의 2,30%(경제 과학상은 65%)의 이스라엘인들은 그래서 현대사에 다시 화려하게 등장하게 되었다.

여기에서 히틀러와 트루먼의 다른 점은 무엇인가? 그것은 바로 "생각"의 차이다. 트루먼은 4번이나 대통령을 연임한 루즈벨트가 종전을 눈앞에 두고 갑자기 뇌출혈로 사망한 이후 부통령으로서 대통령직을 승계하느라 검증되지 않은 대통령이라고 모두가 불안해하기도 했다. 거기에 트루먼이 대학을 졸업하지 못한 것도 그 하나의 이유였다. 그러나 그는 하나님이 인정하시는 믿음의 사람이었다. 현대사에 가장 큰 일을 기도 중에 결단하여 원자탄 투하로 일본을 항복시켰으나 유엔 창설로 다시는 원자탄의 전쟁 없는 평화 세계를 꿈꾸는 중 한국전쟁도 과격하고 잔인한 방법을 자제하여 한반도 분단으로 끝내고 말았다. 그는 언제나 성경을 읽는 사람이어서 당시 사람들에게서 "성경적인 사람", "성경적인 생각"을 하는 사람이라는 평을 받았다. 그러나 동시대에 같이 하나님을 믿는 사람이면서 이와 같이 좋은 평을 받지 못한 히틀러의 경우 성경적인 생각을 갖고 있지를 못했다.

우리나라 정치인들 중 특히 우리가 잘 기억하는 김대중 전 대통령의 생각과 이명박 전 대통령의 생각을 늘 비교하고 싶다. 이명박 대통령은 나라 환경문제는 뒤로 하고 국고 22조원을 4대강 건설 사업에 쏟아 부었다. 아마도 국토의 효율적인 개발과 이용을 위해 한 것 같지만 교회의 장로로서 무슨 성서적 생각을 갖고 했는지 늘 묻고 싶다. 그러나 김대중 대통령이라면 이만 한 돈을 절대로 4대 강에 집어넣으려 하지 않고 북한의 도로와 지하자원 개발 등 남북 화해와 협력 기금으로 썼을 것이다. 그는 가장 급하고 중요한 일이 민족 분단을 넘어 평화통일로 가는 것이라는 생각을 늘 갖고 있었기 때문이다. 이러한 생각은 그의 많은 독서생활에서 나오기도 했지만 장로영부인과 같이 읽었던 성서적 평화생각과 무관하지 않다.

이명박 대통령 생각의 결과와 김대중 대통령 생각의 결과를 비교해 보라. 국가의 책임을 맡은 사람들이 수십조 원 수백조 원의 국가 예산을 어떤 생각으로 어떤 우선순위를 갖고 어떤 방향으로 쓰느냐에 따라 그 민족과 나라의 미래가 결정된다. 이 대통령 후임 박근혜 대통령이 그 임기 중에 탄핵된 것은 그의 생각 때문이다. 아니 그의 생각이 아니고 그가 오랜 세월 동안 따랐던 가짜 목사 최태민과 그 딸 최순실의 생각을 가졌기 때문이다. 그 못된 생각 때문에 남북관계는 밤낮 전쟁분위기로 악화되고 민생경제는 위기를 맞게 되었으니 어찌 그 자리를 지킬 수 있으랴. 그러니 모든 사람의 생각이 얼마나 중요하고, 특히 요직을 맡은 책임자들이 얼마나 중요한가? 사람으로 태어나서 여러 가지 생각을 하며 살 수 있으나 하나님의 뜻이 담긴 성경책을 많이 읽고, 성경을 확실히 알고, 성경적인 생각을 갖고 사는 것은 큰 복이며 사람으로서 하나님의 생각을 갖고 사는 것과 같다.

흔히들 공부를 많이 하려하고, 돈을 많이 벌려하고, 명예를 위해 한 자리를 하려하고. 건강하게 장수하려 하지만, 그 속에 무슨 생각을 담고 사는 것에는 별로 신경을 안 쓰고 산다. 그렇게 시시한 생각을 갖고 살고, 그런 위치에서 그런 비성서적 욕정을 갖고 살면서 그렇게 장수해서 사는 것이 무슨 의미가 있는가. 이왕이면 건전한 생각을 갖고 살아야 하지 않겠는가. 아니 사람은 하나님의 형상을 받아 창조된 존재이니만큼 하나님의 생각을 갖고 살아야 하지 않겠는가.

이 책은 성경에 관한 생각을, 성경적인 생각을, 바로 그 "성경생각" 하나 갖고 살자는 뜻에서 나온 것이다. 이 책을 읽는다면 성경속의 주님을 더 잘 알게 될 것이며 하늘 생각으로 땅 세상에 선한 영향을 주며 살게 될 것이다.

37년 간 나의 청춘을 바쳐 섬긴 원주영강교회가 1988년 한 해 동안 캐나다 독서안식년을 허락한 이후 다시 안식의 해가 왔을 때 새성전 건축 꿈으로 계속 1년에 2개월씩 안식을 하므로 이 책이 나올 수 있었다. 주로 이스라엘이나 영국, 북미주 기독교 문명권의 유명 대학과 교회를 거점으로 도서관이나 서점을 찾아 배우는 중 미래교회를 생각하는 큰 주차장과 학교를 꿈꾸었는데 이 일이 실제로 이루어졌다. 그리고 더 많이 성경을 알고 더 쉽게 성경을 사랑하는 성도와 같이 나누려 힘쓰는 중 이렇게 정리가 되었다. 부족해도 그저 그 사랑에 보답하려는 마음으로 내었으니 품어주시길 바란다.

"하나님이여 주의 생각이 내게 어찌 그리 보배로우신지요 그 수가 어찌 그리 많은지요"(시139:17). 그 많고 보배로운 주님의 생각 억천만 분의 일이라도 남기고자 한 몸부림을 받으시고, 잘못 된 것 고치시고 용서 하옵소서.

2017. 3. 10 대통령 탄핵 파면 후 새시대를 기다리며

서 재 일

목차

성경생각을 위하여

기독교는 무슨 주의(主義) 주장(主張)이나 논리(論理)에 의해서 믿는 것이 아니라 성경에 기록된 근거대로 믿는다. 그런데 이 성경은 한 권이지만 크게 구약과 신약으로 되어 있고, 더 안으로 들어가 보면 구약 39권(929장), 신약 27권(260장), 총 66권(1,189장)으로 되어 있다. 이 책은 오늘 우리의 입장에서 보면 비과학적이고 비도덕적이며 상식 이하의 터무니없어 보이는 내용도 많다. 또 무슨 이야기인지, 그 의도가 정확히 무엇인지 모를 정도로 이해하기 힘든 어려운 부분도 있다. 그렇다고 이 성경을 집어 던져서도 외면해서도 아니 된다. 성경은 세상에서 가장 오래된 책이요, 제일 많이 번역된 책이며, 제일 많이 팔리는 책일 뿐만 아니라 저 서양 기독교문명을 일으키고 그 과정에서 수많은 인물들을 키워낸 책이기 때문이다. 그런데 그 많은 인물들이 그냥 평범한 인물들이 아니라 성경의 핵심 주인공인 하나님의 아들 예수 그리스도를 믿어 영생을 얻은 하나님의 자녀가 되어, 하나님의 영광을 위한 믿음과 사명자의 타는 가슴으로 살았기 때문이다.

성경은 예수 그리스도를 알게 하는 책이다. 구약은 오실 예수 그리스도를 알게 하며, 신약은 오신 예수 그리스도를 알게 하며, 맨 끝부분의 책 계시록

은 다시 오실 예수 그리스도를 알게 하는 책이다. 이 예수 그리스도의 십자가 피 사랑을 믿어 죄와 죽음과 멸망에서 용서와 영생과 천국으로 구원받게 하는 책이다.

그러니 그냥 들고 다니고 예배 때 한 번 봐 주는 것만으로 만족하지 말고 그 안으로 들어가 봐야 한다. 익히고 배워야 한다. 그래서 진짜 그 진리의 맛을 봐야 한다. 성경에 대한 의심이나 무지의 사람이 아니라 성경에 대한 지식과 확신의 사람, 아니 성경의 사람이 되어야 한다.

그렇지 않으면 수박의 속을 먹지 못하고 겉핥기식으로 먹는 것 같은 피상적인 교인으로 살기 쉽다. 이런 교인이 많은 기성교회의 실상을 들여다 본 악마는 그 시대마다 이단들을 일으켜서 교회들을 흔들고 있다. 놀라운 사실은 이들 이단들이 모두 성경공부에 그 운명을 걸고 있으며, 더 놀라운 사실은 이들 집단에 들어간 교인들이 이전에 알지 못하던 진리를 알았다고 감격 감탄하고 그 생애를 거기에 바치려 한다. 그러나 한 가지 분명한 사실은 기독교 2,000년 동안 항상 이단이 있었고, 우리 한국 교회 1,2백 년 동안도 항상 그 때 그 때마다 있어 왔다. 역사적으로 보면 이들이 등장할 때 언제나 새로운 바람을 일으키고 세상을 자기들이 믿는 교리로 구원하며, 심지어 자기들을 구원 진리 기독교의 본류라고 한다. 그러나 수백 년 수천 년 이단 역사의 과거를 돌아보면 기독교의 본류가 아니라 한 지류의 소종파로 끝나거나, 교회라는 나무를 갉아먹는 벌레이거나 거짓의 본체인 사탄의 세력으로 끝났다. 묻노니 이런 자들에 좌우되는 성도가 되어서야 되겠는가?

그리고 비교적 건전하게 믿어 사회에 진출한다 할지라도 그 삶이나 그 영향력은 너무나 비기독교적인 경우를 많이 본다. 세상의 빛과 소금이 아니라 오히려 그 반대인 것을 보는 때가 한두 번이 아니다. 기독교인으로서 그 중요한 자리에 앉아 남에게 비성서적인 사람이라는 말을 들어서야 되겠는가? "우리가 이제부터 어린 아이가 되지 아니하여 사람의 속임수와 간사한 유혹에 빠져 온갖 교훈의 풍조에 밀려 요동하지 않아야"(엡4:14)한다.

그래서 성경을 바르게 알고 성경대로 바르게 사는 운동이 일어나야 한다. 전 세계 지구촌 곳곳 어디를 둘러 봐도 이렇게 산촌 어촌 농촌 마을 면마다, 도시의 거리 빌딩마다 교회가 많은 곳이 별로 없다. 그러나 이제 교회가 많은 것을 자랑하지 말고 성경을 알고 성경대로 사는 사람들이 많음을 자랑하

여야 한다.

우리나라가 이제 가임여성이 아기를 낳지 않고 고령 사회가 되어 가며, 더불어 교회도 침체되고 늙어가는 현상이 나타났다. 그래도 교회는 성경을 붙들고 성경 속으로 들어가 성경의 새로운 세계와 그 젊은 도전을 항상 가져야 한다. 불 속에서 말씀하신(신4:24,5:24) 하나님의 진리의 불을 경험하고 그 불을 이 세상 속에 지르려 애써야 한다. 그러므로 성경을 오히려 더 많이 연구하여야 한다. 한 권의 성경책에 갇히므로 모든 것으로부터 자유로운 주님의 제자가 되어야 한다.

하지만 아무리 스스로 성경을 알려고 해도 사사로이 억지로 알 수 없을 정도로(벧후3:16) 이 책은 성령의 감동으로 된 하나님의 책이다. 그러므로 교회공동체의 신앙생활과 영적훈련을 통한 성령의 인도하심으로 우리가 잘 알 수 있는 것이다. 특별히 기도 중에 성령께서 성경말씀이 보이도록(시119:18) 눈을 열어 주셔야 한다.

the Old Testament

구약

1 모세 5경(五經)

모세 5경은 구약 성경의 첫 책들, 즉 창세기 출애굽기 레위기 민수기 신명기를 말한다. 그것은 모두 모세 전통에 의한 모세 저작이라고 믿기 때문에 "모세 5경"이라 한다. 이스라엘 사람들은 이를 "토라"(율법이나 가르침의 뜻인 Torah)라고 부른다.

최초의 사람 아담을 주전 4천 년 그 이전 사람으로 보고 아브라함을 2천 년, 그리고 다윗을 천 년으로 본다면 모세는 주전 1500년 사람으로 본다. 이스라엘 백성을 광야에서 인도하던 모세가 입에서 입으로 내려오는 그때까지의 모든 창세 구전 이야기를 기록문화도 없던 시대에 모아 정리했다니 놀랄만한 일이다. 그래서 너무 놀라 모세의 기록을 못 믿겠다는 학자들도 많은 것이 사실이다.

'창세기'(Genesis)는 주로 하나님의 천지 창조와 만물의 시작을 말해주는 책이며 인간의 타락, 그리고 타락한 인류를 구원하기 위해 부름 받은 선민 이스라엘 조상들에 관한 이야기이다. 최초의 인간이자 최초의 죄인 아담과 이브에게 피 가죽 옷을 하나님이 친히 입혀 주셔서 죄로 말미암은 부끄러움을 덮어 주심(창3:21)은 장차 인류가 하나님의 독생자 예수 그리스도로 말미암아 영원히 부끄럽지 않게 구원받게 될 것임을 미리 보이신 사랑이시다(계16:15).

'출애굽기'(Exodus)는 선민 이스라엘 백성이 이집트의 억압에서 해방되어 조상들이 살던 약속의 땅 가나안으로 가기 위해 광야에서 훈련받는 내용이다. 여기에서 십계명과 여러 법을 받고 이후의 모든 모임이 교회의 원조가 된 성막을 중심한 신앙의 삶이 특이하다.

'레위기'(Leviticus)는 이스라엘 백성이 인류 구원을 위한 선민이면서도 자신들의 죄 문제 하나 해결하지 못한 무능과 열등감에 빠진 이스라엘의 죄 용서 비결을 보였다. 유일한 비결 하나가 신약의 예수 그리스도의 피와 직결되는 "피가 죄를 속함"(레17:11)의 진리다. 이 피를 중심한 모든 절기 제사, 그리고 그 거룩한 법으로 가득하다.

'민수기'(Numbers)는 출애굽하여 싸움에 나갈 만한 남자의 수를 계수하니 603,550명(민1:46)이라며 인구조사로 시작하기 때문인가, "수"(Numbers)라고 부르는 책이다. 가족 수를 적게 잡아도 200만이 넘는 이 백성은 불신앙과 배반으로 얼룩져 1세대가 광야에서 죽고 2세대가 가나안으로 가게 되는 슬픈 한숨과 약속의 땅 입성 자격을 생각하게 한다.

'신명기'(Deuteronomy)는 모세가 하나님 앞에 가기 전에 애타는 사랑의 가슴으로 광야 이스라엘인들에게 그 민족의 역사를 다시 설명하고 하나님의 말씀의 법을 지키므로 그 사명을 감당하도록 권한 내용이다. 그래서 책 이름도 "두 번째 법"(희랍어 Deuteronomion의 second law)이라는 뜻으로 가나안 땅 정복의 2세대와 오고 오는 후손들이 오직 하나님만을 사랑하고 그 하나님의 법을 부지런히 가르치고 배워 선민의 사명을 감당할 것을 강조한 "쉐마"(신6:4) 정신으로 가득하다.

(1) 천지창조의 절정인 인간창조

하나님은 천지만물을 창조하시고, 창조하신 세상의 관리를 위해서 인간을 창조하셨다. 창조하신 인간은 모든 만물과는 다르게 하나님의 형상(in the image of God)대로 창조하셨다. 여기서 인간을 하나님의 형상대로 창조하셨다는 말은 하나님 닮은꼴로 지어졌다는 말이니 실로 엄청난 일이다. 세상에 대해 하나님을 대신할 존재로 세우자니까 이런 놀라운 존재로 지어져야 하는 것이었다. 이것은 천지창조의 절정인 사건이었다. 그래서 시편 기자는 다음과 같이 노래했다.

"주의 손가락으로 만드신 주의 하늘과 주께서 베풀어 두신 달과 별들을 내가 보오니 사람이 무엇이기에 주께서 그를 생각하시며 인자가 무엇이기에 주께서 그를 돌보시나이까. 그를 하나님 보다 조금 못하게 하시고 영화와 존귀로 관을 씌우셨나이다"(시8:3-5).

따지고 보면 사람이 무엇인가? 흙으로 지어졌으니 기껏해야 흙이다. 그래서 "너는 흙이니 흙으로 돌아갈 것이니라"(창3:19)는 성경 구절은 맞는 말씀이다. 보잘 것 없고 유한하고 그냥 흙먼지 속에 묻혀 썩어 없어질 인간의 운명이나 이 질그릇 같은 인간의 내면에는 하나님의 형상인 보화가 담긴 것이다. 하나님은 인간을 하나님의 형상대로 지으셨으므로 이 흙 존재를 버리지 못하신다. 그리고 창조주 하나님이 버리지 않으시고 붙들고 계시니 값진 존재이다.

분명히 하나님은 창세기 천지창조의 일을 하나님의 명령으로 하나님 중심으로 하셨다. 인간 창조의 과정도 그런 경지다. 그러나 다른 피조물들과는 다르게 하나님의 모양으로 남자와 여자를 만드셨으며 "생육하고 번성하여 땅에 충만하라. 땅을 정복하라. 바다의 물고기와 하늘의 새와 땅에 움직이는 모든 생물을 다스리라"(창1:28) 하셨다. 이렇다면 하나님 중심의, 하나님이 창조하신 땅의 주인공이 인간이 되는 셈이다. 그것은 또한 인간 중심도 된다는 말이니 인간의 입장에서 정말로 감격 감탄 감사할 뿐이다. 더구나 천지창조의 첫 장면 보다는 둘째 장면에서 "하나님이 땅의 흙으로 사람을 지으시고 생기를 그 코에 불어 넣으시니 사람이 생령(a living being)"이 되게 하셨다(창2:7). 말씀으로만 하지 않으시고 친히 하나님의 손으로 빚으셨으며 친히 생명의 기를 불어 넣으셨다. 그래서 육을 가진 인간이나 혼도 가지고 영도 가진 생령의 존재가 된 것이다(살전5:23).

인간은 이렇게 파격적인 하나님의 사랑을 받은 존재이니까 하나님의 동산에서 하나님을 가까이 하며 하나님과 더불어 살 수 있었다. 이 하나님의 인간 창조 사랑 때문에 인간에게는 무한한 가능성이 주어지게 되었다. 인간은 하나님에게 가까운 이해력을 가지고 천사와 같은 행동을 할 수도 있어서 위대한 정치 경제 교육 사회 문화 등의 작품을 세상에 내 놓을 수가 있다. 가장 아름다운 삶을 살 수 있고 생각하는 능력과 과학적 두뇌로 지구를 찬란하게 가꿀 수 있을 뿐만 아니라 저 높은 우주개발에도 참여하고, 저 낮은 땅 바다 속의 일까지도 해 낼 수 있다. 만물이 감탄하고 따를 만물의 주인공이다. 인간보다 뛰어난 것이 세상에 어디 있는가! 인간 문명의 발전은 여기 이 하나님의 형상대로 지음 받은 인간에서 시작되었다.

(2) 하나님의 형상

"하나님의 형상"으로 우리 인간이 창조되었다면 도대체 "하나님의 형상"(in God's image)은 무엇을 말하는가? 하나님의 모양을 닮은 인간이라면 하나님의 어디 무엇을 닮았다는 말인가? 매일 보는 거울 앞에 선 인간 자신의 외모를 닮았다는 말인가? 아무도 하나님을 본 사람이 없으니까 확실하게 말 할 수 없다. 그러나 분명히 말 할 수 있는 한 가지 확실한 것이 있다. 피조물, 특히 우리와 더불어 창조되어 함께 살고 있는 동물들과 다른 점을 보면 알 수가 있다. 무엇인가? 여러 가지로 말 할 수 있지만 크게 두 가지일 것이다.

그 하나는, 이성적인 마음과 표현할 수 있는 감정과 생각하고 선택하는 의지의 인격성(personality)을 갖고 있는 것이다. 이런 마음(rational mind)을 닮아 가졌기 때문에 인간 자신을 내려다 볼 수가 있고, 영원을 사모할 수 있고, 심지어 하나님과 관계를 맺을 수가 있다. 그리고 감정(emotion)을 가졌으므로 이웃을 미워하기도 하고 사랑하기도 하며, 나아가 하나님을 사랑할 수가 있다. 또한 의지(will)를 가졌기에 우리가 생각하고 느끼는 대로 선택하고 무슨 일을, 그것이 악이건 선이건 추진할 수가 있다. 그러나 동물들은 이런 것이 전혀 불가능하다.

그 둘째는, 아무리 생각해도 영적인 것(spiritual)외에 다른 것이 없다. 이것은 아담이 죄를 지었을 때 잃은 것이다. 그러나 하나님을 믿고 의로워질 때, 특히 우리 주 예수 그리스도를 믿어 영생 얻은 하나님의 자녀로 성령 받을 때 회복되는 경지다. 사도 바울은 본래 하나님의 형상으로 인간이 의로움과 거룩과 지식으로 창조되었음을 말했고, 믿고 성령으로 새롭게 된 새 사람으로 구원을 받아 이를 회복할 것을 강조했다(엡4:24, 골3:10).

동물들은 전혀 거룩해 질 수가 없고, 영생의 말씀으로 은혜를 받을 수도 없고, 기도하여 성령 충만함과 그 능력을 받을 수도 없다. 그것은 인간만이 가능하다. 이런 영적인 세계는 무궁무진하다. 그래서 하나님의 은혜는 저 바다 보다 더 깊고 저 하늘 보다 더 넓고 크다.

"무익하나마 내가 부득불 자랑하노니 주의 환상과 계시를 말하리라. 내가 그리스도 안에 있는 한 사람을 아노니 그는 십사 년 전에 셋째 하늘에 이끌려 간 자라(그가 몸 안에 있었는지 몸 밖에 있었는지 나는 모르거니와 하나님은 아시느니라). 내가 이런 사람을 아노니(그가 몸 안에 있었는지 몸 밖에 있었는지 나는 모르거니와 하나님은 아시느니라) 그가 낙원에 이끌려 가서 말로 표현할 수 없는 말을 들었으니 사람이 가히 이르지 못할 말이로다"(고후12:1-4).

인간이 이렇게 삼층 천이나 낙원에까지 이끌릴 수 있는 것은 영적인 존재이기 때문이다. 이런 인간을 창조하시고 위대한 가능성으로 이끄시는 하나님을 찬양하라.

(3) 죄와 죽음의 인간

이렇게 하나님의 형상이요 영적인 생기로 창조된 인간은 위대한 가능성을 갖고 지상에 존재하게 되었으나 하나님을 닮은 존재일 뿐이지 하나님과 같지는 않다. "하나님 보다 조금 못하게"(시8:5) 된 인간은 하나님처럼 무한대의 자유를 누리는 것이 아니라 하나님이 금지하신 선악과 안에서의 자유를 누리며 살게 되었다. 마치 달리는 기차가 선로 위에서만, 자동차가 황색선 안에서 만의 자유를 누리듯이 말이다. 이 때 선(線)은 생명이다. 이 선을 넘거나 탈선하면 죽음이 오게 된다. 마찬가지로 인간은 하나님의 동산에서 살되 선악과 선 안에서 만의 자유로 하나님과 살고 그렇지 않으면 죽게 되어 있었다.

그런데 어느 날 하나님에 의해서 땅으로 추방된 사탄(뱀, 사14:12-23)에 의해서 유혹을 받아 하나님이 금하신 선악과를 따먹는 그 선을 넘으면 "하나님 보다 조금 못한" 네가 "하나님과 같이 된다"(창3:5)는 말을 듣고 최초의 인간은 그 선을 넘게 되었다. 하나님 보다 못한 것이 아니라 하나님과 같이 되려는 악마의 교만을 이들도 따르게 되었다. 그러니 사실상 선을 넘은 인간의 처음 죄(원죄)는 교만이다.

어떤 사람은 왜 그렇게 하나님이 그 선을 만들고 그렇게 유혹에 넘어가도록 인간을 만드셨느냐고 따지듯이 묻지만 다만 하나님은 인간에게 무한대의 자유가 아닌 선 안에서의 제한된 자유를 주셨고, 또 인형이나 로봇 같지 않은 무엇이나 선택할 수 있도록 인간을 판단력의 인격체로 만드셨을 뿐이다. 동산 중앙의 생명과와 다른 과일은 몰라도 선악과를 따먹으면 죽으리라(창2:17)고 분명히 금하셨는데, 하나님이 하신 바로 그 말씀 때문에 하나님의 생기를 받은 생령의 인간에게 죽음이 오게 되었다. 하나님과 통하는 영이 죽음을 맞이할 뿐만 아니라 땀 흘려 일하다가 실제로 나이가 들어 죽게 되는 존재가 되었다. 그러니 어찌 죄와 죽음의 존재가 하나님의 동산에 살 수 있겠는가?

그 불순종 후 인간은 에덴에서 추방되어 동산 밖에서 살게 되었다. 하나님의 형상으로 지음 받고 생기를 얻은 희망의 인간이 악마를 닮은 교만의 죄와 죽음의 절망적 존재로 떨어지게 되었다. 이런 곤두박질로 타락하게 되었으니 인간 비극이 여기에서 부터 시작되었다.

(4) 악마의 한계

그러면 아담을 "하나님과 같이" 되리라(창3:5)고 유혹한 사탄의 정체는 무엇인가?

뱀이라는 동물은 하나의 상징이다. 정확히 알 수는 없으나 성경적 추측으로는 이사야가 말한 다음의 성경구절을 우리는 늘 생각한다.

"너 아침의 아들 계명성이여 어찌 그리 하늘에서 떨어졌으며 너 열국을 엎은 자여 어찌 그리 땅에 찍혔는고 네가 네 마음에 이르기를 내가 하늘에 올라 하나님의 뭇 별 위에 내 자리를 높이리라 내가 북극 집회의 산 위에 앉으리라. 가장 높은 구름에 올라가 지극히 높은 이와 같아지리라 하는도다. 그러나 이제 네가 스올 곧 구덩이 맨 밑에 떨어짐을 당하리로다 너를 보는 이가 주목하여 너를 자세히 살펴보며 말하기를 이 사람이 땅을 진동시키며 열국을 놀라게 하며 세계를 황무하게 하며 성읍을 파괴하며 그에게 사로잡힌 자들을 집으로 놓아 보내지 아니하던 자가 아니냐 하리로다 열방의 모든 왕들은 모두 각각 자기 집에서 영광 중에 자건마는 오직 너는 자기 무덤에서 내쫓겼으니 가증한 나무 가지 같고 칼에 찔려 돌구덩이에 떨어진 주검들에 둘러싸였으니 밟힌 시체와 같도다. 네가 네 땅을 망하게 하였고 네 백성을 죽였으므로 그들과 함께 안장되지 못하나니 악을 행하는 자들의 후손은 영원히 이름이 불려지지 아니 하리로다 할지니라"(사14:12-20).

바벨론에 대한 예언에서 나오는 말씀으로 충분히 하나님과 맞대결하려는 마귀의 속성을 말하고 있다. 그래서 "아침의 아들 계명성"을 영어권 옛 성경 번역에서는 타락한 천사장 '루시퍼'(Lucifer)라고 했다. 이 사탄의 세력은 하나님이 아담에게 주신 이 세상 주도권을 자기들이 빼앗아 "세상의 신"

(고후4:4), "세상의 임금", 혹은 "공중의 권세 잡은 자"(엡2:2) 노릇을 하게 되었다. 이 상황을 두고 못 보시는 하나님은 "여자의 후손"인 예수 그리스도를 세상에 보내셔서 인간의 모든 죗값을 십자가 위에서 지불하게 하시고 "세상 임금"의 왕권을 되찾아 "만왕의 왕"이 되게 하셨다. 그래서 인간을 죄짓게 하고 죽음의 경지로 이끈 마귀의 한계와 패배가 드러나고 이 예수 그리스도를 믿는 사람들이 다시 "왕 노릇"하는 하나님 나라 운동이 시작 되었다(계5:9-10).

(5) 변함없는 하나님의 사랑

하나님은 자신의 형상대로 인간을 창조하셨는데 죄 때문에 추방된 에덴동산 밖의 인간을 두고 어찌 마음이 편하시랴? 사랑이신 하나님은 그 마음이 불편하셔서 저들을 향해 움직이기 시작하셨다. 인간을 유혹한 사탄에 대해서 하나님은 "여자의 후손"(창3:15)인 하나님의 아들이 나타나 그 머리를 부수어 인간에게 행하려는 죽음의 "마귀의 일을 멸하려"(요일3:8)는 계획을 세우셨다.

"여자의 후손"을 강조하심은 "남자의 후손"을 반대하신 말씀이다. 세상의 모든 사람이 다 남자의 후손이 아닌가? 남자는 씨고 여자는 밭이니 "아버님 날 낳으시고 어머님 날 기르시니"라는 정철 시조의 말이 맞다. 마태복음 1장에 나오는 "아브라함이 이삭을 낳고, 이삭은 야곱을 낳고, 야곱은 유다와 그의 형제들을 낳고 …" 여기서 "낳고, 낳고"의 족보는 전부 남자의 후손이다. 그러나 남성의 씨는 아담의 죄의 영향을 받은 죄의 씨다. 하나님은 이런 죄의 씨와는 관계없는 여인의 씨를 말씀하신 것이다. 그래서 우리가 말도 안 된다고 하는 "처녀가 잉태하여 아들을 낳는"(사7:14) 일인데 어느 남성 인간에 의해서가 아니라 하나님의 영이신 "성령으로 동정녀 마리아 몸에 잉태"(마1:18)되어 세상에 오신 하나님의 아들, 예수 그리스도를 보내실 것을 미리 예정하심이다. 우리 좋으신 하나님은 인간이 죄와 죽음의 타락 길에 들어서자 이렇게 여자의 후손인 하나님의 아들을 보내셔서 우리 인간을 구원할 생각을 갖고 움직이셨다.

"여자의 후손" 말씀의 창세기부터 전개되는 모든 구약의 성경이야기는 이 하나님의 아들 예수 그리스도 오실 것에 그 초점이 있고, 신약성경은 구약의 예언대로 오신 예수 그리스도에 대해, 그리고 성경의 마지막 계시록은 다시 오실 예수 그리스도에 그 초점이 있다. 이 유일한 초점인 예수 그리스도를 빼 놓고는 성경이 되지 않는다. 설령 성경 내용 중 다른 이야기가 있다 할지라도 알고 보면 모두가 예수 그리스도와 직간접적으로 관련된 것임을 알게 된다. 성경 기록자들은 성령의 감동으로 이 하나님의 사랑을 알고 감격해서 오직 그리스도 사랑에 초점을 맞춘 것이다.

부모가 죄를 지은 자식을 꾸중하고 집 밖에 내쫓았다지만, 그 다음날부터 당장 후회하고 그 자식을 찾는다. 그리고 그 죄를 용서할 준비를 한다. 그 부모 마음이 우리 하나님의 마음이다. 탕자의 비유(눅15장)에 나오는 그 기다림의 아버지 마음이 바로 우리 하나님 아버지의 마음이시다. 이것은 하나님은 사랑이시기(요일4:16) 때문이다.

(6) 희망의 옷 날개

어떤 이는 선악과를 범한 것을 남녀가 성(性)을 범한 것으로 해석하는 사람이 있다. 선악과를 따먹은 이후 이들의 특징이 남녀가 성을 둘러싼 부끄러움과 같기 때문이다. 아무튼 처음으로 죄인이 된 아담과 이브는 벗은 것이 부끄러워 견딜 수가 없었다. 그래서 매일 하는 일이 나뭇잎으로 자기들의 몸을 가리는 행위뿐이었다. 이를 보다 못한 하나님께서는 손수 가죽옷을 지어 입히셨다(창3:21). 이 옷을 입은 후부터 인간은 부끄러움을 면할 수 있었다. 그런데 하나님이 가죽 옷을 해 입히신 것은 그냥 넘어 갈 단순한 옷 문제가 아닌 여러 뜻이 있다.

그 첫째 뜻은, 죄로 말미암아 부끄럽게 사는 인간은 하나님의 덮으시는 옷 사랑으로만 부끄럽지 않게 인생을 살 수 있다는 것이다. 인간이 자기 나름대로 죄 문제를 해결하려는 율법적이거나 종교적인 노력으로는 아니 되고, 하나님이 하늘의 방법으로 그 허물과 죄를 덮어 주셔야(시32:1) 사람이 사람답게 살 수 있다는 것이다. 다시 말해서 땅의 방법으로는 아니 되고 하늘 방법으로, 인간의 방법으로는 아니 되고 하나님의 방법으로만 된다는 것이다. 땅에 사는 인간들의 노력으로 될 수 있는 것 같아도 될 수 없을뿐더러 설사 된다 해도 그것은 임시방편이며 순간적인 것이다. 그러나 하늘 하나님의 방법은 온전한 것이며 영원한 것이다. 이것이 바로 하나님의 은혜요 사랑이다.

둘째 뜻은, 가죽 옷의 성격이다. 이는 양이나 소나 염소 등 짐승의 가죽 옷이다. 그러니 이 옷에는 피의 냄새가 있거나 실핏줄 등이 묻어 있다. 바로 피를 강조하는 옷이란 말이다. 성경은 창세기부터 계시록까지 피를 강조하는 피의 책이다. 성경 중심의 하나님의 구원은 피, 즉 예수 그리스도의 십자가 피의 방법이다. 이 구세주를 대망하면서 드리는 이스라엘의 모든 제사는 피 제사이다. 우리는 "떡 본 김에 제사"라고 하지만 이스라엘은 "피 본 김에 제사"이다. 이런 뜻에서 떡 제사에 가까운 가인의 제사를 받지 않으시고 피 제사에 가까운 아벨의 제사를 받으신 것이다(창4:1-6).

세 번째 뜻은, 이 가죽 옷을 해 입히기 위해서는 반드시 한 짐승이 죽어야 되는 것이다. 죄인의 부끄러움을 덮자면 반드시 대신 죽는 절차를 밟는다는 의미이다. 죄 문제 해결을 위해 한 짐승이 희생하는 원리의 피 제사처럼 이스라엘의 제사도 동물을 잡는 희생제사다. 이 피 제사를 위한 희생제물은 영원히 우리 죄를 용서하기 위해 이 세상에 오신 하나님의 아들의 십자가 희생과 연결된다. 그래서 예수 그리스도를 가장 잘 소개한 세례 요한은 예수께서 자기에게 나아오심을 보고 "보라 세상 죄를 지고 가는 하나님의 어린 양이로다"(요1:29)라고 외쳤다.

하나님은 무심코 가죽 옷을 해 입히신 것이 아니라 이런 깊은 구원의 열망과 사랑으로 입히신 것이다. 그러니 옷이 날개이다. 인간이 구원 받을 수 있는 희망의 날개이다. 그러므로 언제나 우리를 향한 주님의 사랑을 받아들이는 믿음의 옷을 입고 살아야 하고 주님 다시 오실 때 "깨어 자기 옷을 지켜 벌거벗고 다니지 아니하며 자기의 부끄러움을 보이지 아니하는"(계16:15) 복 있는 자가 되어야 한다. 내일 죽어도 믿음의 "예복"을 입고(마22:12) 저 천국에 들어가야 한다.

(7) 네가 어디에 있느냐?

하나님은 선악과를 따먹은 후 부끄러워 숨은 아담에게 "네가 어디 있느냐?"(창3:9) 하시며 찾아오셨다. 이 때 이렇게 물으신 하나님은 아담과 그 후손들인 우리 인간들에게도 항상 같은 질문을 하고 계신다. 그 질문은 우리가 아무데나, 그 곳 세상 어디에 있지 말고 하나님께서 살리기 위해서 마련하신 그 곳에 있으라며 찾아 물으신다. 준비하신 그 곳은 바로 "여자의 후손"으로 나신 예수 그리스도 안이다. 더 자세히 말하면 예수 그리스도의 몸 안에, 예수 그리스도의 피 안에, 예수 그리스도의 영 안에, 예수 그리스도의 말씀 안에를 의미한다.

"예수 그리스도 안"의 반대는 첫 사람 아담 세상, 즉 "아담 안"이다. "한 사람으로 말미암아 죄가 세상에 들어오고 죄로 말미암아 사망이 들어왔나니 이와 같이 모든 사람이 죄를 지었으므로 사망이 모든 사람에게 이르게"(롬5:12)한 그 한 사람, "아담 안"을 말한다. 그런데 하나님은 이 한 사람의 "범죄로 많은 사람이 정죄에 이른 것 같이 한 의로운 행위로 말미암아 많은 사람이 의롭다 하심을 받아 생명에 이르게"(롬5:18) 예수 그리스도를 보내주셨다. 그러니 "의로운 행위", 즉 죄인들을 대신해서 십자가에 피 흘려 죽으신 예수 그리스도의 공로를 믿는 자리로 옮겨 우리도 생명에 이르게 하셨다. 그러니 우리가 잘 났건 못 났건, 죄가 있건 없건, 공로가 있건 없건, 이 "그리스도 예수 안"에 있어야 산다. 마치 이스라엘 민족이 출애굽 당시 이스라엘인이건 이집트인이건 관계없이 문설주에 피를 바른 그 집안 장자들이 살았던 원리와 같은 말이다. 네가 정말 살기를 원하느냐? 그러면 내가 보낸 예수 그리스도 안에 있으라고 말씀하신다.

예수 안에 있으면 죄 용서를 받고 사망을 면하기 때문에 바울은 "누구든지 그리스도 안에 있으면 새로운 피조물이라"(고후5:17)고 외쳤다. 그리고 그리스도 안에 있으므로 심지어 "유대인이나 헬라인이나 종이나 자유인이나 남자나 여자나 다 그리스도 예수 안에서 하나"(갈3:28)라고 하였다. 어디에 있느냐? 그 분 안에 있어야 개인이 죄와 죽음에서 용서와 영생으로 구원 받을 뿐만 아니라 진정한 자유와 평등의 사회구원 세상이 된다.

(8) 인간들의 할 일

하나님은 아담을 창조하신 후 인간 아담에게 할 일을 맡기셨다. "생육하고 번성하여 땅에 충만하라 땅을 정복하라 바다의 물고기와 하늘의 새와 땅에 움직이는 모든 생물을 다스리라"(창1:28)고 하셨다. "복을 주시며" 이런 명령을 하셨으니 분명 복되신 일이다. 아담과 이브의 사랑으로 가정이 생기고 부부의 행복한 성생활로 자녀를 많이 나아 키우는 것이 얼마나 축복인가. 그리고 이 자녀들이 잘 자라 번성하여 또 그렇게 대를 이어 자꾸자꾸 불어나 번성하는 것이 얼마나 보람되고 희망찬 일인가. 이렇게 살면서 자연히 땅에 충만하게 되고 땅을 정복하게 된다. 하나님의 형상을 닮은 성격과 그 두뇌로 과학 기계 기술을 발전시켜 세상을 점점 살기 좋게 아름답게 가꾸어 갈 수 있게 된다. 그리고 하나님을 대신해서 하늘과 땅과 바다의 모든 동식물을 잘 돌보고 다스리므로 보다 더 지구가 아름답게 된다. 하나님이 처음 창조하시고 보시기에 좋았듯이, 하나님이 좋아하신 그 모습이 계속 이어지게 된다. 그래서 인간을 중심한 만물들이 하나님을 찬양하게 되고, 하나님은 이로 인하여 더욱 영광을 받으시고 기뻐하신다.

아! 그러나 이런 사명으로 살아야 할 인간들이 하나님을 등지고 타락하므로 하나님이 목적하시는 대로 되지 않았다. 그것은 에덴 밖의 첫 가정의 첫 아이 가인이 장성하여 하나님께 드리는 제사문제로 시기 질투한 결과 동생 아벨을 죽이는 죄를 저질렀기 때문이다. 첫 살인자로 사는 가인의 세월은 불안(창4:14) 중에 번창하였으나 일부다처 식의 가정을 이루기 시작했고 죽임의 길을 계속 걸어갔다(창4:24).

하나님은 가인이 죽인 아벨 대신에 아담 가정에 셋을 주셨고 이때로부터 "사람들이 비로소 여호와의 이름을 불렀다"(창4:26). 그러나 세월이 가며 인간들이 번창할수록 하나님은 "사람의 죄악이 세상에 가득함과 그의 마음으로 생각하는 모든 계획이 항상 악할 뿐임을 보시고 땅 위에 사람 지으셨음을 한탄(후회)"(창6:5-6)하시게 되었다. 그래서 첫 명령이 잘 이루어지지도 않았지만 이루어져도 갈수록 악한 쪽으로 이루어지게 되기 때문에 천지창조 후 첫 인류 심판을 하게 되셨으니 그것이 노아 시대의 대홍수 재앙이었다. 하나님의 첫 명령과는 다른 오늘의 가정 파괴나 개인의 범죄나 사회악이나 공해, 그리고 전쟁 등 이 모든 것들도 심판의 대상임을 우리는 알아야 한다.

(9) 음악의 출발

음악이 없이 무슨 재미로 살아가는가? 음악이 없는 세상은 사막 같은 세상이다. 그런데 이 음악의 첫 출발은 인류의 첫 살인자 가인의 후손 "유발이니 그는 수금(harp)과 퉁소(flute)"를 만들어 노래했다(창4:21).

음악의 출발은 가인이 죽인 아벨을 대신해서 세상에 난 셋의 후예들이 여호와 하나님의 이름을 부르며 처음 노래한 것이 아니라 가인의 후예가 노래한 것이라고 하였다. 다시 말해서 아담-셋-에녹-노아-셈-아브라함-다윗-예수로 이어지는 구원 사(史)의 인맥에서 처음 음악인이 나오지 않고 망할 세상의 원조 가인의 후손 중에서 음악인이 나왔다는 말이다. 여기에 대해 기분이 별로 좋지는 않지만 그래서인지 오늘도 예수 그리스도로 말미암아 구원을 받고 이 복음을 전하는 교회 공동체 밖에서 노래와 악기, 춤의 기쁨이 더 강한 것 같다. 특히 우리나라 사람들은 신나게 놀고 들고 뛰며 즐기기를 좋아한다. "신나게"는 "신들린 상태로"와 같은 말로 귀신의 영을 받은 무당을 생각나게 하는 말이다. "신명나게 논다"는 말도 같은 어원을 갖고 있다. 우리나라 모든 음악이 귀신의 영이 들려 이렇게 신난다는 말이 아니고 애초의 말의 어원을 찾아 본 것이다. 이런 신나는 노래와 춤이 이제는 라디오 시대를 지나 TV 영상시대로 접어들어 세상을 완전히 주름잡고 있다. 그 영향은 우리나라뿐만 아니라 동남아, 그리고 온 지구촌 땅 끝까지 등장하고 있다. 실로 놀라운 일이며 자랑스러운 일이고 아름다운 일이다.

그러나 다시 따져 보면 이 가인 족의 음악바람은 노아 홍수 심판으로 잦아들고 오히려 노아의 후손인 아브라함, 그리고 그 후손인 다윗에게서 다시 일어났다. 믿음으로 의롭다고 인정을 받아 왕이 된 다윗은 하나님의 은혜가 감사하여 시(시편)를 쓰고, 시에 곡을 붙이고, 곡에 의해 악기를 만들어 연주하고, 노래하고, 그 힘을 다하여 춤을 추었다(삼하6:14-16). "그에게 노래하며 그를 찬양하고 그의 모든 기사를 전할지어다. 그의 성호를 자랑하라. 여호와를 구하는 자마다 마음이 즐거울지로다. 여호와와 그의 능력을 구할지어다. 항상 그의 얼굴을 찾을지어다"(대상16:9-11)하였다. 그리고 그 즐거움과 그 능력으로 하나님의 얼굴 앞에서 인류 최초로 성가대를 조직하여 찬양을 드렸다(대상25). 다윗은 실로 역대 음악의 왕, 춤의 왕이었다.

이 위대한 전통을 다윗의 후손으로 오신 만왕의 왕 예수께서 이어 받으셨는데, 예수 그리스도를 대신한 성령이 임하시므로 기쁨이 가득한 교회는 다윗시대의 음악을 이어가게 되었다. 그래서 오늘 모든 음악의 원조는 교회에서 찾을 수 있게 되었으니 서양의 위대한 음악가들은 교회 안에서 탄생되었다. 그래서 오늘도 헨델의 "메시야" 찬양 앞에서 만민이 일어나 하나님을 경외하게 되었다.

그러므로 오늘 세상 음악을 정죄하지 말고 오히려 교회가 세상 음악에 충격을 주고, 세상을 이끌어 갈 정도로 다양하게 일어나야 하고, 그 목적을 세상 구원과 "하나님의 영광"(고전10:31)을 드러나게 하는데 두어야 한다. 어찌 예수 그리스도로 구원 받고 영생 얻어 성령 받은 하나님의 자녀가 그 감격으로 노래하지 않는가? 영적 권태로 노래나 춤 없이 믿는 것도 회개 할 큰 죄일 것이다.

(10) 방주 교회

하나님은 사람이 가면 갈수록 타락하고 그 "모든 계획이 항상 악할 뿐임을 보시고"(창6:5) 사람 지으심을 한탄하시며 마음에 근심하사 홍수의 물 심판으로 "생명의 기운이 있는 모든 육체를 천하에서 멸절"하여 땅에 있는 모든 것들을 다 죽이기로 하셨다(창6:17). 그러나 이런 악한 시대라도 하나님과 늘 동행하며 믿음으로 사는 "신앙 의인"(창6:9) 노아와 그 가족은 살려 심판 이후의 세상을 책임지게 하셨다. 물론 노아의 신앙을 보고 믿음으로 감동되어 주 하나님께 인정받는 사람들도 물 심판으로부터 구원 받을 수 있었으나 안타깝게도 아무도 없었다. 그래서 하나님의 명령으로 만든 노아의 방주 안에 들어간 노아의 8가정 식구만 살게 되었다. 온 세상이 물난리로 망한 증거는 요새도 지구상의 어느 높은 산에 가든지 거기에 물이 들어온 흔적이 있었다는 것이다. 이렇게 물 심판으로 다 망할 때 물 위에 떠 있었던 "노아의 방주", 그것이 요새 표현으로 하면 교회였다. 이때 성경의 노아 방주를 생각하며 교회의 참 모습을 늘 그려 보게 된다.

첫째, 노아의 방주는 인간의 무슨 의도가 있어서 지은 것이 아니라 하나님의 심판과 하나님의 새로운 세상 시작에 의한 것이다. 오늘의 교회도 세상 인간의 무슨 의도, 그것이 선한 의도이건 악한 의도이건 세상의 인간적 의도가 있으면 교회가 아님을 알아야 한다.

둘째, 노아의 방주는 기껏 8명이었는데 수가 많지 않아도 확실히 하나님을 믿는 믿음으로 의롭다 함을 받은 수다. 많은 수 적은 수 보다는 믿음으로 의롭게 된 수, 즉 믿음의 강조가 있었다. 오늘의 교회도 너무 수에 연연하지 말고 믿음! 오직 그 믿음에 운명을 걸어야 한다. 종교개혁자 마르틴 루터의 표현대로 "오직 믿음(sola fide)", "오직 은혜(sola gratia)", "오직 성경(sola scriptura)"의 교회여야 한다.

셋째, 노아의 방주는 물바다에 뜬 배인데 운전대가 없었다. 그러니 어디로 가야 좋을지 승선한 사람은 전혀 모르고 다만 밖에서 그리고 위에서 하나님이 바람으로 움직이게 하셨다. 교회도 교회 안의 사람들이 너무 많이 인간적인 목표를 내세우고 계획에만 의존해 무엇을 하려고 해서는 아니 된다. 대신에 기도를 많이 하는 중(교회는 기도하는 집이니) 기도를 통해 임하시는 성령의 바람을 타야 한다. 성령께서 막으시고 여시고 잠재우시고 일으키심을 항상 경험하여야 한다.

넷째, 방주 안의 노아의 가족들은 물위에 떠 있으나 위의 하나님께 자신들의 생명을 포함하여 모든 것이 매달려 있음을 알았다. 교회도 세상 위에 있으나 하나님께 매어 있음을 알고 하나님과 통하는 예배와 기도와 말씀의 삶을 살아야 한다. 주 떠나가시면 모든 것이 헛됨을 알아야 한다.

다섯 째, 방주 안에 있는 가족들은 방주 밖 세상 사람들이 모두 죽는 것을 슬퍼하며 심판 이후의 세상에 대한 사명으로 살았다. 교회도 이 세상 구원과 하나님의 나라에 대한 믿음과 사명으로 날마다 생동하여야 한다.

여섯 째, 노아의 방주 안의 식구들은 물이 많아지고 작아짐에 큰 관심을 가졌다. 오늘의 교회도 세상의 여러 상황에 대해 무관심하지 말고 늘 관심을 가져야 한다. 하나님이 창조하시고 유지하시고 하나님이 지금 거기서 일하고 계시기 때문이다.

일곱 째, 방주 안에는 살려야 할 동물들도 같이 탔다. 오늘의 교회도 하나님이 창조하신 모든 동식물들이 함께 사는 생태보전의 일에 관심을 두고 그 책임을 져야 한다.

여덟 째, 방주 안에는 인간의 모든 쓰레기도 동물들의 모든 오물도 있었고, 심지어 부정한 짐승들도 있었다(창7:2). 오늘의 교회가 너무 결백, 청결주의로 냉랭하고 깨끗하면 아니 되고, 부모가 가정을 품듯 사랑 제일 원칙으로 "허물의 사함을 받고 자신의 죄가 가려진 자의 복"(시32:1)이 있는 덮는 사랑의 공동체가 되어야 한다.

그때는 물 심판이었으나 앞으로는 불 심판(벧후3:12-13)인데 위의 방주 성격의 교회 모습은 영원히 변하지 말아야 한다.

(11) 영적권위를 알고 존중해야

아마도 노아는 홍수 심판 이후 새 세상에서 새 인생을 살아가며 가장 좋아하는 음식 중 하나가 포도주였는지 모른다. 그리고 안주는 심판 이전의 음식(창3:18-19)에 없던 "동물"(창9:3)고기였을 것이다. 새 출발의 인류에게는 아직 술의 폐단이나 술로 인한 범죄는 생각 못했을 때였다. 그런데 노아는 이를 자주 즐기다가 어느 날 그만 취하여 나체로 골아 떨어져 잠들게 되었다.

이 광경을 먼저 본 둘째 아들 함이 그의 아버지의 하체를 보고 밖으로 나가서 그의 두 형제에게 알렸다. 이에 형 셈과 동생 야벳이 깜짝 놀라 옷을 가져다가 자기들의 어깨에 메고 뒷걸음쳐 들어가서 아버지의 하체를 덮었으며 그들이 얼굴을 돌이키고 그들의 아버지의 하체를 보지 아니하였다(창9:22-23).

얼마 후 잠이 깬 아버지 노아가 이 사실을 알고는 셈과 야벳은 축복하고 함을 저주했다. 아니 함의 넷째 아들 가나안을 주로 저주했다. 그리고 하나님을 찬송하는 영적 복을 받은 셈의 종이 되게 하고, 창대하게 과학두뇌로 발전할 야벳의 종이 되게 저주했다. 함의 넷째 아들도 아버지와 함께 현장에 있었거나 할아버지의 벌거벗은 몸을 보고 웃고 남에게 할아버지 흉을 봤을지 모른다. 우리가 보기에는 가혹할지 모르나 이런 축복과 저주는 그 당시 후손들에게만 한 것이 아니라 그 후손들의 후손들에게까지 한 것으로 간주된다.

그런데 가만히 성경을 들여다보면 노아가 일차적으로 잘못한 일이다. 그럼에도 이렇게 노아가 화를 내고 저주를 퍼부은 것은 말도 안 된다. 그러나 이런 사실 뒤에 있는 비밀을 우리가 알아야 한다. 노아는 적어도 온 인류가 다 망하는 홍수 심판이 내리는 그 때 전 인류구원을 책임진 "의인이요 당대에 완전한 자로 하나님과 동행하며"(창6:9) 방주를 짓고, 심판 이후 여덟 식구로 인류의 새로운 미래를 열어가는 하나님의 사람이다. 언제나 하나님은 하늘 구원의 일을 이 땅에 이루어 가실 때 사람을 통해서 그 일을 하시는데 그 당시는 노아를 들어 쓰셨다. 그러니까 노아를 통하여 셈-아브라함-다윗-예수로 이어지는 구원사의 중심 인맥 중의 한 위대한 인물이 바로 노아다. 비록 노아가 일시적으로 술에 취해 그 모습에 실수가 있었지만 하나님은 변함없이 노아를 통해 세상 살림의 일을 하신다. 그러므로 노아의 인생에는 보이지 않는 하나님의 구원사의 섭리와 영적권위가 서려 있다. 셈과 야벳은 이를 알고 아버지에게 임한 그 하나님의 권위에 손상이 없도록, 그리고 아버지를 통한 구원사의 영맥을 존중하며 옷을 덮어드렸다. 경외함으로 하나님을 하나님 자리에, 아버지를 아버지 자리로 제대로 모신 것이다. 그러나 함이나 함의 자식 가나안은 그런 영적 지식이나 감각, 그리고 영적행동이 전혀 없는 상태였다. 그래서 노아가 축복과 저주를 선언한 것이다. 두고두고 온 인류에게 교훈이 되도록 그렇게 한 것이다.

후에 노아의 후손으로 나신 예수 그리스도를 십자가에 못 박기를 원하며 "그 피를 우리와 우리 자손에게 돌릴지어다"(마27:25)하며 광분했던 저 이스라엘인들도 그런 영감이 없어서 주후 70년부터 1948년까지 성전과 나라없이 저주를 받은 것이다.

나는 한 못 된 열성분자가 교회 제단에 올라가는 목사의 멱살을 잡아끌어내리는 한 사람을 반세기 이상 지켜보았는데, 정말 그는 되는 일이 없이 저주의 생애를 사는 것을 보았다. 그도 교회 분규에서 교회를 사랑하다가 그랬는지 모르나 그 목사를 통한 주님의 영적권위를 몰랐을 것이다.

참고로 이때에 저주 받은 가나안이 형제의 종이 되라고 해서 가나안은 모든 흑인의 원조라고들 말하나 전혀 성경적이거나 역사적인 근거는 없다. 노예제도를 찬성하거나 백인 우월주의자들이 흑인을 부려먹기 위해 예부터 만든 유언비어에 불과한 말이다. 다만 가나안(창10:15-19) 후손들이 역시 셈이나 야벳의 후예들처럼 역사적으로 번창했으나 역사의 무대에서 항상 주인공 역할을 못한 것만은 사실임을 볼 수 있을 뿐이다.

(12) 선민 이스라엘의 출발

이스라엘은 어떻게 출발되었는가? 하나님이 천지창조 이후 에덴동산 밖의 인간들의 악함을 보시고 노아의 홍수로 노아의 가족 8명 외의 모든 인류가 죽게 되었다. 그 이후 노아의 가족 8명에 의한 새 시대는 하나님 마음에 드는 영적 인간들이었는가? 안타깝게도 그렇지 못했다. 그렇다고 하나님께서 계속 사람을 죽일 수는 없지 않는가. 하나님의 형상대로 사람을 창조하신 사랑의 하나님이 죄를 범하는 인간들을 그 때마다 화가 나서 멸하는 하나님이라면 사랑의 하나님이 아니시지 않는가.

하나님은 사랑이시다. 죄를 범한 인간들에게 사랑의 징계를 하시다가 이러다가는 모든 인간을 다 쓸어버려야 될 정도로 인간들의 죄가 성행하니 최후 수단으로 천지만물과 사람을 창조하신 하나님 자신이 직접 사랑의 징계를 받는 길을 택하셨다. 그것은 하나님의 아들 예수 그리스도를 세상에 보내셔서 인간들의 모든 죄를 대신 뒤집어쓰시고 하나님 앞에 벌을 받아 죽으심으로 그 아들을 믿으면 누구든지 구원을 얻게 하는 방법을 택하셨다. 그리고 이 하나님의 아들을 보내실 민족과 나라를 선택하셨으니 그 나라가 바로 이스라엘이다. 이스라엘이라는 이름은 본래 민족의 조상 야곱이 그 신앙적 기도 투지를 인정받아 하나님으로부터 얻은 이름이다(창32:28). 이 야곱의 할아버지 아브라함이 원 조상인데 본래 갈대아인의 지역 하란에 살았으나 요단강이 있는 가나안 땅으로 하나님이 부르셨다.

"내가 너로 큰 민족을 이루고 네게 복을 주어 네 이름을 창대케 하리니 너는 복이 될지라. 너를 축복하는 자에게는 내가 복을 내리고 너를 저주하는 자에게는 내가 저주하리니 땅의 모든 족속이 너로 말미암아 복을 얻을 것이라"(창12:2-3).

이것은 하나님의 일방적인 부르심이며 일방적인 약속이시다. 그러나 아브라함은 이 하나님을 믿고 가나안 땅에 들어가서 제단을 쌓으며(예배) 하나님의 약속을 대망하고 살았다. "큰 민족"과 "유명한 이름"과 "복", 그리고 자신으로 인하여 지구촌 "모든 족속이 복 받는" 미래를 꿈꾸며 살았다. 하나님은 실수가 없으시며 거짓말을 하지 않으시는 분이시기 때문에 아브라함은 그대로 될 줄 믿고 앞을 바라보았다.

그러면 정말 이 약속의 꿈이 이루어졌는가? 이루어졌다. 아브라함 당대에 당장 이루어지지는 않아도 이 때가 주전 2000년이라면 4000년이 지난 오늘 돌아보니 다 이루어졌다. 이스라엘 민족 역사 자체가 이 꿈이 이루어지는 과정이었고, 이스라엘인 모양으로 오신 "아브라함과 다윗의 자손 예수 그리스도"(마1:1)로 말미암아 지구라는 "땅의 모든 족속"이 "멸망하지 않고 영생을 얻는"(요3:16) 복을 받았다. 이 예수님 때문에 아브라함의 이름은 창대케 되었고, 이 예수님 때문에 이스라엘은 큰 민족이고 가나안 땅 성지 이스라엘만이 아니라 이 예수를 그리스도로 고백한 하나님의 자녀(요1:12-13)는 모두 새 이스라엘인들이니 큰 민족이 되리라는 하나님의 약속은 이루어졌다.

그러나 돌아보면 이 꿈의 약속이 이루어졌을지라도 이스라엘 민족들은 참으로 비참하게 망하는 길을 걸었다. 예언자를 통한 하나님의 음성을 제대로 듣고 순종하지 못하여서 12지파 중 10지파인 북방 이스라엘(이집트 당시 국무총리인 요셉지파 중심)은 주전 721년에 앗스르에 의해 완전히 망하였다. 그 망한 잔당들이 예수님 당시의 사마리아인들이다. 다윗이 소속한 유다지파를 중심한 남방 유다(지역적 특성으로 베냐민과 함께)가 주전 586년에 바벨론에 의해 70년 포로 생활을 하다가 돌아와 제2성전을 짓고 이 성전을 증개축한 헤롯 성전 시절에 우리 주 예수 그리스도를 모시게 되었다. 그러나 아브라함의 후손으로 오신 예수 그리스도를 모세의 법으로 정죄하고 십자가에 못 박아 아직까지도 이스라엘 인들은 예수를 믿지 않고 있으니 참으로 안타깝다. 베드로 요한 야고보 등 12제자를 중심한 소수의 남은 자 유대인들에 의해 이방인인 우리가 예수를 믿어 믿음의 조상 아브라함의 후손인 새 이스라엘인이 되었다(갈3:7,29). 오늘 우리는 하나님 나라 운동을 위한 선민이 되었다. 그러므로 긍지와 자랑과 사명을 가진 선민의식으로 우리가 살아야 하겠다.

(13) 선민의 표인 할례

온 인류를 구원할 선민 이스라엘인으로 사는 표로서 하나님은 아브라함에게 할례를 받으라고 말씀하셨다.

"너희 중 남자는 다 할례를 받으라. 이것이 나와 너희와 너희 후손 사이에 지킬 내 언약이니라. 너희는 포피를 베어라. 이것이 나와 너희 사이의 언약의 표징이니라. 너희의 대대로 모든 남자는 집에서 난 자나 또는 너희의 자손이 아니라 이방 사람에게서 돈으로 산 자를 막론하고 난 지 팔일 만에 할례를 받을 것이라"(창17:10-12).

할례(Circumcision)는 요새 병원 비뇨기과에서 행하는 남자 아이의 포경수술 같은 것으로 남자 생식기의 포피를 전면 일부 잘라내는 행위다. 그런데 여기서 남자를 강조하는 것은 "낳고, 낳고 …"의 족보가 말해 주듯 모든 인간 출산의 중심이 남자이기 때문이다. 쉽게 말해서 남자는 씨, 여자는 밭이니까 그렇다. 그러나 무엇보다도 그 출발은 "믿음"이다. 아브라함이 믿음으로 의롭다고 인정받았기 때문에 그 믿음의 표로 받은 것이다(창15:6, 롬4:11). 믿음으로 사는 아브라함의 후손 이스라엘이니까 자동적으로 나중에 믿음이 없는 이방인과 구별하기 위해 받은 것이다. 또한 믿음의 이스라엘이니까 겉으로 믿는 표 보다는 속으로 잘 믿어 새로 나고 정결하여야 하니까 "마음의 할례"를 강조(신10:16, 렘4:4)하며 받게 되었다.

생각해 보면 이 할례는 하나님을 믿는 믿음의 상징이며, 거룩한 백성으로 성별된 표이며, 속속들이 영적으로 깨끗하게 된 새 출발의 깃발이다. 그러니까 이스라엘 백성들은 할례 받은 것을 큰 자랑으로 여겼고 흔히 이방인들이 이스라엘을 짓밟고 들어오면 '할례도 받지 않는 자'들이 이스라엘을 무시한다며 달려들었다. 골리앗을 때려눕히던 소년 다윗의 분노와 징계도 "이 할례 받지 않은 블레셋 사람이 누구이기에 살아계신 하나님의 군대를 모욕하겠느냐"(삼상17:26)는 말로 시작되었다. 이와 같이 이방인에게 이스라엘인이 수모를 당하거나 죽는 것을 가장 수치로 여기는 것은 이 할례 받은 증거 때문이었다.

그러나 이렇게도 할례가 생명 같이 소중하지만 세월이 갈수록 이들은 할례 받은 자 답게 살지 못했다. 그래서 북방 이스라엘이 망하고 남방 유다가 포로로 잡혀 갔다가 돌아왔다. 할례 받지 않은 이방인들에게 선민 이스라엘인들이 이렇게 짓밟히게 되었으니 아브라함 당시 첫 출발보다는 할례 받은 긍지가 갈수록 약해진 것이 사실이다.

이 할례 받은 자들의 예언대로 메시아 예수 그리스도께서도 이 세상에 오셔서 할례를 받으셨으나(눅2:21-39) 주님께서는 모든 이스라엘의 율법의 완성자로 오셨음을 강조하셨고(마5:17) 특히 "물과 성령으로 거듭 남"(요3:5)의 영생을 주장하셨다. 그리고 주 예수 그리스도의 뜻을 가장 잘 받든 바울은 "믿음으로 의롭게 되는" 그것이 중요하지 할례가 중요하지 않음을 역설하고 그 폐지를 주장했다(행15,롬4:11,갈2:16). 바울의 이런 진보적이고 파격적인 발걸음은 땅 끝까지 가기 위한 이방인 선교의 위대한 초석을 놓는 것이 되었다. 오늘 우리가 아브라함의 후손인 새 이스라엘인이 되었으면서도 할례를 받지 않고 믿는 것은 바울의 이런 진보적 선교행진의 결과라고 할 수 있을 것이다.

(14) 믿음의 조상은 싸움의 조상

흔히 우리는 아브라함을 믿음과 순종의 조상이라고 하지만 한편으로는 싸움의 조상도 된다. 아브라함은 그의 조카 롯의 가정식구들이 적에 의해 납치되어 갔다는 소식을 듣고 그를 구하고자 "집에서 길리고 훈련된 자 318명을" 거느리고 단까지 좇아가서 "그와 그의 가신들이" 그들을 쳐부수고 "조카 롯과 그의 재물과 또 부녀와 친척을 다 찾아왔다"(창14:14-16).

또한 아브라함은 하나님께서 가서 살라고 하신 가나안 땅에 살면서도 하나님의 보호를 믿고 약속하신 하나님의 말씀대로 "너를 축복하는 자에게는 내가 복을 내리고 너를 저주하는 자에게는 내가 저주함"(창12:3)의 함께 하심을 알지만, 그래도 유사시를 대비해 군대를 양성하고 산 셈이다. 이것을 보면 아브라함이 그의 삶을 통해 이미 한 가정을 넘어 부족국가의 왕 같은 존재였음을 느끼게도 하지만 믿음만으로 산 아브라함과는 사뭇 다른 느낌이 들기도 한다. 이 군인들은 "집에서 길리고 훈련된 자들"이라고 했는데 아브라함이 친히 군대 대장으로 이들을 훈련했다는 말이다. 그리고 이 전투에서도 "그와 그의 가신들"이라고 했으니 군대장으로 친히 자신이 전장에 나가 싸운 싸움꾼이었다는 말이 된다. 상대가 사나운 적들이었는데 이겼으니 아브라함은 싸움꾼이라도 보통 싸움꾼이 아니었던 모양이다. 얼마나 장했으면 "지극히 높으신 하나님의 제사장"인 "살렘 왕 멜기세댁"이 나와서 승리 축하를 했겠는가?(창14:18).

하나님이 함께 하시지만 사람을 모으고 키우고 훈련하고 또 때로는 적과 싸울 준비도 한 아브라함이다. 그렇다면 아브라함뿐만 아니라 아브라함의 후손들이 다 그랬다는 말이다. 아브라함의 손자 야곱의 아들들은 그 자매 디나가 세겜 추장의 아들에게 강간을 당했을 때, 이에 대한 보복으로 세겜 족속들을 습격하고 이기는 싸움 솜씨도 보통이 아닌 정도였다(창34). 출애굽의 모세도, 가나안 땅 정복 전쟁의 여호수아도, 가나안 땅에서 이스라엘을 번창 시킨 다윗도 모두 신앙인들이지만 한편으로는 놀라운 투사들이었다. 모세 오경 중 특히 민수기는 "이스라엘 중 20세 이상으로 싸움에 나갈만한" 자들의(민1:3) 수에 관심이 있기에 책 이름이 "수(Numbers)"의 책이다.

믿음의 싸움에서도 군대가 그렇게 중요하다. 군대의 수가 그렇게 중요하다. 아니 싸울 만한, 제대로 된 투사들이 중요하다. 기드온 300명 같은 정예부대, 골리앗을 죽인 다윗 같은 신앙군인들이 매우 중요하다.

왜 그런가? 그것은 하나님을 믿지 않는 이방인들이 그 신의 이름으로 쳐들어와 하나님과 하나님의 선민 이스라엘을 통한 하나님의 영원한 인류구원의 계획을 무효로 돌리려 하기 때문에 그렇다. 그래서 하나님의 영원한 구원의 궁극적 성취와 그 영광을 위해 전쟁에 나가야 하며, 이때 시시한 군인이 아니라 하나님이 쓰실만한 뛰어난 군인이 되어야 한다. 이것이 진짜 헌신이며, 이 모든 전쟁을 "거룩한 전쟁"이라 한다. 지금도 이스라엘 군대가 그 수가 많으나 적으나 강한 것은 이런 전쟁 신앙과 그 정신 때문이다.

이와 같이 군대는 하나님의 영원한 평화를 위해 부득이 필요하다. 싸우는 평화가 있어야 한다. 우리나라가 임진왜란 때 전국에 시체 썩는 냄새로 일본군에게 짓밟히면서도 글자랑 양반자랑이나 하며 안일했다니 한심하기 짝이 없다. 선비문명이면 선비문명을 지켜내는 무관들이 있어야 한다. 아마도 지금 우리에게 군대가 없으면 벌써 공산화되었거나 일본 혹은 중국의 식민지가 되었을 것이다.

이스라엘이 무슨 자랑할 것이 있는가? 있다면 이스라엘의 신앙뿐이다. 그러나 이들은 이 신앙을 지켜내는 철통무장 군인들이 있다. 지금도 그들은 조상 아브라함의 전통을 잘 이어 가고 있다.

오늘 새 이스라엘인이 된 우리에게도 이런 강함이 있어야 한다. 바울은 성도를 군인으로 보았고(딤후2:3-4) 자신이 "선한 싸움꾼"(딤후4:7)임을 말했다. 우리도 이런 십자군병이어야 한다. 기도와 말씀 훈련에 의한 정신무장 뿐만 아니라 체력훈련으로 자기 몸도 강해야 한다. 그리고 사회악과 그 배후에 있는 악마를 대적하기 위해 힘을 길러야 한다. 성령과 능력을 받아야 한다. 몸이 강해야 한다. 성도가 강하고, 교회가 강하고, 그 조직이 강하고, 사회에 영향을 주는 영향력이 강해야 한다. 투사 아브라함과 다윗의 자손으로 나신 우리 주 예수 그리스도는 만왕의 왕이시다. 주님을 따르는 우리를 빛과 소금이라 하셨으니 빛이 강하면 강할수록, 소금이 강하면 강할수록 좋은 것이다. 주님은 빛의 자녀가 어둠의 자식들에게 당하는 것을 경계하셨다(눅16:8-9).

(15) 바쳐야 산다.

말도 안 되는 소리가 있으니 그것은 아브라함의 나이 100세, 아내 사라의 나이 90세에 얻은 외아들 이삭을 하나님께 번제로 바치라는 것이다. 그런데 그것은 세상 어느 누가 말하는 것이 아니라 하나님께서 직접 하신 말씀이다(창22:1-2). 그럴 바에는 차라리 주시지나 말지 주실 때는 언제고 이제 와서 100세에 얻은 금덩이 보다 귀하고 자신의 목숨보다 더 귀한 외아들을 번제로 바치라니 이 얼마나 기가 막힐 일인가? "번제로 바치라"는 말은 아들을 죽여 그 시체를 태워 하나님께 연기로 드리라는 뜻이니 얼마나 무섭고 황당한 일인가? 도저히 그렇게 할 수는 없다. 당시 어린아이 희생 제사는 가나안 족속들과 그 주변 문화권에서는 흔한 일이었다지만 하나님은 그분의 자녀들을 구원하시며 이교도들의 어린아이 희생 제사 폐지를 원하시는 분이어서 아무 이유도 없이 그럴 수는 없는 것이다. 도저히 임신이 불가능한 부부에게 늦게 아들을 주시고 그 아들을 통하여 인류 구원사의 영맥을 이어가실 터인데 그럴 수는 없는 것이다. 그러니 이것은 하나님이 필시 무슨 뜻이 계셔서 그럴 것이다.

아브라함은 그런 생각으로 아들을 하나님께 바치기 위해서 그분이 지시하신 모리아 산으로 갔다. 산언덕 목적지를 향하여 올라가는데 어린 아들 이삭이 질문을 한다. "불과 나무는 있거니와 번제할 어린 양은 어디 있나이까?" 아비 아브라함에게는 억장이 무너지는 물음이다. 이에 아브라함은 얼버무려 "하나님이 자기를 위하여 친히 준비하시리라"(창22:7-8)고 대답을 하였다.

엉겁결에 한 아브라함의 대답은 맞는 말이었다. 막상 아들을 제단에 올려놓고 칼로 죽이려 하자 하나님은 다급히 그 일을 막으시고 마침 뿔이 수풀에 걸린 숫양을 예비하셨다가 제물로 받으시고 아들을 살려 되돌려 주셨다. 하나님은 사람의 시체 연기를 제물로 받으시는 그런 것을 원하지 않으시고 그렇게 귀한 아들까지도 아끼지 않으며 바치려는 믿음이 있는지 없는지 시험을 해 보기 위함이셨다.

우리 신앙 용어에 "시험"이란 말이 두 가지 뜻이 있는데 그 하나의 "시험"은 영어의 수능자격 유무를 따지는 것과 같은 테스트(test)이고, 다른 하나는 유혹(temptation)이다. 아브라함은 무슨 악귀의 유혹에 말려든 것이 아니라 인류 구원의 영적 조상 자격이 있는지 없는지 하나님이 내신 신앙 수준 자격시험문제를 받은 것이다. 그런데 아브라함은 놀랍게도 합격점수를 받았다. 그래서 하나님은 감격하셔서 "네 아들 독자까지도 내게 아끼지 아니하였으니 내가 이제야 네가 하나님을 경외하는 줄 아노라"(창22:12)고 하셨다. 또 다시 하나님은 그 합격을 기뻐하시며 다음과 같이 축복하셨다. "네가 이같이 행하여 네 아들 네 독자도 아끼지 아니하였은즉 내가 네게 큰 복을 주고 네 씨가 크게 번성하여 하늘의 별과 같고 바닷가의 모래와 같게 하리니 네 씨가 그 대적의 성문을 차지하리라"(창22:16-17).

우리 주 예수 그리스도 앞에 온 한 부자 청년은 "내가 무엇을 하여야 영생을 얻으리이까"(막10:17) 하며 의기양양하게도 모든 율법 지킨 것을 자랑하였지만 "네게 있는 것을 다 팔아 가난한 자들에게 주라"하시는 주님의 말씀에 슬픈 기색으로 발길을 돌렸다. 돌아서는 그 청년을 보고 하신 주님의 말씀은 "낙타가 바늘귀로 나가는 것이 부자가 하나님의 나라에 들어가는 것보다 쉬우리라"(막10:25) 하셨다.

주님의 이 말씀의 요지는 재산이 많은 부자들을 불안하게 만들기는 하지만 부자를 타깃으로 하신 말씀이 아니다. 부자가 무슨 죄가 있는가? 부자는 부유의 복을 받은 자이다. 하나님으로부터 받은 물질의 복을 받은 자이다. 다만 하나님으로부터 받은 물질을 하나님보다 더 중하게 여겨 아까워 바치지 못하는 불신앙인을 두고 말씀하신 것이다. 주님의 시험에 불합격자를 두고 하신 말씀이다. 진짜로 믿는 사람들은 이 세상에 있는 그 어떤 사람이나 물질이나 무슨 귀한 가치라도 하나님보다 더 귀하게 보지 않는 사람들이다. 그래서 하나님이 쓰시겠다고 하면 그것을 우선순위에 두고 언제나 그 모든 것을 바치는 그런 용기의 헌신자들인 것이다.

어느 교회의 한 부자는 성전 건축과정에서 제대로 헌금을 하지 않으면서 헌금 대신에 교회에 와서 건축하는 일을 좀 도우면 되지 않겠느냐고 했다는 말을 들었다. 그런 사람은 돈을 믿고 하나님을 믿지 않는 사람이다. 부자가 아니라면 자신의 몸으로라도 건축에 참여하겠다는 헌신이 이해가 가지만 부자로서 돈을 내는 것이 아까워 그렇다면 그런 믿음 없는 자가 어찌 성전을 건축하는 일에 참여하여 복을 받을 수가 있겠는가?

아브라함이 시험에 합격하여 복된 조상이 되었듯이 베드로도 "모든 것을 버리고 주를 따른" 제자이다. 합격한 베드로의 말에 주님은 다음과 같이 축복의 말씀을 하셨다.

"나와 복음을 위하여 집이나 형제나 자매나 어머니나 아버지나 자식이나 전토를 버린 자는 현세에 있어 집과 형제와 자매와 어머니와 자식과 전토를

백 배나 받되 박해를 겸하여 받고 내세에 영생을 받지 못할 자가 없느니라” (막10:29-30).

그리고 일시적으로 주님을 부인했던 베드로의 허물을 덮으시고 부활하신 주님께서는 “나를 사랑하느냐?”고 세 번 물으시고 주님의 양을 담당하는 수제자의 직무를 맡기셨다(요21:15-17).

요새 무슨 목사고시 장로고시 등 일단 시험을 치러 여기에 합격하면 그 직분을 당연히 감당할 줄 아는데 그것은 교회의 제도를 통과한 것이고, 진짜 하나님과의 관계에서 일대일 시험에 합격하여야 그 직무를 감당할 수가 있다. 그것은 간단한 테스트, 아브라함이나 베드로 같은 헌신 시험에 합격하는 일이다. 얼마나 이 시험이 소중한지 하나님은 단순히 시험문제 합격의 일로 끝내지 않으시고 이 헌신 믿음의 모리아 제단 위에 훗날 다윗과 그의 아들 솔로몬이 성전을 건축케 하셨다(대하3장). 이 성전에서 계속 아브라함의 이삭을 대신한 여호와 이레 제물인 양의 피를 바치게 하시더니 때가 되어 하나님도 이곳에 독생자 예수 그리스도 십자가 피를 바치셨다. 그러니 아브라함의 모리아 이삭 헌신과 다윗의 예루살렘 성전 피 제물 헌신, 그리고 하나님의 아들 예수 그리스도의 골고다 십자가 제물 헌신! 이 세 위대하고 거룩한 한 자리의 헌신으로 인류 구원이 시작되고 완성된 것이다.

이 세상 그 어떤 귀한 것도 주님보다 더 사랑하지 않고 정말 마음을 다하여 하나님을 사랑하므로 주님이 쓰시겠다 할 때 드리는 그 헌신이 이토록 귀하고 거룩한 일이다.

(16) 하나님과의 씨름

주 예수 그리스도는 어떻게 기도를 하여야 할지를 모르는 제자들에게 기도(주기도문)를 가르치신 후 기도의 자세를 강조하셨다. 그러면서 밤중에 떡 빌리러 온 친구 이야기를 하셨다. 식구들이 다 불을 끄고 침실에 누워 자는데 어떻게 그 친구에게 떡 세 덩이를 빌려 주었는가? 그것은 떡 빌리러 온 친구가 너무나 절박한 심정으로 간절하고도 강력하게 죽는 소리하면서 끈질기게 매달리기 때문에 "비록 벗됨으로 인하여서는 일어나서 주지 아니할지라도 그 간청함을 인하여 일어나 그 요구대로 주리라"(눅11:8)하셨다. 사람에게 무엇을 구할 때도 간절하게 매달려야 무엇을 얻을 수가 있는데 어찌 하나님에게 구할 때 처삼촌 벌초하듯 쉽게 그렇게 대충대충 기도해서 응답을 받겠느냐는 말씀이시다. 절박하면 간절하게 매달려야 한다. 발등에 불이 떨어졌으면 "앗, 뜨거워!!"하며 크게 소리치고 당장 발에서 불을 끄려고 동동거릴 것이다. 발등에 불이 떨어졌는데 "저 실례지만 제가 발등에 불이 떨어져서 그러는데 잠시 기다려 주시겠습니까?" 하며 이면체면 따지며 느긋하게 처신 할 것인가?

옛말에 "노느니 염불한다"는 식으로 놀면서 염불하듯(불교의 참된 염불이 아닌) 아무런 생각 없이 습관적으로 형식적으로 기계적으로 대충 대강 주기도문을 중얼중얼 외우는 그런 식의 웃기는 기도자세를 경계하셨다. 주님은 십자가를 앞두고 "힘쓰고 애써 더욱 간절히 기도하시니 땀이 땅에 떨어지는 핏방울 같이 되는"(눅22:44) 기도를 드리셨다. 주님의 기도 자세와 함께 기도의 사람들이 늘 본받는 기도 자세가 믿음의 조상 야곱의 기도이다.

야곱은 할아버지 아브라함에 의해 모리아 제단에 바치어져 복을 받은 이삭의 아들이다. 온유와 겸손으로 당대에 거부가 된 아버지의 쌍둥이 아들에서의 동생이다. 형은 동생이 유혹하는 팥죽 한 그릇에 넘어갈 정도로 현세의 물질이나 쾌락에 관심을 두고 사냥꾼이 되어 밖으로 돌았다. 그러나 야곱은 안으로의 영적 자세를 가져 할아버지 아브라함을 선택하시고 이 가문을 통해 일하시는 미래 희망의 하나님께 관심을 두었다. "내가 너로 큰 민족을 이루고 네게 복을 주어 네 이름을 창대케" 할 뿐만 아니라 "땅의 모든 족속이 너로 말미암아 복을 얻을 것"(창12:2-3)이라고 할아버지에게 약속하신 하나님의 말씀을 생각하면 가슴이 뛰었다.

하지만 야곱은 이 놀라운 약속이 장자인 에서의 맥을 통해서 이뤄져가고 차자인 자신의 영맥을 통해서는 계승이 되지 않음을 알고 불안해했다. 자신에게 이런 복이 오지 않는 것도 문제이지만 더 큰 문제는 이런 하나님의 약속과는 아무 관계없이 그저 등 따습고 배부른 것에만 머물고 사는 형에 대해 불만을 가질 수밖에 없었다. 그런데 이 기막힌 사실을 야곱보다 먼저 아는 사람이 있었으니 이미 눈 어두운 아버지보다는 영적감각이 투철한 어머니였다. 어머니 리브가는 이를 그냥 두고 볼 수가 없어서 아버지의 축복기도 별미를 준비하러 간 형을 대신해서 작은 아들 야곱이 형의 축복을 가로채어 받게 하는 영적 혁명을 일으켜 장자 형이 받을 축복을 가로챈 후 야곱 아들을 친정 쪽으로 빼돌렸다. 이 혁명에 참여하여 이제 차자가 아니라 축복의 주인공 장자가 된 야곱은 그토록 하나님의 약속의 은혜를 사모하는 자신에게 하나님이 함께 하심을 외갓집 도망 길 광야 돌베개 잠자리에서 하늘과 통하는 사다리 꿈으로 알고 한없이 기뻐하며 소망이 가득했다.

그래서 "내 고생하는 것 옛 야곱이 돌베개 베고 잠 같습니다. 꿈에도 소원이 늘 찬송하면서 주께 더 나가기 원합니다"라는 찬송이 있으며 "야곱이 잠깨어 일어 난 후 돌 단을 쌓은 곳" 그곳은 바로 하나님의 집이라는 "벧엘"이 되었다(창28:10-19).

그런 어머니와는 다르게 야곱의 외삼촌 라반은 사기꾼 기질이 다분히 있었다. 그러나 하나님이 그 곳에서도 함께 하시므로 네 아내를 통해 12아들을 얻었으니(막내 베냐민은 가나안에서) 이들이 바로 이스라엘 12지파의 원조상이 되었다. 이 지파를 생각하며 새 이스라엘의 하나님 나라 운동 최전선에도 주님이 12제자를 세우셨다.

야곱의 이 많은 식구들을 위해 외삼촌은 인색했으나 하나님은 물질의 축복도 기적을 통해 넉넉히 주셨다. 야곱은 할아버지 아브라함처럼 똑같이 하나님의 음성을 듣고 하란에서 가나안으로 향했으나, 할아버지 때와는 다르게 가나안에서는 형 에서가 군대를 거느리고 자신의 축복을 가로 챈 동생에게 앙심을 품고 복수를 하려고 벼르고 있었다. 이 소식을 듣고 생명의 위협을 느낀 야곱은 이 일이 단순히 형과의 싸움으로 해결 할 일이 아니었다. 그것은 하나님과의 기도로 해결할 일이었다. 지금까지 도우신 하나님께서 이 중요한 때에도 도우셔야 할아버지 아브라함 아버지 이삭의 땅에 들어가 살 수가 있다. 단순히 거기 사는 것이 아니라 가문에 약속하신 하나님의 축복이 이루어지는 삶이다. 그러니 에서가 벼르며 기다리고 있어도 반드시 가나안으로 들어가야 하며 또한 이것이 하나님의 뜻임을 알았다.

그래서 야곱은 처자식과 재산을 강 저쪽에 두고 홀로 얍복 나루터에서 철야기도로 하나님께 매달렸다. 얼마나 간절한 지 하나님을 붙들고 씨름하는 것 같았다. 아니 확실한 씨름이었다. 할아버지 아브라함에게 약속하신 복을 확실히 자기가 받고 싶어 눈물소원으로 땀 흘리며 하나님을 붙잡았다. 이는 형과의 문제가 아니라 하나님의 일, 가문의 일이기도 하니 더 간절했다. 하나님이 축복하지 않으시면 하나님을 놓을 수 없다며 땀투성이로 강력하게 달려들었다. 그러니 하나님 쪽에서 매달리는 야곱의 환도뼈를 쳐 보았으나 그래도 아랑곳하지 않고 야곱은 매달렸다. 때가 차서 하나님께서 두 손 들어 축복하시며 이제 네 이름을 야곱이라 하지 말고 하나님과 겨루어 이겼으니 "이스라엘"이라고 하라 했다. 그런데 아무리 끈질기게 야곱이 매달려도 어찌 인간이 하나님을 이겼겠는가? 그것은 하나님이 원하시는 기도, 하나님이 치루시는 시험에 야곱이 합격된 것이다. 야곱의 소원은 바로 하나님의 소원이기도 하니 마치 자식을 향한 아버지의 마음 같이 기뻐하시며 축복하셨다.

야곱은 밤이 새도록 기도한 후 비록 다리는 절었으나 응답 받은 기쁨과 자신감이 가득했다. 동트는 새벽을 맞을 때 "하나님의 얼굴"을 보았다는 뜻으로 그곳 이름을 "브니엘"로 불렀고 그 후 형과의 문제도 눈 녹듯이 풀렸다. 우리 속에 두신 하나님의 소원은 이와 같이 하나님이 원하시는 기도로 이루어진다. 오늘 우리의 큰 죄는 영적인 권태이며 이런 기도 없이 하나님의 일을 하겠다는 것은 어불성설이다.

(17) 꿈꾸는 꿈쟁이들

아브라함을 생각하면 하나님의 약속에 의한 꿈을 꾼 꿈쟁이를 생각한다. 이스라엘이라는 이름을 별명으로 얻은 아브라함의 손자 야곱도 하나님과 통하는 돌베개 사닥다리 꿈 환상을 본 이후로 복을 사모하는 꿈쟁이로 살았다. 기껏 팥죽 한 그릇으로 축복의 통로인 장자권을 팔아넘기는 그의 쌍둥이 형 에서에게는 확실히 그런 꿈이 없었다. 야곱의 열한 번째 아들 요셉도 형들의 시기 질투를 받아 이집트에 팔려가서 국무총리가 되었는데 그런 요셉도 바로 꿈쟁이였다. 요셉은 어릴 때부터 실제로 밤에 잘 때 해와 달과 별들이 자기에게 절하는 빛의 왕 꿈을 꾸었고, 곡식단들이 자기에게 절하는 남 먹여 살릴 생명 구원의 꿈을 꾸었다. 그래서 어린 나이에 시기심 가득한 형들로 인해 노예로 팔리고 죄를 뒤집어 써 감옥에 버려졌다 할지라도 이 꿈을 꾸게 하신 하나님을 바라보고 그 꿈 이루어지기를 비는 꿈쟁이로 살았다. 결국 옥중에서 남의 꿈을 해석하다가 이집트의 국무총리로 발탁이 되어 자기 꿈대로 이집트와 중동지방, 그리고 이스라엘 전체를 살리는 꿈쟁이가 되었다. 어디 그 뿐인가? 가장 감동적인 요셉 꿈의 마지막은 그가 생애를 마무리할 때 이스라엘 자손들에게 출애굽의 꿈을 말하며 반드시 그 출애굽과 함께 자기 "해골"(창50:25)을 메고 나갈 것을 유언했다.

모세는 출애굽의 꿈을, 다윗은 민족 평화와 번영 그리고 성전 건축 꿈을 꾸고 그것을 이루어 드렸다. 이 세상에 오신 우리 주 예수 그리스도는 만민을 구원할 하나님나라 꿈을 꾸고 그 꿈을 이루어 드리기 위해 하나님 앞에 십자가 제물이 되셨다. 사흘 후 부활하시고 승천하실 때 그분은 제자들에게 예루살렘과 유대와 사마리아와 땅 끝까지 구원의 꿈을 꾸게 하셨다. 그 꿈의 충동을 받아 베드로와 바울은 로마에 진출하여 전 세계 만방에 그리스도의 복음을 전파하려는 꿈을 가진 꿈쟁이들로 이어졌다.

성경에 기록된 모든 인물들은 거의 이런 꿈의 사람들이었다. 이런 성경을 읽고 역시 믿음을 키우는 중에 사람의 마음속에 소원을 두고 행하시는(빌2:13) 하나님의 뜻을 받들어 말틴 루터는 종교개혁을, 말틴 루터 킹은 흑백 평등 인권의 꿈을 이루어 드렸다. 오늘 미국의 오바마 흑인 대통령은 킹 목사가 수십 년 전에 이미 본 아메리카의 약속의 땅 꿈의 현실이다. 우리나라의 복음화를 위해 자신뿐만 아니라 가문 자손 대대로 헌신하고 있는 미국 선교사 언더우드도 꿈쟁이였다.

이런 믿음의 조상들의 꿈은 한 가지 특징이 있는데 주 하나님을 섬기는 신앙생활 중 하나님에 의해 이런 꿈을 가지게 되었다는 것이다. 즉 자기가 만든 꿈이 아니라 위의 하나님의 말씀과 성령의 감동으로 된 하늘 소원이 서린 꿈이었다.

이런 꿈과는 전혀 다르게 인간의 혈기와 욕망에 의한 무모한 꿈을 가진 꿈쟁이들도 많다. 한반도를 공산화하기 위한 김일성의 꿈, 중국을 한 손에 거머쥔 모택동의 꿈, 동북아 전체를 하나로 지배하려던 일본 동조의 꿈, 유럽을 다 삼키려던 히틀러나 나폴레옹 등의 꿈이 그것이다. 이런 꿈 때문에 강대국들의 틈바구니에서 남북분단의 서러움을 겪는 우리 한반도는 얼마나 많은 난리를 치르며 고난이 많았는가?

요즘도 사람들이 다 꿈꾸며 사는 꿈쟁이들 세상이다. 이 꿈이 정말 하늘 하나님에 의하여 하나님의 뜻이 이 땅에 이루어지거나 더 나은 인류복지를 위한 가치 있는 꿈인지, 그렇지 않으면 악마에 의하여 악한 뜻이 이 땅에 이루어지거나 자기 혈기 욕정을 채우기 위한 그저 그런 꿈인지 생각해 보아야 한다.

(18) 붙어살기만 해도

아브라함이 하란 땅에서 가나안 땅으로 옮겨 올 때는 혼자 오지 않고 한 가족이 모두 왔다. 아브라함이 유목민이니 양들과 함께 양치기 목동들이 자동적으로 따라 왔을 뿐만 아니라 일꾼들도 따라왔다. 친 가족 중에는 조카 롯도 같이 왔다. 가나안 땅 출발 당시에 롯은 조카이지만 아브라함에게는 아직 후손이 제대로 없었기 때문에 아들 같은 존재였다. 그래서 "삼촌! 삼촌!" 하지만 "아버지! 아버지!"하며 가까이 모셔도 괜찮을 관계였다. 그런데 이상하게도 롯은 삼촌 아브라함과 별로 가까운 것 같지 않았다. 아침저녁으로 삼촌 곁에서 예배드리고 매일 안수기도 받고 삶과 생업의 지도를 받았으면 좋으련만 롯은 그렇지 못하고 삼촌과 겨루어 자기 재산 늘리는 데만 신경을 썼다. 자연히 아브라함의 목자들과 롯의 목자들 사이에 영역 분쟁이 생기게 되어 자꾸 남남으로 멀어진 기분이었다. 어느 날도 큰 분쟁이 생겼기 때문에 아브라함이 롯에게 제의를 했다. "우리는 한 친족이라 나나 너나 내 목자나 네 목자나 서로 다투게 하지 말자. 네 앞에 온 땅이 있지 아니하냐 나를 떠나가라. 네가 좌하면 나는 우하고 네가 우하면 나는 좌하리라"(창 13:8-9).

우리 생각 같아서는 롯이 삼촌의 이런 제안을 당장 거부하고 '잘 살든 못 살든, 잘 먹건 못 먹건 나는 삼촌 곁을 떠나지 않아야 산다. 하나님이 아브라함을 가나안 땅에 불러 살게 하신 것은 아브라함에게 복을 주시고 자손 대대로 나아가 지구촌 전체에 구원의 복을 주시기 위함이기 때문이다. 나에게는 이런 복의 약속이 되어 있지 않고 아브라함에게 이런 복의 약속이 되어 있다. 그러니까 아브라함에게 붙어살아야 삼촌 아브라함이 복을 받을 때 나도 같이 받는다. 이 복은 또한 아브라함 같은 믿음으로 살 때 받는다.' 이런 마음을 먹었음 직 한데 안타깝게도 롯에게는 이런 믿음이 없었다. 이런 복을 사모함도 없었다. 오히려 하나님을 믿는다는 아브라함을 곁에서 겪어 보면서 인간 아브라함을 보기만 하고 인간 아브라함을 통해 일하시는 하나님의 영적 비밀을 못 보아 오해와 착시현상만 가졌을 뿐이다.

그래서 자신이 보기에 유리한 땅을 선택하여 당장 아브라함 곁을 떠난 것이다. "삼촌 먼저 …"의 양보와 웃어른에 대한 공경과 배려심도 없이 평소에 보아 두었던 비옥해 보이는 요단지역 쪽으로 떠났다. 그러나 이곳은 자기 눈으로 보기에는 "여호와의 동산 같고 애굽 땅"과 같았을 지 모르나 사실 그곳이 나중에 하늘 저주의 심판이 내린 소돔 고모라 성이 되는 곳이었다. 그 눈에는 하늘이 보이지 않고 땅만 보이고, 그 눈에 하나님이 보이지 않고 돈만 보이니 그럴 수밖에 없었다.

아니나 다를까, 아브라함이 하란을 떠나온 지 약 9년 후 북 가나안 세력과 남 가나안 세력이 충돌하여 전쟁이 일어나고 롯과 그의 식구들이 모두 적에게 잡혀갔다. 이 소식을 듣고 아브라함이 황급히 달려가 구출했는데 이 때라도 다시 아브라함 품에 들어오면 될 텐데 롯은 들어오지 않았다. 소돔

성이 하늘의 유황불 심판으로 망할 때 아브라함의 기도로 겨우 도망쳐 나왔으나 그때도 삼촌의 품에 오지 않고 산속 동굴에 있었다. 소금기둥이 된 롯의 아내를 대신하여 두 딸들이 아버지와 동침하여 후손들을 이었으니, 모압과 암몬 족의 조상이 되었다는 것이다(창19:37-38).

기는 놈 위에 나는 놈, 나는 놈 위에 나는 놈에게 붙어사는 놈이란 말이 있다. 아무리 못나도 아브라함에게 붙어 있기만 하면 롯과 그 후손은 선민 이스라엘이 될 터인데 이방인으로 떨어졌으니 참으로 안타까운 일이다.

우리 주님께서 말씀하시기를 자신은 "포도나무"라 하시며 "너희는 내게 붙어 있는"(요15:2) 가지가 되어 열매 맺기를 원하시고 "나를 떠나서는 너희가 아무 것도 할 수 없음"(요15:5)이라고 하셨다. 아무리 십자가 삶이 고생이 되고 힘들어도 우리는 주님이라는 가지에 붙어있기만 하면 된다.

(19) 이스라엘 민족과 국가의 출발

아브라함이 가나안 땅에 살도록 하나님으로부터 부름을 받았지만 아직 아브라함과 그 아들 이삭, 그리고 그 손자 야곱 때까지 한 민족과 국가가 형성된 것이 아니었다. 아브라함의 한 가정일 뿐, 크게 봐서 유목민이니까 양치기 식구들과 함께 한 부족을 이루고 살 정도였다. 이때 야곱의 아들 요셉이 형들로부터 버림을 받아 이집트에 노예로 팔려갔지만, 거기서 하나님의 도우심을 받아 애굽의 국무총리가 되었다.

그런 후 요셉을 따라 야곱의 가족 70명이 가나안에서 이집트의 고센 지역에 이주하여 살게 되었는데, 400여 년 뒤에 이집트 원주민과 그 권력자들이 하도 박해를 많이 하기 때문에 여기서 떠나 다시 가나안으로 향하게 되었다. 이때의 지도자가 모세였고 모세를 통한 하나님의 개입으로 이집트 천지가 뒤흔들리는 10가지 재앙을 거치면서 가나안을 향해 홍해를 건넌 과정을 출애굽이라 한다. 이집트에서 나올 때 싸움에 나갈 만한 20세 이상의 장정만 603,550명(민1:46)이니 집계되지 않은 레위인과 여자와 아이 등의 수를 합하면 약 200만 명의 인구가 된다. 그 인원이 약속의 땅으로 가는 광야 40년 길에서 역사상 최초로 아브라함의 후손인 이스라엘 민족이 형성된 것이다. 지금까지 자기들을 지배했던 이집트의 왕 바로는 없어지고 모세가 선지자로서 리더가 되었다. 아직 땅은 없지만 광야 끝 너머에 있다. 법은 모세가 하나님으로부터 받은 십계명과 거기에 달린 모든 율법이었다. 교육과 모든 삶의 중심은 성막이었다. 먹고 사는 경제적인 문제는 하나님이 하늘에서 내리시는 비상식량 만나와 때로 주시는 메추라기, 그리고 반석에서 솟는 샘물이었다. 최대의 국방은 낮에는 구름기둥, 밤에는 불기둥으로 나타나시는 하나님의 인도와 보호였다. 그러니까 출애굽 행진이 바로 역사상 최초로 이스라엘 국가와 민족이 탄생된 출발이었다.

이 체제로 광야를 지나 요단강을 건너 가나안 땅을 정복하고 사사시대를 지내 왕조시대를 연 것이었다. 물론 장소나 상황에 따라 정치지도자나 경제구조나 인구분포도는 달라졌으나 여호와 하나님 중심의 신앙과 그 법은 달라질 수 없는 신정국가형태로 번성하게 되었다. 이런 하나님 중심의 신앙국가 성립 배경에는 조상 아브라함으로부터 시작되는 인류구원의 꿈과 사명감이 민족의 가슴에 사무쳐 있었기 때문이었다.

“오라 우리가 여호와의 산에 오르며 야곱의 하나님의 전에 이르자 그가 그의 길을 우리에게 가르치실 것이라 우리가 그 길로 행하리라 하리니 이는 율법이 시온에서부터 나올 것이요 여호와의 말씀이 예루살렘에서부터 나올 것임이니라 그가 열방 사이에 판단하시며 많은 백성을 판결하시리니 무리가 그들의 칼을 쳐서 보습을 만들고 그들의 창을 쳐서 낫을 만들 것이며 이 나라와 저 나라가 다시는 칼을 들고 서로 치지 아니하며 다시는 전쟁을 연습하지 아니하리라”(사2:3-4).

“율법이 시온에서부터”와 “여호와의 말씀이 예루살렘에서부터” 나온다는 예언은 같은 말로서 율법의 완성이며 영생의 말씀을 전하므로 온 세상을 살리는 “구원자가 시온에서”(사59:20, 롬11:26) 나온다는 뜻이다.

베들레헴에 나시고 갈릴리에서 활동하셨지만 시온산성 예루살렘에서 십자가에 달리시고 부활 승천하시고 성령으로 교회를 세우신 예수 그리스도께 이스라엘과 인류의 구원 소망을 둔 이사야의 예언 말씀이다. 이 메시아 예수 그리스도께 소망을 두고 예수 그리스도를 향하여 신정왕국 이스라엘이 탄생된 것이다. 메시아를 향한 신앙의 몸부림이 강할 때 민족과 나라는 번성했고, 이 신앙이 약하거나 노선을 이탈하여 하나님을 배반했을 때는 징계를 받거나 망했다. 오직 이스라엘의 존재 이유는 예수 그리스도를 중심한 하나님 나라를 대망하는 지상의 신앙왕국을 제대로 세우는 일 그것뿐이었다.

(20) 이상적인 예배 현장

성격은 급하고 말도 더듬으며 때로는 주먹이 먼저 나가 사람도 죽인 문제아, 그래서 미디안 광야로 피신해 처갓집 양을 치며 신세 한탄하는 모세가 어떻게 크게 믿고 크게 일하는 하나님의 사람이 되었는가? 그것은 "이 큰 광경을 보리라"하며 떨기나무에 불이 붙었으나 그 떨기나무가 사라지지 아니하는 광경을 가까이 가서 본 그곳에서 부터이다(출3:1-4:17).

그곳은 거룩한 땅! 하나님이 불꽃 가운데 나타나신 곳! 신을 벗어야 할 거룩한 자리, 거기서 하나님을 만나고 사명을 받은 후부터 모세는 변하여 새 사람이 되었다. 가만히 생각해 보면 바로 여기 불 가운데 하나님이 나타나셔서 말씀을 하셨다. 모세를 부르시고, 만나 주시고, 친히 말씀을 하셨다. 하나님 자신이 누구신지 계시로 알려 주셨다. 조상들의 하나님을 말씀하시고 현재 이집트에서 고난당하고 있는 민족을 말씀하셨다. 그리고 그 민족을 해방하여 가나안 땅으로 인도하라는 사명을 주셨다. 그 일을 감당하도록 지팡이를 통한 능력을 입혀주셨다.

또 모세는 여기서 하나님과 대화를 나누었다. 자신의 무능과 언변 없음, 그래서 거절하는 모습도 보였다. 그러나 하나님의 사랑과 민족 구원의 열망 앞에 압도당하여 순종하게 되었다. 그래서 미디안광야로 피신하여 들어갈 때와는 다르게 하나님의 일을 하기 위한 지팡이를 잡고 민족을 출애굽시켜 하나님이 조상 아브라함에게 약속하신 땅으로 인도하기 위한 사명자로 발걸음을 당당히 옮겼다.

모세가 하나님을 만난 호렙산 떨기나무에 불이 붙던 이곳이 바람직한 예배 장소이다. 우리의 예배는 반드시 하나님 쪽에서 불로서 나타나셔야 한다. 하나님은 불이시며(신4:24), 불 가운데서 말씀하시며(신5:4), 불로 응답하시기(왕상18:24) 때문이다. 하나님의 독생자 예수 그리스도는 이 세상에 불을 던지러 오셨기 때문이다(눅12:49). 그리고 불의 하나님과 불의 예수 그리스도를 대신하여 이 세상에 오신 성령님도 불로 임하셨기 때문이다(행2:3).

그러니까 성령시대를 살아가는 오늘의 예배가 "마음을 같이 하여 오로지 기도에 힘쓰는"(행1:14) 중 초대교회 성도와 사도들처럼 성령의 바람과 불을 체험하는 모임이어야 한다. 이런 모임일 때 자동적으로 하나님을 대신한 설교자의 설교는 초대 교회 성령충만한 베드로의 말씀처럼 철저히 그리스도 중심이되 불의 말씀이어야 한다. 성도들은 "이 말을 듣고 마음에 찔려 베드로와 다른 사도들에게 물어 이르되 형제들아 우리가 어찌할꼬" 하며 회개하는 자리로 돌아가야 한다. 그리고 성령의 선물을 받고 사명자로 세상에 나가야 한다. 그 예배를 회고할 때 사람들이 부활하신 예수를 처음 만난 엠마오 길의 제자들처럼 "가슴이 뜨거워야" 한다(눅24:32). 이런 가슴으로 개인 구원과 사회 구원, 국가와 민족 구원, 인류 구원의 사명자로 모두 새롭게 일어나야 한다. 이런 기도와 성령체험과 말씀, 그리고 능력 받음 사명으로 생동하는 호렙산 불의 예배가 우리의 교회에 지속될 수는 없을까? 어떤 분은 신앙의 권태가 큰 죄라고 했다.

(21) 온 천하를 뒤흔들며 탈출

달랑 지팡이 하나 들고 불의 하나님으로부터 사명 받고 이집트에 들어온 모세다. 그런데 돈도 조직도 없이 무슨 출애굽의 일을 하겠는가? 더구나 왕궁에 살던 젊은 날의 왕자 모세를 생각하면 바로 왕가의 식구들이 볼 때에도 초라하기 짝이 없어 불쌍할 정도이다.

그러나 지팡이 하나를 주신 하나님! 이 지팡이를 통해 기적을 일으키시며 일하실 하나님의 신비한 능력을 믿는 모세에게는 겁낼 것이 없었다. 오히려 바로 왕에게는 "신같이 되는" 자신감으로(출7:1) 하나님이 사랑하는 선민 이스라엘 백성을 해방시킬 사명으로 가슴은 불탔다. 이제는 오로지 강하게 담대하게 믿음으로 돌진할 뿐이었다.

하나님의 명령으로 지팡이를 움직일 때마다 피와 개구리와 이와 파리와 악질병과 독종과 우박과 메뚜기, 그리고 흑암의 재앙으로 이집트 천지가 뒤흔들렸다. 마지막으로 문설주에 양의 피를 바르지 않은 집을 치는 장자 사망 재앙으로 이집트 전역에 통곡소리가 나는 중 바로는 두 손을 들고 항복하고 이스라엘은 출애굽 하게 되었다. 그래도 끝까지 해방과 자유의 길을 막는 바로의 이집트 군대를 홍해 물에 수장시키며 이스라엘은 완전히 약속의 땅을 향하여 광야에 들어서게 되었다.

누가 홍해를 갈대바다라고 했는가? 어느 옛 문서에 그런 기록이 있다고 해서 똑똑한 신학생 하나가 신학대학 새벽기도 모임에서 하나님의 기적을 부인하고 인간의 가능성을 강조한 일이 있었다. 그 모임에 어느 교회 장로로 학교 청소직원이 된 분이 참석했다가 이 설교를 듣고는 예배 후에 그 설교학생을 붙들고 강력히 항의하며 시비 거는 것을 보았다. 장차 목사가 될 신학생이 그렇게 배워서 어떻게 한국교회를 살리겠느냐며 그 장로는 탄식을 하였다. 신학을 배워도 정말 그렇게 배우면 배우지 않는 장로만도 못하다. 기적을 부인하고 인간의 논리와 상식으로 하나님을 판단하려 해서는 안 된다. 하나님은 인간의 한계를 초월하시는 분이시다. 기적을 일으키지 못하시는 하나님이 어찌 전지전능하다고 할 수 있겠는가? 인간이 어찌 그런 하나님을 믿겠는가? 홍해는 갈대밭 늪이라서 그냥 건넌 것이 아니라 모세가 든 지팡이를 통해 일하신 하나님의 기적으로 좌우에 물이 벽이 되는 중 건넌 것이다.

이집트 천하를 뒤흔들어 구원하고 홍해를 건넌 것! 이것은 하나님이 모세의 믿음을 통해서 일으키신 기적으로 된 것이다. 하나님이 하신 것이다. "천하를 어지럽게 하던 이 사람들"(행17:6)이라고 바울 일행을 고발하던 사도행전의 그 현장도 하나님이 움직여 일하시므로 그렇게 된 것이다.

이 하나님을 믿는 요셉이나 모세가 갔을 때 이집트가 흔들렸고, 비록 포로로 잡혀가도 다니엘이 갔을 때 바벨론 천지가 흔들렸고, 공동묘지 지하땅굴 카타콤베를 드나들어도 목숨 내놓고 뜨겁고 강하게 믿던 초대교회 기독인들이 헌신했을 때 로마 천하가 흔들렸다. 모름지기 오늘의 자본주의 물질만능 소돔 고모라 성 경향의 인간욕정 소비국의 천하를 흔들어 구원하자면 옛 믿음의 조상들처럼 하나님과 손잡는 길 밖에 다른 길이 없다.

(22) 희생 제사의 중요 원리

모세가 광야에서 하나님께로부터 받은 계시의 모든 제사는 양이나 염소나 소 등의 동물 희생 제사다. 이 제사의 출발은 만민을 살리기 위해서 부름받은 선민들이 죄 중에 빠져서 남은커녕 정작 자신들도 살릴 수 없다는 죄책감에 빠져 있을 때, 그 죄를 용서 받아서 본래적인 사명을 감당하기 위한데서 부터이다. 그래서 기독인은 죄의식에서 사는 것이 아니라 죄를 용서받은 감격과 감사 의식, 그래서 큰 용서 많이 받았으니 큰 일 많은 일을 하여야 한다는 생각으로(눅7:43,47) 살도록 하자는 것이다.

그러나 이런 동물 희생 제사는 제사 그 자체에 의미가 있는 것이 아니라, 장차 오실 메시아 예수 그리스도를 상징하고 그분을 대망하고 기다리는 바로 거기에 초점이 있었다. 그러므로 예수 그리스도의 십자가 희생을 생각하는 제사 원리는 다음과 같다.

첫째, 제물은 흠이 없어야 한다(레1:3).

세상 죄를 지고 가는 하나님의 어린 양이 죄 있는 남자의 후손이 아니라 성령으로 잉태된 여인의 후손으로 나신 것도 죄라는 흠이 없게 하심이다. 나이가 있는 것이나 저는 것이나 병든 것이나 흠이 있는 동물은 제물이 될 수가 없었다.

둘째, 안수를 하여 대신 죽게 한다(레1:4).

희생하는 동물에게 희생자가 안수함으로 희생자의 죄를 희생동물에게 전가(transmit)시키기 위함이다. 이때 "안수"는 전가시키기 위한 수단이다. 안수를 받음으로 희생동물이나 희생시키는 자가 하나가 되는 것이다. 그러므로 희생동물은 그 희생시키는 죄인의 죄를 대신해서 죽게 되는 것이다.

이와 같이 죄인들의 모든 죄를 지고 희생동물이 대신 죽듯이 우리 주님도 이 세상에 오셔서 인간의 교만한 모든 죄를 혼자 대신 다 뒤집어쓰시고 순한 양같이 십자가에 죽으셨다.

"우리는 다 양 같아서 그릇 행하여 각기 제 길로 갔거늘 여호와께서는 우리 모든 죄악을 그에게 담당시키셨도다"(사53:6) 하셨듯이 주님은 우리 죄를 대신 짊어지고 죽으셨다. 우리 모두가 주님의 머리에 안수를 하지 않아도 주 하나님께서 그렇게 안수의 원리로 우리 죄를 주님에게 지게 하셨다.

셋째, 희생제물은 반드시 죽어야 한다.

희생시키는 자를 대신해서 제물이 희생하는 것이니 희생동물은 반드시 죽어야 한다. 만약 죽지 않으면 희생이 아니기 때문이다. 그리고 양이나 소가 죽는다는 말은 반드시 피를 흘린다는 말이다. 그것은 "피 흘림이 없은즉 사함이 없기"(히9:22) 때문이다. 그래서 주님도 십자가에 죽으시고 피를 흘리셨다.

넷째, 희생동물의 고기를 먹음이다(레10:17-18).

아주 쉬운 뜻으로 희생동물을 먹으므로 자기의 것이 되게 하는 원리이다. 바친 제물은 어디 버리는 것이 아니라 반드시 제사장이나 희생제물을 바친 이스라엘인이 먹어야 한다. 마찬가지로 죄를 이기고 구원 받은 성도들은 성만찬을 통해 예수 그리스도의 살과 피를 받아먹으므로, 예수 그리스도가 남의 예수 그리스도가 아니라 자기 자신의 예수 그리스도가 되는 감격으로 살게 된다. 이를 강조하기 위해 우리 주님 예수 그리스도는 다음과 같이 강조하셨다.

"예수께서 이르시되 내가 진실로 진실로 너희에게 이르노니 인자의 살을 먹지 아니하고 인자의 피를 마시지 아니하면 너희 속에 생명이 없느니라. 내 살을 먹고 내 피를 마시는 자는 영생을 가졌고 마지막 날에 내가 그를 다시 살리리니 내 살은 참된 양식이요 내 피는 참된 음료로다"(요6:53-55).

(23) 맷돌이 천천히 돌아도

하나님께서는 이스라엘 백성에게 약속하신 가나안 땅을 주시기 위해 이집트에서 나오게 하시고 홍해를 건너게 하셨다. 그러나 살기 힘든 가나안 땅이 눈앞에 펼쳐지고 먹을 것이 풍족하여 낙원 같은 가나안 땅은 보이지 않았다. 지난 날 이집트에 비하면 먹는 것도 마시는 것도 자는 것도 척박하여 시원치 않았다. 하나님이 다 알아서 주셨지만 별로였다. 그러나 하나님은 불 가운데 나타나셔서 삶의 기준이 되는 율법을 주시고, 율법의 말씀대로 살도록 장막성소를 주셨다. 특히 낮에는 구름 기둥, 밤에는 불기둥으로 약속하신 축복의 가나안 땅을 향하게 하셨다.

그러나 문제는 이 광야 백성들 생각에 하나님이 느리신 것 같았다. 주시려면 좀 빨리 주시든지 도대체 느리고 느린 하나님이셨다. 어느 신학자가 "하나님이 돌리는 맷돌은 느리게 돌고 인간이 돌리는 맷돌은 빨리 돈다"는 말을 했지만 성미 급한 백성들은 가나안 땅에 빨리 들어가고 싶어 배고픈 자가 돌리는 맷돌처럼 빨리 빨리 돌리며 서둘렀다. 그러나 하나님은 날마다 축복의 땅을 주신다면서도 낮에는 구름 기둥을 늦게 띄우시거나 아예 움직이지도 아니 하시고 밤에도 그렇게 하셨다. 심지어 직선 길도 굽은 길로 돌리시고 다 온 길을 다시 돌아가게도 하셨다. 그러니 요새 고속버스로 하룻길 갈 것을 4개월도 아니고 4년도 아닌 거리를 무려 걸어서 40년 세월이 되고 말았다. 그러니 성미 급한 백성들은 불평을 늘어놓기 시작하더니 점점 그 강도가 더해져 욕을 하고 삿대질 하고 난동을 부렸다. "가나안 땅이 있기는 있는가? 이놈의 모세! 하나님이 어디 있어!"하며 난동이 났다. 또 결정적인 계기에 가나안 땅을 정탐하고 돌아온 사람들의 부정적인 보고를 들으며 이들의 불평은 더 가중되어 드디어 폭동이 되었다. "이집트에 공동묘지가 없어서 우리를 여기까지 와서 죽이려 하는가" 할 정도였다.

말이 씨가 된다. "너희 말이 내 귀에 들린 대로 내가 너희에게 행하리니"(민14:28) 하신 말씀 그대로, 말한 그대로 이들은 거의 다 거기 광야에서 죽었다. 이집트에서 힘들게 나온 자들 중에 여호수아와 갈렙 외에는 광야에서 다 죽었다. 그러니 요단 강 건너 가나안 땅에 들어간 자들은 광야에서 난 그들의 후손들이었다.

왜 우리 하나님은 이렇게도 느리실까? 아니다. 하나님은 진실로 하나님을 믿는 알곡 신자들을 고르기 위해 채로 치고 키로 까불러 보신 것이다. 자기 욕정 욕심만 믿고 하나님의 뜻은 따르지 않는 자들을 가나안 땅에 들일 필요가 없으신 것이었다. 그리고 이왕에 우리 하나님은 독수리가 자기 새끼 키우듯(출19:4) 자기 백성을 강하게 키우시고, 축복 줄 자들을 겸손하게 낮추시고 시험하며 훈련해 보시기 위함이었다(신8:2).

어찌 이 일이 옛날 일인가! 오늘 우리도 요단강 건너 저 나라에 들어가자면 하나님이 원하시는 사람으로 변화가 되어야 한다. 물과 성령으로 거듭나야 한다(요3:5).

(24) 대대로 믿게 하는 쉐마 교육 운동

얼마나 힘 드는가? 우리 아들 딸 예수 믿게 하는 것이 얼마나 힘 드는가? 어릴 때야 업고 교회를 다니거나 손잡고 가면 되지만, 그 품을 떠나 사춘기 이후에 어머니 아버지를 비판하는 지경에 이를 때 부모 신앙을 그대로 이어 받기 참으로 힘들다. 그리고 객지나 해외로 다니며 공부하고 일하는 우리 자녀들이 새벽이나 낮이나 밤이나 교회의 말씀 기도 중심 신앙을 잇기가 어렵다. 그래서 교육으로 성공하고 직장과 사업의 정상 생활에 도달했을 때 갑자기 생각해 보면 금보다 더 귀한 신앙을 잃어버려 실망일 때가 참 많다.

늙어가는 신앙, 부모들의 기도 소원은 "자손만대로 이어가는 신앙가문"이나 안타까운 일이다.

그런데 성경의 이스라엘 민족은 얼마나 위대한가! "아브라함이 이삭을 낳고 이삭이 야곱을 낳고 …" 이렇게 시작되는 그 족보는 다름 아닌 신앙의 족보이다. 그러니까 아브라함의 신앙이 이삭에게, 이삭의 신앙이 야곱에게, … 이렇게 수 백, 천 년 계속 믿음의 대가 이어짐을 말한다. 그 믿음의 대가 가나안 땅에서, 이집트에서, 광야에서, 다시 가나안 땅에서, 바벨론 포로의 땅에서, 또 다시 가나안 땅에서, 우리 주 예수 오실 때까지 계속 이어진 것이다. 아니 예수 오신 이후 로마에 의해 정복당하고 유럽과 여러 나라에 분산되어 1,2천년 나라와 땅이 없어 망하고 살아도 그 신앙은 망하지 않았고, 이차대전 때 독일 나치정권의 폭정으로 600만 명이 학살당해도 그 믿음은 죽임 당하지 않아 시온운동을 벌려 다시 약속의 땅에 들어가 지금 저 영광의 예루살렘 성을 중심으로 약 500만 명, 미국을 중심으로 약 일천만 명이 살며 세계 앞에 큰 소리 하고 있다. 노벨상을 가장 많이 탄 민족으로 세계 발전에 공헌하며 믿음으로 큰 소리를 하고 있다. 이들보다 더 고난을 겪은 민족은 이 지구상에는 없다. 그러나 그 역경과 시련을 믿음으로 극복해 왔다. 믿음이 세상을 이기기 때문이다(요일5:4).

그러니 온갖 망할 일이 많아도 믿음이 있으면 망하지 않는 줄 알고 어릴 때부터 이스라엘은 신앙교육을 강조해 왔다. 이스라엘이 교육으로 일어난 나라이지만 "이스라엘 교육"을 교육학적인 눈으로 찾아보면 별로 교육이 없다. 이 교육은 다름 아닌 믿음 교육이기 때문이다. 그래서 모세는 광야에서 축복의 땅을 바라보는 이스라엘 백성들에게 "이스라엘아 들으라"(신6:4) 하며 "우리 하나님 여호와는 오직 유일한 여호와이시니 너는 마음을 다하고 뜻을 다하고 힘을 다하여 네 하나님 여호와를 사랑하라"고 외친 뒤 자녀 교육을 강조했다.

"네 자녀에게 부지런히 가르치며 집에 앉았을 때에든지 길을 갈 때에든지 누워 있을 때에든지 일어날 때에든지 이 말씀을 강론할 것이며…"(신6:7)했다.

위의 한 구절만 이렇게 가르치라는 말이 아니라 이 하나님과 이 하나님의 말씀 전체를 말함이다. 여기서 유명한 "쉐마 교육"이 시작되었다. 쉐마는 "들으라(hear)"는 말이지만 사실상 "듣고 따르는 청종"이라는 뜻이다. 이 믿음과 순종을 위해서 이들은 남은 물론이지만 먼저 자기 자녀들을 제자 삼아 대대로 가르치고 믿음의 대를 이어오고 있다. 영광의 가문 위대한 가문은 바로 이런 가문이다.

(25) 탈출(아브라함)

우리 믿음의 조상이요 이스라엘 민족의 선조인 아브라함은 "본토 친척 아비 집을 떠나는"(창12:1) 분이었다. 뿐만 아니라 첩의 소생 이스마엘을 등지고 떠나며, 심지어 100세에 낳은 아들 이삭을 모리아 산 번제단에 올려 태우려고까지 한 인물이다. 얼핏 보면 정신병자 같은 분이지만, 그러나 철저히 하나님의 명령을 받들어서 이렇게 한 것이다. 정든 고향을 떠나는 것은 부족사회에서는 죽음을 가져오는 위험성도 있는 것이기에 사실상 불가능할 것이라고 생각되지만 주 하나님의 뜻이니 믿고 떠나는 수밖에 없었다.

외로운 사회에서 애정을 끊는다는 것, 황량한 들판에 양식도 물도 없는 광야에 들어선다는 것은 살인적인 행위이기도 하지만 주 하나님의 명령이기에 모든 일을 주님께 맡기고 그렇게 한 것이다. 또 어찌 100살 넘어 낳은 자식을 번제단 장작더미 위에 올려 태우고 그 연기를 하나님께 드리려고 할 수 있는가? 하나님도 어찌 이런 명령을 하실 수 있을까? 그러나 우리 하나님은 이렇게 사람 태워 죽인 연기나 받고 사는 잔인한 하나님은 아니시고 너무나 좋은 주님이신 줄 알기에, 장차 더 좋은 것으로 미리 준비하여 그를 사랑하는 자에게 온전히 채워 주시는 분임을 알기에 이렇게 한 것이다.

이토록 아브라함은 하나님의 명령에 순종하기 위해 모든 것을 버리고 떠나는 인간 모습을 생각할 정도로 이분은 어디 인간적인 정을 두지 않고 계속해서 하나님의 뜻을 찾아 움직이는 분이다. 이 인물을 조상으로 받드는 이스라엘 백성들도 하늘 하나님 뜻이라면 땅의 것을 버리고 고생을 사서 하는 순례자의 길에 들어 선 것이다.

아브라함과 이스라엘 혈통을 타고 태어나신 우리 주님 예수 그리스도도 바로 이같이, 아니 아브라함이 장차 오실 메시야의 모습을 계시적으로 미리 보여주었을 것이다만, 하나님의 뜻이라면 공중의 새보다도, 산 속의 여우보다도 못하게 집도 없이 고향천지 없이 떠나시고 드디어는 생명까지 십자가에 버리고 떠나시는 분이다. 이 주님을 알기에 제자들도 아비를 버리고 생업인 그물을 버리고 고향을 등지고 떠난 것이다. 이 상황에서 재산 때문에 도저히 주님을 따를 수 없었던 부자 청년, 그래서 오히려 주 예수를 버리고 세상 재물을 향해 떠나는, 이름조차도 기록할 필요가 없고 다만 부자가 천국에 들어가는 것이 낙타가 바늘 귀로 들어가는 것보다 더 어렵겠다는 비유에서나 기억될 정도로 불쌍한 사람이 되는 것이다.

오늘의 믿는 사람들은 이 가련하고 불쌍한 처지에서 벗어나 빛나는 믿음의 조상들의 바통을 이어 받아 하나님의 뜻이라면 버리고 떠나려고 발버둥치는 특별한 사람들이다. “보소서 우리가 모든 것을 버리고 주를 따랐사온데”(마19:27) 하는 베드로의 고백, “형제들아 나는 아직 내가 잡은 줄로 여기지 아니하고 오직 한 일 즉 뒤에 있는 것은 잊어버리고 앞에 있는 것을 잡으려고 푯대를 향하여 그리스도 예수 안에서 하나님이 위에서 부르신 부름의 상을 위하여 달려가노라”(빌3:13-14)고 한 바울의 위대한 선언을 항상 들으면서 우리 모든 믿는 사람들은 버리고 떠나는 길바닥 위에 나선 존재들이다. 무조건 주 하나님만 쳐다보면서 이 세상에는 정 붙이지 않고 정을 붙여도 정을 떼고 부단히 떠나는 멋있는 나그네들이다.

그러나 그렇다고 해서 세상을 도피하거나 무책임하게 버려두는 내세적이요 비사회적이요 비역사적인 정신 빠진 나그네는 아니다. 이 나그네들은 철저히 세상 구원의 책임을 지고 제사장의 가슴으로 세상을 끌어안으며 예언자의 입술로 세상에 대해서 수술 칼을 들이대며 하나님의 사랑과 생명 손에 잡혀 역사의 과거 현재 미래를 들여다보며 기어이 하나님이 원하는 방향으로 역사의 수레바퀴를 돌리려고 애쓰는 사람들이다. 그리고 그것이 안 되면 악하게 평화로운 세상에서는 싸움을 일으키기도 하고, 더럽게 잘 돌아가는 세상에서는 브레이크를 걸기도 하고, 철없이 잠들었을 때는 야밤중에 난리를 펴서 깨우기도 하고, 만사형통 세상이라면 어떤 놈이 원하는 만사형통이냐고 따지며 강력하게 문제제기를 하고, 모든 것을 차지하고 상 차려서 혼자 배부르게 먹으려고 입을 벌리려 하면 그놈의 밥상을 둘러엎어 버리기도 하며, 획일적으로 일사불란하게 고요히 안정총화를 이루고 다리 뻗으려고 하면 무슨 총화가 그런 것이냐 하면서 다양한 것으로 휘저어 못 견디게 하고, 악령이 지배하고 악령이 근엄과 사랑으로 둔갑을 하여 떠들고 있으면 하늘의 분화구에 있는 불을 받아서 그 불로 세상에 불을 질러 그 뱀 같은 악령의 체제가 도저히 못 견디게 하는 등의 사건을 일으키는 나그네들이다.

그래서 히브리서 기자는 믿음의 사람들을 소개할 때에 "이 사람들은 다 믿음을 따라 죽었으며 약속을 받지 못하였으되 그것들을 멀리서 보고 환영하며 또 땅에서는 외국인과 나그네임을 증언하였다"(히11:13)했으며, 얼마나 이 사람들이 세상 속으로 들어가서 하나님을 위해 휘젓는 싸움을 했는지 "저희가 믿음으로 나라들을 이기기도 하며 의를 행하기도 하며 약속을 받기도 하며 사자들의 입을 막기도 하며 불의 세력을 멸하기도 하며 칼날을 피하기도 하며 연약한 가운데서 강하게 되기도 하며 전쟁에 용맹되어 이방 사람들의 진을 물리치기도 하며" 그러다가 "어떤 이들은 조롱과 채찍질 뿐 아니라 결박과 옥에 갇히는 시련도 받았으며 돌로 치는 것과 톱으로 켜는 것과 시험과 칼로 죽임을 당하고 양과 염소의 가죽을 입고 유리하여 궁핍과 환난과 학대를 받았으니 이런 사람은 세상이 감당하지 못할"(히11:36-38) 이들이라고 했다.

이 믿음의 사람들이 세상속의 사고뭉치가 된 이유 중에 하나가 아브라함의 신앙 자세 때문이다. 아브라함은 버리고 떠났지만 이방 종교의 교주 같이 세상 밖으로 떠나는 것이 아니라 자기의 가족과 심지어 조카 롯의 가정까지, 하인들과 그 권속들까지 책임을 지고 세상 속으로 갔다. "땅의 모든 족속이 너로 말미암아 복을 얻어"(창12:3) 드디어는 죄로 말미암아 저주받은 세상을 축복받는 세상으로 바꾸어야 하는 "복의 근원"이 될 사명자의 가슴으로 떠났다. 그러니까 세상을 떠나야 세상을 살릴 수 있음을 알고 움직인 것이다. 그러므로 아브라함과 그 후손들이 가는 곳에는 생명의 사건이 일어나기 마련이었다.

세상을 복되게 살릴 책임을 지고 떠나는 아브라함은 아무데나 가지 않고 하나님이 "지시할 땅", "이 땅을 네 자손에게 주리라"하신 약속의 땅 "가나안 땅에 들어"갔다(창12장). 그러나 여기서 발붙일 만큼도 유업을 주지 아니하시고 다만 이 땅을 아직 자식도 없는 저와 저의 씨에게 소유로 주신다고 약속(창13:15-17)만 받았다. 그러니까 이미 왔으나 아직 받지는 못한 상태였다. 아브라함은 "이미"와 "아직" 사이에서 세상을 복되게 살리려는 책임을 지고 약속에 대한 희망(希望)으로 앞을 향해 나아가는 분이었다. 험악한 일이 생겨도 이 희망찬 하나님의 약속을 의심치 않았다.

이런 아브라함을 쓰셨으니 우리도 세상 살리려는 책임을 지고 버릴 것은 부단히 버리고 떠나되 반드시 영원한 약속의 나라를 우리에게 주실 것을 희망하므로 살아야 한다.

(26) 영적 쟁취(야곱)

"예수가 밥먹여 주냐?"고 흔히 말도 하지만 어찌 우리 주 예수 그리스도를 기껏해야 밥에 비유할 수 있는가? 주 예수의 피가 우리 죄를 용서하는 신비하고도 비밀 된 힘이 있고 그 피 사랑의 은혜를 받으면 죄책감보다는 용서받은 감격에 살므로 희망차게 큰일도 할 수 있는데 어찌 밥에 비교할 수 있는가!

주 예수의 죽음의 부활은 죽음을 정복한 인류 역사상 최대의 충격적 사건인데 이 부활신앙을 갖기만 하면 죽음도 겁내지 않고 세상 살려보려는 일에 몰두하는 엄청난 인물이 되는데 어찌 밥에 비유할 수 있는가!

주 예수의 승천과 성령 강림은 우리를 인간답게 못살도록 하는 악마의 목을 비튼 사건인데 이 승천으로 열린 하늘을 앙망하며 기도에 힘쓸 때 성령의 능력을 받고 그 능력으로 "귀신을 쫓아내며 새 방언을 말하며 뱀을 집으며 무슨 독을 마실지라도 해를 받지 아니하며 병든 사람에게 손을 얹은즉 낫는"(막16:17) 기적도 일어나는데 어찌 밥에 비교할 수 있는가!

주 예수의 말씀이 불이 되어 죄악적인 것을 태우고, 그 말씀이 힘이 되어 부수고 건설하기도 하며(렘1:10), 그 말씀 때문에 지옥 길로 가다가 천국 길을 돌아서기도 하며, 돌아선 그 길바닥 위에서 인생 최대의 행복을 느끼며 위대한 주의 발자국을 남기며 살아가는데 어찌 밥에 비교할 수 있는가!

그러나 우리의 못난 조상 에서는 이 예수의 복이 담긴 장자권을 밥보다도 못한 팥죽 한 그릇에 팔아 넘겼다. 이 장자권에 깃든 하나님도, 하나님의 축복도, 하나님의 은총과 사랑도 몰랐기 때문에 팔아 넘겼다. 모르면 알아야 할 텐데 그 까짓 것 따위야 알 필요도 관심도 없이 우선 단말마적인 쾌락을 따라 사냥하기 바쁘다. 그 잡은 고기 구워먹고 삶아 먹기 바쁘다. 그 잡은 고기를 부모에게 대접하고 벌떡 일어나기 바빴지, 그 아버지 이삭의 언어 속에 있는 하나님의 말씀, 그 이삭의 가슴 속에 있는 하나님의 사랑, 그 이삭의 핏속에 흐르는 하나님의 선택된 축복의 경향을 알려고 하지 않았다. 그래서 영적으로는 바보요, 육적으로는 건강하여 붉고 팔, 다리, 가슴에 털이 무성한 제법 매력적인 사나이 중의 사나이 같으나 그의 눈은 땅의 것에만 밝았고 "위엣 것"(골3:2)에는 흐렸기 때문에 장자권을 죽 한 그릇에 팔아 넘겼다.

영적인 천치 백치니까 자연적으로 "내가 죽게 되었으니 이 장자의 명분이 내게 무엇이 유익하리요"(창25:32), "그 까짓 게 밥 먹여 줘" 투의 말밖에 그 입에서 터져 나올 게 없었다. 결국 에서는 이만큼 하나님과 하나님의 은혜로 주신 축복을 가볍고 하찮게 여겼다는 말이다. 엄청난 하나님의 사랑을 우습게 여겼기 때문에 장자권을 팔아 넘겼다.

그러나 우리의 위대한 믿음의 조상 야곱은 같은 배 속에서 낳았지만 그런 따위의 인물은 아니었다. "조용한 사람"(창25:27)이었지만 사실상 깊은 영적 세계를 체험하는 경건의 사람이었다. 육의 세계, 땅의 세계로는 갈수록 끝이 보이고 한계가 있지만 영의 세계, 하늘의 세계로는 그 길만 제대로 들어

셨을 경우 끝이 보이지 않는 무한대의 세계이다. 야곱은 분명히 이 엄청난 신령한 세계에 잡혀 있는 상태에서 주 하나님을 앙망하는 분이었다. 그래서 최대의 축복이 하나님을 가까이 하는 것인 줄 알았고, 가까이 하여 그 하나님의 손 안에 거하는 것이 최대의 과제인 줄 알았고, 이를 알다 보니 할아버지 아브라함 때부터 하나님이 주신 "내가 너로 큰 민족을 이루고 네게 복을 주어 네 이름을 창대하게 하리니 너는 복의 근원이 될지라."(창12:2)는 말씀을 들을 수 있었고, 자신과 가문의 존재 이유가 바로 이 말씀을 이루기 위함인 줄도 알았다. 이 확신 중에 정신을 차리고 보니 이 축복의 일을 이룰 장자권의 소유자인 형은 도저히 용납할 수 없는 불신앙의 사람이었다. 이미 아버지 이삭은 늙어 사라져 가는 분이었고, 하나님의 일을 가문과 혈통 속에서 이루고 세계 만민을 복되게 해야 될 복의 근원의 위치에 있어야 할 형 에서는 하나님을 등지고 육적인 쾌락을 따라 산야를 헤매고 있었다.

이 세상을 향한 하나님의 축복 계획은 망나니 같은 형 때문에 차질이 생길 위기에 직면했다. 기도하던 야곱은 한숨 쉬며 답답해하는 하나님의 심정을 알 수 있었고, 어언 간에 이 하나님의 답답한 가슴을 자신이 시원하게 풀어드려야 한다는 사명감이 용솟음치기 시작했다. 그래서 붉은 죽 한 그릇쯤으로도 얼마든지 뺏을 수 있음을 알고 그 장자권을 빼앗았다. 아브라함 때부터 내려오는 가정 제사장권을 빼앗았다. 가나안 땅으로 가게 되는 축복권을 빼앗았다. 오고 오는 후손 앞에 믿음의 조상이 되는 영권을 빼앗았다.

그러나 이러한 빼앗음은 욕심에 차서 남의 권리를, 남의 땅을 뺏는 것과는 다른 것이었다. 이 빼앗음은 하나님의 영광을 위함이요, 하나님의 놀라운 축복의 계획을 이루어 드리기 위한 탈취였다. 하나님의 것을 천하다고 팽개친 하나님의 것이 마치 어느 밭 속에 감춰진 보물단지 같은 것인 줄 알고 모든 것을 포기하고 이를 끌어안아 차지하는 그런 것이었다.

질그릇 같은 야곱의 몸속에 이 빼앗은 보화를 담고는(고후4:7) 야곱은 이제 그 축복권대로 이루어질 줄 알고 순례의 길에 나선다. 돌베개 베고 자는 고생길에 사방으로 우겨 쌈을 당하고 핍박을 받고 거꾸러뜨림을 당해도 이 하늘 보화를 담은 장자권 때문에 결코 실망하지 않고 약속의 땅을 향해 뚜벅 뚜벅 발걸음을 내딛었다. 기어이 야곱은 승리했으며 이스라엘의 신앙 조상, 만민의 신앙 조상이 되었다.

언제나 우리는 에서는 버리고 야곱을 쓰신 하나님의 손길을 알고 우리도 하나님께 쓰임받기 위해서 야곱의 길을 걸어야겠다. 만약에 권력을 잡았으나 그 권세로 하나님을 등지고 그 권좌의 욕심이나 채우기 위해 하나님의 나라는 무시하고 바벨탑을 짓고 이에 항거하는 의인 사냥이나 일삼는다면 그 권력자를 에서로 규정하고 온갖 방법을 다 써서 하나님의 것을 회복시켜야 될 것이다. 만약에 올림픽을 빙자로 해서 세계적인 것만 찾고 휘황찬란한 축제와 낭비로 흥청거리고 메달에만 몰두하고 거기에 따라 쾌락적인 것만 추구하고, 그 반대로 세계 속에 한국을 창조하신 하나님의 손길도 모르고 이 호화판 축제의 그늘에 울고 있는 "지극히 작은 자"(마25:40)의 가슴도 모르고 이 세계적인 모임속의 영적의미를 가볍게 여길 때는 이를 에서로 규정하고 본래적인 하나님의 것을 찾으려고 우리는 일어나야 될 것이다. 금년뿐 아니라 언제 어디서나 어떤 경우에도 우리는 팔죽을 쑤어 에서의 세상을 둘러엎어야 될 것이다.

(27) 하나님을 이긴 사람(야곱)

사람이 사람을 이겼다는 말은 말이 되지만, 사람이 하나님을 이겼다는 말은 말이 안 된다. 그러나 창세기 32장 24절에서 32절까지의 내용을 보면 우리 믿음의 조상 야곱은 하나님과 힘을 겨루는 씨름에서 이겼다고 기록되었으며, 이긴 뜻으로 이름이 "야곱"에서 "이스라엘"로 바꾸어졌다는 것이다. 그러니까 야곱의 열두 아들로 뻗어가는 이스라엘 민족과 나라 이름도 이 이름에서 생긴 것이라고 할 수 있다.

그러면 왜 야곱이 하나님과 힘을 겨루는 씨름을 했는가? 야곱은 지금까지 형을 속이고, 아버지를 속이고, 외삼촌을 속이며, 수단과 방법을 가리지 않고 하나님의 축복을 가지려는 욕구로 살아왔는데 마지막으로 하나님의 결재를 받아야 하는 막다른 골목에 이르렀기 때문이다. 뒤에는 외삼촌 라반이 더 이상 후퇴를 해서 자기에게 못 오도록 버티고 있고, 앞에는 아버지 이삭, 할아버지 아브라함에게 하나님이 약속하신 축복의 땅, 약속의 땅에 못 들어 오도록 형 에서가 버티고 서 있는 진퇴양난의 비탈길에 서 있다. 이에 야곱은 무슨 예감이 들었는지 가족들을 모두 강 저쪽으로 옮기고 그 날 밤에 혼자 있었는데 어떤 사람이라고 생각되지만 사실은 하나님이라고 믿어지는 분이 그의 앞에 나타났다. 그때 야곱은 순간적으로 이분에게 매달렸다. 이분 하나님의 허락을 받으면 하나님의 땅에 들어갈 수 있다고 보았기에 그렇다. 그러나 하나님도 그 땅에 들어가지 못 하도록 막는 분 같았다. 인정사정도 없는 분 같았다. 네 따위가 무슨 자격이나 있느냐는 식으로 무시하는 것 같았다. 너 하나쯤이야 있어도 좋고 없어도 좋다며 짓밟는 것 같았다. 야곱은 그의 형 에서 몫인 장자권을 차지한 기쁨으로 그동안 살았지만 그까짓 장자권이 무슨 놈의 미신 복덕방망이냐고 꾸짖는 듯 했다. 심지어 하나님이 보여주신 꿈속의 사닥다리 계시도 그때나 필요한 것이지 지금 무슨 필요가 있느냐고 하나님 자신의 것을 망가뜨리며 내리 누르는 것 같았다.

야곱은 어찌할 바를 몰랐다. 앞으로도 못가고 뒤로도 못가고 마지막으로 위로 하나님을 통한 길이 있는데 하나님도 이 길을 막는 것 같았다. 야곱은 견딜 수가 없었다. 그러나 야곱은 하나님을 안다. 하나님이 살아계신 분임을 안다. 살아 계셔서 함께 하시는 분임을 안다. 함께 하시지만 때로는 함께 하시지 않을 정도로 자신을 혼자 버려두시는 때도 있음을 안다. 심지어 아버지 이삭을 잡아 번제로 바치라고 할아버지 아브라함에게 잔인한 요구도 하시는 분임을 안다. 구하면 주신다고 하지만 구해도 때로는 우리에게 해가 된다고 판단하시면 아무 응답도 없는 목석같은 분임을 안다. 그러나 하나님의 우리를 향한 궁극적인 목적은 "재앙이 아니라 곧 평안이요, 미래와 희망을 주는 것"(렘29:11)임을 안다.

그러므로 야곱은 이 하나님을 알고 이 위기 속에서 하나님께 바짝 매달린다. 어떤 경우에도 결국은 버리지 않음을 알고 울부짖어 매달린다. 혹시 이 일이 늦춰지도록 자기를 지금 버려두고 떠나실까봐 꼭 붙들고 놓아 주지 않으면서 간절히 매달린다. 하나님 앞에 죄 된 것이 많아서 회개의 통곡으로 매달린다. 하나님을 괴롭히며 번거롭게 매달린다(눅18:5). 정신없이 매어 달린다. 밤새도록 이 지경이다가 드디어 새벽이 다가온다. 이때 사람 모양으로 나타나신 하나님은 밝기 전에 떠나셔야 했다. 하나님은 이제 급하시다. 야곱을 떼어 놓으려는데 야곱이 놓지를 않는다. 그래서 환도뼈를 쳤다. 야곱은 이 결정적인 부분의 뼈를 맞고는 위골 증세가 나타나 휘청거리며 낮아졌다. 그러나 물러날 수 없다. 낮아진 자리에서 더 악착같이 붙잡아 놓질 않는다. "당신이 내게 축복하지 아니하면 가게 하지 아니하겠나이다"(창32:26).

하나님은 드디어 손을 드셨다. 이제는 낮아져서 눈물콧물 흘리며 지분거리며 떼쓰는 야곱을 내려다보시고 하나님도 울컥하는 눈물을 감추시고 손을 드셨다. 마치 아버지와의 팔씨름에서 자식이 이기려고 안간 힘을 쓰고 매달리면 아버지가 이길 수 있어도 못 이기는 체 손들어 사랑의 패배를 하듯이 하나님은 야곱이 자신을 그토록 필요해서 그토록 간절히 매달리는 것이 대견스러워서 손을 드셨다. 약속의 땅에 들어가려고 해산하는 여인같이 만신창이가 되어 생사를 건 투사로 매달리지만 사실상 그 소원은 하나님 자신으로 말미암은 것이요, 하나님의 뜻 하나님의 목적이기 때문에 그토록 강력히 매달리는 야곱을 뿌리치지 않으시고 마침내 손을 드셨다. 아마도 하나님은 이 하나님 자신의 소원을 야곱이 진정으로 품고 뜨겁고 간절하게 간청하며 부르짖어 줄기차고 끈덕지게 회개하며 낮아져서 겸손히 부르짖는가를 시험해 보시려고 그토록 야곱을 못 살게 하셨는지 모른다. 드디어 하나님은 드신 두 손으로 축복하셨다. 지난날의 죄를 용서하셨다. 하나님의 거룩한 땅에 들어오도록 허락하시고 문을 열어 안아주셨다. 하나님의 사람으로 인정해 주셨다.

그러므로 인간을 상대하여 발뒤꿈치를 잡고 속이고 경쟁하는 그런 인간적인 이름 "야곱"에서 이제는 하나님을 상대하여 이기고 얼굴을 들 수 없는 상태에서 얼굴 들어 하나님을 만나고 대면할 수 있는 경험도 했으니 하나님적인 이름 "이스라엘"로 고치시며 축복해 주셨다.

야곱은 얍복 강가의 한 나루터, 이 장소는 하나님을 대면했다는 뜻으로 브니엘(하나님의 얼굴)이라고 이름 지어진 곳이지만 바로 여기에서 그 생애 최대의 위기를 하나님과의 씨름에서 극복하고 하나님의 축복을 받으며 하나님의 손에 잡혀 이스라엘로 살았다. 오고 오는 이스라엘 민족에게 위대한 영향을 주는 신앙 조상으로 살았다.

새 이스라엘 백성 된 오늘 우리 기독교인도 시시 때때로 이 모양 저 모양으로 찾아드는 생의 위기를 맞아 야곱처럼 "홀로 남아" 하나님께 매달리는 기도의 씨름판을 벌려야 한다. "네가 죽고 살지 못하리라"는 하나님의 음성을 듣고 히스기야왕이 "얼굴을 벽으로 향하고 여호와께 기도"(사38:1,2) 하며 통곡하여 15년의 생명을 연장 받은 것 같이 우리도 기도의 몸부림 판을 벌려야 한다.

어떤 경우에도 하나님은 하나님의 형상을 받은 인간이 세상과 친하기를 원치 않으시고 하나님과 친하여 사귀기를 원하시며, 어떤 경우에도 하나님의 독생자 예수 그리스도의 피로 거듭난 하나님의 자녀가 하나님을 등지고 세상의 그 어떤 허무한 것에 얽혀 살기를 원치 아니하시고, 하나님과 대면하여 하나님을 아버지라 부르며 기도하기를 원하시기 때문에 기도의 골방을 찾아 거기서 지분거리며 떼쓰는 판을 벌려야 한다.

그런데 왜 기도는 이토록 힘이 드는 씨름판이며 몸부림 판이며 지분거리는 떼씀의 판인가? 심지어 환도뼈가 부러지며 휘청거리는 모험판인가?

그것은 '골방의 기도자'만이 아는 영적 비밀이다. 그러나 그 경건의 절정, 빛이 감도는 골방 문틈으로 언 듯 언 듯 보이는 그 기도자는 야곱이 이스라엘로 다시 태어나듯 그도 다시 나기에 그렇다. 모든 생명을 배고 낳고 할 때는 그게 씨름판이지 무엇인가? 그때야 말로 환도 뼈가 위골되지 않는가? "딸 시온이여 해산하는 여인처럼 힘들여 낳을지어다. … 너를 네 원수들의 손에서 속량하여 내시리라"(미4:10).

"여호와여 잉태한 여인이 산기가 임박하여 산고를 겪으며 부르짖음 같이 우리가 주 앞에서 그와 같으니이다"(사26:17).

우리의 문제 속에서 늘 하나님을 대면하며 이렇게 구로하는 여인처럼 야곱의 기도 씨름판에 나설 때 나도 다시 나고, 남도 다시 나게 하고, 세상도 바꾸어 놓을 수가 있다. 하나님은 이 씨름판의 경건자를 찾으시고 쓰신다.

(28) 싸우는 인간상(모세)

고구려 시대 때의 몇 번 외에는 남의 나라를 침략하여 별로 싸워보지도 못한 채 언제나 "나를 버리고 가시는 님은 십리도 못가서 발병난다"는 아리랑조의 간접저항이나 일삼는 우리네 상황에서, 더구나 교회가 투쟁적인 인상을 보여주면 욕먹기 쉽다만 우리 하나님은 만군의 여호와인 싸움 신이었고 이 하나님을 믿는 믿음의 조상들은 싸움꾼들이었다.

순종 제일의 믿음 조상 아브라함은 가정 군대를 318명이나 거느린 장군이었고, 야곱 가문은 이방인들에게 수치를 당한 후 세겜 가문을 격파한 칼잡이들이었다. 모세도 이집트 사람을 쳐 죽이고 미디안 광야로 도망갔다가 거기서 다시 하나님의 힘을 받아 이집트 군대를 쳐부수고 홍해를 건너 동족 이스라엘을 해방시킨 전쟁 사령관이었다.

지휘관에게는 언제나 전쟁을 치를 수 있는 준비가 필요하므로 홍해사건 이후 광야에서는 "싸움에 나갈만한 모든 자"를 확보하고 그 군대수를 확인해야만 했다(민1:46). 20세 이상의 남자 60여만의 대군을 조직하고 성막을 중심해서 기를 세우고 하나님의 구름기둥 불기둥의 안내를 받으며 가나안 땅을 향해 전 백성을 이끌었다. 이 과정에서 아말렉과 같은 이방 세력과의 싸움에서 "여호와는 나의 승리의 깃발"이란 "여호와 닛시"(출17:15)란 말이 생길 정도로 완벽하고 조직적인 승리의 전쟁을 치루었다. 이러니 모세 자신도 "싸움에 나갈만한" 군인이었고, 또 그 후계자 여호수아도 칼을 잘 쓰는 싸움꾼이었다. 싸움을 위해 강하고 담대해야 하는 여호수아는 그 기상 그 마음으로 가나안을 정복했고 그 후예인 사사들도 싸움꾼들이었다. 이스라엘 역사에서나 고대 세계사에서 가장 빛나는 다윗 왕은 골리앗 대장을 때려눕히고 그 주변에 수많은 명장들을 거느리고 순식간에 적의 남자 생식기 100개를 손에 넣어 바치는 피 묻은 투사였다(삼상18:27).

이 다윗의 후손으로 오신 우리 주 예수 그리스도는 거짓 평화에 대해서 "내가 세상에 화평을 주러 온 줄로 생각하지 말라. 화평이 아니요 검을 주러 왔노라."(마10:34)고 하셨으며 그 자신으로 인하여 세상이 싸움으로 시끄러워 질 것을 예고하셨다. 그러므로 이 주님의 충실한 제자 바울은 그리스도를 따르는 자들을 싸우는 병졸에 비유하고 주 예수의 "주"는 사령관의 뜻으로 묘사했다. "세례"도 사령관인 그리스도의 정병이 되어 철저히 살겠다는 서약이라고 볼 수 있으며 이 세례를 받지 않은 "불신자"들을 그리스도의 군인이 아닌 싸울 줄 모르는 "비전투요원"으로 생각했다. 그러니까 전투요원으로 부름 받은 신자들은 그 주되신 사령관을 중심하여 "굳건히 서서 진리로 허리 띠를 띠고 의의 호심경을 붙이고 평화의 복음이 준비한 것으로 신을 신고 손에는 언제나 믿음의 방패를 잡고 구원의 투구를 받아쓰고 성령의 검 곧 하나님의 말씀을 가진" 완전 무장 군인이어야 했다(엡6:13-17).

"대적 마귀가 우는 사자 같이 두루 다니며 삼킬 자를 찾으니" 깨어 근신해야 될 뿐만 아니라(벧전5:8) 믿음을 굳게 하여 저를 대적해야 했다(약4:7).

이런 성서의 엄청난 군인 상은 외면하고 그 흔하고 값싼 은혜니 사랑이니 온유니 용서니 하며, 악마적인 것을 품고 타협을 하며, 그러다간 거기에 이용당하여 이리저리 끌려 다니고 그 끌려다님에서 오는 부스러기 혜택을 받고는 "할렐루야!"하고 앉아 감사기도나 하고 있는 이런 따위의 무능무식한 교인 상(像)을 우리는 이제 배격해야겠다. 도대체 우리 스스로 기독교인이 얼마나 무서운 존재인가를 세상에 보여 주어야 하며 초대 교회 성도들이 "천하를 어지럽게 하던 이 사람들"(행17:6)이란 별명을 들었듯 그 혁명적인 본래성을 회복해야 되며 그렇지 않으면 이 세상에 존재 이유가 없다는 것도 확실히 깨달아야겠다.

혁명이 "이전의 왕통을 둘러엎고 새로운 왕국을 세우는 것"이라고 한다면, 이 세상의 악마적인 것과 그것의 종주국인 악마의 왕국을 둘러엎고 새로운 하나님의 나라를 오직 그리스도의 가치관으로 세워 나가는 것이 우리 교회의 사명이다. 그렇다면 그 교회의 식구 하나하나는 그 시대의 하늘나라 혁명 군대들이다. 군인의 할 일은 오직 싸움이다. 먹고 자고 훈련받고 조직하고 쉬는 것 모두가 싸움하기 위해서이다. 오해받기 쉬울 정도로 구약의 강력한 군인냄새 분위기와 신약의 군기 충만한 교회의 분위기는 바로 이 하나님 나라 운동으로만 이해가 될 수 있다. 이들의 후예인 우리 크리스천들은 "평안하다 안전하다 할 그 때에 잉태된 여자에게 해산 고통이 이름과 같이 멸망이 홀연히 이르는"(살전5:3) 줄 알고 잠시도 거짓 평화에 현혹되지 말고 깨어 전투태세를 갖추어야 되겠다.

왜 무엇 때문에 새벽이나 낮이나 밤이나 모여야 되는가? 이 세상에 찾아든 죄와 죽음의 세력인 악마의 왕국을 쳐부수기 위한 사령관 주 예수의 부름이기 때문이다.

왜 무엇 때문에 모여서 말씀을 듣는가? 이 세상 악의 정체를 알고 그 악에 맞서 마침내는 그것을 부수고 세상 속에 주 예수 사령관의 진리를 세우고 혁명군의 일을 하기 위해서이다.

왜 무엇 때문에 모여서 항상 기도를 하는가? 악마와 그 졸병들이 악령에 이끌리고 그 힘으로 사람의 생명을 도적질해 가기 때문에 우리는 기도하여 성령에 이끌리고 그토록 생명주시기 위해서 오신 그리스도의 심장을 가지고 그와 튼튼히 영생 밧줄에 연결된 중에 그 능력을 받아 주 예수 사령관의 살리는 일을 잘 해내는 구원군이 되기 위해서이다.

왜 무엇 때문에 찬송을 부르는가? 이 세상의 어둠의 세력을 높이고 추종하고 그 어둠의 가치관으로 주 예수를 못 박아 죽이고 무덤을 봉하던 시대는 지났지만, 아직도 그 배후 조종의 악마가 최후 발악을 하고 있기 때문에 우리는 주 예수 승리를 확인하고 이미 이겨놓고 싸우시는 주 예수 사령관의 부활을 감격하며 승리에 도취된 군가를 부르는 병사들이 되기 위해서이다.

왜 무엇 때문에 헌금을 드리는가? 주 예수 재림 이전에 주 예수의 십자가 피를 무효화시키기 위해 악마가 그 추종자들을 통해 숱한 돈을 쓰고 있기 때문에 우리는 여기에 맞서서 하늘나라 운동의 거사 자금을 대기 위해서 주 예수 사령관이 마음껏 쓰시도록 헌신하고 병졸의 의무를 감당키 위해서이다.

이와 같이 우리의 모든 신앙행위는 이미 주 예수로부터 시작된 하나님의 나라, 그러나 아직 완성되지 않은 그 나라를 기다리고 선포하고 그 나라를 위해 "선한 싸움을 싸우기"(딤전4:7)위해서이다. 그러니 오늘 이 시대를 살아가는 우리는 전보다는 훨씬 더 악이 선으로 위장하고 미소를 지으며 "이런들 어떠하리 저런들 어떠하리" 하며 찾아오는 줄 알고, 악과 선을 구분하여 그 악에 대해서 철저히 맞서 싸우는 투쟁정신을 길러야겠다.

그러나 이 싸움의 대상은 하나님이 창조하시고 그 아들을 보내신 아름다운 세상이 아니고 이 창조와 재창조를 막는 악령들, 그것과 연관된 이 시대의 암흑의 세력이며(엡6:12), 그 싸움의 목적은 6·25나 광주 사태 같은 땅 권력 뺏기 위한 인간 학살이 아니라 인간을 살리고 하늘의 것을 오히려 주기 위한 사랑이니 그 싸움의 방법은 남을 짓밟는 것이 아니라 주 예수 그리스도처럼 자신의 생명을 십자가에 희생시키는 그런 신비한 싸움이다.

우리는 이 거룩한 싸움을 전쟁 60년이 지났음에도 전혀 회개 기미도 없이 오만한 반통일 반민주 그리고 한반도를 둘러싼 모든 악의 세력에 대항해서 계속 싸워 나가야겠다.

2 역 사 서

역사서는 이스라엘 역사를 기록한 책들로 여호수아, 사사기, 룻기, 사무엘상하, 열왕기 상하서, 역대상하서, 에스라, 느헤미야, 그리고 에스더서이다.

'여호수아'(Joshua)는 모세의 후계자 여호수아가 어떻게 요단강을 건너 가나안 땅에 들어가 그 땅 정복 전쟁에서 이겼는가를 기록하고, 동시에 이 축복의 땅에 정착하여 12지파들에게 어떻게 가나안 땅을 분배했는가를 말하고 있다.

'사사기'(Judges)는 이미 여호수아 시대 때 가나안 땅을 정복했으나 아직 다 정복하지 못한 "이미"와 "아직" 사이에서 12지파 부족 국가들이 어떻게 약속의 가나안 땅에 적응하며 사는 지, 그 과정에서 어떻게 원주민들과의 치열한 전쟁을 겪으며 사는 지를 생생하게 기록하고 있다. 또한 여호수아 사후 암흑기에 이방 민족의 침입 등 이방 문화와 죄악에 물든 이스라엘 백성들에게 혼란한 시기를 하나님이 세우신 사사들의 등장으로 극복해 가는 과정이 기록되어 있다.

'룻기'(Ruth)는 이방 여인 룻이 어떻게 다윗의 조상이 되었는지, 시어머니에 대한 아름다운 효도와 사랑을 말한다.

'사무엘서'(Samuel)는 사사시대의 약체 부족동맹국가 시대를 뒤로 하고 왕정 시대를 여는 이야기, 쥐구멍에도 볕 들 날이 있듯이 분단과 빼앗김의 고난사(史)에서 아브라함에게 약속하신 축복이 이루어지는 왕성한 희망 내용이 꽉 차 있다.

'열왕기'(Kings)와 '역대기'(Chronicles)는 왕성한 사울 다윗 솔로몬의 3대 통일 왕국이 어떻게 기울어지고 갈라지고 결국 하나님의 징계를 받아 망해 가는 지를 보여주고 있다.

'에스라'(Ezra), '느헤미야'(Nehemiah), '에스더'(Esther)는 바벨론 포로로 잡혀간 유다 백성들이 70년 만에 어떻게 돌아와 성전과 나라를 새로 세우는 지의 절망 중 희망을 바라보고 있다.

이스라엘 역사 속에 일하시는 하나님 강조의 역사가들이 북방 이스라엘이 주전 721년에 앗수르에 의해 망하고, 남방 유다가 주전 586년에 바벨론에 의해 포로로 잡혀갔다가 70년 만에 돌아 온 것을 상세히 기록하고 있다. 이들은 증언을 하면서 자칫 이 위대한 하나님의 구원사의 사랑이 이런 멸망의 난리에서 다 잊혀 질까봐 포로기에 위기의식으로 기록했을 것이다.

(1) 소문이 온 땅에 퍼지면서

요새 지구촌은 옛날 땅 뺏기 싸움 같은 전쟁이 많이 잦아들고 평화가 조금씩 찾아들고 있는 것 같으나 옛날에는 나날이 전쟁으로 세월을 살았다. 이때 제일 안 좋은 소문이 전쟁 소식이며 제일 좋은 소문은 전쟁에서 이기고 평화가 왔다는 것이었다. 마라톤이라는 말도 옛날 그리스에서 자신의 나라가 전쟁에서 이겼다는 말을 빨리 달려 전한 것에서부터 시작되었다. 얼마나 소문이 주요한 지 실제 전쟁마당에서 죽은 사람들보다는 전쟁에 관한 소문을 듣고 죽는 사람들이 더 많다는 통계가 있다.

이스라엘이 광야시대를 마무리하고 모세도 하나님 품에 안긴 후 이스라엘 백성은 여호수아의 인도 하에 요단강 건너 가나안 땅에 들어가게 되었다. 그러나 그 땅에 거주하던 원주민들이 어서 오라며 문 열어 놓고 환영하는 것이 아니라 들어오기만 하면 무조건 다 죽이겠다고 하니 저절로 전쟁이 일어날 수밖에 없었다. 모세의 바통을 이어받은 여호수아는 자연히 모세에 비해 자신이 모자란다는 생각을 하였기 때문에 떨 수밖에 없었다. 그래서 하나님은 자꾸 그에게 “강하고 담대하라”며 용기를 주셨다. 무엇보다도 여호수아에게는 “내가 모세와 함께 있었던 것 같이 너와 함께 있을 것임이니라. 내가 너를 떠나지 아니하며 버리지 아니하리니”(수1:5-6) 하신 말씀이 힘이 되었다.

이집트 천지를 뒤흔들고 홍해를 육지같이 건너게 한 모세! 불 가운데서 하나님의 율법을 받고 말을 듣지 않는 이스라엘을 어거(馭車)하여 여기까지 오게 한 모세! 이 모세와 함께 하신 하나님이 자기와 함께 하신다니 겁날 것이 무엇인가! 여호수아는 그 하나님을 전적으로 믿고 파죽지세로 밀고 들어가 무려 31왕을 죽이고 그 나라들을 정복하고 땅을 차지하였다. 그리고 이스라엘 민족 12지파에게 땅 분배를 해서 이스라엘 민족과 국가를 하나님께서 조상 아브라함에게 약속하신 가나안 땅에 처음으로 세우게 되었다. 이 위대한 정복전쟁에서 승리하게 된 결정적인 이유는 “여호와께서 여호수아와 함께 하시니 여호수아의 소문이 그 온 땅에 퍼진 것”이었다(수6:27).

팔레스타인 원주민들은 신인 반종이란 별명이 붙은 아낙 네피림 자손 같은 거인들도 많고 경제력이 강하여 국방이 튼튼하고 요새 탱크 같은 철병거도 가진 자들이었지만, 이스라엘의 지도자 여호수아는 이 모든 힘을 초월하여 이기게 하시는 하나님이 도우시는 인물이란 소문이 퍼지니 저들의 간담이 녹아 무너져 패배한 것이었다. 소문의 힘이 이렇게 큰 것이다.

여호수아는 이렇게 모세의 후계자가 되고 모세가 받은 하나님의 은혜와 힘을 받을 정도로 정말 하나님의 사랑을 받았다. 본래 이름이 "자기 백성을 그들의 죄에서 구원할 자"라는 뜻의 우리 주 그리스도 "예수"와 같다. 여호수아는 모세의 비서로 평생 모세를 그림자 같이 따라 다니며 배웠다. 모세도 인간인지라 화가 날 때도 있었다. 이방(구스) 여인과의 문제도 있었다. 그 외 모세의 못난 점을 가까이서 많이 보았다. 그럼에도 불구하고 모세를 들어 쓰시는 주 하나님을 바라보며 모세 곁을 떠나지 않았다. 모세의 형제자매 아론과 미리암이 떠나도, 출애굽 동지들이 떠나도, 그는 모세의 곁을 떠나지 않았다. 가나안 땅 정탐 사명을 받았을 때에도, 12명 중 10명이 반대해도 갈렙과 함께 자신은 하나님이 함께 하시면 우리가 이 전쟁에서 이긴다며 모세 편에서 떠나지 않았다. 한 번도 배반한 일이 없었다. 하나님은 이 여호수아를 쓰시고 이 여호수아와 함께 하셨다. 그래서 여호수아와 하나님이 함께 하신다는 소문이 나가니 이 전쟁은 이미 이겨놓고 하는 전쟁과 같은 것이었다.

그렇다면 오늘 우리도 철저히 신앙으로 살아 부름을 받고 부름을 받은 우리와 함께 주님이 함께 하신다는 소문만 나가면 우리의 헌신을 통해 놀라운 기적들이 속출할 것이다.

(2) 계속 영적무장으로 쟁취하라

흔히 잘 못 알고 있는 것이 있으니, 이스라엘이 여호수아 장군을 앞세워 가나안을 정복하여 땅을 분배하고 젖과 꿀이 흐르는 복지에서 잘 살았다고 들 생각한다. 그러나 아니다. 출애굽하여 광야 40년에 비해서 이제 자기 땅들이 생겼으니 안심이다 할지 모르지만, 사실상 이들에게는 희망의 거점을 잡았다 뿐이지 계속 투쟁이 요구되었다.

"여호수아가 나이가 많아 늙으매 여호와께서 그에게 이르시되 너는 나이가 많아 늙었고 얻을 땅이 매우 많이 남아 있도다"(수13:1) 하실 정도로 이미 31왕 부족국가들을 정복했지만 아직 정복되지 않은 원주민 세력과 그 땅이 너무 많이 남아 있었다. 그러니까 이스라엘은 땅 분배를 받아 그 땅에서 살되 계속 자기가 사는 그 땅을 중심으로 적들과 싸워 아직 차지하지 못한 땅을 모두 차지했어야 했다. 이런 현실에 대해 '여호수아를 통해 일하신 하나님이 무능하지 않느냐? 이왕이면 몽땅 다 차지하게 하시지 왜 이렇게 정복되지 않은 땅을 남겨 두었느냐?' 하고 우리는 되물을 수가 있다. 그러나 이렇게 땅을 남겨 두는 것이 하나님의 뜻이었다. 하나님은 계속 무장하고 계속 투쟁하여 차지하는 쟁취자세를 원하셨다. 밥상 다 차려 주고 잘 먹고 잘 사는 것을 원치 않으시고, 자기들이 농사를 짓고 밥을 하고 자기들이 상을 차리고 자기들이 나누고 자기들이 서로 돌보고 격려하며 사랑으로 격려하며 일어나기를 원하셨다.

어느 초등학교 교사가 "요새 아이들은 학교 점심시간에 생선을 먹지 못한다"고 했다. 그것은 아이들이 어릴 때부터 엄마가 생선을 요리하고 생선뼈를 다 발라 먹였기 때문이라고 했다. 학교에서 아이들이 생선을 먹게 하자면 교사가 일일이 그렇게 해 줘야 하는데 그걸 못해 주니까 애들이 먹지 않는다는 것이다. 하나님은 이런 아이 교육을 원하지 않으시고 자기들이 생선을 물에서 낚아 오고 자기들이 굽고 자기들이 뼈와 살을 구분하여 먹고 자기들이 설거지 하고 자기들이 책가방 챙기고 학교 가기를 원하신다. 이렇게 자라도록 돕는 것이 하나님의 교육법이다.

이스라엘은 광야를 지나 가나안 땅에 들어왔으니 이만 하면 됐다 하지 말고 지금부터 시작이다 하면서 더 영적으로 무장했어야 했다. 더 모이고, 더 성경 보고, 더 기도하고, 더 성령과 능력으로 무장하고, 더 많이 아이들을 교육하고, 더 많이 믿음 키우고, 더 많이 사명으로 더 많이 연대하고, 더 많이 땅을 확장했어야 했다. 이렇게 "더~더" 하되 하나님을 향하여 더 가까이 나아가고, 하나님으로부터 말씀 듣는 중에 믿음을 키우고, 성령과 능력을 받고 믿음이 큰 이스라엘이 되어야 했다. 아브라함 이삭 야곱 요셉 모세, 그리고 여호수아 같은 인물이 지속적으로 나왔어야 했다. 그리고 이런 인물들을 중심으로 영적 거인들이 자꾸 나와 날마다 강해지는 신앙 저력과 땅 정복 사명으로 가나안 땅이 갈수록 젖과 꿀이 흐르는 복된 땅이 되게 했어야 했다.

그러나 그 후 어떠했는가? 강력한 신앙운동과 사명으로 일어나지 못하여 적들이 다시 일어나고 심지어 적들에 의해 지배당하는 일들까지 생기게 되었다. 그래서 이 복된 땅이 저주의 땅이 되기도 했다. 이 땅을 다시 복된 땅으로 회복시키려는 회개와 믿음이 일어났다가 다시 그 믿음이 식어 저주의 땅이 되는 일을 번갈아 겪게 되었다. 이런 일을 반복하는 때가 바로 사사시대였다. 어느 지파 부족에서 강한 믿음과 사명자가 일어 날 때 유명한 사사가 생기고, 바로 그런 사사가 기드온 입다 삼손 같은 영적 거장들이었다.

어찌 여호수아 사사 시대 때만 하나님이 이렇게 대하셨겠는가? 가만히 생각해 보면 우리 개인과 가정과 교회, 그리고 나라와 민족이 그렇다. 우리가 지속적으로 믿음이 좋아 영적무장이 되었을 때 바로 그때가 젖과 꿀이 흐르는 축복의 때이고, 그렇지 못하고 우리 믿음이 떨어져 영적 무장이 해제되었을 때가 사랑과 행복이 없는 죄의 저주의 시대이다. 금보다 더 귀한 것이 믿음이다. 믿음이 세상을 이긴다. 믿음이 세상을 살린다.

(3) 개 같은 자들이 이긴다.

어느 시대에나 군대 안의 폭력이 있어왔지만 이제는 민주 군대가 되고 보니 군대 안의 폭력이 대부분 드러나고 문제가 되고 있다. 남북 대치 상황에서 군대 조직을 살리고 기강을 바로 잡자면 상관이 부하를 벌 줄 수가 있다. 전시에는 재판 절차도 거치지 않고 총살을 할 수도 있다. 그러나 지금은 "휴전"상태이나 "평화"시대이기 때문에 병사를 함부로 다루어서는 안 된다. 아세아 제일의 민주국가의 군대이며 역사상 가장 대졸 출신이 많은 지성인 군대이니 더욱 그렇다. 군인 하나하나의 가능성을 소중히 여기고 그 인격을 존중하므로 동지애와 조국애가 넘치며 어떤 적도 이길 만한 용기와 사명이 가득하게 분위기를 만들어야 한다.

우리나라 역사에서 비교적 약하게 보인 신라 군대가 백제와 고구려를 이기고 삼국통일을 했다는 말은 자다가도 깜짝 놀랄 일이다. 만약 고구려가 통일을 했다면 만주천지도 우리 땅이 될 가능성이 있었을 테니 신라의 솟음은 통탄스러운 사건이다. 그런데 어떻게 신라가 이런 통일 대업을 감당할 수가 있었는가? 그것은 백제와 고구려 군사보다는 훨씬 더 신라 군대가 하늘 사랑과 민족 사랑이 강했다. 특히 김춘추 김유신을 중심한 화랑도 정신은 요새 저 아랍권과 세계도 부술 수 없는 이스라엘 군대같이 영적 무장의 군대였다. 오늘의 한국군이 바로 역사상의 화랑도 정신이나 이스라엘 신앙 군대를 본받으며 다시 태어나야 할 것이다. 공산당을 잡아야 할 군인이 어찌 그렇게 동료를 때려죽일 수 있는가? 이를 본 부모들이 자기 자녀를 군대에 보낼 마음이 들겠는가?

이스라엘의 경우 모세의 후계자 여호수아가 가나안 땅을 점령해 나라를 세웠지만 아직 완벽한 왕조국가가 아닌데다가, 원주민인 적의 뿌리를 완전히 뽑지 못했기에 사실상 전쟁이 계속되었다. 이는 하나님이 여호수아를 통해 무능한 결과를 보인 것이 아니라, 이스라엘인들이 각 지파별로 무장을 하여 분배 받은 땅을 지키고 넓혀가라는 과제를 안기신 것이다. 그러니 모세처럼 여호수아처럼 영적으로 도전하면 계속 이기고 번영과 평화가 오게 마련이다. 그러나 이것이 안 되니 부족 지파별 갈등은 물론 적에게 또 다시 기회를 주기까지 하는 시대가 오기도 했다. 한 마디로 신앙이 강하면 평화 번영이요, 불신앙이면 전쟁과 가난이었다.

기드온이 부름을 받았을 때는 미디안 군대가 쳐들어와 이스라엘을 괴롭히고 있었다. 하나님은 기드온에게, 막강한 적을 쳐부수고 이길 방법은 소수 정예 군대라고 하시며 기껏 300명을 선발케 하셨다. 처음에 3만 2천 명이 왔으나 믿음과 사명이 없어 겁내며 두려워 떠는 2만 2천 명을 내보내라 하시고, 그 다음 만 명 중에 목마를 때 강가에 가서 물을 손으로 움켜 입에 대고 "개가 핥는 것 같이 혀로 물을 핥는 자들을" 세우게 하셨다. 해갈을 위해서 무릎을 꿇고 정신없이 물을 마시는 자 9천 7백 명은 돌려보내게 하셨다. 그리고 남은 300명의 군대로 전쟁에서 이기게 하셨다. 사사시대 때의 하나님은 이렇게 항상 깨어 있어 가나안 땅을 다시 블레셋 군대에게 빼앗기지 않을 뿐만 아니라 번성케 되기를 원하셨다.

개의 자세! 하나님은 개 같은 자세로 언제 어느 때나 경계의 끈을 놓지 않는 군인들을 원하셨다. 그런데 왜 하나님은 이 개의 자세를 취한 군인들을 선택하셨을까? 그것은 바로 항시 깨어 있는 자세다. 앞뒤 생각 없이 무릎 꿇고 정신없이 물을 마시는 자들은 깨어 있지 못해 적이 뒤에 와서 창으로 찌르거나 멀리서 화살을 겨눌 때 죽을 가능성이 많다. 그러나 개 같이 주위를 경계하는 자세의 군인은 물을 마시는 찰나에도 두리번거리며 적을 살피니 죽을 가능성이 없다. 개는 잠 잘 때나 먹고 마실 때에도 항상 깨어 있다. 밤에도 자지 않고 도둑을 지킨다. 놀라운 짐승이다. 신앙인은 이렇게 늘 깨어 있어 경계의 끈을 놓지 않는 이 개 같은 짐승의 자세를 가져야 산다. 어감 상 듣기는 거북해도 개 같은 성도, 개 같은 교회가 되어야 마귀의 유혹을 물리치고 신앙을 지킨다. 주님의 쓰임을 받아 일을 많이 하고 다시 오실 주님을 맞게 된다.

(4) 왕가가 탄생되는 효사랑

때로 미국에 살면서 미국에 감사하고 미국이 강하게 일어나야 함을 소원한다. 이유는 단 한 가지, 그 문화 속에 기독교 정신이 깊이 뿌리내리고 있기 때문이다. 아직도 싱싱한 기독서적이 있는가 하면 학교교육에도 학생 하나하나의 인격을 존중하는 사랑이 깃들어 있다. 너무 고마운 것은 12세 이하의 어린이는 어떤 경우에도 절대로 혼자 두어서는 안 된다는 것이다. 만약 어린 아이가 집에 혼자 있거나 거리나 놀이터에 혼자 있으면 당장 경찰이 와서 데리고 가거나 부모를 문제 삼아 입건하기도 한다. 또 부모나 부모가 의뢰한 보호자가 있어도 아이들에게 폭력 폭언을 할 수 없다. 그 행위도 법에 걸려 고생을 하게 된다.

미국에는 별도로 어린이날을 정해 놓고 그렇게 떠들지 않아도 이렇게 어린이에게 부모나 어른이 항상 있기 때문에 매일이 어린이 날이다. 부모가 어린이와 함께 있다는 이 말은 하나님을 대신한 부모가 어린이와 함께 있다는 말이니까 거룩과 사랑이 가득한 말이다. 그리고 어린아이를 안고 축복하시며 심지어 어린아이를 하늘나라에 비교하실 정도로 어린아이를 사랑하신 예수님 정신이다. 성경의 예수 사랑 정신을 법에 엄격히 정해 놓고 지키니 얼마나 좋은 나라인가!

이렇게 자란 어린아이는 나중에 장성하여 부모를 공경하여야 한다. 부모에게 효도하는 것을 어렵게 생각할 필요가 없다. 그냥 늙으신 부모님과 함께 있으면 된다. 전화로나 메일로나 방문으로나 몸으로나 기도로나 직접 모시거나 어떤 방법으로든지 함께 있으면 된다. "함께"가 교육의 출발이고 효도의 출발이다.

성경 사사기 다음에 나오는 룻기는 시어머니 나오미와 함께 한 며느리 룻의 이야기를 기록한 책이다. 이방 모압 땅에 살길을 찾아 갔던 한 가정이 거기서 성공하지를 못하고 아버지도 아들 둘도 다 죽었다. 그러니 과부 며느리 둘, 과부 시어머니 하나다. 모두 과부가 되었으니 가정 해체가 불가피하다. 그래서 시어머니 나오미는 며느리들을 다 친정으로 가게 했고 자기 자신도 고향인 이스라엘의 베들레헴으로 가기로 했다. 그러나 며느리 둘 중 하나인 룻은 절대로 시어머니 혼자 가게 할 수 없다며 시어머니와 동행 동거를 고집했다. 이에 시어머니 나오미는 강력하게 거절했지만 며느리 룻은 다음과 같이 말하며 시어머니를 눈물겹게 따랐다.

"룻이 이르되 내게 어머니를 떠나며 어머니를 따르지 말고 돌아가라 강권하지 마옵소서. 어머니께서 가시는 곳에 나도 가고 어머니께서 머무시는 곳에서 나도 머물겠나이다. 어머니의 백성이 나의 백성이 되고 어머니의 하나님이 나의 하나님이 되시리니 어머니께서 죽으시는 곳에서 나도 죽어 거기 묻힐 것이라. 만일 내가 죽는 일 외에 어머니를 떠나면 여호와께서 내게 벌을 내리시고 더 내리시기를 원하나이다"(룻1:16-17).

"어머니와 함께"의 효도다. 정말 이 고백으로 룻은 나오미를 따랐을 뿐만 아니라 베들레헴에 도착한 후 부터는 추수 밭에 나가 곡식 이삭줍기로 시어머니 양식을 책임졌다.

하나님은 이러한 효부 룻을 이삭줍기 들판에서 멋있는 남자 보아스를 만나 연애하게 하시고 결혼으로 이끄셨다. 아이를 낳았는데 그 이름이 오벳이었다. 오벳이 이새를 낳고 이새가 다윗을 낳았으니 놀랍도다! 바로 이 가문이 아브라함과 다윗의 자손 예수 그리스도 구세주 가문이다. 이스라엘에 그렇게 여자가 많아도 이렇게 기적의 가문을 이룬 일은 드물다. 특히 이방 여인이 들어와서 이렇게 위대한 가문을 이루었으니 이 얼마나 감격할 일인가! 하나님은 이렇게 효도한 효부 룻을 통해 기적의 일을 이루셨다.

믿음 소망 사랑이 항상 있어야 하는데 그 사랑 중 하나님 사랑 안에서 인간의 내리사랑도 있고 치사랑도 있어야 하지 않는가? 기독교는 어린이 사랑 부모공경의 삶을 산다. 자식이 그렇게도 좋은가? 그렇다면 효도하여 그 자식 중심으로 명문신앙 가문을 이루라.

(5) 기도로 열리는 영광의 시대

중학교 과정에 입학한 한 소년은 성경을 가르치는 장로교장과 약속을 했다. 빌립이 나다나엘을 전도했을 때 예수님은 나다나엘이 무화과나무 아래 있을 때부터 보았다며 나다나엘을 두고 '이스라엘의 참 사람'이라 칭찬을 하셨는데 나다나엘이 무화과나무 아래 있던 것은 기도하기 위해 있었다고 하며 교장은 기도를 강조했다. 누구든지 나다나엘처럼 나무 밑에서 기도하면 예수님이 알아주는 훌륭한 사람이 된다는 것이다. 이것을 믿고 교회에 나가 소원을 가지고 기도하든지, 교회가 없으면 나무 한 그루 정해 놓고 졸업할 때까지 3년 동안 기도하라고 하였다. 입학식 날 이 무화과나무 기도드림이 졸업할 때까지 숙제라고 해서 이 학생은 교장과 약속을 하고 이 숙제를 했다. 수 십리 길 걸어 다니는 높은 산꼭대기에 늙은 소나무가 있었고 그 밑에는 시골 장꾼들이 쉬어가는 바위가 있었다. 학생은 그 바위를 제단으로, 그 나무를 무화과로 생각하고 학교 등하교 길에 항상 기도를 했다. 사범학교에 가서 교사가 되어 첫 월급봉투를 가난한 부모님께 드리는 소원과 여러 가지 믿음의 소원이었다. 그러나 보기 좋게 시험에 떨어지고 3년 공부, 3년 기도가 별 효과가 없는 것 같았다.

그런데 그게 다가 아니었다. 주님은 상상도 할 수 없는 방법으로 야간 고등학교를 진학하게 하시고 주간부 학교 급사가 되게 하시며 고등학교를 졸업, 신학의 문으로 인도하셨다. 전혀 공부할 수가 없을 정도로 지독히 가난한 시골 학생, 12남매 중 가난하여 7남매가 죽고 5명이 살았는데 그 중 막내인 이 소년은 필자다. 서울에 가서 대학을 다닐 수도 없었는데 기도를 받으신 하나님이 손을 잡고 이끄시므로 대학도 대학원도 졸업을 했고 여기 선 목사가 되었다. 하나님을 믿고 기도를 함으로써 그 가난과 병고와 우울성이 있는 생애를 마무리하고 주님의 일을 위한 사명의 밝은 영광의 시대가 열리게 되었다.

사무엘서의 주인공 사무엘도 기도의 사람이었다. 그의 평생소원이 "기도하기를 쉬는 죄를 여호와 앞에 결단코 범하지 않는 것"(삼상12:23)이었다. 이 기도는 사무엘로부터가 아니라 그 어머니 한나로부터였다. 그의 어머니 한나는 자식을 낳지 못하기 때문에 애타게 성소에 가서 하나님께 매달려 기도 중에 아기를 얻었는데, 만약에 하나님이 아기를 주시면 하나님께 바치겠다고 약속을 하였기에 그 약속대로 실로 성소에 그 귀한 아들 사무엘을 바쳤다. 그래서 사무엘은 젖을 떼자마자 어린아이로 제단에서 자랐는데 타락한 엘리 제사장의 자녀들과는 다르게 법궤가 있는 지성소 가까이에서 주 하나님께 무릎 꿇어 기도하고 주님의 음성을 들었다. 하나님은 어린 사무엘의 이런 정성을 받으시고 그를 통해 무능하고 어두운 사사시대를 끝내고 영광의 왕조시대를 여셨다.

블레셋에 뺏긴 법궤는 돌아오고 백성들은 회개하고 적들은 물러가게 되었다. 강력한 지도력을 위해 12지파 전체를 아우르는 통일 왕국의 왕을 세우며 국민은 희망이 가득했다. 이 절망은 기도 없음에서 왔고 이 희망은 기도 있음에서 왔으니 얼마나 기도가 중요한가?

흔히 개인이나 가정이 안팎의 모든 문제로 망하는 듯 한 경우를 만나지만 무릎 꿇고 하나님을 찾아 기도할 때 그 위기가 오히려 위대한 기회가 되도록 주님이 이끄신다.

국가도 그렇고 지구촌도 그렇다. 기도하고 하나님을 찾으면 절대로 망하지 않는다. 이스라엘이 하나님을 붙잡고 놓지 않았을 때 망하지 않게 하셨듯이(신4:4) 망하지 않는다. "문명은 발전하나 파괴하는 인자를 안고 발전한다"는 역사가(A Toynbee)의 말처럼 발전하는 지구덩이는 "파괴하는 인자" 때문에 그리 밝지 않다. 이 인자가 죄 문제이거나 원자탄 같은 파괴성이라면 역시 인간 문제이니 이를 가지고 낙심하지 말고 하나님께 부탁하고 기도할 뿐이다.

기도하는 자가 사는 그 곳에 희망과 생명이 있다. 영광의 빛이 거기 찾아든다.

(6) 되는 집안

어릴 때 교회학교에 다니면서 얼마나 많이 장난을 치는가? 어떤 학생은 교회학교 그림 교재에 여자 나체를 그려 넣었다. 이것도 모르고 어느 시골 교회 목사가 그 교재를 넘기며 어느 주일 신나게 설교를 했다. 무심코 넘긴 어느 쪽에 이 그림이 학생들 앞에 보이면서 아이들이 왁자지껄 하며 모두 깔깔대고 웃었다. 순간 화가 난 목사가 누구의 짓이냐며 고함을 질렀고 그 학생을 찾아 "망할 놈"으로 저주했다. 그런데 공교롭게도 목사의 이 저주 때문인가. 저주 받은 그 친구를 아는 친구가 하는 말! 평생 지켜보니 그 놈은 되는 것이 하나도 없을 정도로 쭉정이 생애를 살아가더라는 것이다.

교회도 인간이 모인 데니까 때로는 이견이 있고 당회나 제직회 때 고성이 오가기도 한다. 어디 고함소리뿐인가? 때로는 삿대질도 하고 멱살잡이도 한다. 미국 교민 교회들이 싸울 때는 거짓말이겠지만 총까지도 찬다는 말을 들었다. 이 정도로 심각하게 싸움이 되면 무조건 그 교회를 떠나는 것이 상책이다. 그런데 미련하게 갈 데까지 가는 것은 무슨 심성인가? 아마도 무엇이 끼었을 것이다. 귀신 중에는 교회를 싸우게 하는 귀신이 있는데 그 귀신에 씌인 것일 것이다. 어떤 청년이 이 귀신에 씌어 싸움 최전선에 섰는데 목사파와 장로파의 대결 때 장로파의 입장에서 주일 날 강대상에 올라가는 목사의 멱살을 잡아 끌어내렸다. 그 후 그는 그 성직자를 패대기치는 데까지는 성공했을지 모르나 그 생애는 성공적이지 못했다. 자기 힘으로 아무리 노력하여 잘 하려 했으나 사건 사고에 휩쓸리고, 몸이 아프고, 제법 공부를 잘해서 유학길에도 올랐으나 학위를 얻지 못했다. 꿈꾸며 기도하는 제목에 응답을 못 받았다. 아마도 하나님이 하나님의 제단인 성역을 침입한 죄나 하나님이 쓰시는 하나님의 종을 그렇게 대한 죄를 그에게 물으셨을 지도 모른다.

"되는 집은 가지 나무에도 수박이 달린다"는 말이 있다. 되는 사람이나 되는 집은 하늘 하나님이 축복하시고, 무엇을 해도 안 되는 집은 하나님이 축복하지 않으시는 사람이며 집이다.

이상하게도 이스라엘의 초대 왕 사울과 그 가문은 점점 무너져 약하여 가고, 둘째 왕 다윗과 그 가문은 점점 일어나 강하여 갔다(삼하3:1). 사무엘을 통해 세워진 사울 왕은 하나님의 말씀에 순종을 잘 하지 않고 자기 혈기와 욕정대로 살았다. 하나님의 영광보다는 자기 이름을 날리려 힘을 썼다. 골리앗을 쳐 이스라엘을 누란의 위기에서 구한 다윗을 시기 질투하여 어린 다윗을 죽이려 군의 물리적 힘까지 동원했다. 그에게 하나님은 있어도 하나님을 믿지 않았다. 심지어 죽기 전에는 무슨 점쟁이나 귀신을 찾아도 하나님께 무릎 꿇어 기도를 하지 않았다. "다른 사람 보다 어깨 위만큼 클"(삼상10:23) 정도로 잘 난데다가 제일 못난 막내 지파 베냐민 지파 중에서 전 이스라엘 왕으로, 그것도 첫 왕으로 하늘 하나님의 영광의 선택을 받았으니 그 큰 은혜를 무엇으로 보답할꼬의 심정으로 겸손히 귀 기울여 순종하고 하나님의 영에 이끌렸으면 얼마나 복이랴! 그러나 그에게는 그 믿음의 복이 없었다. 그래서 하나님은 그를 떠나시고 하나님의 "마음에 맞는 사람"(삼상13:14) 다윗을 선택하시고 이스라엘 왕으로 세우셨다.

다윗은 사울과는 다르게 언제나 하나님께 여쭙는 기도의 삶을 살았다. 다윗이 살았지만 다윗이 산 것이 아니라 다윗을 통해 하나님이 그 생애 가운데 사셨다. 그러니 다윗을 죽이려는 사울의 세력이 아무리 크고 강해도 다윗이 사울에게 잡혀 망하지 않았다. 왕으로 선택 받은 후 골리앗과 블레셋을 물리쳐 인기가 좋아진 죄로 약 10년 세월 사울에 의해 쫓겨 다녔다. 그러다가 사울의 권력이 끝났으니 성급한 정치인 같으면 당장 권력 인수 작업에 들어가겠지만 안타깝게도 그저 자기 유다 지파의 왕으로 머물러 있을 뿐이었다. 그것도 7년 세월이나 기다렸다. 바보 같지만 하나님의 허락이 나지 않아서였다. 드디어 하나님의 인도하심으로 예루살렘을 정복하고 이 예루살렘을 거점으로 하나님 모시는 신정정치를 시작했다. 그 출발로 하나님이 모세에게 주신 법궤! 여호수아가 법궤를 앞세워 가나안 땅 입성에 성공하고, 실로 성소에 모셨다가 블레셋에 빼앗겼지만 다시 돌아와 당시 저 시골 숲속 마을에 버려진 법궤! 이 하나님 임재를 상징하는 말씀 궤를 찾아 예루살렘으로 모신 그 신앙의 걸음부터 출발했다. 그것도 무슨 사무적으로 의무적으로 한 것이 아니라 자발적인 신앙 고백으로 하나님이 너무 좋아서 기뻐 뛰며 춤추며 모셨다. 그러니 하나님도 이 다윗을 좋아하시며 두 손 들어 축복하셨다.

"여호와를 기뻐하라 그가 네 마음의 소원을 네게 이루어 주시리로다"(시37:4). 정말 그렇게 되었다. 천 년 전 믿음의 조상 아브라함에게 약속하신(창12:1-3) 이스라엘의 축복이 이 다윗시대 때 이루어지게 되었다. 다윗은 이 복이 너무 커서 받은 복으로 법궤를 모신 하나님의 집을 지어드리려 했다. 그러나 하나님은 전쟁으로 사람의 피를 손에 많이 묻힌 다윗의 손으로가 아니라 평화의 이름을 가진 그 아들 솔로몬을 통해 성전 건축을 허락하셨다. 하지만 하나님은 그 발상과 의도를 기뻐 받으시고 다윗에게 새 성전 설계도를 그려 주셨으며 부지를 정해 주셨고 모든 건축재정과 능력을 준비케 하셨다. 그러므로 이 성전을 솔로몬이 지었지만 다윗과 솔로몬의 성전이라고 후세 사람들이 말하고 있다.

하나님은 아브라함과 다윗의 혈통을 통해 예수 그리스도를 보내시며 인류 구원의 일을 이루셨으니 그 한 사람과 그 한 가문이 얼마나 소중한가? 참 중요한 그 한 사람과 그 한 사람의 가문을 통해 지금도 하나님의 구원과 축복의 일은 진행되고 있다. 이스라엘의 역사는 새 이스라엘인이 된 우리를 통해 계속 진행되고 있다. 그래서 사도신경은 미완으로 마무리하는 데 이는 계속 하나님의 일들이 믿는 우리를 통해 진행되니 순종하므로 다윗의 일을 이루라는 말이다.

(7) '찔찔', '쩔쩔', '뻘뻘'의 기적

사람은 누구든지 그 몸이나 얼굴에 점이 있듯이 그 사람의 생애에도 허물과 죄의 점이 있다. 옥에도 티가 있는데 어찌 인간에게 그런 흠이 없을까? 에덴동산을 떠난 인간은 그 원죄 때문에 어쩔 수 없는 죄인이다.

성경은 이런 인간의 죄를 다 기록하고 있으며 하나님이 사랑하여 쓰신 어느 인간에게도 그런 죄가 있음을 알려주고 있다. 이는 아무리 잘 난 인간이라도 하나님이 아닌 죄인임을 알리기 위함일 것이다. 그래서 인간을 절대로 믿지 말고 오직 하나님만을 절대로 믿고 살라는 계시일 것이다. 인간은 믿을 대상이 아니라 사랑의 대상임을 항상 알게 함일 것이다.

그렇게도 하나님이 사랑하시고 축복하신 다윗에게도 간음죄와 살인죄가 있음을 성경은 기록하였다. 그 죄에 연루된 여인은 청와대 왕궁 옥상에서 다 보일 정도로 대낮에 옷을 벗고 목욕을 한 미인 밧세바였다. 왕궁에서 여인의 목욕 장면을 본 다윗은 이 유혹을 못 이기고 그 여인을 불러 한 번 동침한 것이 임신으로 이어지고, 이를 묻으려 다윗은 전쟁터에 나가 있는 그 남편 우리아에게 특별 휴가를 주어 부부관계를 맺게 하려 했다. 그러나 밧세바의 남편 우리아는, 동지들이 전장마당에서 조국을 위해 목숨을 바치고 있는데 어찌 자기가 마누라를 가까이 할 수 있느냐며 동침하지 않았다. 그러자 다윗은 이 충신 애국군인을 최전방에 보내 죽게 하고 문제의 여인을 왕후로 삼았다. 그리고 다윗은 이 일이 아무도 모르게 일단락 된 줄 알았지만 하나님이 아셨다. 이에 하나님은 나단 선지자를 다윗에게 보내 "그건 너"라며 죄에 대한 책망을 하셨다.

이 지적에 다윗은 눈물로 침상을 적시며 회개를 하였다. 그러나 태중의 아기는 하나님이 치셔서 죽었다. 그 후에 이 밧세바를 통해 다시 생긴 아기가 바로 솔로몬이었다. 그러니 다윗의 결정적 흠으로 생긴 밧세바 왕후와 그 아들 솔로몬이니 무슨 소망이 있겠는가? 특히 솔로몬의 어머니가 얼굴을 들고 다닐 수가 없었을 것이다.

그래서 이 어머니 밧세바는 왕후로서 더 이상 대왕 다윗이나 왕가, 그리고 나라와 민족에 폐가 되지 않으려 애썼다. 그리고 왕 다윗의 신앙노선을 따라 전적인 회개와 겸손과 기도로 세월을 살았다. '찔찔' 짜는 회개의 눈물로 살았다. '쩔쩔' 매는 겸손으로 살았다. 그리고 강청기도의 땀을 '뻘뻘' 흘리며 살았다. '찔찔', '쩔쩔', '뻘뻘'이 그의 무기였다.

이런 어머니 품에서 자란 솔로몬도 어머니를 본받아 항상 눈물과 겸손의 기도로 자랐다. 솔로몬은 그 잘난 다른 왕후들이 낳은 왕자들과는 달랐다. 포악하여 다른 왕자들을 죽이고 심지어 역모를 일으켜 아버지 다윗을 몰아내려던 압살롬 같은 왕자와는 근본적으로 달랐다. 그렇게도 잘 나고 칭찬을 받았지만 노약한 아버지 뜻을 기다리지 못하고 마지막에 스스로 왕이 되려한 아도니아 같은 왕자와도 달랐다. 또 다른 왕자들과 전혀 질적으로 달랐다.

그러니 오직 신령한 무기를 가진 솔로몬에게 후계자의 영광이 올 수밖에 없었다(왕상1:30). 기적이 아닌가! "심령이 가난한 자는 복이 있나니 천국이 그들의 것임이요" 말씀하신 그대로다.

그러므로 죄가 있어도 그 죄로 망하지 말고 그 죄 때문에 자꾸 주님을 가까이 하라. 그리고 주님의 용서를 체험하라. 그리고 그 용서에 보답하려 전적인 헌신과 충성을 바치라. 그러면 주님이 "그의 많은 죄가 사하여졌도다. 이는 그의 사랑함이 많음이라. 사함을 받은 일이 적은 자는 적게 사랑하느니라"(눅7:47)하며 축복하실 것이다. 그리고 귀히 쓰실 것이다.

놀랍고 놀랍도다. 솔로몬은 어머니의 이 기도 심정으로 왕이 되자마자 일천 번제를 드리며 주 하나님을 가까이 하였다. 그래서 하늘의 지혜와 능력을 받아 성전을 건축하고 그 성전의 복을 받아 온 세상 왕들이 그를 배우려 할 정도였다.

(8) 최대의 정성으로 하나님의 집을

작은 교회가 좋다. 알뜰살뜰 추운 겨울 온돌방 아랫목 같은 따뜻한 분위기의 작은 교회가 좋다. 가족 같은 사랑이 가득한 교회가 좋다. 서로가 서로를 감싸 안고 격려하고 배려하며 서로를 살피며 사랑 가득한 관심 사랑의 교회가 좋다. 사도행전 바울 이야기부터 시작되는 초대교회가 이런 작은 교회였을 것이다. 무슨 건물도 제대로 없는 모임 장소였을 것이다. 바로 가정교회였을 것이다. 그래서 성서적인 근거를 말하며 적잖게 작은 교회운동을 일으키는 일도 있었다. 민중교회 노동교회 등 여러 분야 별로 작은 교회 모임들이 많기도 했다.

이 과정에서 대형 교회 큰 교회들이 비판의 대상이 되기도 했다. 심할 경우 큰 교회는 악한 교회이며 작은 교회는 선한 교회 같이 들릴 때도 있었다. 그러나 큰 교회나 작은 교회나 너무 심각하게 볼 필요가 없을 것 같다. 시대마다 장소마다 경우가 모두 다를 것이기 때문이다. 산천초목들이 크고 작고 서로 다양하고 다르듯이 교회도 자연스런 다름으로 보아야 할 것이기 때문이다. 그리고 이런 천지 만물들이 자기들 스스로 그렇게 한 것이 아니라 오묘하신 하나님의 섭리에 따라 어떻게 그렇게 된 것으로 보아야 할 것이다.

교회의 목회자가 의도적으로 누가 작은 교회를 목회하겠다고 하는 자가 있을까. 의도적으로 누가 세속 사업을 일으키듯이 큰 교회를 목회하겠다는 자가 있을까. 제대로 신학교육을 받고, 제대로 신앙생활을 하는 자들은 안다. 다만 한 가지 주 예수 그리스도의 구원의 은혜를 알고 감격하고 감사하며 “내게 주신 모든 은혜를 내가 여호와께 무엇으로 보답할까”(시116:12)의 가슴으로 섬기는 것뿐일 것이다. 그리고 목사는 안다. 자기가 아무리 목사가 되려고 해도 되지 못하고, 자기가 아무리 목사가 되지 않으려 해도 되는 것을 안다. 그 교회를 그렇게 떠나려 해도 못 떠나고, 아무리 그 교회를 떠나지 않으려 해도 떠나는 것을 안다. 아무리 그 교회를 크게 부흥시키려 해도 아니 되고, 아무리 부흥시키려 아니해도 이상하게 교회가 부흥되는 것을 안다.

이게 무슨 말인가? 한 마디로 목사가 되고, 그 교회를 섬기고, 그 교회가 부흥되는 것은 인간 목사가 하는 것이 아니라 바로 우리 주 하나님이 성령을 보내셔서 하는 일이라는 것이다. 그러니 크고 작은 교회 너무 따지지 말고 하나님이 하심을 알고 하나님이 하시는 일에 감탄 찬양하는 그것만 할 줄 알아야 한다.

저 작은 동네 베들레헴 목동이 선민 이스라엘 왕이 된 일, 다윗의 노력으로 된 것이 아니라 전적인 하나님의 은혜이다. 골리앗을 죽이고 인기가 충천하여 질투를 받아 사울 왕에게 짓밟혀 해외망명까지 가서 살다가 때가 되어 고국에 돌아와 왕이 된 것, 이것 역시 전적인 하나님의 은혜이다. 유다지파가 그때까지 자기 영역 안에서 정복하지 못한 예루살렘을 정복하고 사방에 적들을 물리쳐서 영토가 확장 된 것, 이것 역시 전적인 하나님의 은혜이다. 다윗은 너무 하나님이 좋아 하나님의 임재를 상징하는 법궤를 예루살렘에 모셔 신정정치를 하겠다는 하나님 중심의 믿음, 이 믿음 자체도 전적으로 하나님의 은혜이다.

그러나 법궤를 모신 곳은 천막이요, 자기 왕궁은 백향목 궁궐이니 너무 하나님께 죄송하고 부끄러웠다. 그래서 선지자와 상담하며 인류 최초로 법궤를 모시는 하나님의 집을 지어 드리겠다는 생각을 갖게 되었다. 하나님은 이 생각 자체를 굉장히 귀하게 보시고 “네가 가는 모든 곳에서 내가 너와 함께 있어 네 모든 원수를 네 앞에서 멸하였은즉 땅에서 위대한 자들의 이름 같이 네 이름을 위대하게 만들어 주리라."(삼하7:9) 하시며 "네 집과 네 나라가 내 앞에서 영원히 보전되고 네 왕위가 영원히 견고하리라"(삼하7:16)는 축복을 약속하셨다.

하지만 안타깝게도 전쟁으로 사람을 많이 죽인 피 묻은 다윗의 손으로 성전을 건축하는 것을 하나님께서 허락하지 않으시고(대상28:3) 그 이름도 평화인 솔로몬(샬롬) 아들이 짓게 허락하셨다. 대신 다윗에게는 성전건축 부지 확정과 설계도를 그려 주심(대상28:19)과 헌금 정성, 모든 건축 자재 준비를 허락하셨다. "내 마음이 내 하나님의 성전을 사모하므로 내가 사유한 금, 은으로 내 하나님의 성전을 위하여 드렸노니 곧 오빌의 금 삼천 달란트와 순은 칠천 달란트라 모든 성전 벽에 입히며 금은 그릇을 만들며"(대상29:3-5) 정성 바쳐 지은 이 성전은 사실상 금덩어리 성전이었다. 주전 966년 솔로몬 집권 4년 째 해에 시작하여 7년 걸려 완성한 이 성전은 길이 27미터 너비와 높이는 각각 9미터로(대하3:3) 모세의 성막과 닮은 모양으로 법궤 모신 지성소와 제단이 있는 성소, 그리고 마당으로 되어있다. 지성소 쪽이 서쪽이며 성소가 있는 앞면 쪽이 동향으로 아브라함의 모리아와 장차 오실 메시아의 십자가 골고다 언덕의 피 제사 중심의 시온산성 위에 섰다.

그 "건물 자체가 메시지라"는 말이 있다. 다윗 솔로몬 성전 자체가 우리에게 말한다. 다윗 솔로몬이라는 인간들이 설계도를 그린 것도 아니며, 그 장소에 세운 것도 아니며, 그렇게 금덩이로 돈 들인 것이 아니다. 하나님이 그렇게 허락하신 것이며 하나님이 모세에게 애초에 성막을 명하신 것처럼 그렇게 지으신 것이다. 만약 이 성전에 대해 시비 걸려면 평생 걸 수가 있을 것이다. 그러나 이들은 시비를 걸지 않고 이 성전을 중심해서 신앙생활을 하는 중에 메시아를 대망하는 신앙민족으로 일어났다. 이 성전이 망하면 민족이 망하는 것이며, 이 성전이 흥하면 민족이 흥하는 것이다. 예루살렘 하면 예루살렘 성전을 말하는 것이며, 예루살렘 성전하면 이스라엘을 말하는 것이다. 이 성전 없는 이스라엘은 있을 수가 없는 것이다. 우리 주 예수 그리스도도 이 성전을 드나드셨고, 이 성전이 도둑들의 소굴이 아닌 기도집이 되게 하려 분노하셨고, 십자가로 승리하시고 부활승천하신 예수의 제자들은 이 성전을 떠나지 않고(눅24:50-53) 기도 중에 성령의 충만함을 받아 교회 모임을 시작하였다.

아주 태곳적에 이런 민족 성전이 있던 것을 생각하면 시골 마을마다 도시의 거리마다 빌딩마다 작은 교회들도 많고, 대도시마다 그 교단을 대표하는 민족 구원의 상징인 대형교회가 우뚝 서는 것도 그리 탓할 일은 아닐 것이다. 그 말썽 많은 로마의 성 베드로 성당이 가져다주는 베드로의 보수와 바울의 진보로 일어난 선교적 효과가 유럽과 전 세계에 퍼져 간 것을 잊지 말아야 할 것이다.

(9) 방향이 중요하다.

어떤 미국사람이 한국을 경험하고는 "속도보다는 방향이 중요하다"는 글을 쓴 것을 보았다. 그분이 쓴 글에서 명나라를 세운 주원장과 오리 이야기를 흥미 있게 읽었다. 혹시 잘 못 인용되었으면 나중에 누구나 바로 잡아야 할 것이다.

주원장은 버려진 아기로 절간에서 자랐는데 아마도 스님들로부터 사람의 생명은 물론 미물의 생물 하나라도 죽이지 말아야 한다는 교육을 몸에 익히도록 받았을 것이다. 그가 장군이 되어 적들과 싸우는 데 결정적인 전쟁 마당에서 적에 도전하여 들어가지 못하고 있었다. 부하들이 알아보니 바로 침입해 들어갈 산 중턱에 오리 한 마리가 알을 품고 있었기 때문이었다. 만약 치러 올라가면 오리와 그 알 생명들이 다 죽으므로 장군은 그것을 염려하고 있었다. 결국 오리가 그 새끼를 다 깔 때까지 기다리기로 했다. 그렇게 세월을 보내다가 그만 적이 쳐들어와 포위되고 말았다. 손들고 항복할 지경인데 이게 웬 일인가! 적의 병사들이 손들고 나와 무릎을 꿇고 있었다. 오리와 그 새끼들을 생각하고 아끼는 그 적장의 마음에 감동을 받아 저들의 생명을 상대의 적장에게 맡기고 싶었던 것이었다. 부득이 전쟁을 하고 있지만 미물의 생명 하나까지도 죽이지 않고 아끼는 그 자세가 적의 군사들까지도 감동을 불러 일으켰다. 모든 것을 살리고 사는, 즉 남을 살리므로 사는 "살림살이" 방향이 이 장군에게는 있었던 것이다.

달이 차면 기울어지는가? 정말 성자필쇠(盛者必衰)인가? 이스라엘 역사에 가장 빛나고 왕성하던 다윗 솔로몬 시대가 지나며 솔로몬 말기 타락 증세로 남북 분단이 되고 말았다. 솔로몬이 아무리 지혜가 많아도 물질적 부요로부터 오는 자신과 정권 말기 그 마음이 여호와를 떠남으로 말미암아 민족의 타락을 막지 못했다. 결국 솔로몬 이후 그의 아들 르호보암이 권력을 승계했으나 무모한 강압 정치를 단행하려 하고, 이에 다윗 솔로몬이 소속된 유다지파에 대한 반감과 솔로몬 정권에 대한 불만을 가진 요셉 지파(에브라임) 세력이 10지파 세력을 충동질하여 북쪽에 나라를 세우게 되었다. 여로보암의 사마리아를 중심한 이 세력이 북방 이스라엘이 되었고, 르호보암의 예루살렘을 중심한 유다세력(지형적 영향으로 베냐민이 함께)이 남방 유다가 되었다. 이후 상상도 못한 남북 분단으로 서로 밀고 당기는 갈등과 전쟁이 끊이지를 않았다. 화해와 협력으로 하나 되는 길을 열어보려고 유다의 여호사밧 왕과 이스라엘의 아합 왕 시대 때는 혼인으로 사돈관계도 맺었으나 오히려 부작용만 크고 그 목표가 불발이 되고 말았다.

남북은 서로 경쟁을 하다가 북방 이스라엘은 주전 721년에 앗수르에 의해 아주 망했고 유다는 주전 586년에 망해도 아주 망하지 않고 바벨론에 의해 포로로 잡혀가게 되었다. 북쪽이 망할 때 남쪽은 신앙 왕 히스기야와 이 왕을 위해 기도하고 예언하는 이사야가 있었기 때문에 망하지 않았다. 영적 사람이 국방이며 믿음과 기도가 승리의 무기가 된 것이다. 70년 뒤에 유다는 파괴된 예루살렘에 성전을 짓고 다시 일어나 저들 민족이 그렇게 기다리던 메시아 예수 그리스도를 맞이하게 되었다

우리나라 강원도 보다 조금 더 큰 땅이 갈라졌고 강대국에 의해 북쪽이 망하면 남쪽도 당연히 망하게 되는데 그렇지 않은 이유는 국가와 민족의 방향 때문이었다. 남방 유다는 하나님께 예배드리며 부단히 죄악을 회개하며 메시아를 향하는 방향을 잡았다면 북방 이스라엘은 이 방향이 없었다. 하나님은 이 방향대로 살도록 끊임없이 예언자를 보내셔서 채찍질을 하고 깨우

치셨으나 유다보다는 이스라엘이 이 하나님의 사랑을 받아들이지 못했다. 이스라엘의 중심지파는 요셉의 아들 에브라임과 므낫세 지파인데 이들 역시 아브라함과 이삭과 야곱의 후예요, 아무리 힘들고 어려워도 조상 아브라함과 요셉의 순종과 신앙을 이어가며 아브라함에게 약속하신 하나님의 축복을 향하면 되는데 이 과거 신앙 계승과 미래 메시아 방향 잡는 일에 그만 실패하고 말았다. 참 안타깝다. 이들이 또한 이 지파 출신 여호수아나 사무엘 신앙의 방향을 잡으면 되는데 그것이 안 되니 결국 망하고 말았다.

이 방향이 잡히지 않은 상황에서 아무리 권력이 강하고 경제력 국방력이 강하여도 그것이 잘 되면 잘 될수록 하나님과는 거리가 멀기 때문에 주 하나님이 버리신다. 그러나 조금 못나고 서툴러도 정말 하나님의 영광과 그 세우신 목적에 충실하면 하나님이 불쌍히 여기시고 붙들어 주셔서 망하지 않게 하신다.

흔히 길을 갈 때나 운전하며 차를 몰고 갈 때 "우리가 지금 방향을 제대로 잡고 가느냐?"고 묻는다. 차가 좋고 안전하게 잘 달려도 방향이 바르지 않으면 다 헛수고다. 서울로 가야 하는데 부산으로 가고 있다면 말이 아니다. 방향이 완전히 틀린 것이다. 그러니 방향이 중요함을 넘어 생명이라 할 수 있다.

(10) 엘리야와 엘리사의 방향제시 외침

믿음의 실천을 강조하던 야고보는 실천할 수 있는 능력을 강조하는 뜻에서 엘리야의 기도를 말한다.

"엘리야는 우리와 성정이 같은 사람이로되 그가 비가 오지 않기를 간절히 기도한즉 삼 년 육 개월 동안 땅에 비가 오지 아니하고 다시 기도하니 하늘이 비를 주고 땅이 열매를 맺었느니라"(약5:17-18).

엘리야는 왜 비가 오지 않기를 기도하였는가? 위에서도 방향 이야기를 하였지만 국가와 민족의 방향이 하나님의 영광을 위한 방향이 아닌 거꾸로 가는 방향이었기 때문이다. 아브라함의 후손으로 장차 태어날 메시아를 통해 온 세계 만민이 구원 받게 할 거룩한 민족의 믿음 사명의 방향으로 가야 했다. 그러나 북방 이스라엘의 아합 왕은 하나님을 버리고 이방의 신 바알을 섬기기 시작했다. 이방 여인 이세벨과 결혼함으로 그 여인에게 휘둘려 이런 한심한 우상 섬김의 짓을 하고 있는 것이었다. 하나님으로부터 오는 음성을 듣지 않고 오만 불손 불순종이다. 그래서 당시의 선지자 엘리야는 하나님께 기도 중에 하나님의 징계 방법으로 이 땅에 비가 오지 않는 재앙을 선포한 것이다. 3년 반의 가뭄이 드는 동안 이스라엘에 닥친 곤경은 실로 엄청난 것이었다. 그럼에도 아합은 정신을 차려 회개하기는커녕, 근본적으로 이 방향이 잘못 되었다고 하면, "너희들이 무얼 아느냐?"며 선지자들을 박해하는 등 이세벨과 더불어 갖은 광포(狂暴)를 더해갔다.

마침내 하나님께서는 엘리야로 하여금 아합을 비롯한 모든 바알 숭배자들과 "네 놈들이 섬기는 바알이 참 신이냐, 우리가 믿는 하나님이 참 신이냐?" 정면대결을 벌이도록 하셨다. 그 증거는 각기 섬기는 신의 제단에 불을 붙이는 것이었다. 450명의 바알 선지자들의 광란 장면과 단독으로 나선 엘리야의 기도 장면으로 전개된 갈멜 산상의 극적인 대결에서 엘리야의 하나님은 불로 응답하셔서 살아 역사하심을 드러내셨다(왕상18:24,38). 그리고 이 거짓 하나님을 믿는 바알 제사장 세력을 모조리 잡아 죽였다. 그런 후 큰비를 내리게 하여 민족이 살게 하셨다. 엘리야는 이 대결 후 그래도 회개하지 않고 달려드는 이세벨 왕후를 피해 호렙산 로뎀나무 아래에 피했으나 자신이 혼자 남은 줄 알았는데 바알에게 무릎 꿇지 않은 7,000명이 있음을 하나님으로부터 듣고 용기를 얻었다.

엘리야는 이제 하나님이 분부하신 그 모든 사명을 마치고 하나님의 부름을 받아 죽음을 통과하지 않고 하늘로 들림을 받는데, 이를 미리 안 제자요 후계자인 엘리사가 바짝 따라 붙었다. 몇 번이나 떠나라 해도 스승 엘리야에게 주신 하나님의 능력을 갑절이나 받기를 구하며 매달렸다. 과연 이렇게 사모하는 엘리사도 엘리야 승천 이후 기울어져 가는 나라와 민족을 책임지며 온갖 기적을 일으켰다. 적을 물리치며, 적의 장수 나아만의 문둥병을 고

치며, 쳐들어 온 적 병사들의 눈을 모두 멀게 하기도 했다. 이스라엘 왕 요아스가 엘리사의 임종 때 눈물을 흘리며 "내 아버지여, 내 아버지여, 이스라엘의 병거와 마병이여"(왕하13:14)할 정도였다. 요아스의 악행에도 불구하고 하나님은 엘리사를 통해 이런 모든 기적을 행하게 하심으로 정말 하나님이 살아계심을 알고 회개하고 본래적인 아브라함 모세 다윗 후손의 이스라엘로 돌아서라는 예언 활동을 하게 하신 것이었다. 엘리야도 마치 신약의 예수 그리스도의 하나님나라 일을 준비하기 위해 외친 세례요한처럼 대대적인 민족 회개 운동을 일으켰다.

이렇게 하나님의 사람들이 회개에 초점을 맞추며 역사의식을 갖고 바르게 방향을 제시한 것에 비해 오늘의 우리 한국교회 성직자들이 진짜 바로 서서 바로 외치는가? 군사유신독재시대나 광주항쟁 당시, 그리고 오늘도 민주복지 평화통일로 가는 길에 제대로 그 방향을 보고 외치는가? 정말 하나님 편에 서서 이 땅의 갈 길을 제시하는 예언자인가? 위의 하나님이 그리고 온 국민이 묻는다.

(11) 오직 주만 바라봅니다.

어린이 교회학교 학생들이 가장 많이 모인다는 부산의 어느 교회를 견학갔었다. 그런데 견학 간 교회학교 교사들이 깜짝 놀란 몇 가지가 있었다. 소위 현대의 기독교교육학에서 강조하는 교육학적 분위기가 전혀 아닌 것이다. 분반 교실이 제대로 있는 것도 아니고, 세련된 교사들이 제대로 있는 것도 아니고, 예산이 많이 배정된 것도 아니고, 심지어 교재가 제대로 있는 것도 아닌 것이다. 그러면 도대체 무엇으로 어떻게 되어가기에 그렇게 아이들이 많이 모이는 것인가? 그것은 단 하나 믿음이다. 믿음으로 담임목자를 바라보고, 담임목자를 통해 오직 주님만 바라보는 그것뿐이었다.

더 자세히 들여다보면 교사는 남녀노소를 불문하고 기도와 말씀으로 사는 믿음의 교사여야 하며, 교재는 그 전 주간에 담임목자를 통해 내려오는 하나님의 말씀을 듣고 그 말씀을 한 주간 동안 소화할 뿐만 아니라 그 말씀을 기도 중에 성령의 불로 달구어 그 다음 주일 아멘으로 입 벌리는 어린 제자들 가슴 속에 넣어 주는 것이었다. 이렇게 말씀을 먹은 제자들은 믿음이 좋아서 학교에 가서 자꾸 전도하다 보니 그렇게 많이 모이는 것이었다.

기독교교육학적으로 어떤가? 틀렸는가, 맞는가? 이런 질문을 하기 전에 먼저 생각할 일이 있다. 애초의 예수 공동체는 어떠했는가? 사도행전의 처음 교회가 어떠했는가? 그리고 그 이전의 구약 이스라엘의 쉐마 교육은 어떠했는가를 따져보아야 한다. 놀랍게도 "교육입국" 이스라엘이지만 막상 "교육"이란 말이 별로 없다. 그럼 무엇이냐? "믿음", "거룩"이다. 이런 이스라엘의 믿음 맥이 예수 그리스도의 새 이스라엘 공동체에도 이어가야 함이 성경의 주장이다. 마르틴 루터의 종교개혁 500주년이 되는 해이지만 15세기 종교개혁의 난리도 이 맥을 철저히 잇자는 바로 그것이다.

이 중요한 믿음을 제쳐놓고 너무 회의가 많다. 교회 관련 프로그램이 너무 많다. 교회 성장을 위한답시고 너무 인간의 궁리와 방법과 대책이 많다. 너무 인간의 지식을 동원한다. 돈을 너무 그런 쪽으로 쓴다. 너무 잘해 주는 사랑이 많다. 너무 편의 시설이 많다. 너무 기자재가 많다. 너무 조직부서가 많다. 너무 법이 많다. 그러나 저 <기도의 능력>이라는 책에서 이 엠 바운즈(E. M. Bounz)가 말하듯이 "너무 많은 … 이런" 것을 통해 하나님은 일하지 않으시고 기도하는 믿음의 사람을 통해 능력을 베푸시며 일하신다는 사실을 알아야 한다.

다윗 솔로몬 이후로 가장 큰 왕 여호사밧은 바로 이런 믿음의 사람이었다. 다음과 같은 그의 말은 우리 모두가 잊지 못한다.

"우리를 치러 오는 이 큰 무리를 우리가 대적할 능력이 없고 어떻게 할 줄도 알지 못하옵고 오직 주만 바라보나이다"(대하20:12).

도대체 암몬 모압 종족 등 적들이 연합 전선을 형성하고 달려들 때 일국의 왕으로서 무대책 무능을 보여서 되겠는가? 그러나 그는 세상적인 방법과 대책을 세울 줄 모르고 오히려 금식을 선포하고 하나님의 음성을 들으려 하고 찬송을 하며 주님을 가까이 하였다. 백성과 그들의 아내와 자녀와 어린이와 더불어 이렇게 여호와 하나님만 바라보며 하나님을 의지했다. 한 마디로 위기를 맞아 주님 한 분만을 의지하는 그 믿음 하나로 적을 대항 한 것이다. 그 결과 하나님으로부터 음성이 들려왔다. "너희는 이 큰 무리로 말미암아 두려워하거나 놀라지 말라. 이 전쟁은 너희에게 속한 것이 아니요 하나님께 속한 것이니라"(대하20:15) 하셨다. 과연 여호사밧의 군대가 승리를 확신하며 하나님을 찬양하는 중에 하나님이 개입하셔서 승리케 하셨다.

어제나 오늘이나 내일이나 영원토록 동일하신 하나님은 이 세상의 방법을 원하지 않으시고 믿음을 원하신다. 너의 믿음이 어디 있는가? 주님은 오늘도 이렇게 물으시며 그 믿음을 보시고 우리에게 오셔서 일하신다.

(12) 눈물기도의 기적

다윗 솔로몬의 성전을 생각하니 필자가 섬기는 원주영강교회 성전도 소개하고 싶다. 나는 1년에 2개월씩 독서안식년을 통해 북미주 교회를 배우며 주차장이 큰 교회를 꿈꾸었다. 주차공간이 커야 주간에 학교를 세워 운동장을 사용할 수 있고, 수위실 담 없는 교회로 시민들이 몰려와 마음껏 사용할 수 있는 시민광장 성격의 교회가 될 수 있다고 생각했다. 그리고 그 자체가 전도라 생각했다. 이런 꿈과 생각으로 움직이니까 성전건축 일이 생겨도 별로 건물자체에는 신경이 가질 않았다. 늘 농담 진담으로 하는 말은 건물이야 모세 때처럼 성막성전이면 어떠랴, 주차장이 중요하다, 1인 1차시대이니 주차장에 돈을 들이자며 뛰었다. 건물 잘 짓는 것 보다야 땅을 더 많이 사자는 방향을 잡고 움직였다.

우리 영강공동체 당회 제직회 등 모두가 미래교회에 초점을 맞추며 찬동하였다. 드디어 이 꿈이 이루어져 차를 한 번에 1천대 세울 수 있는 8.000평 터를 사게 되었다. 그리고 당장 우리 따라 강원도의 혁신도시가 바로 우리 옆으로 따라 들어왔다. 이 가능성을 보고는 금융기관에서 이 땅이 탐이 나니까 건물 지을 수 있는 길을 열어 주어 학교를 겸한 오늘의 3.000여평 성전이 들어서게 되었다.

이렇게 간단히 소개를 하니까 쉬운 일 같기도 하지만 그러나 눈물기도의 기적으로 우리가 한 것이 아니라 하나님이 하신 일이었다.

우리교회는 1980년 내가 오기 전 21년 간 제자리걸음, 아니면 내리막길로 기울고 있었다. 땅 100평에 낡은 흙벽돌 건물 50평 수준의 교회였다. 무엇보다도 모임이 제대로 되지를 않았다. 필자가 이전에 섬기던 경북 영주중앙교회에 비하면 너무 작아 불만인데다가 무슨 악령의 방해가 있는 듯 한 느낌으로 불가능의 장벽으로 막혀 있었다. 이때에 내가 할 일이 무언인가? 기도와 금식이 아닌가?(막9:29). 그래서 나는 이삿짐 정리도 제대로 되지 않은 상태에서 한 주간 동안 교회에서 금식철야하기로 하였다. 마침 전두환 신군부 권력이 광주를 짓밟는 주간이라 밥맛도 없고 잠도 오질 않아 딱 적격이었다. 이 나라를 불쌍히 여겨 살려 주시고, 우리교회도 불쌍히 여기시고 살려달라고 절박한 심정으로 간절히 매달렸다. 야곱의 얍복 나루터 같은 기도씨름이 지속되는 중 거룩한 금요일 밤에 일이 벌어졌다. 내가 주님을 붙들어 안고 울었다면 주님도 나를 붙들어 끌어안고 우시는 것이었다. 아무런 이유 없이 계속 눈물이 나오는데 주님의 눈물이 내 눈물에 더 크게 합했으리라. 그때 나는 확실히 주님의 음성을 들었다. "이 제단에 기도의 눈물이 배이면 교회가 일어나리라"는 응답의 말씀이었다.

아! 그런데 놀라운 사실은 그날 밤부터 억지로 눈물을 흘리지 않아도 기도만 했다 하면 계속 눈물이 나왔다. 눈물 콧물 땀물이 뒤범벅되는 삼액 기도운동은 자꾸 생겨나는 기도동지들에게도 번져 가서 점점 눈물이 배인 제단이 되어갔다. 급강한 바람과 불길 같은 "영강오순절밤"이 지나며 교인들이 시민들이 몰려들기 시작했다. 나를 괴롭혀 짓누르던 어둠의 권세도 물러나 자유케 되고 성령이 시키시는 말씀과 기도가 그대로 성도들 가슴에 기적으로 연결되었다. 1부 예배 자리가 모자라 의자를 늘려도 더 밀려와 2부 예배 또 꽉 차 3부 …로 이어져 그 땅을 정리하고 650평 땅을 사서 이사를 가고(지금의 지성전), 또 거기에 다 감당이 안 되어 오늘 이 성전에 모이게 되었다. 처음부터 무슨 대형교회 큰 교회를 꿈 꾼 것이 아니라 정신없이 살다

보니 하나님의 성령이 여기까지 인도하신 것뿐이었다. 내가 한 것은 새벽마다 우는 눈물 그것뿐이었다. 성경에 없는 말이지만 기도눈물은 성령의 불이 붙는 기름 같은 느낌이었다.

성경 역사서에 나오는 히스기야 왕도 눈물기도의 왕이었다. 죽을 병에 걸렸을 때 왕은 제단 벽을 향하여 통곡하며 하나님께 부르짖어 기도했다. 하나님의 사람 이사야를 통해 하나님께서 "내가 네 기도를 들었고 네 눈물을 보았노라. 내가 너를 낫게 하리니 네가 삼 일 만에 여호와의 성전에 올라가겠고 내가 네 날에 십오 년을 더할 것이며 내가 너와 이 성을 앗수르 왕의 손에서 구원하고 … 이 성을 보호하리라"(왕하20:5-6) 하셨다. 과연 통곡의 눈물 기도 후에 히스기야 왕은 하나님의 말씀대로 건강을 얻었고, 왕의 섬김 때문에 나라와 민족도 망하지 않았다. 바로 이때는 북방 이스라엘을 멸망시킨 앗수르 세력이 남하하여 역시 남방 유다 예루살렘을 파괴시킬 위기를 맞고 있었다.

히스기야의 눈물의 기도가 자신이 병을 낫는 기적을 넘어 누란의 위기에 있는 국가와 민족을 살렸다. 후에 히스기야 같은 이런 믿음의 왕들이 사라지면서 유다도 나중에 무너져 바벨론에 포로로 잡혀갔다. 그러나 저들은 거기서 "시온을 기억하며 울었다"(시137:1)할 만큼 눈물에 약하신 하나님은 70년 만에 다시 돌아오게 하시어 성전을 건축하게 하시고 제2의 건국운동을 일으키게 하셨다.

저들이 돌아 올 때 "입에는 웃음이 가득하고 혀에는 찬양이 찼었도다"(시126:2)며 좋아했다. 흔히 "웃으면 복이 온다. 웃어라. 웃어라. 웃으면 병이 낫는다. 일소일소(一笑一少) 일노일노(一怒一老)! 한 번 웃으면 한 번 젊어지고 한 번 화내면 한 번 늙어진다. 웃어 건강 장수하라" 한다. 마귀는 성도의 웃음을 싫어한다. 웃어 마귀를 물리치라 한다.

맞는 말이다. 웃음 아멘이다. 그러나 웃음도 눈물뿌리에서 나온 웃음꽃이 있고, 눈물뿌리에서 피지 않는 웃음꽃이 있다. 우리의 신앙은 십자가 눈물에서 나온 부활 웃음으로 출발하기 때문에 십자가 앞에서 회개의 눈물을 흘리지 않고 부활웃음을 웃을 수가 없다. 웃기 위해서 울어야 한다. 눈물기도로 만나 주시는 주님의 성령을 만나 눈물을 닦고 웃자.

(13) 거룩한 습관과 고집

안 좋은 습관과 고집을 갖고 사는 사람도 있지만 좋은 습관과 고집을 갖고 사는 사람도 있다. 살아가면서 좋지 않은 것은 버리고 좋은 것을 취하는 것도 지혜로운 삶의 길이다. 내게는 한국목회의 새벽기도 때문에 일찍 자고 일찍 일어나는 새벽형의 버릇이 있다. 아침형도 아니고 새벽형이니까 새벽 4시 전후해서 잠이 깨는 것은 당연하다. 이때 잠이 깨서 새벽기도를 하고 7,8시까지 기도하고 아침밥을 먹으니 자연히 하루에 3시간 정도는 기도하게 된다. 매일 이렇게 기도하는 것도 좋은 습관일 것이다.

그리고 위에서도 글을 썼지만 1980년 5월에 원주영강교회에 부임하여 금식철야 중에 주님 만나 주시고 주님께서 친히 성령을 보내셔서 우리교회를 일으켜 주셨기 때문에 이를 계기로 매주 금요일을 금식철야기도의 날로 지켜온 것도 감사한 일이다. 나는 정말이지 배고프면 못 참는다. 얼마나 못 견디는 지 배고플 때는 무조건 무엇이든 입에 넣어야 한다. 반드시 밥이 아니라도 좋다. 무슨 먹거리라도 입에 넣어야 한다. 이런 내가 생각해도 신기할 정도로 금요일 오후부터 토요일 오후까지 금식한다는 것은 정말 기적이다. 그러니 내가 하는 것이 아니라 성령께서 은혜를 주시고 배고픔을 극복할 힘을 주시니까 하는 것이다. 이 은혜는 여행 중이거나 무슨 진수성찬을 차려놓은 모임에서도 그대로 되니 참으로 놀라운 은혜다. 이 금식 은혜를 직접 보는 동료 목사들이나 타교단 관계자들이나 소문을 들은 사람들이 나를 자유주의자니 종북좌파니 욕을 하다가도 입을 닫는 것을 보았다. 그러면서 기장에도 저런 사람이 있느냐고 하는 평을 하는 것도 많이 들었다. 그러나 나는 그때마다 기장이 무슨 이상한 교단이 아니라 성경대로 사는 기가 막히게 좋은 장로교회 노선이라고 받아넘기며 살아왔다.

나는 총회장이 되어 전국교회 상황을 살피는 중 너무 약하고 전도가 되지 않아 총회장이 된 나 하나라도 전도해야 되겠다는 각오로 매주 금식 끝낸 직후 죽 한 그릇 먹고 토요일 오후에 시내 중심가에 나가 교회 신문이나 전도지, 그리고 명함전도지를 들고 노방전도를 한다. 아는 교인들이나 이웃 교회 교인들이 목사님이 친히 이렇게 나오시면 어떻게 하느냐 하지만 그 때마다 속으로 하는 대답이 목사이니까 주일 전에 직접 나와 현장을 살펴야 한다는 말을 해 왔다. 이 일도 참으로 좋은 습관일 것이다. 새벽기도나 무슨 일을 앞두고 기도를 집중한다거나, 매주 금요금식철야를 한다거나, 주일 전 토요일에 노방 전도를 하는 것은 좋은 습관일 것이다. 모든 목회를 기도 중심으로 한다는 것도 좋은 습관이요 고집일 것이다. 이렇게 살아온 습관과 고집은 죽을 때까지 갈 것이다. 어디 이 습관이 나 뿐이겠는가. 모두에게 좋은 습관과 고집이 있을 것이다.

우리 믿음의 조상 다니엘에게도 이런 좋은 습관이 있었다. 바벨론이 주전 586년에 예루살렘 유다를 정복한 후 많은 유대인들을 바벨론에 포로로 잡아갔다. 로마가 주후 70년에 아예 예루살렘 성전이나 그 무너진 터를 중심해서 못 모이도록 유대인들을 다 분산시켰듯이, 바벨론도 예루살렘 성전을 파괴했지만 파괴된 그 거룩한 터를 중심으로 하나님을 찾는 모임 자체를 없이 하려 잡아갔다. 사람들을 굴비 엮듯이 엮어 요새 예루살렘에서 바그다드 거리의 사망 광야 길을 끌고 갔으니 잡아가는 놈들의 정책이 보통 잔인한 것이 아니다. 가다가 약해 못 따라 오는 자들은 현장에서 죽여 거리에 짐승 밥으로 버렸으니 참으로 포악하기 짝이 없다.

이렇게 잡아 간 유대인들을 바벨론 식으로 변화시키고 적응시켜 마음 다 잡고 잘 살도록 온갖 회유 정책을 폈다. 소위 바벨론 의식화 작업을 한 것이다. 이 작업으로 자기 사람들을 만들려 했지만 그러나 유대인들의 가슴에 있는 여호와 하나님을 믿는 믿음의 근성을 어찌 없앨 수가 있겠는가. 이들이 믿는 하나님까지 죽여야 하는데 그것은 불가능하니 사실상 불가능한 바보짓을 저들은 하는 것이었다.

바벨론 왕 느부갓네살 1차 침공 때(B.C 606), 다니엘과 그 친구 사드락과 메삭과 아벳느고 같은 경우에도 그렇다. 이들은 천재형의 모범생이어서 바벨론 왕궁까지 진출했으나, 다니엘과 세 친구들은 적국에서 무슨 출세 따위와는 아무 관계가 없었다. 다만 한 가지 자기들이 살아온 방식대로 거룩한 습관과 고집 그대로 사는 것에만 관심을 두었다. 한 마디로 하나님을 믿는 신앙생활에만 초점을 맞추는 삶을 사는 것이었다. 그래서 왕궁식 산해진미 좋은 식사하는 것도 거부하고 이스라엘식 식사를 고집했으며, 바벨론식 신사참배를 거부하고 하나님만을 섬겼다. 이런 신앙의 고집 때문에 풀무 불에 들어가 타 죽는 형을 받기도 했다. 그래도 이들은 하나님이 불에서 건져 주실 것을 믿었지만 "그렇게 하지 아니하실지라도"(단3:18) 저들은 확고부동한 믿음 지키기를 고집하여 타 죽는 편을 선택했으나 하나님이 살리셨다. 다니엘의 경우 "하루에 세 번씩 무릎을 꿇고"(단6:10) 예루살렘을 향하여 창문을 열고 기도를 한 죄로 사자 굴에 들어가 사자의 밥이 될 뻔하기도 했다.

이들은 이와 같이 목숨을 걸고 신앙의 습관과 고집, 그 지조를 지켰다. 하나님께서는 이런 자들을 보호하시고 지키셨다. 그 뿐 아니라 다니엘을 통해 하나님은 계시의 영을 보내셔서 옛 이집트 바로왕의 꿈 해석을 요셉이 하여 세상을 살리게 하셨듯이 똑 같은 일을 바벨론 왕의 꿈으로 하셨다.

좋은 습관은 좋은 사람이 되게 하고 안 좋은 습관은 안 좋은 사람이 되게 한다는 말을 세속 사람들도 한다. 거룩한 습관과 고집으로 주 하나님과 동행을 하면서 그 고집을 통해 일하시는 주님을 만나는 일은 복 중에 가장 큰 복이리라.

(14) 수준 미달

한국 현대사에서 박정희 대통령에 대해 누구나 과소평가하지 못한다. 오히려 지나치게 과대평가한 결과 그 딸까지도 대통령을 하는 일까지도 현실이 되고 말았다.

조국의 가난이란 질병을 물리치기 위해 새마을 운동을 일으키며 경제개발에 청춘을 바친 그를 누구나 잊지 못한다. 그러나 이 일이 이승만 퇴진의

4·19 후 집권한 민주당 정권도 계획했는데 그 일을 추진도 못하게 막고 군인 독재정권이 했다는 반론도 있음을 알 필요가 있다. 그러나 그런 비판이 소중하다 할지라도 박대통령의 결단과 의지와 조직력, 그리고 박진감 넘치는 추진력 앞에 어느 누구도 입을 다물게 된다. 문제는 이런 실력으로 밀어붙여 경제번영의 실적이 보이면서 권력의 속성이 드러나 장기 집권, 아니 종신집권의 유신독재까지 가게 된 것이다. 이 과정에서 비판 반대 세력을 제거하기 위해 잔인한 일을 많이 저질렀다. 특히 중앙정보부를 통한 정보정치 공포정치를 일삼아 걸핏하면 계엄령이나 위수령, 그리고 긴급조치 등으로 젊은 대학생들이나 양심세력 지성인 민주세력을 잡았다. 고문하고 행방불명시키고 죽였으니 하늘 하나님이 아신다. 이런 못된 버릇을 보고 배웠으니 차지철 경호실장의 심부름을 하던 전두환 세력도 서슴없이 1980년 5월에 광주를 공수부대 풀어 짓밟은 것이다.

박정희대통령을 그냥 대통령이 아니라 북한의 김일성 신같이 받들려는 자들이 많아지고, 이렇게 되도록 서로 경쟁까지 하다가 보니 온갖 추한 꼴이 많아졌다. 이 난에 그 일을 다 기록할 수가 없을 것이다. 착실한 기독교인이던 차지철은 대통령 비서실장이 되어 친여 보수적인 교회 목사들을 초청하여 예배드리기를 좋아하고, 또 대학생선교회(CCC)를 지원 대학민주화운동에 맞불을 놓게 했다. 말씀 듣고, 기도 받고, 대학 내 선교지원은 얼마나 좋은 일인가. 그러나 예수신앙을 이용하여 권력안보에 더욱 충성을 다 바쳤는데 도가 지나쳤다. 매주 토요일의 경복궁 내 수경사 30사단 연병장의 국기하강식은 자신의 권력을 자랑하는 시위성격으로 대통령 외 국무총리를 포함 장관 국회의원 학계 언론 등 유명인사를 끌어들이고 전차를 포함한 무기를 자랑했다(김종필 증언). 또 대통령경호위원회를 국무총리 포함 장관 각 요직으로 구성하여 자기가 위원장을 하고 온갖 대통령 신격화 작업을 시도했으니 가히 국무총리 위의 부통령 격이 된 셈이다. 이만한 권세로 충성경쟁에서 뒤진 중앙정보부를 함부로 대하니 욱하는 급한 성격의 김재규 부장이 대통령과 함께 차지철을 죽이고 충성경쟁을 끝내고 말았다.

공산주의라면 몰라도 4·19민주마당을 짓밟고 들어와 한국식 민주주의

한다며 유신종신집권대통령을 하며, 이를 반대하는 민주 세력들을 적으로 간주하고 김대중 납치 등 고문과 죽임을 일삼으며, 이 과정에서 1인 독재 종신집권을 위한 발광적 충성경쟁을 하다 끝내는 일은 수십 년 동안 아무리 생각하고 생각해도 민주국가의 권력자로 수준미달이다.

성경 다니엘서에 보면 예루살렘 유다를 정복한 바벨론의 느부갓네살 왕이 교만하다가 사람 중에서 쫓겨나 들짐승의 마음과 같아 소처럼 풀을 먹고 사는 재앙을 받았는데 그 아들 된 벨사살 왕은 자신을 하나님 보다 더 높이며 예루살렘에서 빼어온 "성전 그릇을 왕 앞으로 가져다가 왕과 귀족들과 왕후들과 후궁들이 다 그것으로 술을 마시고" 희희낙락하며 이방 신들을 노래하는 등의 패륜을 저질렀다가 "메네 메네 데겔 우바르신"이라는 글자가 벽에 뜨는 것을 보고 소스라치게 놀랐다. 다니엘이 불려가 그 글자를 해석하였는데 "메네는 하나님이 이미 왕의 나라의 시대를 세어서 그것을 끝나게 하셨다 함이요 데겔은 왕을 저울에 달아 보니 부족함이 보였다 함"이라고 해석했다.(단5:23-27) 그날 밤에 이 왕은 다니엘이 해석한대로 죽임을 당했다. 예루살렘 성전 그릇으로 하나님께 영광을 돌리지 못하고 그렇게 산 것이 하나님의 저울에 달아 볼 때 수준 미달이어서 하나님이 그를 버렸다.

우리가 다 하나님 앞에 모자라는 것이 많으나 사람이 볼 때에도 너무 이상하고 하나님이 내려다보실 때에도 너무 부족한 일이 많을 때 하나님은 심판하신다. 모든 것을 인간이 다 할 수 있으며, 특히 돈과 권력으로 무엇이나 다 할 수 있으나 최종적으로 위에 계신 하나님이 허락하시느냐가 문제이다. 징계 받은 박정희 대통령 권력자들과 그를 추종하는 세력들에 의해 다시 박 대통령의 딸 대통령이 등장한 시대가 되었는데, 정말 2대째 권력자들이 하나님을 두려워하는 중에 하나님 앞에 모자람이 없이 감당하여 징계가 아닌 축복을 받아야 한다. 이 일은 한 권력자 가문의 일이 아니라 국가와 민족의 일이기 때문이다.

(15) 죽으면 죽으리이다.

박근혜대통령에게 무엇을 기대할 수 있을까? 우리나라 역사에 보기 드문 여성 대통령이니까 어머니적인 것을 기대할 수 있을 것이다. 비록 아이를 낳고 키우지는 못했어도 한국의 가정에서 전통적으로 해 온 것 같이 위로 부모를 섬기고 아래로 자녀를 잘 키우는 그런 어머니상을 기대할 수가 있을 것이다. 이런 기대를 하며 모두 표를 몰아주었을 것이다. 그리고 이런 기대는 우리의 기대만이 아니라 실제로 대통령이 되기 위한 선거공약으로도 되어 있으니 이상할 것도 아니다.

그러면 그 기대에 부응하는 약속 그대로 섬기면 된다. 한 마디로 복지 방향을 제대로 하여 영유아 사랑에 더 많은 배려를 하고, 중고 교육에 안심을 주고, 대학등록금을 없애거나 반값 등록금으로 하면 된다. 이것은 이상한 것이 아니라 이미 유럽이나 미국 등 다른 나라가 시행하고 있다. 미국은 아기만 많이 나아도 살 수가 있을 정도로 국가가 육아를 한다. 이를 그대로 실천할 때 젊은 인구가 줄어들고 노인인구가 많아지는 약소 늙은 국가, 인구재앙을 극복할 수가 있다. 아기를 낳지 않는 문제는 그냥 한 가정의 문제만이 아니라 바로 학교 문제, 경제 문제, 국방 등 국가흥망성쇠의 문제로 직결되는 것을 빨리 깨달아야 한다. 동시에 부모를 섬기는 며느리 가슴으로 모든 노인을 잘 섬겨야 한다. 안심하고 집에 살며 안심하고 생계를 이어가게 해야 한다. 극빈가정일수록 선진국이 하는 것처럼 평화롭게 여생을 살게 해야 한다. 국가가 효도하는 모든 길을 걸어야 한다.

선거 구호 중에 10손가락 중에 아프지 아니한 손가락이 어디 있겠느냐며 절대로 경상도니 전라도니 하며 지방 차별을 하지 않기로 했다. 다양한 민주성향의 국민으로 성숙했으니 지방색 외에 여러 계층이 있는데 다 품어야 할 것이다. 정신이상자가 아닌 다음에야 요새 누가 망하거나 망해 가는 공산주의를 따르랴. 종북좌파니 이런 입에 담지 못할 말도 하지 말아야 하고 우파니 좌파니 구분하지 말아야 한다. 구분이 되어도 다양성 속에 일치로 가슴을 넓게 하고 품어야 한다.

그리고 박대통령에게 민족화해와 협력을 기대할 수가 있다. 어미 가슴으로 저 북한을 품는 것을 기대할 수가 있다. 김대중 노무현대통령이 했던 그 일을 박정희 김일성 약속의 7.4공동성명을 생각하며, 반공세력을 가장 많이 잘 설득할 수 있는 위치에 있으니 그 일을 할 것을 기대할 수가 있다. 이 일도 전임 이명박 대통령과는 다른 유연한 공약을 했기에 국민은 할 수 있음을 알고 표를 찍었다. 하면 된다. 왜 못하느냐? 기본적인 불통고집을 포기하지 않으면서 하려니 안 된다. 첫 불통은 전임이 했던 인적 물적 교류를 못하게 한 5.24조치이며 둘째 불통은 "핵무기 머리에 이고는 아무 것도 못 한다"는 것이다. 첫 것은 지금 당장 해제하면 되고, 둘째 것은 전 세계의 상황이며 모든 선진국이 다 핵을 갖고 있기 때문에 김대중식으로 국제회의기구에 맡기면 된다.

스스로 "통일은 대박이다" 했으니 대박을 위해 무슨 모험을 못하랴. 북한이 갑자기 망하면 대박을 놓치고 중국 요청에 따르는 유엔개입이나 북한 난민 수용 등 대란을 겪어 게도 우럭도 다 놓친다. 그러니 지금부터 북한개발과 지원에 나서되 우선 왕래의 길을 터 남북이 서로 동질성을 갖게 해야 한다. 저 고르바초프의 유명한 말 "동유럽 공산권이 무너진 것은 서유럽이 제공한 TV때문이었다"는 말을 귀담아 들어야 한다.

만약 이 방향을 잡지 못하고 지금까지 해 오던 친미반공논리, 그리고 전쟁도 못하면서 자꾸 전쟁분위기 만드는 자들의 장단에 춤추어 세계제일의 무기수입국가가 되고 드디어 실효성도 없이 말썽만 많은 사드까지 배치하는 쪽으로 가면 쉽되 통일희망은 없으며, 중국경제 이익을 놓칠 위험성이 있고, 우리 땅은 미국군수산업자들의 돈벌이 시장이 될 것이다. 이런 복지평화통일 방향이 잡히면 목에 칼이 들어와도 밀고 가야 한다. 그러면 역사에 남을 대통령이 될 것이다.(후에 이대로 살지 못해 역사에 남을 탄핵받은 대통령이 되었다)

옛날 유대인들이 페르시아의 악한 자들에 의해 다 죽음을 맞게 될 때에 동족 왕후 에스더는 자기가 왕후가 된 것은 바로 이때를 위함인 줄 알고 "죽으면 죽으리이다"(에4:16)로 목숨을 걸었다. 결과 적을 다 죽이고 민족을 다 살렸다. 불가능을 가능으로 만들었다.

여성시대를 맞아 박근혜 대통령이 큰 희망을 줄 수도 있었는데 큰 절망을 남기고 내려왔다.

(16) 해방 70년

얼마나 독립과 해방을 갈망하는지 일제 강점기 때 심훈은 다음과 같이 <그날이 오면>이라는 시를 읊었다.

그날이 오면, 그 날이 오며는 / 삼각산이 일어나 더덩실 춤이라도 추고 / 한강 물이 뒤집혀 용솟음칠 그날이 / 이 목숨이 끊기기 전에 와 주기만 할 양이면 / 나는 밤하늘에 나는 까마귀와 같이 / 종로의 인경을 머리로 들이받아 울리오리다. / 두개골이 깨어져 산산조각이 나도 / 기뻐서 죽사오매 오히려 무슨 한이 남으오리까.

그날이 와서 오오 그 날이 와서 / 육조 앞 넓은 길을 울며 뛰며 뒹굴어도 / 그래도 넘치는 기쁨에 가슴이 미어질 듯 하거든 / 드는 칼로 이 몸의 가죽이라도 벗겨서 / 커다란 북을 만들어 들쳐 메고는 / 여러분의 행렬에 앞장을 서오리다. / 우렁찬 그 소리를 한 번이라도 듣기만 하면 / 그 자리에 거꾸러져도 눈을 감겠소이다.

이런 격한 흥분과 감격의 해방은 뜻하지 않은 하나님의 은혜로 갑자기 오게 되었다.

"꿈엔들 잊을 건가 지난 일을 잊을 건가 / 다같이 복을 심어 잘 가꿔 길러 하늘 닿게 / 세계의 보람될 거룩한 빛"(광복절 노래)의 나라로 일어나야 했다. 여기 "다같이"에는 남한만이 아니라 북한도 포함된 백두산에서 한라산까지의 조선팔도 한반도 전체 국민을 말한다.

그러나 해방 후 한반도는 하나가 되지 못하고 좌우합작이 실패하여 남한만의 단독정부가 세워지고 이어서 6·25전쟁이 터졌다. 해방으로 그렇게 기뻐하던 동족들끼리 세계가 보는 앞에서 세계를 끌어들여 싸웠으니 한없이 부끄러운 일이었다. 우리를 지배했던 일본은 패전의 폐허에서 오히려 우리를 대상으로 한 전쟁물자 장사로 일어나기 시작했고, 우리는 분단국가가 되고 가난의 나라가 되었다. 갈라져도 일본이 갈라져야지 왜 우리가 갈라지느냐? 참으로 원통한 일이었다. 그러나 우리는 눈물을 닦고 경제개발과 민주주의를 동시에 성취한 나라로 지금 우뚝 서게 되었다. 하지만 우리는 해방 70년을 맞아 우리의 잘난 그 무엇으로도 만족이 아니 될 정도로 분단의 아픔을 아직까지 겪고 있다. 통일이 없으면 사실상 아직까지 완전한 해방이 아니라고 생각하기 때문이다.

우리의 지정학적 상황으로는 절대로 전쟁이나 현대전의 재앙인 원자탄 전쟁을 할 수가 없다. 남북이 어서 속히 전쟁방법으로는 서로가 공멸이며 평화방법은 서로가 공생인줄 알고, 공생 상생의 길을 찾아야 한다. 이를 아는 박정희 김일성, 김대중 김정일, 노무현 김정일, 정상들이 7·4, 6·15, 10·4공동협약을 맺고 평화의 길을 찾았다. 그러나 이 귀한 약속들이 실천되지 않은 중 해방 70년이 된 지금도 갈등과 분쟁을 일삼고 있다.

저 독일 동서독이 합친 것 같이 우리도 얼마든지 할 수가 있는데 아직까지 우리가 하나 되지 못하고 있으니 한심하기 짝이 없다. 해방을 주신 하늘 하나님 앞에, "조국을 찾겠노라 말 달리던" 선구자 조상들 앞에 한없이 부끄럽다. 빼앗긴 땅을 찾아 후손에게 넘기려 했던 저 독립투사들처럼 우리도 분연히 일어나 갈라진 땅을 하나 되게 하여 후손에게 넘기는 통일투사들이 되어야 한다.

어떤 사람들은 통일을 원하지 않는 사람들도 있으나 통일은 선택 사항이 아니라 필수사항이다.

우선 한 조상의 한 후손 동족이기 때문에 하나가 되어야 한다. 그리고 한 땅이기 때문에 하나가 되어야 한다. 또한 민주주의가 더 이상 방해 받지 않기 위해서나 공산주의를 이용해 민주주의를 훼손시키는 일을 하지 않기 위해 하나가 되어야 한다. 나아가 모든 침체의 원인이 분단인 줄 알고 남쪽의 기술과 북한의 노동력이 만나 경제적 활력을 얻으므로 서로가 서로를 살리며 모두가 잘 사는 평화번영의 새 나라를 위해 하나가 되어야 한다. 무엇보다도 지금 이 상태로 살면 국방비와 미국 중국 등 해외강대국들에 의해 이용당하는 비용이 너무 많이 들므로, 통일비용 보다는 분단 비용이 더 많이 들기 때문에 우리의 유익을 위해서 하나가 되어야 한다. 모든 것을 따져서 남북 우리가 서로 불가침 조약을 맺고 서로가 서로를 돕기로 작정하며 하나로 일어날 때 점차 이념 문제도 극복하는 중 우리 주변의 강대국들과 대등관계를 맺고 상호존중으로 동북아의 영구평화에 기여하게 될 것이다.

그러나 무슨 이런 논리가 필요한가? 이제는 전 세계적인 역사적 경험으로도 공산주의는 아니 되는 줄 알았고, 이념 시대가 지난 경제 이익 추구의 세상이 되었으니 삼팔선을 그대로 두고도 무조건 하나 되는 절차를 밟아 하나로 그냥 왕래하며 만나며 같이 있어 보는, 심지어 날짐승 들짐승도 겪는 아주 자연스러운 만남의 경험을 하는 그것이 꼭 필요하다. 이를 위해 하나 되는 통일운동을 절대로 포기하지 말고 자꾸 움직여야 한다.

주전 586년에 바벨론에 의해 망한 저 유대인들이 포로생활 70년 만에 돌아와 다시 나라를 세울 때에 가나안 원주민 세력들의 방해와 자신들의 나약함이 있어 자꾸 낙심하고 주저앉았다. 그러나 저 아브라함이나 다윗 같은 믿음의 조상들을 생각하며 그 신앙과 애국정신으로 일어났다. 그리고 미래에 약한 자기들의 핏줄을 통해서도 전 세계를 살리는 메시야가 오는 줄 알고 희망의 끈을 놓지 않고 일어났다. 통분히 여기는 느헤미야는 예루살렘성을 쌓으며 일어났고, 사명에 불타는 에스라는 말씀 믿음 전파와 가르침으로 일어났고, 하나님 앞에서 나라 일으킬 줄 아는 스룹바벨은 성전건축운동으로 일어났다.

70년 전 바벨론에 의해 예루살렘 성전이 파괴 될 때 행방불명이 된 법궤를 못 찾아도 학개 선지자는 "이 성전의 나중 영광이 이전 영광보다 크리라"(학2:9)며 용기를 주었다. 그리고 스가랴 선지자는 인간의 한계를 지적하며 이 모든 일이 기도 중에 성령의 도우심으로 되도록 힘차게 외쳤다.

"만군의 여호와께서 말씀하시되 이는 힘으로 되지 아니하며 능력으로 되지 아니하고 오직 나의 영으로 되느니라"(슥4:6).

12지파들이 거의 망해도 한두 지파인(베냐민) 유대인들은 남은 자들로서 이와 같은 믿음이 있고 이 믿음 위에 하늘 하나님의 영이 임하시므로 망하지 않고 일어났다. 그리고 이렇게 일어난 유대인들의 후예로 태어나신 예수 그리스도의 교회가 오늘 우리나라에 전국적으로 전 세계가 감동할 만하게 퍼져 있으니 이 예수 신앙으로 남북이 하나 되는 참된 해방 통일국가를 일으켜야 한다.

"동해물과 백두산이 마르고 닳도록 하나님이 보우하시니" 반드시 그날이 올 것이다.

(17) 한을 풀어주는 인간상

겨울이 지나고 봄이 오는 것은 얼어붙은 천지가 떠나가고 생명기운이 하늘 향해 치솟는 것을 말한다. 그런데 떠나가는 겨울 패잔병은 "못 먹는 죽에 코나 빠뜨리자"는 못된 생각을 가지고 매서운 비바람, 심지어 눈발 얼음 발로 봄 들판을 짓밟아 놓는다. 그러나 아무리 봄 들판을 짓밟아 놓아도 봄은 어김없이 어느새 찾아 와서 제비는 하늘을 가르고 산천은 생명 옷 입고 꽃 모자를 쓰고 일어난다만 경우에 따라서는 그 일어나는 통증은 너무도 크다. 그래서 희소식의 까치가 보리밭 이랑에서 얼어 죽는가 하면 오뉴월에도 서리가 와서 온 세상을 짓밟아 놓을 때도 있다. 심지어 봄이 오지 않았으면 이 고생은 안 할 텐데 하는 생각이 들 정도로 말이다.

이렇듯 봄을 살아가는 인간 세상에도 겨울 같은 악의 세력이 오뉴월 서리 같은 질투로 막 짓밟고 들어올 때가 있다. 그래서 때 아니게 봄 길의 굶고 넘는 보릿고개 길에서 우리 조상들은 죽어 넘어지거나 한 맺힌 사연으로 방황할 때가 한두 번이 아니었다. 봄처럼 일어나 잘 살아 보려는 이들을 짓밟는 세력은 북쪽의 오랑캐나 남쪽 왜적이기도 하지만 그보다 더 빈번하고 가슴 아픈 것은 양반 벼슬아치, 세도가, 부자들의 짓밟힘이었다. 이들은 그 가진 것을 더 가지거나 흔들리지 않게 확실히 유지하자니까 민중들을 이용하고 착취해야 되었다. 가난한 자들이 이렇게 당하면서 살다보니 자연적으로 이 과정에서 한이 맺히고, 그 맺힌 한이 부풀어 원이 되고, 그 원이 굳어져 응어리가 된다. 이 응어리가 보릿고개 위에서 더 심화되고 이것이 지나쳐 하늘에까지 사무치면 하늘이 노하게 된다. 그래서 봄 지나고 여름이 오는데도 비가 아니 오고 마른 번개로 진노의 빛이 그어지니 민심은 흉흉해지고 도적은 밤을 누빈다. 이런 때면 무얼 좀 아는 옛 어진 임금들은 원한을 품고 죽은 백성이 없는가 민원을 살피게 하여 그것이 있으면 전국적으로 지방마다 원풀이 곧 해원(解怨)을 해 주도록 했다, 그리고 자신의 부덕함을 알고 자책하는 뜻에서 회초리로 자신의 등짝을 핏발이 서도록 치거나 하늘과 통한다는 궁궐의 중심 기둥에 머리를 찧어 피를 흘리게도 했다. 이 한풀이 정치를 위해 무당 종교가 득세를 했으며 자신을 치는 채찍으로 왕궁의 권위는 높아져 갔다.

흡사 이 한을 풀어 주는 옛 어진 임금같이 우리의 믿음 조상 다윗은 등장했다. 먼저 다윗은 답답한 하나님의 가슴을 시원하게 해 드렸다. 주 하나님은 사사시대의 말기적 불신앙을 청산시키고 사무엘을 통하여 이스라엘 역사상 최초로 왕정시대를 열어 가도록 허락하시고, 그 첫 왕으로 사울을 세우도록 하셨다. 그러나 안타깝게도 이 초대 왕 사울은 하나님의 기대에 못 미칠 정도로 불순종 불신앙의 왕이었다. 그래서 하나님은 "사울로 이스라엘 왕 삼으신 것을 후회"(삼상15:35)하셨다. 해서 하나님은 사울을 버리시고 다윗을 왕으로 세우시며 "내가 이새의 아들 다윗을 만나니 내 마음에 합한 사람이라. 내 뜻을 다 이루게 하리라"(행13:22)고 하셨다. 하나님은 그 뜻을 사람을 통해서 이 세상 역사 속에 이루기를 원하시는데 다윗은 그 뜻을 이루어 드리기 위해서 하나님의 마음에 꼭 드는 인물이었다. 하나님은 그 사랑의 일을 이루시기 위해서 사람을 필요로 하시는데 하나님의 사람 찾는 갈증을 해갈시켜 드리므로 다윗이 하나님의 마음을 시원하게 해 드렸다.

두 번째로, 다윗은 당시의 하나님의 사람 사무엘의 가슴을 시원케 했다. 사무엘은 그 선한 싸움 다 싸우고 믿음 지키고 달려 갈 길 다 달렸으나 그 말년에 후손들에게 권력을 계승시키지 못했다. 후손들이 온전치 못한데다가 이미 그 당시는 백성들이 이방 다른 국가들처럼 강력한 왕정 체제로의 변혁을 꿈꾸었기 때문이었다. 사무엘은 하나님의 허락을 받아 별로 내키지 도 않는 왕정제도를 채택하고 그 첫 왕으로 사울을 선택하고 기름을 부었다. 그런데 사무엘에 의해서 왕 된 사울이 어처구니없게도 사무엘을 무시하는 정치를 했다. 제사장 외에는 드릴 수 없는 제사를 자신이 주관하여 함부로 제사를 드리고 하나님의 뜻을 관철하기 보다는 자기 뜻의 관철을 위해서 멋대로 고집을 부리는 등등의 소행이 그것이다. 오죽했으면 그 유명한 말 "순종이 제사보다 낫다"(삼상15:22)는 표현을 썼겠는가. 이같이 사울이 불순종 고집쟁이기 때문에 사무엘은 그 인생 후반기에 소외됨과 답답함과 슬픔과 분노를 갖게 되었다. 그래서 "사무엘이 죽는 날까지 사울을 다시 가서 보지 아니하였으니 이는 그가 사울을 위하여 슬퍼"(삼상15:35)했기 때문이었다. 그러나 이것은 단순히 사무엘이 사울에게 무시당하는 것으로부터 야기된 천한 감정 때문에 그런 것이 아니었다. 그 선임 엘리 시대 때 실추된 이스라엘의 영광이 다시 곤두박질하게 될 조짐이 보이는데다가 이방 블레셋은 더욱 거세지고 자신의 공로는 깡그리 사그라져 가는 느낌인데다가 그는 이미 황혼기에 접어들었기 때문이었다. 이 착잡한 가슴으로 잠자리가 편치 않을 때에 하나님의 뜻을 잘 받드는 다윗을 만났으니 꼭 깊은 밤 지나고 새벽의 여명을 맞는 느낌이었다. 다윗은 "빛이 붉고 눈이 빼어나고 얼굴이 아름답고" "호기와 무용과 구변이 있는 준수한 자"(삼상16:18)인데다가 이스라엘을 위한 사무엘의 불안을 안심으로 바꾸고 사무엘의 공로를 그대로 계승해서 그 신앙 자세로 위대한 이스라엘 전성기를 열어 갔기 때문이었다.

셋째로, 다윗은 이스라엘 백성들의 한을 풀어 주는 분이었다. 그때에 백성들은 아브라함과 이삭과 야곱과 요셉의 후손답지 않게 중동지역을 뒤흔든 엄청난 탈출과 가나안 땅 정복의 주역 모세와 여호수아의 후예답지 않게 그 주가가 떨어져 있었다. 말하자면 호랑이의 후예들이 고양이 정도도 못될 정도였다. 그러니 짐승 같은 거인 골리앗이 "사시는 하나님과 그 군대를 모욕"하고 짓밟았다. 다윗은 이 골리앗을 때려눕혀 "이스라엘의 치욕을 제거하는 사람"(삼상17:26)으로 등장해서 전 민족에게 영적 사기를 북돋우어 마침내 영웅적인 조상들의 후손답게 살도록 그 민족위상을 높였다. 뿐만 아니라 백성 중에 가장 크게 선왕 사울의 학살 피해를 받아 한을 품고 살아가는 기브온 사람들의 그 한을 풀어 주어(삼하21:1-9) 삼년 기근을 해갈시키는 일을 했다.

"정치, 경제" 하지만 도대체 정치가 무엇인가? 어렵게 설명할 필요 없다. 쉽게 설명해야 된다. 정치란 국민들의 가슴에 맺힌 한을 풀어 주는 것이다. 오늘도 사람답게 살아보려고 몸부림치는 민중들의 눈에서 흐르는 눈물을 닦아주는 것이다. 이제 국회의원도 새로운 형태로 뽑았고 연말의 대통령 선거를 향해서 뛰기 시작한다. 대통령 병 걸린 자들의 그런 병치레가 아니라 이 나라 민중들의 눈물을 닦아주고 그 한을 푸는 정치가 되기 위해서 뛰어야 한다. "해마다 4월이 오면 봄을 선구하는 진달래처럼 민족의 꽃들은 사람들의 가슴마다에 되살아나듯", "아 아, 지금 우리들은 어깨와 어깨, 뼈와 뼈만 맞대고 이 나라의 무등산을 오르는구나. 아 아, 미치도록 푸르른 하늘을 올라 해와 달을 입 맞추는구나" 하는 광주 망월동 민주의 꽃들은 5월이 오면 더욱 싱싱하게 피어나는데 누가 이 무등산을 오르는 원혼들을 달랠 수 있는가! 누가 이들 가슴과 가슴을 맞대어 울어 줄 수 있겠는가?

제발 이 원한어린 문제를 해결해 주는 다윗의 정치, 새 정치 새 시대가 와야겠습니다.

(18) 감격할 줄 알아야

삼일 운동을 일으켰다가 비참한 죽음과 고문과 투옥의 박해를 받으면서 한 시인(김여金輿)은 일제에 항거하며 읊기를,

"천만 번 다시 죽어도
독립은 하고야 말지어다
왼 천하 다 막아도
독립은 하고야 말리라

삼천리 피우에 뜨고
이천만 하나도 안 남아도
독립은 하고야 말리라
이 가슴 뛰는 피 정의의 피
이 피를 뿌릴 때
영광의 무궁화 다시 피리라
그리운 조국 강산
환희에 차리라
환희에 차리라" 했다.

이 환희에 찰 날을 강력히 대망하면서 <상록수>의 작가 심훈(1901-1936)은,

"그날이 오면 그날이 오며는
삼각산 일어나 더덩실 춤이라도 추고
한강물이 뒤집혀 용솟음 칠 그 날이
이 목숨이 끊기기 전에 와 주기만 할량이면
나는 밤하늘에 나는 까마귀와 같이
종로의 인경을 머리로 들이 받아 올리오리다
두개골은 깨어져 산산 조각이 나도
기뻐서 죽사오매 오히려 무슨 한이 남으오리까
그날이 와서 오오 그날이 와서
육조 앞 넓은 길을 울며 뛰며 딩굴어도
그래도 넘치는 기쁨에 가슴이 미어질 듯 하거든
드는 칼로 이 몸의 가죽이라도 벗겨서
커다란 북을 만들어 들쳐 메고는
여러분의 행렬에 앞장을 서오리라
우렁찬 그 소리를 한 번이라도 듣기만 하면

그 자리에 꺼꾸러져도 눈을 감겠소이다"라고 부르짖었다.

그가 떠난 지 채 10년도 못 되어 그날, 그 해방의 날, 그 감격의 날이 왔으니 정말 해방과 독립을 원하는 자들에게 얼마나 큰 감격이었겠는가? 정말로 "드는 칼로 이 몸의 가죽이라도 벗겨서 커다란 북을 만들어 들쳐 메고는" 그 북을 치며 피투성이가 되어 쓰러져도 감격 감사로 눈을 감을 신나는 날이 조국 해방의 날이었다. 그 해방을 독립군을 앞세워 쟁취하지 못해서 좀 애석하기도 했지만 하나님의 은혜로 주어졌으니 이 어찌 감격 감격이 아니었겠는가!

그래서 모르긴 해도 1945년 그 해의 8월 더위는 불볕 더위였다 할지라도 불쾌지수 없는 유쾌지수 높은 시원한 더위였을 것이다. 비록 가난해서 땟거리가 없어도 세상에서 가장 부유한 여유를 가졌을 것이다. 옥중에 병들어 누워 있어도 어느 새 병이 낫고 감옥 문이 열리는 소리가 들려 일어나 춤을 추었을 것이다. 그러나 해방을 위해 일하고 싸우고 고난 받고 노력한 자에게만 오는 환희인 것임을 알아야 한다.

이스라엘 왕 다윗은 하나님을 바라고, 하나님을 위해 골리앗을 때려눕히고, 하나님의 백성을 위해 부름 받은 오직 그 한 가지 이유 때문에 내 쫓기고 수배를 당하고 망명을 가며 온갖 사망의 골짜기를 통과한 후 하나님을 만났다. 광야 지나고 요단강 건너 가나안 땅을 차지했던 이스라엘처럼 도우시는 하나님의 손길을 만났다. 비록 인간이 돌리는 맷돌에 비해서 하나님이 돌리는 맷돌은 느리다 할지라도 모든 시험 훈련이 지나고 때가 되니 확실히 그 크신 하나님의 손길로 다윗을 높이 왕으로 들어 올려 쓰셨다. 천한 시골 목동이 기적적으로 신비한 훈련의 광야를 지나 이렇게 하나님의 도움을 얻었으니 가만히 앉아 있을 수 있겠는가? 감격 감사하여 "여호와께서 내게 주신 모든 은혜를 무엇으로 보답할꼬"(시116:12)의 심정으로 일어났다. 그래서 처음으로 하나님을 위해 한 일이 수도 예루살렘 성으로 신적 영광의 보좌요 여호와의 보이지 않는 임재의 가시적인 표상인 법궤(언약궤:모세가 받은 십계명 두 돌판을 간직한)를 옮겼다. 그때까지 이 궤는 블레셋에 뺏겼다가 다시 되돌려 받은 이후 거의 20년 간 시골(바알레유다) 아미나답의 집에 버려져 있다시피 했다. 미친 불신앙의 사울 정치는 이 언약궤를 모실만한 경건의 능력이 없었으나 다윗은 이 능력이 있었다. 다윗은 이 엄청난 궤를 자기 시대에 자기 사람들로 자기 자신의 정성 - 궤를 멘 사람들이 여섯 걸음을 옮길 때마다 "소와 살진 것으로 제사를 드린"(삼하6:13) 다윗이 "뛰놀며 춤추는 것을 보고"(16절) 사울의 딸인 그의 아내 미갈이 "이스라엘 왕이 오늘 어떻게 영화로우신지 방탕한 자가 염치없이 자기의 몸을 드러내는 것처럼 오늘 그의 신복의 계집종의 눈앞에서 몸을 드러내셨도다"라고 면전에서 비꼴 정도로(삼하6:20) 신나는 춤, 옷이 벗겨지는 줄도 모르는 도취된 춤이었다. 이렇게 다윗은 제사하고 찬양하고(삼하6:5) 뛰놀며 춤추며 주 하나님을 미치도록 좋아했다. 이 궤를 민족의 중심에 모시는 것 이상으로 좋은데 이 주 모시는 감격이 없는 아내 미갈 따위는 아예 눈에 들어오지도 않고 오히려 얄미워 "이는 여호와 앞에서 한 것이니라. 그가 네 아버지와 그의 온 집을 버리시고 나를 택하사 나를 여호와의 백성 이스라엘의 주권자를 삼으셨으니 내가 여호와 앞에서 뛰놀리라. 내가 계집종에게는 내가 높음을 받으리라"(삼6:21,22)고 쏘아 퍼부었다. 성경은 이 춤 사건을 기록하면서 "그러므로 사울의 딸 미갈이 죽는 날까지 그에게 자식이 없으니라" 했는데 다윗이 하나님에 대한 감격도 없는 여자를 평생 멸시하여 가까이 안 했다는 뜻인지 그렇지 않으면 남편 다윗의 이 유쾌한 신앙을 비방한 미갈을 하나님이 치셨다는 뜻인지 잘 모르겠지만 아무튼 미갈이 틀렸다는 말이다. 하나님의 그 은혜를 알고 감격해서 뛰놀고 춤추는 다윗이 옳다는 말이다.

어떤 외국 선교사가 한국 교회 교인들을 평하기를 한마디로 "예배당에 다니는 유교인"이라고 평했다 한다. 양반 쌍놈도 찾지만 너무 너무 점잖은 자세를 찾아 거룩 거룩만 부르짖고 있기 때문이다. 모름지기 믿는 자가 주 예수를 믿음으로 얻은 구원의 감격이 있어야겠다.

그 감격의 표현으로 다윗의 시편 같은 노래를 불러야겠다. 노래를 불러도 "입에는 웃음이 가득하고 혀에는 찬양이 차서"(시126:2) 박수치는 노래를 불러야겠다. “손바닥을 치고 즐거운 소리로”(시47:1) 노래하며 춤추며 하나님을 높여야 되겠다. 춤을 추어도 “나팔 소리로 비파와 수금으로 현악과 통소로 소고 치며” 모든 악기를 동원하여(시150:3,4) 축제를 벌여야겠다. 이런 노래와 춤의 감격이 뒤엉킨 축제가 하나님 앞에 서는 바른 예배인데 만약 이런 분위기와 거리가 멀다면 그것은 하나님이 싫어하신 미갈의 예배는 될지언정 다윗의 예배는 아님을 알아야 한다. 홍해 건넌 후 춤추던 모세와 미리암의 예배는 아님을 알아야 한다.

하나님 앞에서 예수 때문에 이렇게 감격하여 예배드리는 교인들은 교회당 밖을 나와서도 이런 감격의 삶을 엮어 간다. 수많은 악마가 첩첩이 포위를 하고 있어도 세상이 모르는 영적 기쁨을 소유했기에 악마의 간장이 녹아내리는 호탕한 웃음을 웃으며 이미 비밀로 맺은 주와의 약속을 믿고 자신감으로 도전하고 물리친다. ‘십자가 십자가’ 하지만 아무나 십자가 못 지고 또 져도 안 된다. 오직 하나님을 성령으로 심령에 모신 이 감격자만이 지고 감사 감사로 주를 따를 수 있다. 또 그 앞에 태산 같은 일이 쌓여 있고 헝클어진 여름 삼타래 같은 문제가 있어도 감격의 흥에 겨워 휘파람 찬송으로 해내고야 만다. 감격자를 통해 하늘 기적은 연발한다.

(19) 대를 잇는 사명자

“나의 달려 갈 길과 주 예수께 받은 사명 곧 하나님의 은혜의 복음 증거하는 일을 마치려 함에는 나의 생명을 조금도 귀한 것으로 여기지 아니하노라”(행20:24)고 바울은 말했다. 예루살렘을 향한 길에서 그 앞에 투옥과 환난이 기다린다 해도 생명 걸고 이 복음 전하는 일을 위해서는 절대 충성을 다 바치겠다는 결의이다. 바울은 온 인류를 구원하기 위해서 십자가에 생명 바치신 주 예수 그리스도를 안 뒤에 자기 자신도 이렇게 살려고 다짐한 것이다. 바울은 집도 처자식도 없이 세상을 떠났기에 바울 가문에서는 디모데나 그 외의 충실한 바울의 제자들이 그 뒤를 이어 받았고, 또 바울서신을 읽은 수많은 사람들이 오늘도 주님을 위한 그 자세를 이어 받는다.

<언더우드 가문>

1885년 부활절(4·5)에 감리교의 아펜젤러 부부와 함께 한국 선교를 위해서 인천에 상륙한 언더우드도 바로 이 바울 같은 사람이었다. 영국에서 이주 해 온 아버지가 사업에 실패하고 어머니마저 다섯 살 때 세상을 떠났기에 언더우드는 고아원과 같은 소년 기술학교에 들어가 예수를 알게 되었다. 믿고 기도하는 중에 남다른 선교열정을 가지고 미국의 전국 신학생 선교 연맹에 가입해서 활동을 했다. 마침 이수정(일본에서 최초로 성서를 번역)에게 세례를 준 멕클레이가 김옥균의 안내를 받아 조선 땅을 돌아보고 조선 선교 요청서를 교계에 보내 왔을 때였다. 언더우드는 이미 인도에 가기로 되었기에 조선 땅에는 다른 친구가 가길 기도해 왔다. 그러나 하나님은 기도하는 그를 인도에 보내지 않으시고 조선 땅에 보내셨다. 이렇게 하나님의 강력한 사랑에 이끌려 이 땅을 밟은 그는 새문안 교회와 경신학교를 세우고 연희 전문학교 설립을 추진하던 중에 건강을 잃고 귀국, 1916년에 세상을 떠났다. 그러나 그의 "생명을 조금도 귀한 것으로 여기지 않고" 섬기던 한국의 복음화를 위해 그 아들 호튼 언더우드가 아버지의 생애에 감동을 받고는 또 등장했다. 그의 생애도 아버지처럼 십자가의 높은 고개요 희생의 길일 수밖에 없었다. 연희 전문학교를 일으켜 1933년에 교장이 되었으나 해방 이후의 격동기에 아내를 공산당에 잃었고, 6·25의 피난길에서 그 자신도 부산 동래의 어느 길바닥에서 하나님의 부름을 받았다.

이 아버지 할아버지의 생애에 감동을 받은 원일한이 아직까지 연세대학교에서 활동 중이다만 언더우드 가문은 이토록 불신앙으로 어두운 한국을 신앙으로 밝은 한국 되게 하려고 생명 바쳐 3대에 걸쳐 100년 동안 헌신했다.

<아버지의 뜻을 받들어>

"중생 성결 봉사"로 세상을 구원하는 군대가 되자며 영국의 뒷골목 버림 받은 사람들에게서부터 일어난 구세군의 창시자 윌리암 뿌드 가문도 자손 대대로 생명 내건 헌신을 했다.

이제 믿기만 할 때가 아니고 가서 행동하여 열매를 보일 때라고 외치며 농민 운동으로 참된 살길을 제시한 김용기 장로와 그 후손 가문도 모두 생명 내건 "가나안 복민 운동"을 일으키고 있다.

솔로몬을 생각하면 아버지 다윗의 간절한 뜻을 받들어 성전을 건축한 왕으로 누구에게나 기억이 된다. 솔로몬은 "여호와께서 내 아버지 다윗에게 이르시되 네가 내 이름을 위하여 전을 건축할 마음이 있으니 이 마음이 네게 있는 것이 좋도다"(대하6:8)라는 하나님의 말씀을 좋아했다. 여기 이 마음은 "나는 백향목 궁에 살거늘 하나님의 궤는 휘장 가운데에 있도다"(삼하7:2)라는 아버지의 마음으로 주 하나님으로부터 복을 받아 시골 목동 출신이 이렇게도 호화로운 궁궐에 앉아 있는 반면 하나님의 임재를 상징하는 법궤는 초라한 천막 밑에 있어서 몸 둘 바를 모르겠다는 다윗의 마음이다. 이런 아버지의 마음을 소중히 여긴 솔로몬은 자신도 이 선한 마음을 가기고 집권초기에 성전 건축에 나섰다. 얼마든지 핑계되고 미룰 수가 있었고, 얼마든지 자기중심의 안일과 나태에 주저앉을 수도 있었지만 아버지의 마음을 내 마음으로 삼고 일어났다.

훗날 그 후손들이 자기 욕정의 자기 일에만 몰두하여 "내 집은 황폐하였으되 너희는 각각 자기의 집을 짓기 위하여 빨랐음이라. 그러므로 너희로 인하여 하늘은 이슬을 그쳤고 땅은 산물을 그쳤으며 내가 이 땅과 산과 곡물과 새 포도주와 기름과 땅의 모든 소산과 사람과 가축과 손으로 수고하는 모든 일에 한재를 들게 하였느니라"(학1:9하-11)하고 책망과 저주를 받은 것과는 대조적으로 복된 건축을 위해 일어났다. 특히 위대한 부친 다윗이 그 좋은 건축 사명의 마음을 가져도 "그러나 너는 그 성전을 건축하지 못할 것이요 네 허리에서 나올 네 아들 그가 내 이름을 위하여 성전을 건축하리라"(대하6:9)는 말씀대로 자기 자신에게 이 엄청난 과업이 주어졌음을 황송히 생각하며 감격하여 일어났다.

<성전 건축>

솔로몬은 이미 다윗이 정해 두고 간 예루살렘 모리아(아브라함이 이삭을 제물로 바치려 한 땅이요, 하나님이 다윗에게 나타나신 땅이요, 훗날 우리 주님이 만 인류를 구원키 위해서 십자가에서 제물 되신 땅) 위에 성전을 건축하기 시작했다. 공사 현장에서는 쇠망치와 끌과 같은 연장을 일체 사용하지 않고 돌을 뜰 때에 이미 완성품으로 떠낸 것만 가지고 성전 벽을 세웠으며, 그 성전 벽에는 무슨 들보를 얹으려고 구멍을 일체 뚫지 않을 정도로 성전의 거룩함을 온전히 처음부터 보존하는 건축 일을 했다. 그러나 모든 안팎의 공사를 자기 멋대로 하지 않고 이미 보여 주신 하나님의 계시대로 했다.

"7년 반에 걸친 공사 기간이 지나고 성전이 우뚝 섰을 때는 길이가 27미터 폭이 9미터 높이가 13.5미터였다. 성전 건물의 위치를 보면 동쪽에서 서쪽으로 길게 일자형으로 세워졌고 출입구는 동쪽에만 있었다. 이 건물은 세 부분으로 나누어져 있으며 맨 앞의 문간은 성전의 9미터 폭에 대어서 4.5미터를 이어 낸 공간이었다. 문간에서 안으로 들어가면 가장 넓은 성전의 본당이 되었으며 그 길이는 18미터 폭은 9미터였다. 그리고 맨 끝에 지성소가 자리잡고 있는데 그 길이와 폭은 똑같이 9미터씩인"(현대어성경 왕상6:2-4)모양이 되었다.

완공 후에 솔로몬은, "여호와께서 그의 입으로 내 아버지 다윗에게 말씀하신 것을 이제 그의 손으로 이루셨도다."

"내가 여호와께서 말씀하신 대로 내 아버지 다윗을 대신하여"(대하6:4,10)하며 아버지 다윗과 자기를 연결하여 주 앞에 감사와 찬양을 올렸다.

이렇게 선왕 아버지의 뜻을 받들어 성전을 건축하므로 솔로몬은 그 왕가에 주어진 사명을 대를 이어 잘 감당할 수 있었다.

가정을 생각하는 계절을 지나며 우리도 우리 가문 속에 주어진 사명을 알고 거기에 충실할 것을 다짐해야겠다. 무엇보다도 가장이 이를 알고 이를 완수하기 위한 신앙인격을 가짐으로 후손이 저절로 따르게 해야겠다. 부정한 방법으로 자녀를 대학에 들여놓고 거짓으로 병역을 기피케 하는 등의 인격을 부모가 가졌으면 부모의 정의로운 대사회적 외침이 허공을 칠 뿐만 아니라 그 후손이 그런 사기성을 따르게 되는 것이다. 나만이 할 수 있는 선하고 독특한 사명을 알고 거기에 미쳐서 뛴다는 것은 얼마나 신나고 멋있는 일인가! 그것을 후손이 또 본받는다면 얼마나 이 사회는 위대한 사회가 되겠는가? 우리 하나님은 사명자를 쓰시고, 또 대를 이어 가는 사명자를 통해 하늘 꿈을 이 땅에 이루신다.

(20) 지혜로운 사람

솔로몬 왕을 생각하면 누구나 지혜를 생각한다. 이 지혜는 솔로몬이 천제단을 쌓은 정성 이후 얻었다. 하나님은 꿈에 솔로몬에게 나타나셔서 "내가 네게 무엇을 줄꼬 너는 구하라"(왕상3:5)하셨다. 솔로몬은 겸손히 말했다. "주께서 종으로 종의 아버지 다윗을 대신하여 왕이 되게 하셨사오나 종은 작은 아이라 출입할 줄을 알지 못하고 주께서 택하신 백성 가운데 있나이다. 그들은 큰 백성이라 수효가 많아서 셀 수도 없고 기록할 수도 없사오니 누가 주의 이 많은 백성을 재판할 수 있사오리까. 듣는 마음을 종에게 주사 주의 백성을 재판하여 선악을 분별하게 하옵소서"(왕상3:7-9)하며 듣는 마음을 간구했다. 이 "듣는 마음"은 "지혜"로도 번역이 되었다만, 하나님의 말씀을 잘 듣는 마음이란 뜻과 백성들의 말을 잘 듣는(민심을 잘 파악하는)마음이란 뜻이다.

솔로몬은 왕이 되어서 백성을 바르게 이끌어 가는 정치를 하기 위해서는 이 듣는 마음이 가장 중요한 줄을 알았다. 그래서 그 밤에 그 은총의 요청을 받고는 "자기를 위하여 장수하기를 구하지 아니하며 부(富)도 구하지 아니하며 자기 원수의 생명을 멸하기도 구하지 아니하고 오직 송사를 듣고 분별하는 지혜를"(왕상3:11) 구했다. 이에 하나님은 솔로몬 왕이 자기의 욕심을 채우는 차원을 넘어 서서 하나님을 위하고 하나님이 세우신 나라를 위하고 하나님의 백성들을 위하여 비는 이 자세를 어여삐 보시어서 그 구하는 소원대로 엄청난 지혜의 복을 주셨다. 뿐만 아니라 구하지 않은 온갖 좋은 부와 영광도 주셨다. 솔로몬은 하나님에게서 받은 이 지혜의 복으로 백성들을 잘 인도했다. 창녀 둘이서 서로 자기 아기라고 우기는 싸움이 벌어졌을 때에 누가 죽은 아이의 진짜 어머니이고 누가 산 아이의 진짜 어머니인가를 판결해 주는 재미난 이야기처럼 선악을 분별하여 바르게 살게 했다. 드디어 솔로몬의 지혜의 정치는 물댄 동산 같은 풍요로운 나라로 만들었을 뿐만 아니라 그 부친 다윗의 전통을 이어받아 선하고 의로운 나라가 되게 하였다.

<지혜의 정치인>

이토록 하늘의 지혜는 이 땅을 거룩하고 의롭게 살려 간다. 우리는 30년 군사독재정권을 끝내고 순수한 민간 출신의 대통령을 선택해 민주주의를 실현해 가고 있다만 정말이지 앞으로도 선택된 모든 대통령들이 "듣는 마음의 지혜"를 가진 우리의 대통령이 되었으면 좋겠다. 장로 대통령이라 하지만 군사 통치를 불러들인 초대 기독교 장로 대통령 꼴이 되어서는 절대로 안 되겠기 때문이다.

우리는 김영삼 대통령 당선자를 축하할 뿐만 아니라 우리 시대의 위대한 정치가 김대중 선생을 기억해야 될 것이다. 비록 낙선의 고배를 마시고 정가의 뒷골목으로 잠적해 버리고 있지만 이제는 옛 사람이니 마음껏 그 이름을 부르고 장단점을 들먹여 평가하고 우리시대의 역사적 교훈을 붙들어야 되겠다. 어서 빨리 우리는 저 미국의 링컨이나 영국의 처칠 같은 서구 민주 문화권의 옛 위대한 정치인만 들먹이지 말고, 그리고 가까이는 우리의 이승만 김구 신익희 조병옥 선생 같은 인물만 거명하지 말고, 살아있는 오늘의 장한 정치인도 기억하고 부르고 따라야겠다. 김대중 선생은 다음의 몇 가지 이유로 하나님이 우리 시대에 보낸 "듣는 마음의 지혜"를 가진 정치가였다.

<고난의 생애>

첫째, 그는 우리 주 예수 그리스도의 고난을 알고 고난의 주님을 의지한 분이었다. 주 예수께서 헤롯왕과 그 당원, 그리고 거짓 종교 지도자들에게 밤낮 미행 감시를 당하시고 체포되시고 마침내는 십자가 처형을 받으셨듯이 그는 뚜렷한 정치인으로 부각된 그 때부터 정치 마당에서 사라진 기나긴 순간까지 한순간도 독재 정권의 정보망에서 벗어나 본 일이 없었다. 날카로운 정보 정치의 눈길로 감시를 당하다가 위장 교통사고로 사망의 골짜기를 지나며 다리를 절게 되었고, 해외 망명 민주 회복 운동을 하다가는 일본의 한 호텔에서 정보원들에게 납치되어 대한 해협의 바다에 수장당할 뻔 했다. 그때 그는 그가 믿는 하나님께 기도를 드렸다. "한국의 민주주의를 위해 아직도 할 일이 많은데 나를 구해 달라"고, 하나님은 그 기도를 들으셔서 그 아득한 사망의 바다에서 그의 환상 중에 나타나셔서 평안을 주셨고 그 순간 미국 정보원의 비행기 출현으로 살게 되었다. 살아 국내의 정든 가정으로 돌아왔으나 가택 연금 아니면 차갑고 기나긴 감옥살이만 기다릴 뿐이었다. 심지어 공산당으로 몰려 반공 보수 세력들에게 짓밟혀 사형선고까지 받게 되었으니 누가 그 심정을 알겠는가? 이렇게 사방으로 사망 권세의 "우겨쌈을 당하여도 싸이지 아니하며 답답한 일을 당하여도 낙심하지 아니하며 핍박을 받아도 버린 바 되지 아니하며 거꾸러뜨림을 당하여도 망하지 아니하고"(고후4:8-9) 웃는 평화의 모습으로 우뚝 섰다는 것은 무엇을 말하는가? 그것은 인동초 같은 자세로 고난의 주님을 바라보고 주님을 전적으로 의지했기 때문이다.

<진리탐구>

둘째, 그는 지혜의 마음을 얻고자 끊임없이 진리를 탐구하는 구도자의 자세를 견지한 분이었다. 국내의 어떤 유명한 신학자의 이야기를 들으니 미국 망명 시 유니온 신학교 초청 강연 때 그 대학의 학장으로부터 "오늘 우리 시대의 정치인 중에 이만한 신학적 이해를 가진 분을 못 보았다"는 평가를 받았다는 것이다. 그는 이만큼 그 수많은 금지 공간에서 좌절하지 않고 신학 역사학 경제학 등등의 동서고금의 서적을 독파한 실력을 가졌다. 그래서 어떤 거짓 불의와도 타협하지 않았을 뿐만 아니라 어디서든지 국내외 기자 누가 어떤 질문을 해도 명쾌하게 거침없이 답을 하고 앞뒤가 맞는 논리로 세상을 바로 이끌었다. 오늘날 똑똑하다고 떠드는 수많은 정치인이 등치고 간 내먹으며 주지육림의 요정에서 온갖 악한 음모를 계획하고 저질 정치를 만들고 국민에게 희망적인 언어로 역사의 방향을 올바르게 제시하지 못하는 이유는 공부하지 못한 빈 머리들이 너무나 많기 때문이다. 그런 면에서 한 번도 골프채를 잡아 보지 못하고 제대로 술집 기생 품에 빠져 보지도 못한 채 정보정치의 감시되는 어두운 방에서 진리 탐구의 불을 켰다는 것은 우리 정치사의 큰 보배이다. 낙선한 그 다음날부터 또 소설 책 한권을 읽고는 아놀드 토인비의 기나긴 역사책을 독파한 그로서 이제 "한국의 현대 정치사"를 써볼 생각이라니 그 책을 기도하는 마음으로 기다려 본다.

<용서>

셋째, 그는 용서를 전문으로 하시는 우리 주 하나님의 가슴을 지닌 신앙인이었다. 남들은 그를 과격한 인상의 과격한 행동파로서 그가 서면 과격한 정치 형태로 대대적인 사회혼란을 가져 올 장본인으로, 심지어 김일성의 지령으로 젊은 전국연합 세력과 손잡아 이 세상을 온통 빨갱이 세상으로 칠할 위험천만의 인간으로 매장시키려 하지만 그는 분명 대화합과 용서를 그 입으로 수천 번 해왔다. 실제로 그는 그를 바다에 수장시키려던 전 중앙정보부장을 용서했으며 그를 사형시키려던 전 대통령을 용서했다. 정치적인 위장법이 아니라 그는 그가 믿는 하나님으로부터 그의 죄악을 용서받고 있기에 그도 남을 용서해야 하며 또 마음에 참 평화를 항상 소유하기 위해서 용서를 해야 했다. 그는 이 용서와 화해의 몸짓으로 밝은 이 나라의 민주 평화통일의 장래를 열어가려 애썼다.

<때의 분별>

넷째로, 그는 주 예수께서 십자가 지고 사라져야 할 때를 분명히 아셨듯이 목적이 달성되지 않아도 "무엇이 되려는 것보다 어떻게 사느냐가 중요하다"면서 물러날 때를 잘 아는 분이었다. 오늘의 보수주의와 지역감정의 한계를 뛰어 넘어 새로운 한국의 미래가 열리도록 그는 스스로 그토록 소중한 정치 생명을 끊었다. 주변에 통곡소리가 있어도 이 길만이 자신과 나라를 살리는 길인 줄 알고 이 때를 놓치지 않았다.

어떤 이는 무슨 찬사냐 할지 모르지만 이제 우리는 우리 시대의 모든 숨은 소중한 사람을 발굴하고 소화하고 키워가는 지혜의 마음을 제발 좀 가져야겠다.

(21) 성령의 불을 받는 사람

<완벽한 사람인데>

어떤 목사님은 키도 크고 얼굴도 훤하고 성격도 원만하여 목회를 잘 할 것 같은데 무슨 일인지 교회 목회가 잘 되지 않는다. 신학 공부를 제대로 못해서 그럴 거라고 추측할지 모르지만 이분은 신학 대학 뿐 아니라 유명한 신학대학원도 졸업했다. 그러면 목회 기술이나 프로그램이 모자라서 그럴 거라고 생각되겠지만, 이분은 이름난 교역자 세미나나 좋은 실천 신학 책도 많이 사서 본다. 그러면 사람이 너무 융통성이 없이 꼭 막혀서 그럴 거라고 여겨지지만, 이분은 이념 서적도 많이 읽고 사회의식, 역사의식이 투철하여 어둡고 썩은 세상에 소금이 되자고 외치기도 한다. 그러면 이념 서적만 많이 읽는 폭넓은 사람인 반면에 성경을 많이 못 읽고 성경을 너무 몰라서 그렇다고 할 지 모르지만, 이분은 어릴 때부터 교회를 다녀서 믿는 가정의 성경 읽기나 교회학교에서 성경공부나 신학을 둘러싼 성경을 많이 연구해서 성경 박사라고까지 말할 수 있다. 그러면 사람이 너무 자신을 믿고 하나님을 덜 믿는 교만에 빠져서 그럴 거라고 생각되어 지지만 그는 하나님을 믿으며 겸손한 사람이다. 그러면 너무 게을러서 놀기만 좋아하여 다방, 노래방은 잘 가도 심방은 잘 안 할 거라고 여겨지겠지만 오히려 이분은 심방을 너무 많이 다닌다 할 정도로 부지런하다.

<불이 없는 사람>

그런데 왜 목회가 잘 안되고 교회가 부흥 발전이 잘 안되는가? 귀신이 곡할 노릇이다 아니 귀신이 곡하기 전에 귀신이 잘 안다. 그 귀신이 제일 무서워하고 싫어하는 불이 없기 때문이다. 그 잘난 외모에 걸맞은 가슴에 내적 불이 없기 때문이다. 그 위대한 신학의 출발점이자 내용이 되어야 하는 불이 없기 때문이다. 그 다양한 목회 아이디어와 프로그램 속에는 하늘 사랑의 불이 없으며, 세상에 도전하는 사회구원의 외침 속에도 불이 없기 때문이다. 성경박사라도 성경을 기록하고 지금도 생동하는 말씀으로 우리 속을 파고들게 하시는 불이 없으며 겸손히 인간적 열심이 있어도 하늘의 거룩한 불이 그 내적 세계에 없기 때문이다.

사도행전 최초의 교회 마당에는 아볼로라는 사람이 있었는데, "이 사람은 언변이 좋고 성경에 능통한 자라 그가 일찍이 주의 도를 배워 열심으로 예수에 관한 것을 자세히 말하며 가르치나 요한의 세례만 알 따름이라"(행18:24-25)고 말했다. 아볼로는 지성인이고 성경박사이고 열심히 가르치는 봉사의 일을 하고 있지만 "요한의 세례"만 받았을 뿐이다. 예수의 세례는 못 받았다는 말이다. 즉 주 예수의 "성령과 불로"(마3:11) 세례를 못 받았다. 그러나 이 아볼로의 영향을 받은 에베소 지방에 이르러 "너희가 믿을 때에 성령을 받았느냐"고 정면 도전하던(행19:2) 바울은 지성인이고 성경박사이고 선교와 봉사에 열을 올릴 뿐 아니라, 예수의 세례 "불세례"도 받았다. 그러니 아볼로와 바울의 차이는 물과 불의 차이가 있을 뿐이다.

위의 목사님 같은 경우는 이 아볼로의 수준에 있다는 것 외에 더 이상 다른 것으로 설명할 수 없을 것이다. 목회다운 목회로 교회를 크게 부흥 발전시키자면 속히 성령의 불을 받고 감당했던 베드로와 바울의 수준에까지 이르러야 한다. 그렇지 않으면 악순환이 계속되고 개인도 가정도 손해를 보고 교회와 성도들은 그 목자 때문에 큰 손해를 보게 된다는 것을 확실히 깨달아야 한다.

그렇기 때문에 이스라엘 민족을 살리려는 민족 목회자 엘리야는 불을 받아야 함을 절실히 깨닫고 갈멜산 제단에서 여호와의 불을 사모했다. "주께서 이스라엘 중에서 하나님이신 것과 내가 주의 종인 것과 내가 주의 말씀대로 이 모든 일을 행하는 것을 오늘 알게 하옵소서. 여호와여, (불로)내게 응답하옵소서. 여호와여, (불을)내게 응답하옵소서"하고 부르짖었다(왕상18:36-37). 이렇게 간절히 기도하는 엘리야를 불쌍히 여기시어 하나님은 엘리야와 그 제단에 불을 내리셨다.

<불 받은 엘리야>

그래서 "여호와의 불이 내려서 번제물과 나무와 돌과 흙을 태우고 또 도랑의 물을 핥은" 사건(왕상18:38)이 일어났다. 이때 가짜들은 혼비백산 물러가고 도망갔다. 그것은 거짓된 바알 종교의 세력들이 진짜 하나님인양 행세를 하고 왕 아합과 전 민족을 통째로 삼키고 있었기에 네 놈들이 믿는 바알 신이 진짜냐, 내가 믿는 여호와 하나님이 진짜냐 내기를 하자고 제의하고 그 내기의 판단으로 "불을 응답하는 신"(왕상18:24)을 찾았기 때문이다. 가짜들은 450명의 선지자들을 동원하여 하루 종일 온갖 괴성으로 수단과 방법을 다 동원하고 심지어 자기의 몸을 자해하며 피투성이가 되기까지 부르짖었으나 냉랭할 뿐 불의 씨도 보이지 않았다. 수가 문제되지 않는 엘리야는 혼자라도 하나님의 편에 서 있음을 영광되이 생각하며 민족구원을 열망하며 하나님께 하소연해서 불의 은총을 받았다.

불 받은 엘리야는 이 쭉정이 같은 악한 바람의 겨와 같은 것들을 그냥 내버려 둘 수가 없었다. 이 쭉정이들을 살려두면 또 진짜인양 행세를 할 것이기 때문이다. 그래서 받은 불로 불의 사명으로서 뒤를 쫓아가 이 바알 놈들을 모조리 잡아 죽였다. 그들은 하늘 불에 타 없어져야 할 쭉정이들이었기 때문이다.

이렇게 불을 받아 하나님의 원수요, 이스라엘의 원수인 바알 귀신을 추방하여 하나님의 가슴을 시원하게 해 드리고 민족의 가슴에 맺힌 한을 풀어주었다. 그 한이 풀림과 동시에 하늘 문이 열리고 비가 억수로 쏟아져 내렸다. 바알신 때문에 삼년 반이나 막혔던 하늘이 이때 열렸으니 이제 삼 년 육 개월 동안의 갈증이 비로소 풀리는 것이었다. 축복의 소낙비, 해갈의 단비!

이 비로 이스라엘은 살게 되었다. 이 비는 엘리야가 불을 받은 때부터 내리기 시작했다. 이 불로 말미암아 꿀이 흐르는 풍요가 찾아 들었다. 이 풍요 속에서 사람들은 죄를 회개하고 거룩한 길로 들어서며 이스라엘 민족의 본래성을 찾고 신바람나는 사명으로 일어나게 되었다.

<불의 종교>

기독교는 불의 종교이다. 냉기가 서린 분위기는 뱀이 또아리를 틀 수 있는 악마의 종교이다. 불기가 서린 분위기는 뱀을 추방하며 사람을 사람답게 살도록 도우며 생명운동을 일으킨다. 모세는 호렙산 가시 떨기나무에서 불을 받아 이스라엘 민족을 해방시켰다. 베드로 일파들은 예루살렘 기도처에서 불을 받아 좁은 민족 구원을 넘어서서 로마와 땅 끝까지의 인류 구원에 헌신했다. 이들의 가슴에는 불이 타고 있었고 이들이 가는 곳에는 엘리야의 갈멜산 아래 같은 불의 사건이 계속 일어났다. "사건"은 곧 "말씀"인데, "내가 네 입에 있는 나의 말로 불이 되게 하고 이 백성으로 나무가 되게 하여 불사르리라"(렘5:14)라는 이 말씀으로 불의 기적을 일으켰다. 그런데 이 불은 성경에서나 교회 안에서나 통하지 이 세상 변혁에 무슨 보탬이 될까 하고 의문을 제기하는 사람도 있을지 모르지만 진짜 불을 받아야 세상을 살릴 수가 있다.

한국 신학운동의 아버지요, 그 신학으로 사회를 구원하기 위해 참여신학을 산 김재준은 1920년 서울 승동교회의 김익도 목사 부흥회에 참석하여 "옳다, 나도 믿겠다"고 하는 그 순간에 "가슴이 뜨겁고 성령의 기쁨이 거룩한 정열을 불태우는 것을 체험하면서 기도 욕심장이가 되고 성경이 꿀송이 같이 달아 새 생애를 시작했다"(장공전집 13권 P.48). 이 김익두에게 타던 불은 미국의 무디에게, 그리고 영국의 존 번연에게 타던 불이요, 계속 거슬러 올라가면 베드로에게 타던 불이다. 그러니 불 받아 쓰임 받는 것 외에 더 급한 것이 어디 있겠는가?

3 지혜서

성경의 지혜서는 욥기, 시편, 잠언, 전도서, 아가서를 말한다. 지혜서는 글자 그대로 인생이 살아가는 삶의 지혜와 그 깨달음을 기록하고 있다.

'욥기'(Job)는 주전 2000년 경 아브라함 시대 때를 배경으로 인간 욥이 죄 없이 당하는 고난을 주제로 온갖 인생 문제를 펼치는 이야기다. 무명작가의 인간에 대한 철학적 문제 제기를 기록하고 있다.

'시편'(Psalms)은 주전 1500년 경 모세 시대로부터 주전 500년 바벨론 포로 귀환에 이르기까지를 그 배경으로 한 이스라엘 1000년의 노래다. 파란만장한 고난사의 노래이면서 고난의 고개를 넘는 맛과 멋의 시를 읊어 영원한 메시아를 향한다.

'잠언'(Proverbs)은 지혜의 왕 솔로몬이 하나님과의 관계, 이웃과의 관계, 그리고 이스라엘 민족의 살길을 제시한 내용을 실은 것이다. 그러나 딱딱한 명령이 아니라 흔히 듣는 속담 격언 등의 내용이다.

'전도서'(Ecclesiastes) 역시 솔로몬의 이름으로 기록되어 헛되고 헛된 인생이라도 영원한 주님을 사모하여야 함을 말한다. 희랍어로는 "교회모임" 성격이나 히브리어로는 "설교자", 혹은 "교사"로 표현되어 우리말로는 "전도서"가 되었다.

'아가서'(The Song of Solomon)는 영어로 "솔로몬의 노래"라고 부를 정도로 사랑에 빠진 왕 솔로몬의 사랑가이다. 다윗 솔로몬 가문을 있게 한 보아스와 룻의 만남도, 미래의 교회와 영원한 신랑 예수 그리스도의 만남도 생각나게 하는 사랑 감격이 가득하다.

(1) 고난의 세월을 지나며

우리나라 소나무들은 뿌리가 길고 굽은 것도 많은데, 미국 남부의 소나무들은 뿌리도 짧고 굽은 것도 별로 없이 쭉쭉 뻗어 있다. 그것은 우리 소나무들은 몹시 추운 겨울의 고난을 겪기 때문이며, 미국 소나무들은 겨울 추위가 없는데다가 비가 자주 오기 때문이다. 물론 다 쓸모가 있겠지만 목수가 집을 지을 때는 겨울 지난 우리 소나무를 더 좋아한다. 또한 우리나라 쑥들은 약효가 더 많고, 캘리포니아 쑥들은 약효가 덜 난다고 교민들이 말한다. 심지어 겨울 없는 곳의 꽃들은 향기의 도도 다르다고 한다.

이렇게 자연에 추운 고난이 중요하듯이 인생도 그렇다. 저 시베리아 벌판의 악조건 기후와 끊임없는 전쟁, 그리고 거기에 적응하기 위한 인간의 고난이 없었다면 오늘 저 올림픽에서 자랑하는 러시아 문명이나 인물들이 없을 것이다. 물론 톨스토이나 도스토엡스키라는 대문호와 작품도 없을 것이다. 또한 영국의 악조건 기후와 외침(外侵), 그리고 내전이 없었다면 한 때 해질 날이 없었던 대영제국은 없을 것이며, 민주주의의 출발이 없을 것이고, 셰익스피어와 그 작품도 없었을 것이다. 사실상 고난의 영국 문명이 미국에 상륙하여 오늘의 세계 주인공 미국이 있는 것이며, 미국은 북미주의 악조건의 기후와 치열한 안팎의 전쟁을 겪으며 일어났다. 유럽은 남부와 북부의 끊임없는 전쟁, 그리고 북유럽끼리의 수많은 땅뺏기 전쟁으로 상처를 입으며 일어났고, 그 이전 남부의 그리스 정신을 품은 로마의 무수한 전쟁과 전 유럽 도전으로 세상이 달라졌다.

그러니 이 로마 세상과 전 지구촌 구원을 위해 하나님이 보내신 독생자 예수 그리스도가 어찌 고난의 주가 아닐 수 있겠는가? 하나님은 이스라엘이 다윗 같은 승리의 메시아를 보내지 않으시고 찔리시고 상하시고 징계 받으시는 고난의 주(사53), 십자가의 메시아 예수 그리스도를 보내셨다. 그리고 이 고난의 메시아를 잉태하는 선민 이스라엘도 고난의 광야와 전쟁의 와중에 두셨다.

욥기 이야기도 한 인생이 "부귀다남자(富貴多男子)"의 안일함으로 사는 것이 아니라 모든 것을 잃고 병들어 다 죽게 되어 모든 사람에게 버려진 것 같은 그런 고난의 이야기를 주제로 한다. 그 고난 중에 만난 주님을 앎으로 새롭게 사는 인간을 말한다. 물론 "고생 끝에 성공이다"는 단순한 논리가 아니라 온갖 심오한 인생의 지혜와 깊은 철학이 번득이고 있다.

기독교의 고향 독일인들은 신구교 전쟁 1,2차 대전 등 무수한 전쟁을 치르면서도 고난의 주 예수 그리스도와 그 신앙을 버리지 않음을 큰 자랑으로 생각한다. 마르틴 루터로 시작된 그 신앙과 신학이 사실상 2차 대전 이후의 신정통신학의 세계 신학 방향을 잡은 칼 발트나 본회퍼나 틸리히나 라인홀드 니버 같은 인물들을 내놓았고, 문학의 괴테나 음악의 베토벤이나 철학의 칸트를 배출했다.

베토벤은 음악가인데 청각을 잃어 다 끝장인 줄 알고 자살을 시도하다가 이 시련의 운명에 도전하여 세계인들의 사랑을 받는 음악의 대가로 일어났다. 그의 유명한 말 한 마디가 모든 고난을 겪는 사람들에게 힘이 된다. "고난을 헤치고 환희로(Durch Leiden zu Freude)", 그리고 "고난을 겪을 때 동요하지 않는 것, 이것이야 말로 참으로 칭찬해야 할 훌륭한 인물의 증거다"라고 말했다. 그는 "고난당한 것이 내게 유익이라 이로 말미암아 내게 주의 율례들을 배우게 되었나이다 주의 입의 법이 내게는 천천 금은보다 좋은"(시119:71-72) 말씀임을 알았다.

그러므로 아세아에서 제일 많이 고난을 받은 우리 민족은 희망이 있다. 우리에게 고난을 많이 주었던 중국이나 일본보다 우리 민족이 더 강하여 희망이 있다. 지금도 그렇지만 앞으로도 우리 소나무 같은 인물들을 많이 배출할 터이니 희망이 있다. 그러나 무조건 고난을 받았다고 희망이 있는 것이 아니라 저 이스라엘처럼 고난 중에도 신앙정신력을 가지면 희망이 있다. 그러니 아세아와 세계를 살릴 희망이 우리 한국의 마을마다 도시의 거리마다 빌딩마다 서있는 한국교회의 십자가 고난의 예수 신앙운동에 달려있다.

(2) 그가 나를 단련하신 후에는

욥은 하나님의 걸음을 바로 따랐으며, 하나님의 길을 지켜 치우치지 아니하였고, 하나님의 입술의 명령을 어기지 아니하였고, 정한 음식보다 그의 입의 말씀을 귀히 여기며(욥23:11-12) 최선을 다하여 하나님을 섬겼다. 욥의 삶은 마치 시편 119편 기자가 일거수 일투족(一擧手 一投足)을 주의 법도에 합당하도록 생활하기 위해(105절) 새벽 전에 부르짖고 주의 말씀을 바랐으며(147절), 주의 계명을 사모하여 입을 열고 헐떡였노라고 고백하듯이(131절) 말이다. 그러나 하나님의 잠정적인 허락으로 사탄에 의해 시험을 당하고 있다. 재산도 가족도 다 떠나고 홀로 병든 상태로 버려져 있다. 그러나 욥은 "내가 모태에서 알몸으로 나왔사온즉 또한 알몸이 그리로 돌아가올지라. 주신 이도 여호와시요 거두신 이도 여호와시오니 여호와의 이름이 찬송을 받으실지니이다"(욥1:21)하며 하나님을 원망하지 아니했다. 뼈와 살을 치시므로 못 견디는 고통이 찾아오고 친구들이 찾아와서 어찌 까닭 없이 이런 재앙을 당할 수가 있느냐며 부아를 돋우었다. 그러나 그는 하나님을 확실히 알며 "내가 가는 길을 그가 아시나니 그가 나를 단련하신 후에는 내가 순금같이 되어 나오리라"(욥23:10) 확신했다.

누구보다도 평소에 하나님을 잘 알고 신뢰하니까 이런 고백을 하는 것이다. 바벨론에 포로로 잡혀간 다니엘의 세 친구 사드락과 메삭과 아벳느고도 신앙의 지조를 지키다가 풀무 불에 태워 죽임을 당할 위기를 맞았지만 구원의 하나님을 잘 알고 신뢰하니까 하나님이 풀무 불구덩이 속에서도 구해 주실 줄 믿는 것이다. 그리고 혹시 하나님이 구해 주시지 않는다 할지라도 죽어 하나님 품에 안기는 그 자체도 좋으니 그 길을 가겠다고 했다.

욥은 갑자기 찾아 온 이 시련을 장차 순금 같은 신앙인으로 일어날 한 훈련으로 보고 견디었다. 정말 이 테스트에 합격이 되어 오늘까지 성경에 기록된 금덩이 인물이 되었다. 그리고 건강은 물론 이전 모든 소유보다 갑절이나 더 받았고, 또 아들 일곱과 딸 셋의 복을 더 받았다. 무엇보다도 "내가 주께 대하여 귀로 듣기만 하였사오나 이제는 눈으로 주를 뵈옵나이다"(욥

42:5) 하는 주 만난 감격신앙이 더 있게 된 믿음 복을 받은 것이다.

어디 빛나는 별의 장군이 되자면 입영 훈련소를 거치지 않고 되겠는가? 스카(scar, 상처)를 참고 견디면 스타(star, 별)가 된다고 했다. 지금 상처 같은 고난이 있다면 믿음으로 견디어 금빛나는 별의 시대를 맞이할 것이다.

(3) 황홀한 감격이 있는가?

우리 인간의 뇌는 하나이지만 오른 쪽 뇌와 왼쪽 뇌 둘로 나눌 수 있다. 왜 이렇게 구분을 하는가? 전혀 추구하는 바가 다르기 때문이다. 왼쪽 뇌는 말하고, 예의 찾고, 일하고, 돈 벌고, 아름답게 사는 것을 추구한다면, 오른쪽 뇌는 마시고, 피우고, 비비고, 치는 황홀한 도취와 쾌감, 그리고 뽕 가는 초월적 신비의 경지 등이다. 이를 더 고상한 철학적 표현으로 니체가 말한 것에 의하면 왼쪽 뇌는 아폴로(Apollon)적인 것을, 오른쪽은 디어니소스적인(Dionysos)것을 추구하는 것이다. 희랍신화에 나오는 아폴로 신은 아름다운 절도와 균형 조화 등의 젊음과 건강의 태양 같이 빛나는 이상적인 신이다. 그러나 디오니소스 신은 신인반종이면서 평민 쪽에서 생명이 피어나게 하는 땅의 에너지를 일으키며, 술에 도취하여 춤추게 하는 경향으로 죽었다가 다시 소생하기도 하는 희망 신이다.

하나님이 우리 인간을 창조하실 때 이렇게 두 뇌를 가진 존재로 지으셨고, 실제로 우리가 이런 말을 들을 때 긍정하지 않는가. 인간이 어찌 공부하고 일하고 돈만 벌어 살 수가 있는가? 거기에 반드시 감격 기쁨 쾌감이 있어야 한다. 자녀가 공부만 하면 아니 되고 스포츠 등 사랑의 만족이 있어야 한다. 부모가 돈만 벌면 아니 되고 만족한 오르가즘 절정을 경험하는 만족의 성생활이 있어야 한다.

가정뿐만 아니라 모든 공동체도 그렇다. 공장 회사에서 일만 하고 돈만 벌면 비정상인이 되고 죄를 짓고 발작증세로 미치는 사람이 생김을 알아야 한다. 심지어 교회도 말씀만 있으면 아니 되고 반드시 성령충만한 영적 신비체험의 경지가 있어야 한다.

이를 위해서 하나님의 책 성경도 말씀만이 아니라 성령체험을 강조하며 시와 찬미와 신령한 노래를 강조한다. 성경의 지혜서가 있는 이유이며 시편이 있는 이유이다.

시편의 한 주인공 다윗은 시를 쓰고, 시에 곡을 붙이고, 곡으로 악기를 만들어 연주하고, 모여 노래하게 하고, 하나님 찬양의 성가대를 조직하였다. 그리고 자신이 만조백관들 백성이 보는 앞에서 춤을 추었다. 저 베들레헴 촌사람이 일국의 왕이 되어 하나님의 임재를 상징하는 법궤를 자기가 정복한 예루살렘 성에 모셔 신정정치를 하게 된 감격으로 춤을 추었다. "춤 춰라 어디서든지 힘차게 멋있게 춤을 추어라." 춤의 왕! 확실히 다윗은 춤의 왕이었다. 다윗은 하나님을 알고 신비의 하나님을 체험하고 감격할 줄 알았다. 어디 다윗뿐인가? 개혁자 마르틴 루터는 음악을 모르는 자는 성직자가 될 수 없다고 했는데 이는 음악이 아니라 감격의 경지이다. 하나님을 체험하고 하나님에 대한 감격으로 시를 쓰고 노래할 줄 모르는 자가 어찌 성직자가 되어 하나님의 사랑을 외칠 수가 있는가?

아니 성직자가 되기 전에 신학을 알아야 한다. 한신대 故 박봉랑박사는 신학교에 입학한 우리에게 신학은 "하나님에 대해 놀라는 것"이라고 했다. 어찌 저 나이아가라 폭포를 보고, 저 에베레스트 높은 정상에 올라, 저 중국 장가계의 깊은 경치를 보며 감탄하지 않는가? 당연히 감격 감탄인데, 이 모든 만물을 지으신 하나님! 이 만물을 지으시고 우리에게 주신 하나님! 이를 감당할 수가 없을 정도로 죄 중에 있는 인간을 위해 자기 아들을 십자가에 찢어 피 흘려 죽게 하고 그 피 사랑을 믿는 자 구원해 주시는 그 하나님에 대해 놀라지 않으랴. 하나님에 대한 하나님의 사랑에 대한 황홀한 감격이 있는 자가 성도이다. 이 내용을 담은 책이 성경의 시편이다. 읽고 각자의 시편을 남김이 어떨까.

(4) 복 있는 사람

모두들 자녀 교육에 열을 많이 올리고, 그 다음에는 그 자녀가 성공하여 돈을 많이 벌기를 바란다. 그래서 많이 배우고 권력을 쥐고 남과의 경쟁에서 이겨 부유한 생활을 꿈꾼다. 그리고 이것을 성공이라 하고 행복이라고들 한다. 그러나 필자가 겪어 보니 참으로 복이 있는 것은 시편 1편의 말씀처럼 "오직 여호와의 율법을 즐거워하여 그의 율법을 주야로 묵상하는 것"이라 생각된다.

나는 가난 중에 예수를 믿어 성령의 나타나심과 능력으로 교회를 크게 일으켰다. 그래서 일용할 양식에 궁핍함이 없이 남을 도와주며 살았다. 학교 다닐 때 고학을 하였으므로 배운 것이 없어 평생 해내외로 드나들며 배우는 데 앞장섰다. 내 아내도 젊은 날 명문대학교를 졸업하였고 평생 배우는 일에 뒤지지 않았다. 아내의 지극정성으로 키운 딸 내외는 미국의 유명한 UCLA를 졸업하고 직장도 좋다. 아들 내외도 서울대학교를 졸업하고 석유왕 록펠러가 세운 노벨상 80여 명을 배출한 시카고대학원을 다니고 있다. 그러나 나는 매일 새벽마다 이들에게 기도와 말씀 중심의 믿음을 달라고 기도한다. 그리고 그 믿음을 따라 사명을 가지고 주님의 일을 하기를 바란다. 키운 세 자녀도 이런 믿음이 있기를 간구한다.

참으로 성공과 축복은 말씀을 늘 가까이 하는 믿음으로 사는 인생이다. 이들은 시냇가에 심은 나무가 철을 따라 열매를 맺으며 그 잎사귀가 마르지 아니함 같으니 그가 하는 모든 일이 다 형통할 것이다.

(5) 찬송 중에 계시는 주

해마다 2개월씩 외국에서 안식년으로 지낼 때에는 평소와는 다르게 새벽기도를 드리거나 주일 예배 외에 모든 예배를 다 드리지 않는다. 자연히 설교를 하지 않고 기도와 찬송을 별로 드리지 않는다. 사람을 만나고 심방을 하거나 상담도 하지 않는다. 어떤 때는 하루에 한 마디도 하지 않고 계속 책을 가까이 할 경우도 있다. 눈만 건강하면 그만이다. 말쟁이가 말을 하지 않아 입에 단내가 나기도 한다. 그리고 그 큰 목소리가 없어지니 자연히 힘이 없어지기도 한다. 그러나 이때 아니면 이 책을 읽지 못한다며 그 책 읽기에 몰두한다.

그런데 언젠가 예루살렘 히브리대학교 마이어스돌프기념관 기숙사에서 혼자 책을 읽다가 자는데 귀신이 찾아왔다. 확실히 어둠의 뭉치로 나의 목을 조르며 달려들었다. 죽지 않으려고 싸우는데 찬송으로 이기라는 하나님 쪽의 음성이 들려왔다. 그래서 "구주 예수 의지함이", "나 같은 죄인 살리신", "복의 근원 강림하사", "내 주는 강한 성이요", "곤한 내 영혼" 등의 찬송을 크게 불렀다. "그들이 나를 에워싸고 에워쌌으니 내가 여호와의 이름으로 (찬송부르며) 그들을 끊으리로다"(시118:11).

"찬송 중에 계시는 주님"이 임하시므로 어둠의 끼가 사라지고 밝음이 왔다. 이기고 불을 켰을 때는 온 몸이 땀투성이였다. 머리맡에 성경은 있어도 찬송가가 없었다. 무슨 귀신인가? 그것도 저 아프리카나 동남아 중동지방도 아닌 성지 이스라엘인데! 아니 그것도 예루살렘! 예수 그리스도의 십자가와 부활, 성령강림의 중심지 바로 그 곳인데 무슨 사탄인가? 그날부터 그 방이 싫고 밤이 싫었다. 그렇다고 방을 바꾸고 당장 철수하고 떠날 수도 없었다. 그래서 그날부터 찬송을 입에 달고 살고 나 혼자 찬송이 있는 기도와 연구를 하며 살았다.

나는 그때 확실히 깨달았다. 장소가 예루살렘이건 바그다드이건 로마이건 뉴욕이건 서울이건 관계없이 내 주 예수 찬송 있는 예배 중에 모신 곳이 그 어디나 하늘나라라는 것을 알았다. 그래서 그해 안식년 연구는 은혜 충만함이었고 형통함이 있었다.

(6) 부모 같으신 하나님

"허물의 사함을 받고 자신의 죄가 가려진 자는 복이 있도다"(시32:1).

언젠가 새벽 제단에서 기도하는 중에 이 말씀을 읽고 감격으로 울었다. 울고 또 우는 중에 지난날의 나의 모든 허물과 죄를 주님의 십자가 보혈의 사랑으로 다 덮어 주심을 알고 울고 또 울었다. 그 순간 느꼈다. 내 어릴 때 똥오줌을 싸면 어머니 아버지가 닦아주고 내 잘못 된 것이 있으면 고쳐 주셨는데, 이제 부모는 계시지 않지만 하나님이 부모 되셔서 나를 따라 다니시며 모든 더럽고 추한 것을 덮어 없애 주심을 알았다.

"아버지가 자식을 긍휼히 여김 같이 여호와께서는 자기를 경외하는 자를 긍휼히 여기심"(시103:13)을 알았다. 아울러 부모 같은 사랑의 하나님이심을 느꼈다. 그때 "이 은혜를 무엇으로 보답하오리까?"의 시편 구절(116:12)을 읊었다. 그리고 그때 확실한 용어 "속죄"라는 말이 "죄를 덮는 것"이라는 것을 알았다.

"모든 죄악을 사하시며 모든 병을 고치시며 생명을 파멸에서 속량하시고 인자와 긍휼로 내게 관을 씌우신"(시103:3-4) 주님의 사랑을 새롭게 알았다.

평생 목회를 하며 주의 일을 해도 못 갚을 사랑을 받았으니 어찌 목회를 게을리 하랴.

(7) 나의 연약함을 알게 하소서

장래가 만리 같은 대학생이 설날 새벽 말씀카드를 뽑을 때 "나의 종말과 연한이 언제까지인지 알게 하사 내가 나의 연약함을 알게 하소서"(시39:4)라는 말씀카드를 자신이 선택하여 뽑았다. 아버지가 이를 보고는 당장 불길한 징조를 느꼈다. 이 해에 우리 아들에게 무슨 변고가 생길 것이라는 직감이 었다. 그러나 잊어버리고 살았는데 그해 여름 전남 광주 쪽인가 어디 가서 행방불명이 되었다. 사방으로 수소문해도 찾을 길이 없었으나 나중에 길가 산중에서 시신으로 발견되었음이 경찰 연락으로 알게 되었다.

부모는 부부교사이나 연초에 뽑은 이 말씀과 연관하여 미신같이 생각하고 허탈감에 빠져 방황을 하였다. 결국 이 말씀을 받은 우리교회를 다닐 수 없어 친척이 있는 다른 교회로 옮기게 되었다. 이 말씀은 하나님의 말씀이니까 우리에게 저주가 되는 말씀이 아니라 복이 되는 말씀이시다. 이 말씀은 아무리 젊고 왕성하고 출세했다 할지라도 그 개인에게 종말과 사는 기간의 연한이 있으니 인생의 연약함을 알고 영원한 하나님과 잇대어 살게 권하는 진리이다.

아무리 다윗의 가문이 "후손이 장구하고 그의 왕위가 해 같이" 빛나도 "나의 때가 얼마나 짧은지 기억하며"(시89:36,47) 잘난 가문이라도 겸손케 하는 사랑의 음성이다.

"우리의 연수가 칠십이요 강건하면 팔십이라도 그 연수의 자랑은 수고와 슬픔뿐이요 신속히 가니 우리가 날아가나이다" 하는 말씀과 같이 인생의 한계를 분명히 알고 "주의 종들을 불쌍히 여기소서"(시90:10,13)하고 매달릴 기도의 말씀이시다.

옛날 어느 나라 왕의 신하 중에는 항상 "전하도 인간이십니다"하는 말만 하는 자가 있었다고 한다. 아무리 잘 나가는 권력자도 신이 아님을 알고 유한한 인간으로 겸손하게 성공하도록 돕는 그 왕궁의 지혜일 것이다.

(8) 주 가까이 하는 복

사람은 평생 무엇을 가까이 하느냐에 따라 그 인생이 결정된다. 돈을 가까이 하면 돈 사람이 되어 실제로 돈에 정신 나간 또라이가 된다. 여자나 남자를 가까이 하면 온갖 구설수에 오르고 바람둥이가 된다. 요새는 애완견 시대이니 개를 지나치게 가까이하면 어떻게 되는지 자신들이 잘 알 것이다.

성경은 "이 세상이나 세상에 있는 것들을 사랑하지 말라. 누구든지 세상을 사랑하면 아버지의 사랑이 그 안에 있지 아니하니"(요일2:15)라고 했다. 세상 것들을 사랑하여 가까이 하면 하나님의 사랑이 그 사람 속에 없기 때문에 불행해진다. 성자 어거스틴이 말한 것처럼 우리 마음이 하나님 마음 안에서 편히 쉬지 못하기 때문에 방황을 하여 술도 하고 마약도 하고 게임도 하며 나중에는 온갖 중독증세로 망한다. 자살도 하고 타살도 한다.

아! 그러니 정말 "하나님께 가까이 함이 내게 복이라"(시73:28)하신 말씀이 진리이다. 불나비는 불을 가까이 하다가 불에 타 죽지만 성도는 하나님을 가까이 하다가 그 영혼이 산다. 쇠붙이가 자석을 가까이 하다가 자석의 힘을 받듯이 성도는 능력의 하나님을 가까이 하다가 하나님의 능력을 받는다. 영이신 하나님을 가까이 하다가 영의 사람, 성령의 사람이 된다. 불의 하나님을 가까이 하다가 불타는 믿음과 사명자가 된다.

우리 믿음의 조상 야곱은 하나님을 가까이 하다가 돌베개 베고 자는 광야 고생도 했지만 하늘과 통하는 사다리 경험에서 계시가 되었듯이 12지파 이스라엘의 원조상, 우리 주 예수 그리스도의 조상이 되었다. 쌍둥이에서 맏이로 태어난 에서는 하나님을 가까이 하지 않았기 때문에 이 복이 없었다. 그런데 이것도 하나님이 "야곱을 사랑하였고 에서는 미워하였기"(말1:2-3) 때문이시다. 그리고 야곱의 후손 중에도 요셉 지파가 아무리 하나님을 가까이 하려 해도 하나님께서 "요셉의 장막을 버리시며 에브라임 지파를 택하지 아니하시고 오직 유다 지파와 그가 사랑하시는 시온 산을 택하시기"(시78:67-68) 때문에 그 가까이 하는 복이 없게 된다. 그러니 복 중에 제일 큰 복이 "주께서 택하시고 가까이 오게 하사 주의 뜰에 살게 하신 사람"(시65:4)이 되는 것이다.

"주여 우리를 불쌍히 여기사 주를 가까이 하는 복으로 주의 성전의 아름다움으로 만족한 삶을 살게 하옵소서." 믿는 이들이 평생 드릴 기도 제목이다.

(9) 죽지 않고 살아서

내 친구요 형인 서정소 목사(인천교회)는 어릴 때 중병이 걸려 죽게 생겼던 적이 있었다. 그런데 쉽게 죽지는 않고 가슴에서 고름이 자꾸 터져 나오며 온 집안이 그 냄새로 진동하게 되었다. 돈도 없지만 약을 쓰고 병원에 가도 효과가 없었다. 마음이 약하고 양심이 바른 것이 특성이라 혼자 생각에 모진 결심을 하게 되었다. 자기 하나 죽어 없어지면 가정에 냄새도 나지 않고 돈도 낭비되지 않고 가정에 우울기가 없어질 것 같았다. 그래서 철길에 누워 기차에 치어 죽기로 결심했다. 그런데 그날따라 기차가 그렇게 오질 않았다. 그래서 기다리다 죽어도 하나님을 의지하는 중에 편하게 가려고 성경을 폈더니 "어찌하여 기한 전에 죽으려고 하느냐"(전7:17)며 주님이 꾸중을 하셨다. 깜짝 놀랐다. 기차는 오지 않고 하나님의 말씀이 달려왔다. "그가 그의 말씀을 보내어 그들을 고치시고 위험한 지경에서 건지시는도다"(시107:20) 하신 말씀 그대로다. 그 길로 눈물로 회개하며 살기로 작정했다. "내가 죽지 않고 살아서 여호와께서 하시는 일을 선포하리로다"(시118:17)는 말씀대로 결심하고 용기를 내었다. "여호와의 인자하심과 인생에게 행하신 기적으로 말미암아 그를 찬송"(시107:21)하는 중에 병이 나았다. 기차 대신에 달려 온 말씀의 불이 그 고름 주머니를 살랐다. 그의 가슴에는 지금도 그 흔적이 남아 있다. 날아 갈 것 같은 기쁨으로 그는 살려주신 주님을 전하려 1966년에 한신대학에 입학하여 목사가 되었다. 이 생명의 주님을 전하려 그 아들 서한샘도 목사가 되었다. 자손만대로 이 복음 전해도 모자라리라.

(10) 눈을 열어 주소서

나는 가난해서 고등학교 때부터 일하며 배웠기 때문에 대학원 졸업할 때까지 공부를 제대로 못했다. 그래서 평생 배우기로 마음먹으며 지금도 계속 책을 읽는다. 국내에서는 신문을 철저히 읽고 해마다 2개월의 독서안식년 때는 비행기를 타고 내릴 때까지 영어책을 읽는다. 읽고 싶던 책들이 많아 갑자기 많이 읽으니 눈에 이상이 생긴다. 눈이 침침하다가는 나중에 눈 전체에 통증이 오기도 한다. 눈에 좋다는 음식도 약도 먹으며 읽지만 소용이 없다. 그래서 많이 읽다가 많이 눈을 감아야 한다. 눈을 많이 감을 경우 목사가 할 일이 기도 외에 무엇이 있는가. 눈이 아프지 않게 기도하다가 시편 119:18절이 생각나서 "내 눈을 열어 주소서"라고 빈다. 아프지 않게 눈 건강을 위해 빌고 빌다가 눈 열어 달라고 울며불며 매달린다. 그러면 읽은 것이 생각나서 소화되는 중 감동으로 눈물이 나고 그러는 중 눈물이 많이 나오면서 치료가 되고, 또 주님이 눈을 열어 주시어 "주의 율법의 놀라운 것을 보며" 안식년을 마무리 한다.

그러나 내가 아무리 책을 읽으려 해도 눈의 건강이 없으면 그만이고, 읽을 눈이 있어도 하늘 하나님께서 신령한 것을 보는 영의 눈을 열어 주시지 않으면 끝장이다. 눈이라면 다 눈인가? 저 화장실 구더기 눈도 눈이고, 저 멀리 장공을 나는 독수리의 눈도 눈이 아닌가? 사람에게 밤낮 육적인 것만 보이는 육의 눈이 있고, 혼적인 것만 보이는 혼의 눈이 있고, 영적인 것만 보이는 영의 눈이 있다.

다메섹 도상에서 거꾸러졌던 바울의 눈은 예수 없는 혼적인 눈이어서 율법의 눈으로 복음의 예수를 잡아 죽이려 한다. 주님은 그 눈을 심판하신 것이다. 쓰러져 맹인이 되었는데 성안에 들어가 제사장 아나니아의 기도를 받은 후 눈이 열렸다. "눈에서 비늘 같은 것이 벗어져"(행9:18) 이전의 율법적 혼의 눈이 이제 복음적 영의 눈으로 변화되었다. 그래서 사울이 바울이 되었다. 같은 사람인데 사울과 바울의 차이가 무엇인가? 눈이 달라진 것이다. 그 눈으로 십자가와 부활의 주를 보고 그 말씀을 보게 되었다. 이제 눈에 보이는 게 없어진 것이다. 세상 율법 따위가 보이지 않는 것이었다. 환난 핍박 멸시 천대 감옥이 있어도 예수만 보이며 성령의 계시가 보이며 저 하늘나라가 보이는 것이었다. 그렇다고 이 세상을 외면하는 것이 아니라 선민 동족 이스라엘이 율법에 머물고 복음을 모르는 것에 대한 분통이 터져 회개를 촉구하게 되었고, 지중에 넘어 로마와 전 지구촌이 예수 믿어 구원을 받게 해야 한다는 사명감으로 불타 선교전선에 헌신하게 되었다.

그러니 눈이 중요하다. 엠마오 길의 제자들은 부활하신 예수를 보고도 못 보았다. 그러나 그 동행이 멈추어지고 강권하여 자기들 집에 모시고 기도를 받았을 때에 신령한 눈이 열려 부활의 주를 알았다. 그 후 그들의 생애는 십자가에 죽은 예수로 실망한 길을 걷지 않고 십자가에 죽었다가 부활하신 예수로 희망의 길을 걷게 되었다.

평생 예수 믿으며 성경을 읽는데 그 말씀을 못 본 것은 재앙이 아닌가? 그 말씀을 통해 저 영원한 하늘나라를 못 보는 것이 큰 낭패가 아닌가?

이제부터 "눈 열어 달라"고 빌고 빌자. 눈이 열려 하나님이 보게 하시는 것을 보고 새로 살자. 개 눈에는 그것만 보인다고 하지 않는가? 우리 하나님의 사람들 눈에는 그것만 보여야 개 눈 세상을 바꾸고 구원할 수가 있다.

(11) 보았는가?

나는 중학교에 다니며 예수 그리스도를 영접하여 하나님의 자녀가 되었다. 자녀로서 하나님을 부르며 기도하는 중에 공부하면서 늘 하나님이 창조하신 온 지구촌을 보고 싶다는 생각을 하게 되었다. 어느새 나는 신학을 하고 목회자가 되어 그 생각대로 세계 곳곳을 보게 되었다. 세계 일주 성격으로 보게 되었고, 교환 목회로 북미주를 살폈고, 안식년으로 1년 살며 캐나다를 보게 되었고, 또 안식년으로 해마다 2개월 씩 전 세계 유명 도시의 유명 대학교와 교회를 거점으로 그 도시들을 보게 되었다. 우리 주 예수님이 태어나시고 십자가에 달려 돌아가시고 부활 승천하신 모든 흔적을 찾아 예루살렘과 로마, 그리고 유럽 영국의 도시들을 보았다. 오늘의 기독교 문명을 꽃 피우고 세계 선교에 앞서고 있는 미국의 도시들을 보게 되었다. 졸저 <안식사랑> 책을 낸 이후 2집을 내어야 할 정도로 많이 보게 되었다.

나는 세계를 살피며 세계 유명 도시를 본 것으로 만족하지 않고 이 세계에 임하신 진리의 책들을 보게 되었다. 대학원 시절 "목사가 되려면 영어로 책을 읽어야 한다"며 원서강독을 강요하던 스승 박봉랑 박사에게 많이 시달려서 다시는 책에 대한 해방감으로 현장 목회 때는 읽지 않았다. 그런데 이게 웬 일인가? 신학원서를 읽던 버릇이 안식년에 다시 생겼다. 다시 조금씩 점차 영어가 보이게 되어 더듬더듬 읽을 때마다 선생님이 눈물겹게 고마웠다. 신학자도 아니면서 언제나 도서관이나 서점을 찾아 신학서적 앞에 먼저 앉고 본다. 자연히 학교 다닐 때의 신정통주의신학자 칼 발트(K. Barth)나 본회퍼(D. Bonhoeffer)나 폴 틸리히(P. Tillich)나 라인홀드 니버(Reinhold Niebuhr)의 책들을 보게 된다. 이 어려운 책들이 어디 감당이나 되는가? 어느새 이들을 안내하는 쉬운 책들을 읽게 되거나 전혀 알지도 못했던 학자들의 책을 보게 된다. 특히 쉬우면서도 깊은 감동을 주는 보그(M. Borg)나 미그리오리(Migliory)의 책들을 알고 자꾸 보게 된다.

나는 이 진리의 책들을 많이 보고 또 싸게 많이 구입하기 위해 어느 도시라도 가면 그 지역의 교민이나 교회 목사들도 깜짝 놀랄 정도로 그 지역 도서관이나 서점, 특히 고서점의 전문가가 된다. 그래서 어느 서점에 무슨 책이 꽂혀 있는가를 2개월 기간에 다 알 정도이다.

아직은 세계에서 신앙신학서적이 가장 많이 있는 도시가 시카고이며 여러 전문 분야와 옛 책이 가장 풍성한 곳은 뉴욕이다. 나는 이곳에 자주 가며 맨해튼의 거의 모든 거리에 무슨 서점이 있고 거기에 내가 좋아하는 무슨 신학책이 있는가를 잘 아는 것을 늘 자랑스럽게 생각한다. 이 책들을 알다 보니 예를 들어, 뉴욕이나 뉴저지의 좋은 명승 관광지에는 별로 관심이 없다. 그 이상의 것을 늘 책에서 보는 감격이 있기 때문이다. 어느 해는 뉴저지 래오니아 거리에서 버스를 타고 맨해튼 서점으로 가는 길에 전에스더라는 여성 노방전도자를 만나게 되었다. 호기심이 생겨 그 전도자와 더불어 사귀며 노숙자 거리에서 음식을 제공하고 번화가 거리에서 전도를 하다가 나는 책을 찾아 떠났는데, 그 선교사는 "내일 예수님 재림하시는데 무슨 책은 책이냐?"했다. 나는 그녀에게 "내일 예수님 재림해도 오늘 책을 읽어야 한다"고 응수했다.

나는 세계의 도시를 보고 대학을 보고 책을 보며 교회를 보았다. 그 본 눈으로 우리 원주영강교회를 섬기니 어느새 늘 우리교회는 세계 속의 교회, 세계적인 교회라는 생각이 들었다. 그래서 8000평 주차장 터와 학교를 겸한 3000여 평 교회건물이 서게 되었다. 나는 이 터와 건물 그 이상의 넓고 큰 진리와 신비가 우리 성도와 원주시민, 그리고 관계된 모든 한국 상황에 보이지 않게 스며들고 있다고 생각하고 감사한다.

저 로마를 일으킨 줄리어스 시저는, "인간은 누구나 모든 현실을 볼 수 있는 것은 아니다. 대다수 사람들은 자기가 보고 싶은 현실 밖에는 보지 않는다"고 했다. 그에게 알고 싶어 하고, 보고 싶어 하는 욕망이 있어 세계의 판도가 달라졌다. 그의 명언 "왔노라 보았노라 이겼노라(Veni Vidi Vici)"는 아무에게서나 나오는 것이 아니다.

그런데 이 시저가 보고 터득한 지혜는 땅의 것이다. 천제단을 쌓으며 얻은 솔로몬의 지혜는 하늘 하나님으로부터 온 것이다. 솔로몬이 본 것은 로마 시저의 권력에 의해 다 망가지는 것 같았으나 그 후손 하나님의 아들 예수 그리스도의 십자가 지혜는 시저의 후예 콘스탄틴에 의해 로마와 온 세상을 품게 되었다. 잠언은 솔로몬이 본 것을 말하고 있다.

(12) 즐거운 웃음 약

정확한 숫자는 몰라도 아기들이 하루에 100번을 웃는다면 어른들은 하루에 10번도 웃지 않는다고 한다. 그렇다면 늙는다는 것은 웃음이 줄어드는 현상이라고 해도 맞을 것이다. 웃음 없이 늙다가 아예 웃음이 전혀 없이 일그러진 흉한 얼굴로 죽어간다면 그것은 참으로 불행한 일이다. 늙고 싶은가? 웃지 않으면 된다. 죽고 싶은가? 웃음을 아예 끝내면 된다. 젊고 싶은가? 자꾸 웃으면 된다. 살고 싶은가? 자꾸 웃으면 된다. 지금 당장 숨이 넘어가려 해도 웃으면 살게 된다.

실제로 전에 어떤 기도원에서는 원장이 웃음을 강조하는 중 많은 환자들이 치료되는 현상이 나타났다 한다. 이를 보고 마지막 수단으로 기도원에 들어 온 어느 환자는 밤마다 남몰래 화장실에 들어가 웃는 연습을 하다가 미친 사람으로 신고 되기도 했다고 한다. 그런데 이 기도원 원장 앞에 불려가 마지막으로 웃는 연습을 한 것을 말하고 또 웃는 중에 그 즉시 암덩어리가 터진 일이 있었다. 어디 기도원뿐인가? 요새는 병원도 웃음 치료를 공식화하고 의학자들이 실제 연구하고 논문도 발표하고 있다.

잠언은 "마음의 즐거움은 얼굴을 빛나게 하여도 마음의 근심은 심령을 상하게 하느니라"고 했다(15:13). 마음의 즐거움으로 얼굴에 웃음이 가득해야 한다. 즐거움과 웃음이 없이 근심으로 심령을 상하게 하면 그 몸에 들어 온 병을 못 고친다(18:14). 그러므로 평생 "마음의 즐거움은 양약이라도 심령의 근심은 뼈를 마르게 하는"(17:22)줄 알고 기쁜 웃음으로 건강하고 장수해야 한다.

그렇다고 억지로 웃을 수가 있는가? 심령 속에서 절로 우러나오는 웃음으로 삶을 살아야 한다. "우러나오는 웃음"을 "울어나오는 웃음"이라 하면 어떨까? 인간은 누구나 죄인이니까 죄로 인하여 기도 중에 회개의 눈물을 많이 흘리고 그리스도의 피 사랑으로 용서와 성령충만함을 받은 심령에서 우러나오는 웃음이란 뜻이다. 회개하면 유쾌한 날이 오게 된다.

우리 인생에 웃지 못 할 일, 억장이 무너지는 일이 얼마나 많은가? 그러나 나는 나의 명함 전도지에 항상 다음의 말을 써서 전하고 다닌다.

"참으로 행복한 생애를 살려면 지나간 일에 대해 너무 염려하지 말고, 좀처럼 성내지 말고, 언제나 현재를(웃음으로) 즐기고, 사람을 미워하지 말고, 앞날에 대해서는 하나님께 맡겨야 합니다"(괴에테).

(13) 성령 불의 혀

사람이 "죽고 사는 것이 혀의 힘에 달려 있음"(잠18:21)을 아는가? "혀를 쓰기 좋아하는 자는 혀의 열매를 먹게 되니" 매일 매 순간 혀를 잘 놀리고 살아야 한다.

야고보서는 더 심각하게 말한다. "혀는 곧 불이요 불의의 세계라 혀는 우리 지체 중에서 온 몸을 더럽히고 삶의 수레바퀴를 불사르나니 그 사르는 것이 지옥 불에서 나느니라. … 혀는 능히 길들일 사람이 없나니 쉬지 아니하는 악이요 죽이는 독이 가득한 것이니라. 이것을 우리가 주 아버지를 찬송하고 또 이것으로 하나님의 형상대로 지음을 받은 사람을 저주하니 한 입에서 찬송과 저주가 나오는도다"(약3:6-10).

그렇다고 혀로 말 못하는 벙어리로 살 수는 없지 않는가? 혀로 말 못하는 동식물로 살 수는 없지 않는가? 혀로 말하고 살아야 한다. 산다는 것은 말하고 산다는 말이요 죽는다는 것은 말을 못한다는 뜻이니 살아간다면 말해야 한다. 그러나 가만히 생각해 보라. 그 사람이 무슨 말을 하느냐에 따라 그 사람의 인격이 결정된다. 좋은 말을 하면 좋은 사람이 되고, 좋지 않는 말을 하면 좋은 사람이 못 된다. 이왕이면 좋은 사람이 되기 위해 좋은 말을 하자. 그렇게 되자면 제대로 공부를 하고 제대로 교육을 받고 예절을 지키는 경지에 이르러야 한다.

그러나 이렇게 좋은 교육과 훈련을 받아도 사람은 사람이다. 그 사람 속에 있는 것으로 말이 나오니 속에 사람의 것으로만 채우려 말고 하나님의 것으로 채워야 한다.

영접하는 자 곧 그 이름을 믿는 자에게는 하나님의 자녀가 되는 권세를 주신다 하였으니(요1:12-13), 그리고 이 자녀는 영생 생명을 얻는다 하였으니(요3:16) 물과 성령으로 거듭나는 하나님의 사람이 되는 것이 중요하다(요3:5).

에덴동산 밖의 아담의 후손들은 바벨탑을 쌓는 중에 하나님으로부터 혀의 징계를 받아 서로 통하지 않는 방언을 받았다. 그러나 둘째 아담 예수 그리스도를 믿는 하나님의 자녀들은 모여서 기도를 드리는 중에 주님의 교회가 형성될 정도로 서로 통하는 혀의 축복 방언을 받았다. 심지어 저들은 말을 해도 성령의 말하게 하심을 따라 말하기도 했다(행2:4).

우리 주 예수 그리스도의 제자들로부터 시작된 초대교회는 이런 성령언어로 주 예수 그리스도의 십자가와 부활, 그리고 교회를 반대하는 자들의 말을 이겼다. 이 말로 로마를 구원했다. 이 성령의 불과 능력에 사로잡혀 혀의 말 운동으로 예수 그리스도의 교회가 시작되어 오늘 여기까지 이르렀다면, 오늘 우리 성도의 혀가 어디 첫 아담 인간 수준에 머물러서야 되겠는가? 둘째 아담 예수 그리스도의 수준, 성령 수준에 이르러야 한다. 그러려면 방언의 은사를 받는 것도 한 방법이다.

신앙생활을 한다는 말은 신앙의 언어로 산다는 말이다. 날마다 엎드려 기도말로 성령을 받고 일어나 성령의 불의 말로 귀신을 대적하고 잘못된 언어세상을 바로 잡아야 한다. 이 말로 설교하고 간증하고 전도해야 한다.

하나님은 예레미야의 입에 말을 두시고 그 입의 말이 불이 되게 하셨다(렘 5:14).

(14) 가난한 사람을 학대하지 말라

남미의 해방신학은 흡사 칼 맑스의 공산주의 원리를 생각나게 할 정도로 과격하다. 자칫 죽 쒀서 개주는 꼴이 되기 쉬우니 조심하라고들 경고한다. 그러나 교회가 이렇게 도전하지 않고는 견딜 수가 없을 정도로 자본주의의 거대 세력이 가난하고 헐벗고 굶주리고 나그네 되고 병들고 감옥에 갇힌 지극히 작은 자들을 학대하고 착취한다. 주님 말씀하신대로라면 "지극히 작은 자 하나에게 한 것이 곧 내게 한 것"(마25:40)이니 주 예수 그리스도를 이렇게 대접해서 되겠는가? 그래서 저들은 더 이상 추상적 신학논리와 경건 일변도의 신앙적 자세만 말하지 말고 실제적인 원리와 행동에 나서야 한다는 것이다.

얼마나 답답하고 절망이면 천주교의 아성에서 이런 신학과 행동이 나오겠는가? 정말이지 교회가 있다면 그 지역과 사회에서 있으나마나 없어도 좋은 그런 교회가 되어서는 아니 된다. 세상의 빛과 소금이 되어야 한다. 세상을 변화시켜야 한다. 세상 사람들의 인권에 관심을 두어야 한다. 세상 사람들이 잘 살되 고루고루 잘 사는 평화에 관심을 두어야 한다. 평화도 개구리 모임에 나타난 뱀 중심의 평화같이 가진 자 중심의 평화가 아니라 대부분의 가난한 서민 중심의 평화, 아니 정의를 통한 평화(Peace through justice)가 있게 해야 한다.

그럼에도 불구하고 천당 지옥 논리로 내세를 지나치게 강조하고 인과응보의 논리로 벌 받아 못 사는 식으로 강조하면 교회는 금권과 정권의 노예가 된다. 악마의 교회가 아니라 바로 우리 주 예수 그리스도의 교회라면 그럴 수가 있는가?

성경의 잠언은 "가난한 사람을 학대하는 자는 그를 지으신 이를 멸시하는 자요 궁핍한 사람을 불쌍히 여기는 자는 주를 공경하는 자"(잠14:31)라고 했다 나아가 아모스서에서는 가난한 자를 학대하면서 제사 드리는 것에 대해서 하나님이 이렇게 말씀을 하셨다고 했다.

"내가 너희 절기들을 미워하여 멸시하며 너희 성회들을 기뻐하지 아니하나니 너희가 내게 번제나 소제를 드릴지라도 내가 받지 아니할 것이요 너희의 살진 희생의 화목제도 내가 돌아보지 아니하리라. 네 노랫소리를 내 앞에서 그칠지어다. 네 비파 소리도 내가 듣지 아니하리라. 오직 정의를 물 같이 공의를 마르지 않는 강 같이 흐르게 할지어다"(암5:21-24).

우리나라에서도 교회가 교회답게 이런 하나님의 입장을 그대로 전하면 정부권력과 권력의 보호 보장을 받고 일어난 대기업과 이를 추종 맹종하는 자들이 하늘의 음성인 줄 알고 회개하여야 한다. 입만 벌렸다 하면 "민생! 민생!" 하면서 실상은 민생 죽임의 행보를 걸어서는 아니 된다. 그리고 하나님의 뜻을 전하는 자들에 대해 천한 욕으로 "종북 좌파" 운운해서는 아니 된다. 있지도 않은 "친북 종북 좌파"라는 말을 정부 여당에서 대대로 자꾸 말하면 북한에서 듣거나 외국에서 들을 때 얼마나 정치를 잘 못하면 저렇게 남한에 공산주의 세력이 많은가 의심을 하게 될 것이다. 그런 평을 들을 때 국가의 유익이 되겠는가?

교회들도 이런 악담에 따르지 말고, 제사장적인 사랑만의 수준에 머물지 말고, 예언자적인 정의도 함께 외쳐야 한다. 그리고 교회의 바른 외침으로 세상이 깨달아, 세상 사람들이 세상의 여론 형성이나 선거로 세상을 바꾸게 해야 한다. 교회가 바른 정의의 편에 설 때 천주교 불교 교회 순의 신뢰도에 변화가 올 것이다. 그리고 전도도 되어 다시 부흥의 불길이 일어나게 될 것이다.

4 예언서

‘예언자’는 선민 이스라엘과 세상을 향한 하나님의 뜻을 먼저 알아 이를 전하고, 또 그 뜻대로 살지 않을 때 하나님의 보냄을 받아 말씀으로 책망하여 본래 하나님의 그 목적대로 백성들이 바르게 길을 가도록 방향을 제시하여 이 땅에 하나님의 뜻을 이루게 헌신한 자들이며 이들의 활동을 기록한 책을 ‘예언서’라고 한다.

특히 메시아 우리 주 예수 그리스도의 탄생과 고난을 통해 인류를 구원하시게 되는 하나님의 사랑을 예언한 것은 감격과 흥분, 그리고 기대를 갖고 떨리게 하는 일이다. 여기에 예외가 있으나 주로 주전 750년에서 500년 사이의 남북 분단 왕조시대를 겨냥한 말씀이다.

북방 이스라엘을 향한 예언서는 아모스, 호세아, 니느웨 성을 향해서는 요나, 나훔, 에돔을 향해서는 오바댜, 유다를 향해서는 요엘, 이사야, 미가, 스바냐, 예레미야, 예레미야애가, 하박국, 포로기의 바벨론에 있는 유대인을 향해서는 다니엘, 에스겔, 포로 이후의 유대인에 대해서는 학개, 스가랴, 말라기 등이다.

'이사야'(Isaiah)는 구원을 성취하기 위해 메시아가 탄생하여 자기 백성을 그 죄악에서 구원하리라고 예언하며 이사야 한 사람만이 아니라 이사야를 본 딴 제2, 제3의 이사야로 멀리보고 있다. 이사야가 예언한 우리 주 예수 그리스도의 탄생(7:14), 고난(53:5), 죽음(53:8-9)은 700년 뒤에 다 이루어졌다. '구약의 복음서'라고도 불린다.

'예레미야'(Jeremiah)는 유다가 그 죄로 인하여 바벨론에 의해 부수어져 포로로 잡혀가리라는 절망의 내용을 싣고 있으며 이어지는 '예레미야애가'(Lamentations)는 예루살렘의 멸망을 슬퍼하며 우는 예레미야의 눈물 탄식의 내용이다.

'에스겔'(Ezekiel)은 바벨론에 포로로 잡혀간 유다가 장차 고국으로 돌아갈 것이라고 말하며 그런 희망으로 미래의 성전을 보여주고 있다.

"다니엘"(Daniel)은 바벨론에 포로로 잡혀갔지만 바벨론 천지를 뒤흔든 믿음의 용사로 일어나고 미래를 내다보게 한다.

'호세아'(Hosea)는 창녀 같은 아내도 버리지 않고 결혼하는 것을 비유로 패역한 이스라엘을 버리지 않으시는 하나님의 사랑을 말하고 있다. 아기 예수의 이집트 피난 예언을 하였다(11:1).

'요엘'(Joel)은 죄 많은 백성을 향한 하나님의 심판과 영광을 말하며 회개를 촉구한다.

'아모스'(Amos)는 참된 신앙은 무슨 의식만 잘 거행하는 것이 아니라 인간관계에서의 정의가 강같이 흐르게 하는 것임을 강조한다.

'오바댜'(Obadiah)는 야곱의 쌍둥이 형 에서의 후손인 에돔 족의 죄과에 대한 혹독한 책망과 하나님의 심판에 대해 말하며, 형제국인 에돔에게서 조차 멸시와 수난을 당한 이스라엘의 회복에 대해 예언하고 있다.

'요나'(Jonah)는 하나님의 심정을 모르고 자기 판단과 입장만으로 이스라엘을 위협하던 앗수르의 수도 니느웨에 가서 회개의 메시지를 전하라는 하나님의 명령에 불순종하여 도망가다가 물고기 뱃속에서 다시 나와 니느웨를 구하는 것을 말하고 있다.

'미가'(Micah)는 이스라엘과 유다가 그 우상숭배와 불의한 죄악으로 인하여 고통 받을 것을 말하며 회개를 촉구한다.

'나훔'(Nahum)은 북방 이스라엘을 망하게 한 앗수르 본부 니느웨도 장차 하나님의 심판으로 망하게 될 것임을 말한다.

'하박국'(Habakkuk)서는 하박국과 하나님 간의 질문과 답변으로 되어 있다. 불의가 의를 이기는 것처럼 보일 때에도 결국 악은 멸망할 것이기에 의인은 믿음으로 살아야 한다며 믿음 지킬 것을 권한다.

'스바냐'(Zephaniah)는 "주의 날"이 올 것을 말하면서 회개를 촉구하며 심판을 대비하여 깨어 있을 것을 말한다.

'학개'(Haggai)는 포로에서 돌아온 유대인들이 하나님의 성전을 지어 일어나길 촉구한다. 이 메시지로 인해 중단되었던 성전이 4년 만에 완공되었다.

'스가랴'(Zechariah)는 힘으로 능으로 되지 않고 오직 성령으로 되는 성전 건축을 강조한다.

'말라기'(Malachi)는 포로생활 이후 제대로 된 십일조 정성 등의 예배생활로 하나님과의 관계를 강하게 맺도록 외친다.

북방 이스라엘을 살리기 위해 기적적인 헌신을 한 엘리야 엘리사 이야기는 역사서 안에 기록된 예언활동이었다.

(1) 못난 땅에 사니까 하늘을

일본 사람들은 불안해서 어떻게 살까? 화산이 터지고 지진이 그렇게 많이 나고, 또 그 지진으로 불이 나고 바닷가에는 해일 쓰나미가 둘러엎으니 어떻게 살까? 그러나 그것도 하루 이틀이 아니라 수백 년 수천 년 그 땅에서 살아오며 적응이 돼서인지 우리가 생각하는 것 보다는 대형지진 앞에서도 차분하게 대하는 듯해 신기하게 보이기도 한다. 어디 일본뿐인가? 얼마 전 우리나라 경주에도 지진이 나서 무방비 상태에서 많은 재산 피해가 났지만 때 아니게 예상치도 않은 천재지변이 자주 일어나는 지역이 의외로 많이 있다. 해마다 태풍 앞에서 홍수 난리를 겪으며 사는 사람들도 많이 있다. 이런 자연 재해 못지않게 인류는 수많은 전쟁을 겪었다. 1, 2차 대전을 치렀으며 앞으로는 핵무기가 터져 지구의 종말이 올 3차 대전을 향해 가고 있다.

우리나라도 온갖 난리를 겪었지만 우리 주 예수 그리스도 오신 이스라엘도 작은 땅에다가 온갖 자연 재해와 전쟁으로 못 사는 나라였다. 하나님이 아브라함을 부르시고 그와 그 후손에게 복을 주시고 만민을 축복하는 복의 근원으로 삼으시겠다고 하는 땅이 어찌 이 모양인가? 젖과 꿀이 흐르는 축복은커녕 바람과 돌이 많은 저주의 땅이다. 그러나 이상한 일이 일어났다. 이 못살 것만 같은 땅에 살며 복의 근원이신 여호와 하나님을 부르며 그 도움을 구하고 살았더니 이 땅은 저주의 땅이 아니라 축복의 땅이 되었다. 다시 말해 그것은 저들의 삶의 젖줄 빨대를 이 못난 땅에 연결하지 않고 하늘의 하나님께 연결했더니 그렇게 되었다. 단순히 잘 먹고 잘 사는 그런 세상 물질축복만이 아니라 이렇게 하늘에 매달려 사는 이들에게서 인류가 기억하는 인물들이 많이 나왔고 또 이들 인맥을 타고 인류의 구세주 예수가 탄생하셨다.

예언자는 어떤 사람들인가? 이 메시아 예수 그리스도를 향해 가는 삶에서 그 삶의 빨대를 잠시라도 땅에 꽂고 살면 하나님의 선택을 받아 하나님을 대신해서 일어나 저들에게 외치고 책망하는 사람들이다. 저 메시야를 향한 길에서 지금 어디에다 정신을 두느냐? 송충이는 소나무 잎 먹고 살고,

누에는 뽕나무 잎 먹고 살고, 우리는 하늘 하나님의 은혜 만나 먹고 사는데 지금 땅의 무얼 바라고 그 짓거리를 하느냐고 야단을 친다. 이 예언자의 꾸중을 듣고 회개의 눈물로 다시 땅 방향을 하늘 방향으로 바꾸며 살곤 했다. 그러니 이스라엘 역사에 나타났던 예언자는 진짜 귀한 하나님의 사자들이다. 못 살 땅을 살 땅으로 바꾼 살림꾼들이다.

예언서 성경을 읽는 오늘 우리에게도 하나님은 삶의 빨대를 땅에 꼽지 말고 하늘 하나님께 꼽으며 살면 저주가 축복이 된다고 한다. 이것을 믿는가? 그 믿음대로 된다.

(2) 신들린 외침

우리말에 "신들린", "신명 잡힌" 이런 뜻은 정말 신이 들린 상태를 말한다. 무당이 어디 그냥 작두 위에 올라가 춤을 추는가? 귀신이 그 속에 들어가 신이 들린 사람이 될 때 귀신의 힘으로 그렇게 되는 것이다.

예언자도 하나님의 영을 받아 외친 사람이다. "하나님의 신" 즉 성신 들린 사람이 그 밀치고 나오는 대듦으로 하나님의 백성들에게 회개를 촉구하며 앞날을 보게 한다.

엘리야는 북방 이스라엘의 바알 신들린 아합 왕과 싸울 때 진짜 하나님은 "불로 응답하는 신"(왕상18:24)이라며 갈멜산 대결에서 참 하나님을 증거하며 불의 하나님과 그 성령의 능력을 힘입어 바알 귀신 세력들을 물리쳤다. 엘리야는 우리와 똑 같이 생긴 사람이지만 이와 같이 하나님의 영을 받아 귀신을 몰아내고 비를 오지 않게도 하며 비를 오게도 하는 하나님의 심부름을 하였다(약5:17). 이런 전통을 이어 받아 급강한 바람과 불길 같은 성령을 받은 주님의 제자 예언자들은 주님의 나라를 로마 속에 선포하는 일을 위해 위대한 출발을 하였다.

오늘 우리도 이 시대의 예언자로 성신 들려야 한다. 어찌 자본주의의 맘몬신과 그 배후의 마귀 세력 앞에 무력하여 믿으나 마나 안 믿어도 좋은 그런 무능자로 주저앉아 있을까? 우리 모두 이 시대의 예언자로 일어나야 한다.

(3) 브레이크 밟기

세상에서 가장 무서운 자동차는 브레이크가 고장 난 차다. 자동차가 서야 될 때에는 브레이크를 밟아 세워야 하는데 서지 못하면 대형사고로 이어진다. 그러니까 모든 점검 중에 브레이크 점검이 가장 중요하고 점검을 잊지 말아야 한다. 자동차다운 자동차를 처음 만들고 대량 생산으로 미국과 전 세계에 등장한 자동차 회사는 미국의 디트로이트 시를 중심한 포드자동차 회사다. 사장 포드는 자동차뿐만 아니라 자동차로 세상을 빠르게 하고 세상의 경제를 일으키니 일약 세상의 영웅이 되었다.

그러나 더 좋은 차, 더 많은 차를 세상에 내놓으려니까 자동차회사의 노동자들은 얼마나 고생하며 그 개인과 가족들은 얼마나 많이 희생을 해야 하는가? 요즘에야 일자리 창출이라 해서 자동차 회사를 반기지만 자동차회사도 세상에 드러난 밝은 희망 뒤에는 세상에 드러나지 않은 어두운 절망이 있는 법이다. 이런 어두운 쪽을 보지 못하고 세상이 밝은 쪽만 이야기 할 때 이 포드 자동차 회사 옆에 작은 교회를 섬기는 20대의 젊은 목사가 있었다. 신학교를 갓 졸업하고 바로 부임한 니버(Reinhold Niebuhr) 목사였다. 대부분이 이 자동차 회사의 사원과 그 가족들이 다니는 교회이니까 포드 회사의 모든 어두운 면을 다 들여다 볼 수 있었다. 그래서 이 교회가 주님에 의한 교회가 아니라 포드에 의한 교회라 할 정도로 모임과 헌금액수와 그리고 모든 행사가 회사에 의해 좌지우지 되었다. 니버 목사는 이 교회를 주님의 교회가 되게 하고 포드 회사도 주님의 회사가 되게 하는 일을 위해 기도하며 성령의 인도를 받기로 하였다. 이 일은 멀고도 험한 일이었으나 이 일을 하지 않으면 아니 될 하나님의 일이었다. 이 일을 집행하며 열심히 뛰다 보니 근로기준법이나 그 법대로 되는 근무시간이나 그 법에 의해 움직이는 모임을 가지는 일이나 그 과정에서 손해 보는 일이 있는 자들을 어떻게 도와주느냐 등등의 어려움들이 생겨나게 되었다. 소위 요새로 말하면 노조활동의 시작을 한 것이며 우리 노동현장으로 따지면 전태일 같은 도전으로 도시산업선교의 일을 시작한 것이다.

그 결과 영웅 포드의 명예가 떨어지고 자동차 회사도 고속 성장이 둔화되고 난리 말썽이 많았으나 "예수 믿고 천당만 가는" 식의 교회가 세상에 영향을 주는 교회의 선교지평이 열리고, 더불어 노동자들이 사람대접 받으며 이 회사를 회사답게 일으켜 가므로 회사도 더 좋은 회사가 되고, 미국 모든 회사가 어두운 면을 줄여가는 밝은 쪽의 방향을 잡게 되었다.

이렇게 교회도 살리고 세상도 살리는 그리스도의 정신을 살리므로 니버는 뉴욕 유니온 신학교 교수가 되며 미국과 전 세계의 유명한 윤리 신학자로 등장하게 되었다. 그 후 니버는 자동차 브레이크 원리를 알고 자동차 회사나 미국 모든 사회 전역에 브레이크가 고장이 나지 않고 건전한 액셀러레이터와 브레이크가 있기를 끊임없이 그 윤리학에서 강조하였다. 한 마디로 정치현장의 권력구조가 여야의 균형견제가 필요하듯 모든 분야에 힘의 분산이 필요하며 그 힘이 함부로 마음대로 할 수 없는 강한, 아니 쌍방이 서로 동의하는 강한 힘에 의해 서로가 서로를 견제함으로 건강하게 움직이며 살아가는 세상 방향을 잡아 준 것이다. 인간은 본래 자기중심의 교만과 죄가 많으니까, 그래서 자칫 큰 사고를 칠 위험을 안고 있는 존재들이니까 이런 제어장치를 서로가 반드시 가져야 한다는 것이다.

니버의 이런 자세가 바로 이스라엘 왕조 시대(더 멀리 모세시대부터 말라기 시대까지 1100년 기간으로도 볼 수 있음) 때 하나님이 세우신 예언자 역할 개념이다. 아무런 제어 장치 없이 죄인 인간 마음대로 하려는 모든 왕권이나 인간, 그 공동체에 대해 하늘의 브레이크를 밟는 자들이 예언자들이었다. 이방 바알 종교를 끌어들인 북이스라엘 아합 권력 같은 모든 악한 권력에 대해, 그리고 간음과 살인죄를 저지른 다윗 권력에까지도 이 제어장치로 하늘의 하나님은 예언자를 통해 움직이신 것이다.

(4) 평화를 위해 일하는 사람들

금강산 일만 이천 봉우리마다 전쟁 구호와 전쟁 무기로 차지하지 말아야 하듯 하나님이 창조하신 아름다운 금수강산도 전쟁 냄새 아닌 자연 냄새가 가득해야 한다. 그럼에도 불구하고 박근혜 정부 들어와서 우리나라가 세계 제일의 무기 수입 국가가 되어가고 있다. 드디어는 미국의 고고도 미사일(사드) 체계까지 우리 땅에, 그것도 다른 곳과는 다르게 민가가 있는 경상도 내륙 지방 성주에 배치하는 단계에 까지 이르고 있다. 계속 북한 김정은 정권이 핵무장을 하고 미사일을 쏘아 올리니까 대통령의 말처럼 "핵을 머리에 이고는 살 수가 없기 때문에 여기에 강력한 대응을 하기 위해 불가피한 조치일 것이다. 말하자면 이는 이로, 눈은 눈으로 강력 대결 구도의 자세로 가야 한다는 것이다.

이를 누가 나쁘다고 할 수가 있으랴. 참으로 북의 위협에 대해 잘 하는 일이다. 그러나 생각해 보면 6·25한국 전쟁 이후로 언제 북한이 양같이 순하게 나온 일이 한 번이나 있었는가? 언제나 북한 정권은 적화통일을 목적으로 남침야욕을 버리지 못하고 계속, 그것도 70년 세월을 그렇게 공격자세로 우리를 위협하는 가운데 우리는 살아왔다. 여기에 대해 우리 남한도 계속 대응할 자세를 갖추었으며 거기에 따라 끊임없이 70년 동안 무장해 온 것이다. 돈으로 따진다면 천문학적인 국방예산을 세우고 그 세월 동안 집행해 온 것이다. 남북이 합한 총국방비는 얼마나 더 많은가? 그저 돈 벌어 먹고 사는 것 외에는 남북한이 다 전쟁 준비로 돈을 썼다고 해도 과언이 아닐 정도였다. 싸움을 제대로 하지도 못하면서 오랜 세월 동안 너무 너무 서로 동족끼리 싸워 죽이는 일을 위해 돈을 써버린 것이다.

도대체 이런 바보짓을 왜 하는가? 그래서 더 이상 세계 앞에서 어리석은 백성이 되지 않게 하기 위해 남북 상호 불가침을 전제로 군비축소 평화 협상을 남북대표들이 만나 의논을 하기도 하였다. 박정희 대통령을 대표한 이후락 정보부장과 김일성 수령의 7·4남북공동성명, 김대중 대통령과 김정일 위원장의 6·15합의, 그리고 노무현 대통령과 김정일 위원장의 10·4공동선언 등이 그 일이다. 이 위대한 노력이 세계인들에게도 감동을 주어 김대중 대통령에게는 노벨 평화상이 주어지기도 했다. 그리고 한반도의 모든 국민들이 평화에 대한 희망으로 들뜨기도 했다.

그러나 이런 평화의 물꼬는 이명박 박근혜 정권이 들어오면서 막히고 말았다. 김대중 노무현 대통령들의 자세는 북한의 핵 문제가 있어도 핵 자체는 국제 문제이니 그것은 이미 합의를 본 6자회담 틀에 넘겨 계속 의논하기로 하고 우선 남북이 화해와 협력으로 가자는 것이고, 이명박 박근혜 대통령들은 아예 북한의 핵 근절을 문제 삼기 때문이다. 그래서 오늘 이렇게 평화의 온기와 희망 대신에 냉전의 차가움과 절망 분위기가 감돌게 되었다.

도대체 죄 많은 인간에게는 동생 아벨을 쳐 죽인 가인적 살기의 욕정이 아직 그대로 살아 있어 지구촌 곳곳에 크고 작은 전쟁이 끊이지 않았고 지금도 앞으로도 계속 될 것이다. 여기에 대한 하나님의 음성은 무엇인가? 예언자를 통해 다음과 같은 평화의 꿈을 주셨다.

"그가 열방 사이에 판단하시며 많은 백성을 판결하시리니 무리가 그들의 칼을 쳐서 보습을 만들고 창을 쳐서 낫을 만들 것이며 이 나라와 저 나라가 다시는 칼을 들고 서로 치지 아니하며 다시는 전쟁을 연습하지 아니하리라"(사2:4, 미4:3).

이런 하나님의 미래, 그리고 영원한 하늘 평화 꿈에 역행하는 세력에 대해서는 거꾸로 전쟁 준비를 명하기도 하셨다.

"너희는 모든 민족에게 이렇게 널리 선포할지어다. 너희는 전쟁을 준비하고 용사를 격려하고 병사로 다 가까이 나아와서 올라오게 할지어다. 너희는 보습을 쳐서 칼을 만들지어다. 낫을 쳐서 창을 만들지어다. 약한 자도 이르기를 나는 강하다 할지어다"(욜3:9-10).

우리 주님도 "검 없는 자는 겉옷을 팔아 살지어다"(눅22:36)라고 까지 말씀하셨다. 그러나 앞 뒤 성경 말씀을 통해 하시는 전체 하나님의 뜻은 평화, 그것도 일시적인 땅의 평화가 아니라 하늘 하나님이 주시는 영원한 평화이다. 이 하나님의 평화를 위해 일하므로 하나님의 자녀가 되어(마5:9) 항상 바울이 로마 교회에 보낸 말씀에 따라야 할 것이다.

"내 사랑하는 자녀들아 너희가 친히 원수를 갚지 말고 하나님의 진노하심에 맡기라. 기록되었으되 원수 갚는 것이 내게 있으니 내가 갚으리라. 주께서 말씀하시니라. 네 원수가 주리거든 먹이고 목마르거든 마시게 하라. 그리함으로 네가 숯불을 그 머리에 쌓아 놓으리라. 악에게 지지 말고 선으로 악을 이기라"(롬12:19-21).

(5) 입에 성령의 불이

예언자는 하나님의 뜻을 입으로 대신 전하는 하나님의 대변자이니 그 입이 하늘의 불로 지져져야 한다. 말하자면 사람의 입이 하나님의 입으로 거듭나는 절차를 밟아야 한다는 것이다. 그것은 사람의 생각에서 나오는 말이 불로 지져져 하나님의 생각에서 나오는 말이 나와야 한다는 것이다.

이사야는 성전에서 기도하는 중에 하나님의 임재를 체험했는데 그 첫 느낌이 "화로다 나여 망하게 되었도다. 나는 입술이 부정한 사람이요 나는 입술이 부정한 백성 중에 거주하면서 만군의 여호와이신 왕을 뵈었음이로다"(사6:5)하는 것이었다. 자신의 더러운 입술을 문제 삼으며 쩔쩔 맬 때 "스랍 중에 하나가 부젓가락으로 제단에서 집은 바 핀 숯을 손에 가지고 내게로 날아와서 그것을 내 입술에 대며 이르되 보라 이것이 네 입에 닿았으니 네 악이 제하여졌고 네 죄가 사하여졌느니라"(사6:6-7) 하셨다.

이렇게 입술이 지져지고 죄 사함을 받은 후 사람을 구하실 때 "내가 여기 있나이다. 나를 보내소서"(사6:8)하여 예언자가 되었다.

이미 정결한 예레미야의 입에는 하나님께서 친히 "손을 내밀어" 하나님의 말씀을 넣어 담아 주셨다(렘1:9). 그리고 그 말씀을 전할 때 듣는 자들의 마음에 타도록 "불이 되게"(렘5:14) 하셨다.

우리 주님도 세상에 불을 붙이러 오셨다(눅12:49). 오늘의 66권 성경 말씀을 풀어 그리스도 중심으로 세상에 복음을 전하는 하나님의 사자들은 이 시대의 예언자로 부름을 받았으니 이 불의 은혜를 받으려 항상 몸부림쳐야 할 것이다.

(6) 지구촌 감각

고등학교를 졸업하고 신학대학에 입학을 했을 때는 동네 지도나 우리나라 지도를 들고 갔었다. 그러나 교수들은 세계 지도를 보여 주며 세계 속에서 살기 위해 세계 언어를 익히게 하였다. 희랍어 히브리어 영어 독일어를 기본으로 강조하며 특히 한국말만 하지 말고 영어로 책 읽기를 강요했다. 처음에는 여기가 무슨 어학 학교인가 생각하고 불만이 많았으나 요새 생각하니 얼마나 다행인가. 그 덕분에 5,60이 넘어도 영어로 책 읽는 버릇이 생기게 되었으니…. 하지만 어학 그 자체가 중요한 것이 아니라 눈을 크게 뜨고 세계를 보라는 것이다. 그 세계 속에서 한국을 보고 교회와 자신을 보라는 것이다.

우리는 좀 개화되고 발전된 상황에서 신학공부를 했지만 우리 주님의 제자들은 갈릴리 어부 출신으로 무엇을 알 것인가? 좁고 무식하기 짝이 없었을 것이다. 그러나 주님은 이 제자들에게 갈릴리 어느 동네나 그 지방의 빛과 소금이라 하지 않으시고 로마와 온 세상의 소금과 빛이라고 하시며 "예루살렘과 온 유대와 사마리아와 땅 끝까지"(행1:8) 구원의 꿈을 심으셨다.

예언서를 읽다 보면 읽기도 듣기도 전하기도 힘든 당시의 국제적 관심사의 예언이다. 오늘 우리와 관계가 없고 살기조차 힘든 당시의 백성들에게도 귀찮은 내용일지 모른다. 그러나 하나님은 그 백성과 오늘 우리에게 내 코가 석자나 빠져도 빨리 눈을 크게 높게 뜨고 전 세계를 보라고 하신다. 전 세계가 직간접적으로 우리와 관련이 되어 있을 뿐만 아니라 그 모든 세계를 하나님이 창조하셨고 지금도 다스리시며 장차 영원히 구원할 대상이니까 그렇다. 좁게 열광적으로 믿되 한 구석에서 벌레 눈으로 믿지 말고 넓게 성령의 불덩어리로 믿고 전 지구촌을 내려다보는 새의 눈으로 믿어야 한다.

(7) 하나님이 쉬지 못하시게

사람에게는 세 가지 사귐, 즉 "교(交)"가 있어야 한다. 친구끼리 친교(親交), 연인 부부간에 성교(性交), 그리고 하나님과 영교(靈交)가 있어야 한다. 만약 친교 성교만 한다면 동물도 그 수준이니 동물 이상 사람으로 살자면 하나님과의 영교가 있어야 한다.

영교라 하면 그림 같이 생각나는 장면이 야곱의 사다리다. 형 에서를 피해 외갓집으로 가는 광야길 루스 땅에서 돌베개를 베고 잠이 들었는데 그 머리맡에 하늘 하나님으로부터 사다리가 내려 온 것이다. 그리고 그 사다리를 통해 야곱과 하나님을 이어주는 천사들이 오르락내리락 하는 것이었다. 거기 하나님이 그렇게 나타나시고 함께 하심을 경험하고는 야곱이 잠에서 깨어나 그곳 이름을 루스라 하지 않고 벧엘(하나님의 집)이라 지었다(창28:10-19).

하늘 하나님으로부터 내려온 사다리로 하나님과 통하는 이 모습이 하나님과의 영교이다. 그런데 죄인 인간은 하나님과 본래 통할 수가 없는데 역시 하나님께서 보내신 예수 그리스도로 말미암아 이렇게 통하게 되었다. 그래서 주님께서 자신을 야곱의 사다리에 비유하여 "하늘이 열리고 하나님의 사자들이 인자 위에 오르락 내리락 하는 것을 보리라"(요1:51)하셨다.

기독교인이 된다는 것은 이 예수 이름으로 성령 안에서 하나님과 영교하며 산다는 것이다. 이렇게 하나님과 통하고 사는 한 인간은 낙망하지 않고 매일 매순간 희망에 차 기쁨의 삶을 살 수 있다. 본래 누구든지 "이 세상이나 세상에 있는 것들을 … 사랑하면 아버지의 사랑이 그 안에 있지 아니하여"(요일2:15) 불행한 삶을 살게 된다. 동물은 몰라도 하나님의 형상을 닮은 영적인 존재인 인간 속에는 하나님의 사랑이 들어와야 행복해진다. 오늘날 우리 사회가 우울하고, 자살이 많고, 타살이 많고, 온갖 방황 중 변태 중독증세로 시달리는 것은, 그리고 살았으나 죽은 것 같은 삶을 사는 것(계3:1)은 그 인간들 속에 반드시 있어야 할 하나님의 사랑이 없기 때문이다.

이런 병을 치료하자면 "세상이나 세상에 있는 것들을 사랑하는 삶"을 등지고 하나님을 사랑하며 하나님과 깊은 교제의 삶을 살아야 한다. 그래서 사람다운 삶을 살기 위해 성경은 기도를 강조한다.

선민 이스라엘이 아브라함과 야곱의 기도를 이어 받기를 원한다. 야곱의 사다리가 열한 번째 아들 요셉에게 이어져 하늘의 영감을 받아 옥중에서 이집트 왕의 꿈 해석을 잘하므로 이집트와 중동지방을 먹여 살리는 인물이 되었다. 그리고 아버지 이스라엘 가정 구원과 민족 형성에 결정적인 역할을 하게 되었다. 야곱 요셉의 기도 사다리가 이어져 모세를 통한 출애굽 해방이 되었고 광야 지나 가나안 입성이 가능했다. 가나안 땅 정복의 주인공 책임자가 요셉의 후예인 에브라임 지파 여호수아이다. 그리고 이 야곱 요셉 여호수아의 기도 사다리를 이어 약한 사사시대를 정리하고 강한 왕조를 연 주인공이 역시 요셉 에브라임 지파의 사무엘이다. 사무엘은 이 기도 사다리 영맥을 알기 때문에 평생 "기도하기를 쉬는 죄를 여호와 앞에 결단코 범하지 않으려"(삼상12:23) 애썼다. 그러나 너무 원통하다. 이런 요셉 에브라임 지파의 기도 맥을 이 지파가 계속 잇지 못했다. 대신에 하나님의 선택을 받은 야곱의 넷째 유다 지파가 그 기도 맥을 이었다. 여호수아와 함께 기도하며 가나안 땅 정복에 앞섰던 갈렙 같은 인물이 그 대표이다. 그리고 사무엘에 의해 선택된 초대 왕 사울은 기도가 아니 되기 때문에 폐위되고 대신에 기도의 사람 다윗이 2대 왕이 되었는데 다윗의 특징은 기도로 하나님께 여쭙고 하나님의 인도를 받는 것이었다.

그 아들 솔로몬도 어머니 밧세바가 다윗 왕의 간음과 살인죄에 연루된 일 때문에 모자간에 밤낮 찔찔 짜는 회개와, 쩔쩔 매는 겸손과, 뻘뻘 땀 흘리는 강청의 소원 기도로 그 많고 잘난 왕자들의 난리와 도전을 극복하고 다윗의 후계자가 되었다. 솔로몬에게는 얼마나 기도가 중요한지 천제단의 기도를 드렸으며 성전 사명을 감당하고 봉헌식 할 때는 완전히 예루살렘 금덩이 성전을 기도 성전으로 생각하고 하나님께 드렸다. 이사야 예언자는 이 솔로몬 정신을 강조하여 하나님 입장에서 "내 집은 만민이 기도하는 집"(사56:7)이라고 했다.

그리고 우리 주 예수 그리스도께서 세상에 오셔서 스스로 자신을 기도 사다리로 말씀하시고 친히 새벽기도(막1:35), 철야기도(눅6:12), 금식기도(마4:2), 산기도(눅9:28), 그리고 습관을 따라 정시기도를 하셨다. 주님의 마지막 십자가길에 당시 종교권력자들에게 정면으로 달려든 큰 책망과 도전은 만민이 기도하는 집인 성전을 도둑들의 소굴로 만든 것에 대한 것이었다(눅19:46). 이런 거룩한 분노에 대한 답은 십자가 사형이었다. 그러나 주님은 부활하셔서 제자들에게 이 기도의 맥을 이어 성령을 받아 땅 끝까지 주님의 증인 되라고 하셨다. 이에 제자들은 순종하여 주님이 승천하신 후 기도하는 성전을 늘 지키는 중(눅24:53) 급강한 바람과 불길 같은 성령을 받아(행2:1) 교회 모임을 시작하고 복음을 전하였다.

이 예수 그리스도의 기도 복음을 가장 잘 이해하고 전한 제자는 직계 제자가 아닌 바울인데, 그는 기도를 쉬지 말고 하라(살전5:17)고 했다. 이는 일찍이 예언자 이사야가 "여호와께서 예루살렘을 세워 세상에서 찬송을 받게 하시기까지 그로 쉬지 못하시게 하라"(사62:7)는 말을 이은 것이다.

하나님은 우리 기도를 받으시고 일하시니 어찌 우리가 하나님을 쉬시게 하랴. 끊임없는 하나님의 살림 일들이 오늘 우리 속에 지속되도록 우리가 절대로 기도를 쉬어서는 아니 된다.

(8) 청종하지 않으면 망하리라. (故 박형규 목사 추모)

박형규 목사가 8월 18일(2016)에 세상을 떠났다. 어머니 신앙의 영향을 받아 경남 마산의 한 보수적인 기독교 집안에서 주님을 따랐지만 94세의 그의 생애를 돌아보니 진보적 성향의 한국기독교장로회 소속 목사로 그의 생애를 마감했다.

부산대에서 철학공부를 한 후 일본에 건너가 동경신학대학에서 신학을 연구하고 미국 뉴욕 유니온신학대학에서 본격적인 세계 신학에 이끌렸다. 아마도 그가 접한 당시의 세계적 신학은 2차 대전 이후 출발한 신정통주의 신학일 것이다. 인간의 죄성을 약화시키고 인간의 가능성을 극찬했던 자유주의신학을 버린 신학노선이다. 기존의 정통신학으로는 돌아가지 않고 자유주의가 품었던 과학이나 철학 등의 계몽된 인류의 발전상을 인정하는 새로운 신학 노선이다. 자유주의를 버린 이유는 인간이 1,2차 대전을 일으킬 정도로 악한 죄성을 갖고 있음을 보고 인간의 죄를 크게 문제 삼아야 하기 때문이다. 덴마크의 철학자요 신학자인 키엘케골이 점화하고, 스위스의 칼 바르트가 불을 크게 일으키고, 독일의 본회퍼와 미국의 라인홀드 니버가 행동에 나섰다고 볼 수 있다. 본회퍼의 경우 미친 운전기사가 차를 몰고 가는데 기독인은 그 차에 치여 죽은 자들의 장례식이나 치르는 수준에 머물지 말고 그 차를 세우고 기사를 끌어내려야 한다는 논리로 히틀러 암살단에 가담했다. 니버는 이 세상의 모든 권력자와 가진 자들이 자기 마음대로 할 수 있는 위험성을 알리고 그 교만한 죄의 위험성을 덜 악한 방향으로 줄이거나 정상적인 사회가 되도록 힘의 균형과 견제로 세상을 바로 섬기는 정치 윤리 신학을 일으켰다.

박 목사는 이차 대전 이후 이런 신학 움직임으로 온 세계가 다시 평화를 찾아 감을 보고 한국교회에 섰다. 이런 신학 흐름을 모르거나 알아도 반대하는 고향 쪽의 보수정통 교회는 자연히 체질에 맞지 않고 이런 신학과 바로 합류해서 왕성히 신학활동을 하는 한국기독교장로회 소속 목사로 섬기게 되었다. 선후배 아무런 줄이 없었지만 마침 이 기장신학을 출범시킨 한신대학의 김재준 박사와 친척이기 때문에 더욱 쉽게 이 교단의 길을 걸을 수가 있었다.

그러나 누구나 그 노선의 신학을 했다고 해서 그 노선의 신학적 목회자가 되는 것은 아니다. 평생 그 노선과는 관계없이 섬기는 사람도 많고 오히려 반대 노선을 걷는 사람도 많다. 모두가 신학적으로 사는 사람이 아니라 성경말씀에 의해 살고 기도를 하는 중에 성령에 이끌려 살기 때문이다. 박 목사는 어느 날 서울 공덕교회 부목사로 결혼식 주례를 마치고 나오는 길에 4·19데모대원들이 피투성이가 되어 들것에 실려 가는 것을 보고 하나님의 부르심을 받았다.

"이 젊은이들이 정의를 위해 죽어 가는데 그리스도의 사랑과 정의의 복음을 외치는 너는 지금 무엇을 하느냐?"는 음성이 들려오는 것이었다. 그때부터 그는 나라와 민족을 외면한 그리스도의 복음 전파는 무익한 줄 알고 더 이상 죄 없는 젊은이나 가난하고 헐벗고 굶주리고 나그네 되고 병들고 감옥에 갇힌 지극히 작은 자를 외면하는, 다시 말해서 지극히 작은 자를 섬기는 것이 주님을 섬기는 일(마25)인데 주님을 외면하는 일을 다시 하지 말아야지 하며 새출발을 했다.

많은 사람들이 그를 정치하는 목사, 과격한 사회운동가, 인권운동가라 하지만 이 분을 가까이 해 온 사람들은 알 것이다. "언제나 미소를 머금은 온화한 분! 남의 말을 들으며 대화할 줄 아는 분! 감옥 드나들며 가난한 분! 특이하게도 춤을 잘 추는 춤꾼!" 등등 이런 분이다.

이런 분이 왜 그런 분인가? 왜 그렇게 말썽이 있는 분인가? 이 분은 사람들에게 무슨 평을 받거나 욕을 먹거나 버림받는 것에 신경 쓰지 않는 분이었다. 하기 좋은 말로 좌익분자, 종북 좌파, 빨갱이, 온갖 욕을 다 먹어도 그 욕으로 무슨 화가 치미는 것도 아니었다. 대낮에 테러를 당하거나 중앙정보부나 보안대, 그리고 경찰 정보과 형사가 감시하고 따라 다녀도 이분에게는 그 일이 그리 심각한 것이 아니었다. 공갈 협박 고문을 받고 투옥을 당해도 본래 이 시대의 목사가 걷는 좁은 십자가 길이라는 그것 밖에 다른 생각은 없었다. 단 한 가지 힘들고 어렵고 욕먹고 침 뱉음을 받고 죽임 협박이 올 때 애초에 4·19 길바닥에서 주님의 뜻에 순종하기로 결의한 그 청종결심이 흔들릴까 봐 걱정하는 그것뿐이었다.

과연 그는 이 좁은 십자가 길에 들어서서 9순을 넘기까지 한 번도 다른 길을 걷거나 타협을 하지 않았다. 4·19 민주 마당을 짓밟은 군부독재가 옳지 않음을 지적하고 박정희 대통령의 삼선개헌 반대에 앞섰고, 유신독재의 철회를 외쳤고, 광주를 짓밟으며 등장한 신군부세력에 맞섰다. 이 불의의 권력 앞에, 그것도 온갖 정보조직망으로 목 죄어 죽이려는 군사권력 앞에 어찌 성할 수가 있으랴. 있어야 할 곳은 감옥이고, 풀려나 제단에 섰을 때는 그 교회를 넘나드는 악의 권세가 우는 사자들 같이 감싸고 달려드니 어찌 교회가 되겠는가? 그래서 그는 그를 따르는 양떼들을 데리고 서울 중부

경찰서 앞길에서 주일예배를 인도하는 목자이기도 했다. 그래서 그는 4·19길에서부터 중부서 길 위까지 계속 길 위를 달리며 고난을 겪은 그 생애를 회고하며 "나의 신앙은 길 위에 있다"고 책을 통해 회고했다. 뉴저지 뉴브른스윅 신학교에서 독서안식년 연구 중 소천소식을 듣고 뉴욕 프러싱 제일감리교회(김정호목사)에서 모인 한신동문 주관 장례예배 설교(자기를 부인하고 자기 십자가를 지고) 후 다음의 조시를 남긴다.

길 보이신 박형규 목사

사랑과 정의의 길/십자가 좁은 길/욕먹고 짓밟히고/감옥살이해도/이 길만이 살길/조상 후손이 살길/주님이 원하시는/민주평화 정의의 길/그 길 힘차게 걸었습니다.

독재폭력 앞에/두려움 없는 미소/오래 참는 사랑/부드러운 말씀/그래도 안 되면/춤으로 돌고돌아/주 영광의 힘따라/사람 키워 선한 충동/그 길 위에 서 있었습니다.

4·19학생들/5·18솟음들/민청민주투사들/못 다한 일 하려/길 위에 몸 바치다가/주 피로 씻긴 흰옷입고/모든 눈물 닦으시며/만물 새롭게 하실/소망의 주님께 안겼습니다.

<2016. 8. 21주일 박형규목사 뉴욕장례식장 설교 후 장우>

흡사 박형규 목사의 생애는 예언자 예레미야의 생애를 닮았다. 유신군사독재에 대해 하나님의 말씀에 청종하지 않으면 망한다고 했던 박목사가 그러했던 것처럼 예레미야는 청종하지 않는 조국 유다가 차라리 망함을 예언했다.

"내가 너희 앞에 생명의 길과 사망의 길을 두었노라. 너는 이 백성에게 전하라 하셨느니라. 이 성읍에 사는 자는 칼과 기근과 전염병에 죽으려니와 너희를 에워싼 갈대아인에게 나가서 항복하는 자는 살 것이나 그의 목숨은 전리품 같이 되리라"(렘21:8-9).

사망 길을 걷는 자들은 예레미야가 외칠 때마다 죽음의 협박을 하며 감옥 구덩이에 처 넣었다. 그러나 그는 하나님이 하시는 말씀을 전하지 않고는 견딜 수가 없어 그 고난의 길을 걸었다.

오호 통제라! 그 예언대로 유다는 주전 586년에 바벨론에 의해 망했다. 물론 그가 예언한 대로 70년 만에 다시 포로로 잡힌 자들이 돌아와 나라를 세우고 메시야를 대망했지만 그 금덩이 다윗 솔로몬 성전이 파괴되고 나라가 무너진 것은 견딜 수가 없었다. 그래서 그 후 그는 눈물로 세월을 보냈는데 그 눈물의 조시가 예레미야 애가이다.

(9) 하나님의 심판을 막아서는 자

제2차 세계 대전은 분명히 인간 죄악에 대한 하나님의 심판이다. 인간의 죄라면 하나님을 대신해서 교회가 대대적인 회개 운동을 일으키고 하나님께로 돌아가는 운동을 했어야 하지 않는가? 그러나 교회가 이러한 일을 하지 못해서 무서운 하나님의 채찍이 내려진 것이다. 천주교의 본부인 이태리 로마에서 뭇소리니가 나오고 기독교의 본부에서 히틀러가 나올 정도로 당시의 교회가 교회답지 못했다.

당시 교회의 신학은 인간의 죄성을 크게 문제 삼지 않고 인간이 성공하고, 심지어 그리스도를 모델로 해서 하나님처럼 되려는 데 열을 올렸다. 심지어 인간이 하나님나라 같은 유토피아를 건설할 수 있다고 장담했다. 아마도 과학 기계 기술 문명이 발전하니까 발전 철학의 논리로 그런 기염을 토할 수가 있었을 것이다. 신학이 이러니 교회도 기고만장이었다. 당시 독일 연방교회는 성경에 근거하기 보다는 독일 민족의 우수성 정신에 근거해서 정치적인 메시야로 히틀러를 선택했다. 1차 대전 이후 독일이 받은 상처가 많은데다가 프랑스 등 독일과 항상 힘을 다투던 나라들이 독일을 얕보는 데

대한 감정이 앞섰기 때문이었다. 그런 분위기에서 독일 교회들은 "하나님의 영광"을 찾기보다는 "민족의 영광"을 찾았다. 민족을 일으키므로 하나님의 뜻을 이루어 드리려는 얄은 생각을 가졌었다.

그러므로 히틀러는 독일교회의 아멘 소리를 들으며 대부분이 기독교인인 독일의 영광을 위해 강력한 통치자로 일어났다. 전 유럽 대륙에 전쟁의 불을 붙이며 수많은 도시를 파괴하고 수많은 사람을 죽이되 평소에 독일인들이 싫어하는 유대인을 600만 명이나 죽이는 일까지도 감행했다.

제대로 된 하나님의 사람들이 가만히 들여다보니 이러한 만행은 신학이 잘못 되었고 교회가 잘못 되었기 때문이었다. 완전히 불의한 정치권력에 교회가 이용당하고 있는 전쟁공범자였다. 그래서 "우리의 주는 히틀러가 아니라 우리의 주는 우리 주 예수 그리스도다"라고 뒤늦게 그리스도 중심의 교회로 돌아가자는 "고백교회"운동이 일어났다. 때는 늦었지만 그래도 깨달은 그때가 시작인 줄 알고 히틀러와 히틀러 지지 세력 교회를 대항해서 일어났다. 이때 전쟁 주인공 정치 권력자를 규탄하기 보다는 "교회로 하여금 교회되게" 하기 위해 교회를 성경적으로 바로 방향을 잡아주려는 바르멘 선언이 나왔다. 당시의 자유주의 신학을 무너뜨리고 신정통주의 신학의 길을 열었던 칼 바르트가 기초한 선언문은 다음과 같다.

첫째, "내가 곧 길이요 진리요 생명이니 나로 말미암지 않고는 아버지께로 올 자가 없느니라"(요14:6). "누구든지 나를 통하여 들어오면 구원을 받을 것이다"(요10:1,9).

그리스도 외에 다른 사건이나 능력이나 형태들을 진리를 근거로 하나님의 계시 운운하는 잘못된 가르침을 거부한다.

둘째, "예수는 하나님으로부터 나와서 우리에게 지혜와 의로움과 거룩함과 구원함이 되셨으니"(고전1:30).

우리는 우리의 삶에서 예수 그리스도에게 속하지 않고 다른 지배자에 속하는 영역들, 예수 그리스도에 의해 옳게 되고 성결하게 될 필요가 없는 영역들이 있다고 주장하는 잘못된 가르침을 거부한다.

셋째, "오직 사랑 안에서 참된 것을 하여 범사에 그에게까지 자랄지라. 그는 머리니 곧 그리스도라. 그에게서 온 몸이 각 마디를 통하여 도움을 받음으로 연결되고 결합되어 각 지체의 분량대로 역사하여 그 몸을 자라게 하며 사랑 안에서 스스로 세우느니라(엡4:15-16).

머리 되는 그리스도와는 관계없이 교회가 그 자체의 욕구에 따라서, 또는 지배적인 철학적 확신들이나 정치적 확신들에 따라서 그것의 가르침, 또는 그것의 질서를 형성할 수 있다고 하는 잘못된 가르침을 우리는 거부한다.

넷째, "이방인의 집권자들이 그들을 임의로 주관하고 그 고관들이 그들에게 권세를 부리는 줄을 너희가 알거니와 너희 중에는 그렇지 않아야 하나니 너희 중에 누구든지 크고자 하는 자는 너희를 섬기는 자가 되고 너희 중에 누구든지 으뜸이 되고자 하는 자는 너희의 종이 되어야 하리라"(마20:25-27).

교회의 여러 직분은 다른 사람들을 지배하기 위해서 있는 것이 아니고 전체 교회에 위탁되고 명령된 그 봉사를 수행할 수 있게 하기 위해서 있다. 교회는 이 봉사를 떠나서 지배할 수 있는 권세를 가진 특수한 "지도자들"을 세우거나 또는 받을 수 있고 또 받을 수 있는 자유가 있다고 하는 잘못된 가르침을 우리는 거부한다.

다섯째, "하나님을 두려워하며 왕을 존대하라"(벧전2:17).

국가는 하나님의 제정에 의해서 법과 평화를 보존하고 유지하는 과제를 가진다. … 국가는 그 특수한 과제를 넘어서 인간 삶의 유일한, 그리고 전적인 질서가 되어야 한다든가 될 수 있다고 가르치는 잘못된 가르침을 우리는 거부한다.

여섯째, "내가 세상 끝날까지 너희와 항상 함께 있으리라"(마28:20). "하나님의 말씀은 매이지 아니하니라"(딤후2:9).

교회는 그리스도를 위해서, 그리고 그의 말씀과 사업의 봉사를 위해서 모든 사람에게 설교와 성례전을 통한 하나님의 자유한 은총을 전해야 할 위탁을 받았다. 여기에 교회의 자유가 있다. 교회는 그리스도의 말씀과 사업을 지배하는 인간의 권위를 가질 수 있다고 하며, 그리스도의 말씀과 사업을 인간들이 임의로 선택한 소원들, 목적들 또는 계획들을 섬기게 할 수 있다고 생각하는 잘못된 가르침을 우리는 거부한다. (박봉랑 박사의 <기독교의 비종교화>p.63-64).

이렇게 선언하며 고백교회가 일어난 것은 교회가 그 본래의 사명을 감당하자는 것이었다. 교회의 사명이 무엇인가? 하나님의 사랑으로 망해가는 사람들을 구원하자는 것이 아닌가?

타락한 독일연방교회를 떠나 고백교회가 이렇게 몸부림을 친 것은 당시의 전쟁의 불을 끄고 독일과 유럽의 많은 인민을 살리자는 것이었다. 또한 이와 같은 전쟁의 심판을 하시는 하나님께 그 죄의 용서를 빌며 제발 이 전쟁의 불을 꺼 달라는 것이었다. 아니 다급한 가슴으로 "안 됩니다. 이 땅이 어떤 땅인데! 이 땅이 베드로와 바울을 통해 구원한 로마, 그 로마를 통해 그리스도 믿음과 축복을 얻은 땅인데! 아닙니다. 이 땅은 마르틴 루터와 요한 칼빈을 통해, "오직 은혜, 오직 믿음, 오직 성경으로" 새롭게 출발한 땅인데 안 됩니다. 하나님 안 됩니다" 하고 심판의 채찍을 들고 때리시는 하나님 앞에 막아서는 일이었다.

그렇게 생각해 보니 이차대전 때 일어난 독일 고백교회와 바르멘 선언은 흡사 에스겔이 하나님의 심정을 기록한 것과 같다. 유다가 바벨론 채찍에 의해 하나님에게 심판을 받을 때 "이 땅을 위하여 성을 쌓으며 성 무너진 데를 막아서서 나로 하여금 멸하지 못하게 할 사람을 내가 그 가운데서 찾다가 찾지 못하였으므로 내가 내 분노를 그들 위에 쏟으며 내 진노의 불로 멸하였다"(겔22:30-31)는 것이다. 하나님은 이렇게 막아서서 멸하지 못하게 할 그 사람을 찾았는데 그 중요한 한 사람도 없어서 이스라엘이 망하게 되었다는 것이다. 그러니 "막아서는 그 사람 하나"가 얼마나 중요한가. 그 한 사람이 하나님의 분노를 풀어드리고 그 전쟁의 채찍을 막게 되니 그 한 사람이 그 한 민족과 나라의 흥망성쇠를 좌지우지 한다. 그 중요한 그 한 사람이 없으면 망한다는 것을 알아야 한다.

이것을 아는 독일 고백교회와 바르멘 지방에서 뭉쳐서 성서적 선언서를 발표한 그 사람들이 일어난 것이다. 전쟁을 막아서려고 일어난 것이다.

오늘 우리 한반도의 남북위기 상황에서도 절대로 "전쟁은 안 됩니다. 이 땅이 어떤 땅인데요. 이곳은 하나님이 5000년 동안 지켜 온 땅입니다. 아니 됩니다. 다시 한 번 봐주세요" 하며 일어나는 그 한 사람들이 많이 일어나야 한다. 일어나 죽어가는 이 땅의 평화를 살려야 한다. 지금 우리 시대 오늘의 에스겔이 되어야 한다.

(10) 성령의 생명 강이 흘러

우리 원주 영강교회는 1959년 원주 세브란스기독병원이 원주에 세워지면서 출발되었다. 이 병원은 원래 캐나다 선교부와 미국 감리교 선교부가 세워 서울 연세대학교 세브란스 병원과 연합한 병원이다. 캐나다 선교부가 이제 그 씨 뿌림과 뿌리내림 사명을 다 감당하고 자기 나라로 철수할 때 캐나다 연합교회가 키운 한국기독교장로회(기장)에 이 병원 섬김 권한을 위임했다. 그래서 교단을 대표해 첫 원목으로 심응섭 목사가 파송되었는데 심 목사는 이곳 원주에 기장교회가 없음을 보시고 부임하자마자 바로 원목실과 병원가족 몇 분과 함께 예배드리기 시작하였으니, 그 모임이 바로 우리 영강교회였다.

흔히들 "영광"이라고 잘못 부르나 "영강(靈江)"이다. "원주 시민들의 모든 불의와 부도덕한 것을 씻기 위한 강물"로 애초에 기록되었으니, 우리 주 예수 그리스도의 십자가 보혈의 "죄와 더러움을 씻는 샘"(슥13:1)을 강조한 이름이다. 그리고 성령의 생명 강 상징의 에스겔 47:1-12이나 주님께서 친히 말씀하신 "생수의 강"(요7:37-38)에 근거한 이름이다.

처음에 병원식구들이 들락날락하고 캐나다 구호물자도 준다고 소문나니 시작은 잘 되었으나 시간이 갈수록 제자리걸음을 하거나 퇴보의 침체를 걷게 되었다. 그러기를 무려 10년도 아니고 20년이 넘게 되었으니 어찌하랴. 정말 "힘으로 되지 아니하며 능력으로 되지 아니하고 오직 나의 영으로 되는" 말씀(슥4:6)이 생각나게 되었다. 그래서 이 성도 저 성도들이 "우리도 기도해야 돼", "우리도 성령 받아야 돼"라고 간간히 말하게 되었다. 그러면 "우리 기장은 그런 게 아니야", "요란하게 믿는 게 아니고 조용히 믿는 게야" 하는 식구도 있었다. 그러나 이 말 저 말 많아도 한 가지 결론은 "우리의 신앙은 뜨거워야 돼", 그래 "우리 신앙은 너무 인간적으로 냉랭하잖아" 하는 결론이었다. 그래서 "뜨거운 신앙"의 불을 붙일 목자를 찾던 중 1980년 5월 11일에 경북 영주중앙교회를 섬기던 서재일목사를 담임목자로 청빙하게 되었다.

서목사는 부임하던 바로 그 주간에 전두환 노태우 신군부독재세력이 광주를 짓밟아 피투성이 죽임사건을 일으키는 것에 충격을 받고 마침 우리 영강교회의 현실도 너무 비참한 상황임에 놀라 한 주간 금식하며 작은 50평 낡은 흙벽돌교회 안에서 주야로 기도하며 목회를 시작했다. 지금도 이상한 사건은 눈물 사건이다. 금식 첫날부터 교회와 나라와 민족을 생각하는 중 이상하게도 눈물이 나는데 그 눈물은 지금 36년째인 2016년까지 기도만 했다 하면 계속 매일 새벽마다 쏟아지는 눈물이다. 그 주간 금요일 밤은 울고 있는 나를 끌어안고 누가 울어주는데 아마도 성령께서 나타나셔서 우신 느낌이다. 그때 위로부터 음성이 내리시길 "네 제단에 이 기도의 눈물이 배일 때 이제 일어나리라"는 말씀이다. 정말 내가 울고 나와 함께 성도들이 우는 중에 교회가 일어나게 되었다.

눈물이 얼마나 중요한 지 에스겔이 전한 말씀에 의하면 모든 죄악과 가증한 우상숭배로 하나님께 반역하는 죄로 인해 "탄식하며 우는 자의 이마에 표"(겔9:4)를 하고 심판 날에 그 표 있는 자는 살리고 그 눈물 표 없는 자는 다 죽이라고 하셨다.

그런데 눈물이 그냥 나오는 것이 아니라 기도 중에 성령께서 회개와 소원의 영으로 임하시어 나오게 하신다. 나는 기장교회가 세계적 신학과 어깨를 나란히 하고 사회정의와 평화를 외치는 바른 방향을 갖고 있음에도 불구하고 교회가 부흥발전이 안 되는 것에 대해 늘 통탄히 여겼는데, 마침 E. M. 바운즈의 <기도의 능력>이라는 책을 유언처럼 번역해 놓고 6·25 전쟁 난리 때 북한에 납치되어 가신 조선신학교(한신) 설립자 송창근 박사의 이 책에서 교단교회의 부흥열쇠를 찾았다. 그 단 한 가지 열쇠는 바로 "기도"였다. 그 책에서 어떤 기도의 사람은 얼마나 많이 기도했는지 그 사람의 방벽에는 언제나 항상 기도의 입김이 서려 있었다고 했다. 나는 여기에 감동을 받고 나의 방이 아니라 나의 영강교회가 작은 교회이니 교회의 벽에 교회의 제단, 교회의 모든 성물에 기도의 입김이 서리기까지 기도하자며 기도운동을 일으켰다. 수십 년 간 없던 새벽기도 금요철야기도회를 열고 저녁예배를 기도모임으로 강화시키며 금식 산기도 등 운동으로 성도 개인이 모두 기도용사 되는 일을 위해 움직였다. 교회마당만 밟고 다니는 발신자만이 아니라, 교회 성소에 앉았다 가기만 하는 엉덩이 신자만이 아니라, 교회 지성소를 드나드는 무릎신자가 되자며 기도 필요 충동질을 일삼았다. 그리고 묵도만 하면 잠이 오거나 잡생각이 나니 "부르짖는"(렘33:3) 통성기도를 권했다. 사실상 통성기도를 모일 때마다 지속적으로 해야 성전에 기도의 입김이 막 서리게 되니 자연히 기도를 더 강조했다. 얼마나 강력하게 기도운동을 일으켰는지 교회는 기도하는 교회가 되고 기도 소리가 늘 있는 교회가 되었다. 기도의 입김도 제단에 가득하게 되었다. 그러나 그것은 기도 모임 할 때뿐이고 평소에는 되지 않았다. 그래서 24시간 연속기도운동을 일으키게 되었는데 그 습관이 요새는 사순절에 계속되고 있다.

이런 기도운동이 일어나는 중 강원노회를 우리교회에서 열었는데, 모든 노회원들이 이구동성으로 하는 말이 "교회가 많이 달라졌다"는 것이었다. 그러나 교회의 모든 환경은 전혀 그대로였다. 그런데 달라졌다고 하니 무언가 기도하는 교회로 달라졌을 것이라는 생각으로 기도학교 후속으로 저녁 예배 때마다 간증집회를 열게 되었다. 어떤 날 한 장로의 아내(이경자 집사)도 간증 순서를 맡았는데 그와 모든 성도가 깜짝 놀라는 방언과 통역의 은사가 그 입술로 나왔다. 그 밤에는 거의 모든 성도가 집에 가지 않고 모두 그 은사를 사모하며 빌게 되었다. 그 밤이 바로 우리 "영강의 오순절" 밤이었다. 정말 급강한 바람과 불길 같은 성령이 임하며 성령이 말하게 하심을 따라 말하는(행2:1-4), 그리고 각종 병이 치료되고 귀신이 물러가는 초대교회 현상 그대로 나타나는 교회부흥의 위대한 새출발의 사건이 일어났다.

이렇게 하늘로부터의 영적 사랑이 임하면서 교회부흥은 순풍에 돛단배처럼 자연스럽게 일어났다. 인간의 힘이나 능력으로 하는 일이 아니라 바로 성령께서 하시는 일이었다. 지속적으로 성령께서 도우셔서 땅 100평 벽돌 50평 건물이 650평 터 250평 성전(지성전)을 거쳐 지금은 8000평 터의 3000평 건물 건축하는 것으로 일어났다.

이렇게 일어나는 중 목민 살림 은혜 영천 축복 주님의 교회 등의 교회들도 개척하게 되었다. 그리고 광주항쟁의 눈물이 섞이고 우리교단이 외치는 민주정의평화운동의 최전선의 원주권 중심에 우뚝 서게 되었다. 군부독재 종식과 수평적 정권 교체의 민주화 시대를 여는 일이 강원도권에서 한 축을 감당하게 되었다. 이 과정에서 여러 해직교수나 국내외 투사들이 우리교회에 많이 와서 외치며 한 몸으로 움직인 것에 감격하고, 특히 김대중 노무현 전 대통령 후보 시절에 우리교회에 와서 기도를 받아 대통령으로 당선된 것은 이 나라와 교회사에 기록으로 남겨도 좋을 것이다.

안으로 기도운동과 밖으로 평화운동으로 개인이 살고 민족과 나라를 살리는 일을 하며 일어나는 중 전국 어느 노회에도 교단 총회를 할 수가 없이 좁고 작으나 우리는 넓은 좌석과 주차장이 있어 벌써 두 번이나 영광의 선택을 받아 총회를 열 수가 있었다. 그리고 이 과정에서 성도 개인과 직장과 그 가정들이 살아났고 많은 인물들이 배출되고 나도 교단 총회장과 여러 직책으로 사회와 민족을 섬기게 되었다. 이는 바로 우리교회 이름의 근거인 성“령”의 생명“강” 그 이름 성격 그대로 크나큰 복을 받은 일이다.

“이 강물이 이르는 곳마다 번성하는 모든 생물이 살고 또 고기가 심히 많으리니 이 물이 흘러 들어가므로 바닷물이 되살아나겠고 이 강이 이르는 각처에 모든 것이 살 것이며”(겔47:9). 이제 이 영강이 지속적으로 자손만대에 흘러 “강좌우 가에는 각종 과실나무가 자라서 그 잎이 시들지 아니하며 열매가 끊이지 아니하고 달마다 새 열매를 맺게” 해야 한다. 이는 바로 “그 물이 성소를 통하여 나옴”이기 때문이다.

영강이여! 그리스도의 영원한 살림의 일을 위해 영원하라.

(11) 그리 아니 하실지라도

모두 부자가 되려 한다. 자본주의의 물질 쾌락 중심 분위기에서 너도나도 많은 돈을 모으고 많이 가지려 한다. 오늘날의 이 사회는 오직 한 가지 구호 "더 많이!"를 외치고 그렇게 되는 것을 성공으로 생각한다. 이런 성공, 이런 번영을 기독교인들도 누리기를 원한다. 소위 교회에 다니면서도 이런 축복 받기를 원한다. 기도도 여기에 초점을 맞추고 이런 소원을 가지고 나오는 교인들이 지속적으로 자기 교회에 나오게 하자니까 목사들이 자연스럽게 이런 복 받기에 초점을 맞추며 기복적인 설교를 한다. 이런 설교 목회자를 키워내는 신학교에서도 이제 노골적으로 "성공 신학", "번영 신학"을 논한다.

이런 신학과 신앙에서는 기독교의 핵심인 십자가를 약화시키고 인간의 죄악을 심각하게 생각하지 않는다. 오히려 "멸시 천대 십자가는 예수님이 지고 가셨으니 우리는 다시 그 십자를 안 지고 축복 받고 살렵니다"라는 찬송가 가사까지 바꾸며 살겠다는 것이다. 분명히 주님께서는 하나님의 일은 생각지 않고 인간의 일만 생각하는 베드로를 보고 "사탄아, 내 뒤로 물러가라" 하셨는데, 이런 사탄이 오늘의 교회에 들어 와 있는 것 같다.

이런 사탄의 교회 분위기에서 떠나자면 이 세상의 모든 물질주의 악에 도전하고 "자기를 부인하고 자기 십자가를 지고"(막8:34) 주님을 따라야 한다. 미련해 보여도 바보처럼 이 길 이 좁은 길을 가야 한다. 아무도 알아주지 않아도 이 길만이 살길이며 그 종착점에 생명이 있는 줄 알고 거기에 희망을 두고 그 길을 가야 한다. 그렇지 않으면 오늘의 교회가 "이 세상이나 세상의 것들을 사랑하므로" 그 속에 하나님 아버지의 사랑이 교회 안에 있지 않는(요일2:15-16), 고향 나사렛이 자신들의 주 예수를 내쫓음으로 "이상한"(막6:6) 동네가 되듯 이상한 교회, 헛된 교회, 세상의 교회, 사탄의 교회가 된다.

이런 교회의 타락을 막기 위해 다니엘서가 있다. 다니엘과 그 세 친구 사드락과 메삭과 아벳느고는 바벨론의 물질 중심 세상에 포로로 끌려와 살지만 절대로 거기에 물들지 않으려 모진 결심으로 "뜻을 정하여"(단1:8) 살았다.

다니엘은 사자 굴에 던져져 죽을 줄 알면서도 예루살렘을 향하여 하루 세 번씩 창문을 열고 정시 기도를 드렸다(단6:10). 또 그의 세 친구는 풀무불에 타 죽을 것을 알면서도 신앙의 지조를 지켰다(단3:17-18). 이렇게 살 경우 하나님이 살려주시는 복을 주시겠지만 "그렇게 하지 아니하실지라도" 저들은 그 좁은 길을 걷기를 주저하지 않았다.

오늘 우리는 한껏 팽배된 물질주의 시대를 살면서 하나님이냐 맘몬이냐 둘 중 하나를 택하여야 하고(마6:24), 만약 하나님만 섬기려면 복의 근원이신 하나님을 알고 주님께서 말씀하신 팔복(마5:1-12) 중심으로 제대로 복의 길을 걸어야 한다. 십자가 예수 믿으면서 십자가 없는 이상한 교회, 이상한 성도 되지 않기 위해 성도의 길을 바로 걸어야 한다. 세상 물질 중심으로 살아 자살도 타살도 알콜 마약 게임 중독 온갖 신경정신병 우울증세 많은 세상 사람들을 참된 살길로, 다시 말해서 "많은 사람을 옳은 데로 돌아오게"(단12:3) 하는 이 시대의 다니엘로 살기 위해 생명 길을 걸어야 한다.

(12) 귀하신 주님을 알기 위해

이미 앞장에서도 언급했지만 나는 학교 다닐 때 고학을 하느라 공부를 제대로 못하여 졸업 후 지금도 계속 배우러 다닌다. 특별히 신학대학원을 졸업한 이후 목사가 되었는데 내 주 예수 귀한 예수를 제대로 몰라 성경 많이 읽고 성경에 관한 책들을 많이 읽으려 늘 배우러 다닌다. 그리고 그 배움이 한국말로만이 아니라 영어로 된 책을 읽으려 해마다 2개월 씩 안식년에 책을 찾아다닌다. 도서관을 드나들고 주소를 알아 유명서점을 찾아다닌다. 읽을 만한 책을 찾으면 흙 속에서 진주를 찾듯 기쁘기 그지없다. 이 책을 통해 주님을 알기 때문이다.

그러나 어찌 책을 통해서만 주님을 아는가? 기도를 통해 주님을 알아야 한다. 그래서 7년 동안 목이 쉬도록 부르짖어 주님을 알려 했다. 항상 "오직 성령이 말할 수 없는 탄식으로 나(우리)를 위하여 친히 간구"(롬8:26)하셔서 주님의 "모든 것을 가르쳐"(요14:26)주시고 친히 주님을 "증언"(요15:26)하시길 소원한다.

호세아는 새벽빛 같이 땅을 적시는 늦은 비같이 임하시는 사랑의 하나님을 우리가 알자 "힘써 여호와를 알자"고 외쳤다(호6:3). 하나님을 아는 "지식이 없으므로 망하지 말고"(호4:6) 자꾸 하나님의 말씀을 파고들어 그 참 뜻을 알고 순종함으로 흥하자. 알아서 살자.

(13) 아무 것이 없어도 오직 주님만

미국 뉴저지에 살면서 온갖 정보를 동지들에게 이메일로 나누어 주는 천경수 목사의 간증을 들었다. 젊은 날에 죽을 것 같은 고뇌에 빠졌었는데 우리 주 예수 그리스도의 하나님 앞에 기도 중 회개의 자리에 이르렀다. 눈물로 세월을 사는 중 어느 날 자기를 괴롭히는 일곱 귀신들이 나가는 것을 경험하고 자유와 기쁨의 삶을 살게 되었다.

군에 입대하여 제법 좋은 보직을 맡아 편하고 돈을 챙길 수도 있었는데, 그런 죄를 저지르지 않으려 당시 남이 가기 싫어하는 월남전에 자원을 했다. 어떻게 하여 고급 카메라를 갖게 되었는데 군목이 설교를 하면서 월남전 기념교회를 짓자고 제의하여 약속헌금을 했다. 그러나 도저히 바칠 수가 없는 돈이어서 그 보배로운 카메라를 팔아 바쳤다. 그 후 얼마 안 되어 하나님은 그 돈에 해당하는 금액을 화폐 교환증 같은 절차를 밟아 다시 주셨다. 제대 후 미국을 거쳐 캐나다 토론토에 가서 교회를 섬기는데 주님이 축복하셔서 큰 저택을 사고 돈은 많이 벌었으나 교회당 건물이 너무 초라하여 어느 저녁 예배 후 장로님과 상의 후 당장 그 집을 바쳐 교회를 짓게 했다. 그 후 또 많은 돈 복을 받고 안정된 삶을 살았으나 도대체가 먹고 살기 위해 사는 것 같아 기도 중 모든 것을 버리고 신학 길에 올랐다. 사모님이 동의하셨지만 아들 셋 데리고 낯선 미국에 가 40대의 학생이 된다는 모험을 하였다. 흡사 아브라함이 하란 땅을 떠나 가나안으로 가는 심정이었다.

신학 광야를 지난 후 텍사스 주의 어느 도시의 국제결혼 교민이 많은 곳에 전도사로 청빙을 받았다. 부임하자마자 활력이 넘쳐 교인이 자꾸 불어났다. 자리가 모자라 큰 성전을 구입하는 절차를 밟았다. 언제나 목회자 가정이 앞서는 법이니 돈이 없어도 약속 헌금을 적어놓고 기도하고 그 길 따라 모두가 약속을 하며 기도 중 주님은 기적을 일으켜 주셨다. 그러나 막상 생각해 보니 교회는 건물이 아니라 기도와 말씀인줄 알게 되어 그 교회를 떠나 뉴저지의 1명이 있는 모임에 이끌렸다. 그러나 하나님이 축복하시니 이 교회도 점점 일어나게 하셨다. 그러나 이 과정에서 또 돈이 없어 늘 하나님께 일용할 양식을 구하였다. 때로는 몇 푼 교통비도 없고 다섯 식구가 나눌 빵도 없었으나 무릎 꿇고 기도할 때마다 이상하고 신기한 방법으로 주님은 채워주셨다.

이런 광야를 지나며 하나님이 내리시는 메추라기 만나를 먹으며 살았더니 가나안의 풍성한 복이 내렸다. 세 아들들이 모두 성공하여 가난이 변하여 부요가 되어 뉴저지 허드슨 강변의 가장 좋은 거처에서 주를 찬양하며 전하고 산다. 그러나 이런 물질 복에 빠져 만족하지 못하고 언제나 말씀을 사모하고 전하고 산다. 이제 그는 "선한 싸움을 싸우고 달려 갈 길을 마치고 믿음을 지켜"(딤후4:7) 은퇴를 하였으나 모든 배움 모임의 앞자리에서 변함없이 주님을 따른다.

이 하나님을 널리 전하기 위해 그는 하나님과 말씀, 그리고 교회를 위해 온갖 좋은 정보를 수집하여 종말시대의 살 길을 모두에게 안내하고 있다. 천목사의 생애는 세상 사람들이 그렇게 좋아하는 명예나 돈을 멀리하고 평생 주님을 가까이 했다.

그는 "비록 무화과나무가 무성하지 못하며 포도나무에 열매가 없으며 감람나무에 소출이 없으며 밭에 먹을 것이 없으며 우리에 양이 없으며 외양간에 소가 없을지라도 나는 여호와로 말미암아 즐거워하며 나의 구원의 하나님으로 말미암아 기뻐하노라"는 하박국(3:17-18) 선지자의 이 고백이 그의 고백이 되었다.

유대인들은 70년 바벨론 포로에서 돌아와 성전을 짓고 이제 모두 평화와 번영의 새 시대가 올 줄 알았으나 그게 아니었다. 여호수아가 가나안 땅 정복 때처럼 끊임없이 원주민들이 달려드는 것은 물론 지중해권의 맹주 희랍이 침입하더니 드디어는 로마에 의해 정복당하게 되었다. 그 식민지 치하에서 잘 되면 잘 될수록 로마 시저의 배만 불리게 되었다. 이런 상황에서 저들은 옛날 믿음의 조상들이 예언했던 메시야를 사모하게 되었다. 다 망하고 다 빼앗겨도 믿음 하나 지키면 사는 것이다. 그 믿음으로 메시야를 만나면 사는 것이다. 저들은 이렇게 하늘을 쳐다보며 "오 주여, 언제 오시려나이까?" 하였다.

(14) 입이 지져진 사람(이사야)

<말의 위력 >

잘 읽혀지는 이해인 수녀의 시 중에 "말을 위한 기도"(「오늘은 내가 반달로 떠도」p.133)가 있다.

"… 날마다 내가 말을 하고 살도록
허락하신 주여!
하나의 말을 잘 탄생시키기 위하여
먼저 잘 침묵하는 지혜를 깨우치게 하소서.

헤프지 않으면서 풍부하고
경박하지 않으면서 유쾌한
과장하지 않으면서 품위있는
한 마디의 말을 위해
때로는 진통겪는 어둠의 순간을
이겨내게 하소서.

참으로 아름다운 언어의 집을 짓기 위해
언제나 기도하는 마음으로
도를 닦는 마음으로 말을 하게 하소서.
언제나 진실하고
언제나 때에 맞고
언제나 책임있는 말을
갈고 닦게 하소서.

내가 이웃에게 말을 할 때는
하찮은 농담이라도
함부로 내뱉지 않게 도와주시어
좀 더 겸허하고
좀 더 인내롭고
좀 더 분별있는
사랑의 말을 하게 하소서.

정말 말을 위해 애절한 기도가 필요할 정도로 말은 중요한 것이다. 한번 했던 말은 취소해도 사람들의 가슴속에 상처로 남게 된다. 혹은 했던 말이 엄청난 사랑과 기적으로 연결되어 죽을 사람이 살기도 한다. 그러니 어찌 기도 없이 진실성 없이 성실성 없이 설득력 없이 함부로 말을 할 수 있겠는가! 하나님은 이 말의 위력을 아시기에 예언자 이사야를 부르실 때 제단 불로 입을 지지셨다.

<입의 죄를>

때는 주전 740년경 남방 유다의 웃시야 왕이 죽던 해였다. 이사야는 성전에서 기도 중이었는데 하나님의 임재를 체험했다. 높이 들린 보좌에 주님이 앉으셨는데 그 옷자락이 성전에 가득했다. 모시고 선 천사의 스랍들이 하나님의 거룩과 영광을 찬양했다. 이 노래 소리로 문지방의 터가 요동하며 집에 연기가 충만했다. 이 분위기에 이사야가 압도당하면서 "화로다 나여 망하게 되었도다. 나는 입술이 부정한 사람이요 나는 입술이 부정한 백성 중에 거주하면서 만군의 여호와이신 왕을 뵈었음이로다"하며 탄식했다(사6:1-5).

이상하게도 이사야는 "입술이 부정한" 자신을 보게 되었고 당시의 백성들이 "부정한" 입술을 가지고 있음을 느낄 수 있었다. 이 느낌으로 어찌할 바를 모르고 있을 때 "그 스랍 중의 하나가 부젓가락으로 제단에서 집은 바핀 숯을 손에 가지고 내게로(이사야) 날아와서 (천사는)그것을 내 입술에 대며 이르되 보라 이것이 네 입에 닿았으니 네 악이 제하여졌고 네 죄가 사하여졌느니라"고 전했다(사 6:6-7). 이 소리를 듣고 비로소 이사야는 평안과 기쁨을 경험했다. 거룩하신 하나님 앞에 선 더러운 자신을 보고 떨었기 때문이었다.

성결케 된 평화의 분위기에서 "내가 누구를 보내며 누가 우리를 위하여 갈꼬?"의 음성을 이사야는 들었다. 그는 즉각 "내가 여기 있나이다. 나를 보내소서" 라며 응답했다.

이사야는 이렇게 응답받아 웃시야와 요담과 아하스와 히스기야 시대를 지나며 무려 60~80년 간 예언활동을 했다. "이사야"라는 이름의 뜻은 "여호와의 구원"이란 뜻인데 주 하나님은 그의 백성에게 구원을 주시려고 이 예언자를 세우셨다. 확실히 이 이름에 걸맞게 이사야는 수많은 구원의 채찍과 위로를 백성에게 주었다. 드디어는 이 입술에서 메시야 탄생의 꿈이 터져 나왔다. 그러니까 이 종의 입술이 불에 지져지지 않고는 안 되었다.

이 불은 무엇을 말하는가? 바로 성령의 불을 말한다. 입이 지져졌다는 말은 무엇을 말하는가? 하나님께서 죄악을 문제 삼는다는 말씀이고 그 죄악을 태워 없앤다는 말이다. 왜 죄악을 입술에서 찾으시는가? 모든 죄가 입에서부터 시작되기 때문이다. 선악과 죄도 입술에서부터 시작되었고, 바벨탑 죄도 입술에서 시작되었다. 그래서 하나님은 교만한 바벨탑을 못 쌓게 백성들의 입을 치셨다. 얻어터진 입술은 각기 다른 방언으로 언어가 갈라지는 결과를 가져왔는데 의사소통이 안 되었다. 죄를 범한 인류는 탑은커녕 모여 살 수도 없을 정도로 흩어지기 시작했다. 겨우 비슷한 언어의 경향으로 모여 살고 말을 맞추다 보니 민족이 생기게 되었다.

인류의 조상들이 이 바벨탑 사건 때 혀의 저주를 받았는데 놀라운 사실은 이 혀가 저주에서 풀려난 시대를 맞게 되었다는 것이다. 그 시대가 바로 주 예수 그리스도의 십자가 피로 죄 씻음을 받고 부활 승천하신 예수를 대신해서 성령이 강림한 오늘 이 시대이다.

"오순절 날이 이미 이르매 그들이 다 같이 한 곳에 모였더니 홀연히 하늘로부터 급하고 강한 바람 같은 소리가 있어 그들이 앉은 온 집에 가득하며 마치 불의 혀처럼 갈라지는 것들이 그들에게 보여 각 사람 위에 하나씩 임하여 있더니 그들이 다 성령의 충만함을 받고 성령이 말하게 하심을 따라 다른 언어들로 말하기를 시작하니라"(행2:1-4). 바벨탑의 저주가 오순절에 축복으로 바꾸어지는 위대한 장면을 묘사한 말씀이다. 바벨탑의 방언은 불통의 방언이지만 오순절의 방언은 소통의 방언이다.

<오순절 방언>

이사야는 이 방언을 미리 경험했다. 예수 탄생과 예수로 인한 구원을 말하자니까 예수 이후의 방언을 미리 말해야 했다. 오순절의 방언으로 베드로는 수많은 사람을 구원했다. 심지어 하루에 "제자의 수가 삼천이나" 더해지는 파격적 사건도 일어났다(행2:41). 오순절의 방언 체험을 선취(先取)한 이사야는 꼭 베드로 같이 구원의 사건과 희망을 일으켰다. 입술이 불로 지져져서 변화된 그 혀의 말로 이렇게 일했다. 하나님의 거룩과 영광, 그리고 음성과 불을 체험한 입술이 이토록 위대한 생명 사건을 일으켰다.

그렇다면 오늘의 교회와 지도자도 이렇게 입술이 성령의 불로 지져져야 한다. 괜히 야고보서의 주장 즉, "우리가 다 실수가 많으니 만일 말에 실수가 없는 자라면 곧 온전한 사람이라"(약3:2)며 말조심만 강조해선 안 된다. 천국 불, 즉 성령의 불을 강조해야 한다. 조상의 말만 강조하는 유교식의 분위기에서 떠나 과감하게 성령이 말하게 하심을 따라 말하는 초대교회적 전통이 서야 한다. 항상 말이 꽉 찬 교회에서 헛된 말, 쓸데없는 말, 세속의 말장

난 같은 말의 현장에 하늘의 말씀, 불의 말씀을 전해야 한다. "형제들아 우리가 어찌할꼬?" 하며 성도들이 소동을 일으킬 정도로 하늘의 언어를 폭탄처럼 던져야 한다.

히브리 말로 "말"은 곧 "사건"(다발)이다. 교회 안에서 말의 생명사건이 꽉 차기만 하면 무엇하는가? 그 말이 이사야 시대처럼, 베드로 시대처럼 세상 속에 전달되어야 한다. 세상 속에서 엄청난 사건을 일으켜야 한다. "천하를 어지럽게 하던(행17:6) 바울의 기독교를 회복해야 한다. 세상 한 복판에서 세상을 휘저어 새롭게 영적 사고방식으로 구조가 바꾸어지게 해야 한다.

기껏해야 세상의 언론의 말로 끌려 다니지 말고 언론의 세상을 이끌어 가는 하늘의 말 불을 질러야 되지 않겠는가!

(15) 칼을 쳐서 보습을 만드는 사람(이사야)

<화평케 하는 자>

전 미국 대통령 지미 카터를 아는가? 땅콩 농장 지렁이 농장에서부터 무슨 일에나 최선을 다하여 미국 대통령의 자리에까지 올랐던 사람 말이다. 독실한 기독교인으로서 재임 중에도 주일 성수와 교회학교 제자 키우기에 힘썼으며 우리의 박대통령을 만날 때마다 전도하려고 애를 썼던 분이다. 그런데 이 분은 안타깝게도 생각보다 길게 대통령을 못하고 자리에서 물러났다. 그러나 다시 그 농장으로 돌아가지 않고 전 세계의 분쟁지역으로 돌아갔다.

"화평하게 하는 자는 복이 있나니 그들이 하나님의 아들이라 일컬음을 받을 것임이요"(마5:9). 이 말씀을 가장 좋아하는 그는 대통령 재임 중에 지역 간의 갈등, 민족 간의 갈등, 종족 간의 갈등이 가장 심각한 것으로 알고 이 말씀대로 세계 곳곳의 분쟁 지역에 가서 그 분쟁 요소를 완화시키거나 막는 피스 메이커(peace maker)의 역할을 다하려고 싸우려는 곳에 달려갔다. 미국 대통령을 그만 두었지만 전 세계의 전쟁을 막는 세계의 대통령으로서,

아니 전 지구덩이를 평화롭게 끌어안으려는 하나님의 자녀로서 살기 위해서이다. 그의 발 빠른 평화의 걸음은 몇 년 전에 있었던 북한 핵무기 개발 억제를 둘러 싼 한반도의 긴장을 완화시키기에 충분했다. 당시에 우리는 한 사람의 평화주의자가 얼마나 소중한 가를 새삼스럽게 깨달을 수 있었다. 세상을 화평케 하는 하나님의 자녀가 정말 이 세상에 많아야 한다는 것을 절실히 느낄 수 있었다.

우리 믿음의 조상 이사야는 평화주의자였다. 선지자요 평화를 외치는 하나님의 사자였다. 이사야는 먼저 평화의 꿈을 말했다. "무리가 그들의 칼을 쳐서 보습을 만들고 그들의 창을 쳐서 낫을 만들 것이며 이 나라와 저 나라가 다시는 칼을 들고 서로 치지 아니하며 다시는 전쟁을 연습하지 아니하리라"(사2:4).

약육강식의 냉엄한 국제 정세 속에서 말도 안 되는 소리이다. 그러나 하나님께서 외치라고 하셨으므로 세상을 향한 하나님의 꿈을 말했다. 뿐만 아니라, "이리가 어린 양과 함께 살며 표범이 어린 염소와 함께 누우며 송아지와 어린 사자와 살진 짐승이 함께 있어 어린 아이에게 끌리며 암소와 곰이 함께 먹으며 그것들의 새끼가 함께 엎드리며 사자가 소처럼 풀을 먹을 것이며 젖 먹는 아이가 독사의 구멍에서 장난하며 젖 뗀 어린 아이가 독사의 굴에 손을 넣을 것이라"(사11:6-8)는 평화의 세상을 그렸다.

정말 전쟁으로 고아와 과부가 길에 나앉고, 가정이 파괴되고, 도시가 불타버리고, 공장이 파괴되며, 먹을 양식이 없고, 시체 썩는 냄새가 코를 찌르며 이어서 도는 전염병으로 또 수많은 시체들이 나동그라지고, 이 공포의 서러움과 나라 빼앗긴 서러움으로 차라리 죽고 싶은 지옥을 경험할 때 이사야가 외친 이 꿈은 복음이 아닐 수 없다. 다시 한 번 그 평화의 세상을 바라보며 살고 싶은 희망이 아닐 수 없다.

<평화의 세상>

이사야는 이 복음과 희망을 서러운 민중들과 함께 갈구하는 심정으로 외친다. 제발 칼과 창을 녹여 농기구로 만드는 세상이 와야 한다고 외친다. 제발 타민족 간에 서로 죽이는 일을 하지 말아야 한다고 외친다. 전쟁 준비와 그 연습을 위해 드는 국방비가 얼마나 많이 드는가를 아는 그는 제발 전쟁을 위한 병력과 무기 개발과 살인적 무장 기술 훈련을 하지 말아야 한다고 외친다.

짐승은 이렇게 전쟁을 위해 잔인하지도 않은데 왜 만물을 다스리는 인간이 짐승보다 더 악해야 하는가? 그러니까 만물의 모범이 되게 인간이 먼저 전쟁을 그치고, 그리고 그 품에서 모든 강한 짐승과 모든 약한 짐승이 더불어 함께 사는 평화의 천지가 와야 한다고 외친다. 이런 외침은 모든 전쟁 지역에 모든 전쟁주의 자의 가슴에 모든 미워하는 자의 귀에 외치고 외치며 크게 외치고 많이 외치고 더 많이 외쳐야 한다.

그러나 자꾸 크게 많이 외친다고 해서 이 평화의 꿈이 실현되는 것이 아니다. 이사야는 그 실현 조건을 말한다. 그것은 어떤 인류의 도덕적 노력이나 평화회의나 거기에 따르는 발전, 즉 인간에 의한 어떤 공포에서 오는 것이 아니라 하나님 쪽에서 하나님에 의한 사랑에서 오는 것이다. 구체적으로 "이새의 줄기에서 한 싹이 나며 그 뿌리에서 한 가지가 나서 결실"(사11:1)해야 가능하다. "이새의 줄기에서 한 싹이 난다"는 말은 이새의 아들 다윗, 그 족보에서 한 싹 즉 인류 구원의 싹이요 "여인의 후손"(창3:15)인 하나님의 독생자 예수 그리스도가 탄생되어야 가능하다는 것이다. 이 예수가 십자가에 달려 죄 많은 인류를 구원키 위해 피를 흘려야 가능하다는 말이다. 온 인류를 살리기 위해서 부활되어야 가능하다는 말이다. 이 예수가 승천해야 가능하다는 말이다. 이 예수가 재림해야 가능하다는 말이다. 이 승천과 재림 사이에 성령이 각 전쟁주의자의 가슴 속에 충만히 임해야 가능하다는 말이다. 그래서 이 예수로 인한 "여호와를 아는 지식이 세상에 충만해야"(사11:9) 평화가 가능하다는 말이다. 이 지식이 세상에 충만하면 "여호와의 전의 산이 모든 산 꼭대기에 굳게 서게"(사2:2)된다. 즉 예수 그리스도의 하나님 아버지가 이 세상의 어떤 높은 자보다 위에 계셔 하나님의 통치 아래 세상이 높이게 된다. 그래서 모두가 하나님의 가르침을 받아 그 길로 행하게 되고 모든 인류의 법이 하나님(시온)에게서 나오게 된다(사2:3). 이렇게 되면 자동적으로 인류에게 약속된 평화의 꿈이 달성된다고 이사야는 밝히 증거한다.

한 마디로 예수의 복음이 전파되고 예수를 중심으로 세상에 변화가 될 때, 그리고 예수 재림의 끝 날과 새 날이 올 때에 평화의 꿈이 실현된다는 말씀이다. 그러므로 우리는 예수를 배제한 세상의 어떤 정치적 노력과 성과도 미봉책일 뿐 영구한 평화를 가져 올 수 없음을 알아야 한다.

<예수의 평화>

이사야가 외친 평화의 꿈과 그 실현 조건을 알고 보니 오늘날의 교회야말로 이사야의 꿈과 방법을 온전히 전하는 곳이 되어야 하고 그 사명을 띠고 이 세상에 교회가 있다고 여겨진다.

오늘 한국교회는 한국역사와 민족 속에 있기에 남북관계, 일본이나 강대국과의 관계 속에 있는 조국을 끌어안고 이사야가 받은 평화의 꿈을 전해야 한다. 그리고 예수 중심의 방법을 전해야 한다.

미국 뉴욕의 유엔 본부 빌딩에 있는 "칼을 쳐서 보습을 만들고 그 창을 쳐서 낫을 만드는" 유엔의 상징 마크를 오늘 우리들의 교회 마크로 사용해야 한다. 평화가 교회의 꿈이 되어야 하고 평화가 교회의 노래가 되어야 한다. 평화가 교회의 기도 제목이 되어야 한다. 교회가 전도하는 것도 그 교회의 성도수를 채우려는 좁은 의도에서 벗어나 인류의 궁극적인 구원과 평화가 예수로부터 나오는 것을 깊이 깨닫는 데서부터 시작되어야 한다. 또 다시 삼일절은 맞는데 기독교인 지도자와 교회가 많이 참가한 독립운동과 그 선언서의 기본정신은 "동양 평화가 그 중요한 일부가 되는 세계 평화와 인류의 행복에 필요한 일"이었다. 이 맨주먹의 평화의 싹에 뜨거운 물을 퍼 부으며 짓밟은 일본이 결국 그 뿌리까지 뽑지 못한 관계로 물러났으나 해방 50년이 지난 지금도 회개할 줄 모르고 심지어 조선 진출 발전 운운하다가 요새는 독도도 자기들 땅이라고 주장한다.

일제의 만행에 대해서 계속 평화를 외친 조상들 따라 오늘 우리도 이 망언에 대해서 계속 평화를 주장할 수밖에 없다. 그러나 텅 빈 약자의 평화가 아니라 예수로 가득 채워진 강자의 평화일 때 참으로 평화의 날이 당겨지게 될 것이다.

(16) 부드러움

<혀 같이 >

아무리 둘러보아도 세상에는 이를 치료하는 치과 병원은 있어도 혀를 치료하는 설(舌)과 병원은 없다. 왜 없는가? 그것은 이는 자주 아파도 혀는 아픈 일이 거의 없기 때문이다. 생각해 보았는가? 왜 혀보다는 이가 더 아픈지 말이다. 그것은 혀보다는 이가 더 딱딱하기 때문이다. 혀가 이보다 더 부드럽기 때문이다.

뿐만 아니라 혀에는 벌레가 끼어들지 않는데 이에는 충치가 될 정도로 충이 끼어들고, 혀는 사람과 더불어 끝까지 사는데 이는 변덕스럽게 몇 번 갈아야 되고 또 나중에는 아예 다 없어져 가짜 인공니(임플란트), 틀니가 등장하게 된다. 이 모든 이유가 이는 혀보다 너무 딱딱하고 강하다는 것이다.

우리 인체의 가장 중요한 부분이 우리에게 보여주는 교훈은 혀와 이로 전해지는 인간관계 속에도 그대로 통한다. 부드러운 인간관계는 오래가고 흠이 없으나 딱딱한 인간관계는 말썽도 많고 오래가지 못한다. 사람도 강철 같은 사람은 병도 많고 오래 살지 못하고 출세 길도 막히나, 온유 겸손한 사람은 건강하고 오래 살고 남에게 떠받들려 출세도 잘한다. 역사를 회고해 보면 국가와 민족도 스파르타식 교육의 강인한 민족이 번성하는 것 같았으나 지나놓고 보니 힘없는 부드러운 민족이 오래 지탱해 오고 있다.

세상적인 전쟁 논리로 보면 총칼을 든 강대국들의 말발굽, 즉 이집트, 바벨론, 페르시아, 희랍, 로마의 말발굽 아래서 이스라엘이 콩가루가 되고 오징어가 되어 벌써 버려졌을 것이다만 여호와의 말씀과 그 말씀에 순종만 찾던 이스라엘은 지금도 건재하고 있다. 현대사의 가장 최강 어금니 같은 위력으로 히틀러가 육백만 명을 죽여도 그 전우의 시체를 넘고 넘는 시온 운동으로 지금 이스라엘은 저들을 밟고 죽이던 자들이 망했어도 흥하고 있다. 이스라엘 주변의 강대국들이 지중해를 중심으로 으르렁거리다가 로마가 다스린 200년 간 태평성대의 시절이 왔다고 해서 "팍스(라틴어의 "평화")로마나"라고 역사가들은 불렀다. 요새도 그 이름을 따서 미국 주도의 세계 평화를 점쳐 보려고 "팍스 아메리카나"라고 불러 본다만 "팍스 로마나"건 "팍스 아메리카나"건 살인적 무기와 강압 강권적 작태는 망하는 길인 줄 알아야 한다.

1945년 뉴멕시코 사막에서 태양의 천배가 넘는 섬광을 발하면서 최초의 원자탄 실험이 성공되었다. 미국 의회에서 오펜하이머 박사가 이 무서운 무기에 대해서 설명했을 때 의원들은 놀래서 "그것을 막을 무기는 없는가?"고 질문했다. 여기에 대한 정답으로 박사는 "평화" 외에 다른 것이 없다고 했다.

평화로 이 무기를 막지 못했기 때문에 일본의 나가사키 히로시마에 이 폭탄은 떨어졌다. 이 무섭고 신기한 무기를 우리의 6·25사변 때 만주에 투하하라고 맥아더가 제의했다는 말이 있습니다만 일본 이후 한 번도 다른 곳에서 터뜨리지 못하고 이 살인적 폭탄이 필요 없는 평화를 위해 세계는 노력하고 있다.

96년의 한국 여름은 한총련의 폭력과 이에 맞서는 경찰폭력 진압작전으로 더웠고 이어서 초가을 강릉지역 무장공비 침투로 무척이나 더웠다. 덥고 더워서 대통령은 "대북 정책을 재검토하는 문제를 신중히 고려하겠다"며 "만약 일본이나 미국에 고도로 훈련되고 무장된 외국의 특수 부대가 침투했다면 어떻게 했겠는가? 미국과 일본은 그 나라를 상대로 전쟁을 했을 것이며 아마 미국은 벌써 그 나라를 공격해 그 나라가 없어졌을 수도 있다"는 극단적인 말도 했다. 모든 언론이 강하게 떠들고 심지어 북한과 미국의 제네바 협정도 파기할 팀 스프리트 훈련도 재개하자고 야단들이다.

대통령의 말같이 우리 모두 화가 나서 같은 방법으로 맞대응하고 보복해야 한다는 성급한 생각이 생긴다. 공비를 사살하듯 북쪽을 겨냥해서 적화야욕을 꿈꾸는 악한 자들을 겨냥해서 총을 겨누고 싶다.

그런데 도대체 지금이 어느 때인데 시대적 상황과 역사의 시계도 못 보는 바보 같은 자들의 짓을 감행하는가! 동구라파 공산주의가 무너지고 소련 연방이 무너지고 중국은 서서히 탈 공산주의 쪽으로 나오고 있는데 아직까지 이 짓을 하고 있다니 말이나 되는가? 더구나 콜레라 질병이 창궐하고 양식이 없어 굶어 죽는다며 전 세계 앞에 거지 추태를 보이면서 이게 무슨 짓인가? 한 번 단단히 짓밟아 보복해서 본때를 보여야 한다.

그러나 그럼에도 불구하고 우리는 또 침착하지 않으면 안 되는 국제적인 상황이 있음을 알아야 한다. 빈대 죽이려다가 절간을 다 태워 버려서는 안 된다는 우리의 한계도 알 필요가 있다. 북침 전쟁 보복하려면 이보다 더한 지난날에 하지 왜 갑자기 이때에 해야 하는가?

우리는 다시 참고 앉아야 한다. 아니 서서 외쳐야 한다. "이 무지한 철부지들아, 제발 살기 위해서 그따위 수작을 버리고 평화의 테이블로 나오라"고.

<이기는 길 >

이제 우리는 약자가 아니라 강자니까, 동생이 아니라 형이니까 동생을 먹여 살려야 할 책임성의 강자니까, 철없는 동생이 달려들어도 더 멀리 보며 더 넓게 생각하며 평화를 외쳐야 한다. 이에는 이로 나오지 말고 혀로 나와야 한다. 그래야 우리가 이긴다. 아니 이기고 지고의 개념이 아닌 살림의 생명선에 서게 되는 것이다.

성경은 가장 전쟁을 많이 치른 장소에서 끊임없는 전쟁의 소용돌이 속에서 쓰여진 책이다. 그러면서 항상 강한 이를 강조하지 않고 부드러운 혀를 강조했다. 구약은 오실 메시야, 신약은 오신 메시야, 신약의 맨 끝 계시록은 다시 오실 메시야 예수를 강조하고 있다.

성경의 핵심은 주 예수 그리스도는 강한 자로 와서 하늘의 권능과 무기로 이 세상의 악한 자 이스라엘의 원수들을 쳐부수고 예루살렘에 메시야 왕국을 세우러 오신 분이 아니라고 성경은 말한다. 오히려 그 반대로 주 예수는 "연한 순 같고 마른 땅에서 나온 줄기 같아서" 사람들에게 멸시받고 찔리고 채찍에 맞고 상하고 징계 받는 고난의 종으로 오시는 "평강의 왕"(사9:6)으로 말하고 있다.

우리 믿음의 조상 이사야는 바벨론에 의해 짓밟힌 이스라엘에 대해서 이렇게 약하여 "싫어 버린 바 되는" 고난의 종이 온다는 것을 예언하고 있다. 좀 원수 보복할 강철 같은 사나이 메시야로 예언하지 않고 이런 약한 메시야로 말하니 열불이 터질 지경이다. 그러나 이 "연한 순"(사53:2) 같은 메시야 주 예수를 통해서 만인류를 구원하는 것이 하나님의 뜻이다. 이 예수를 통해서 전쟁을 쉬게 하시고(시46:9), 화살과 방패와 칼과 전쟁을 없이 하시고(시76:3), 칼을 쳐서 보습을 만드시고(사2:4, 미4:2), 다시는 전쟁을 연습하지 않게 하시고(사2:4, 미4:2), 드디어 "이리가 어린 양과 함께 살며 표범이 어린 염소와 함께 누우며 송아지와 어린 사자와 살진 짐승이 함께 있어 어린 아이에게 끌리며 … 젖 먹는 아이가 독사의 구멍에서 장난하는"(사11:6-8) 신천신지의 하늘 기적을 이루시기 원하신다.

그러니 작은 나라인데다가 분단의 몸살을 앓고 있는 한반도에 태어난 우리, 반만년 동안 한 번도 남의 나라를 침입해 보지 못한 약한 백의민족 속에 살아가는 우리는 이 땅을 향한 어떤 전쟁적 도발에도 맞서서 그리고 남북의 어떤 긴장에도 맞서서 끝까지 미치도록 전할 말 한마디는 "약하고 부드러우므로 십자가에 죽으신 예수 그리스도의 평화"이다. 괜히 우리의 국군과 경제력과 미국 신예 무기를 믿고 그 힘으로 나는 억센 독수리의 발톱으로 서지 말고 오히려 그것을 울타리로 하는 하나님의 보호와 보장을 믿고 나는 비둘기로 서야 한다. 시저의 주먹과 나폴레옹의 칼이 세계를 지배하지 못하고 주 예수의 사랑이 세계를 지배하고 있기 때문이다.

(17) 말의 힘을 아는 인간상(예레미야)

얼마 전 연세대학교 의료원에서는 한국 최초의 의사 배출 90주년을 맞는 기념행사를 가졌다. 그런데 최초의 의사 7명 중에는 백정의 아들 박서양(朴瑞陽)도 끼어 있었다. 박서양 의사의 아버지는 교회의 장로였는데 세브란스 병원의 전신인 제중원 의사 에비슨(Oliver R. Avison)의 전도를 받아 주 예수를 믿게 되었다.

에비슨은 1860년 6월 30일에 영국에서 태어났으나 여섯 살 때 부모가 캐나다로 이주하므로 캐나다 사람이 되었다. 어릴 때 교사가 될 꿈으로 교사가 되었으나 후에 교수가 될 꿈을 안고 토론토 대학에서 화학을 공부하다가 약학을 공부하고 나중에는 의학을 공부하여 의사가 되었다.

의사 에비슨에게는 참 좋은 친구가 있었는데 바로 한국 성령 은사운동의 원조상이라고 하는 하디(R. A. Hardie)였다. 캐나다 출신으로 강원도 지역에서 선교사로 헌신했던 하디는 머리로만 믿고 가슴으로 믿지 못한 것을 회개하는 중에 원산의 선교사 모임에서 "너희가 악할지라도 좋은 것을 자식에게 줄 줄 알거든 하물며 너희 하늘 아버지께서 구하는 자에게 성령을 주시지 않겠느냐"(눅11:13)는 말씀대로 "구하는 자"로서 "성령 충만함"을 받았다. 1903년의 원산에 떨어진 이 성령의 불이 평양으로 한양으로 번져 1907년의 위대한 부흥운동이 일어나게 되었는데 에비슨은 이 하디의 영향을 받으면서 조선을 너무도 잘 알고 있었다.

에비슨은 친구 하디 선교사의 선교 후원자로만 머물고 있었는데 한국 선교사로 몸을 바친 직접적인 동기는 한국 최초의 선교사 언더우드(H. G. Underwood)가 토론토 대학을 방문하여 한국에 대한 의료선교 사명에 불을 붙인 결과였다. 그때 그는 가슴이 너무 뜨거워 친구 하디가 헌신하는 한국으로 나오지 않고는 견딜 수 없었다. 1892년 6월의 일이었다.

상륙 후 한국어와 문화를 아직 제대로 배우지 못한 상태에서 전국적으로 콜레라 전염병이 만연하는 것 때문에 씨름하다가 의학교육의 필요성을 절감하게 되었다. 이미 알렌(H. N. Allen. 1858-1932)이 세운 광혜원(후에 제중원)에서 치료 겸 의사 양성교육이 시작되었으나 아직 본격적인 교육이 못되고 있었다. 에비슨은 급히 알렌과 언더우드와 손잡고 제중원을 중심으로 의사 배출에 박차를 가했으나 그리 전망은 밝지 못했다. 그러나 그 열성은 원시 수준의 한계를 뚫게 되었고 드디어 1900년 미국 뉴욕의 세계선교대회에 참석, 불타는 사랑의 호소를 하게 되었다.

이 대회장에는 미국 클리블랜드 출신의 사업가 세브란스(Louis H. Severance)가 참석했었는데 에비슨의 가슴에서 터져 나오는 뜨거운 호소에 감명을 받아 1만 불의 돈을 선뜻 내놓았다. 에비슨은 이 돈으로(후에 세브란스의 아들로부터 추가로 20만 불을 더 받음) 1904년에 현대식 병원을 세웠는데 이때 제중원을 "세브란스 병원"으로 이름을 고쳤다. 여기서 본격적인 치료와 의학교육을 한 결과 1908년 4월에 최초의 의사 7명을 배출하게 되었다.

에비슨의 결정적 헌신으로 한국 의료계는 밝아오게 되었는데 그 모든 업적으로 구한국 정부로부터 훈장들을 받았으며 1913년 근속 중이던 세브란스 병원장직을 사임하고 1935년까지 세브란스 의학전문학교 교장으로 이 나라 최초의 전문적 의학 발전에 헌신했고 그 탁월한 학적 공로 때문에 연세대학교의 전신인 연희전문학교 교장직(1916-1934)도 겸하게 되었다. 그는 1935년 11월에 은퇴하여 귀국, 미국 플로디다 주에서 여생을 보내다가 1956년 8월에 96세로 하나님의 부름을 받았다.

기독교 대백과사전과 연세대학교사 등의 자료를 통해 에비슨의 생애를 훑어보았는데 이분을 두고 여러 방면으로 말할 수 있으나 필자는 특히 이분의 입에서 나온 말의 위력을 강조하고 싶다.

에비슨의 입에서는 인간 이하의 대접을 받고 있는 백정들을 향해서 "만인은 평등하다"는 말이 터져 나왔다. 이 말 한마디 때문에 인간 대접을 받으려는 자들의 교회가 생기고 그 공동체 안에서 최초의 의사가 생긴 것이다. 에비슨의 입에서는 선교사들의 열성은 있으나 의사가 없어 온갖 전염병으로 시달리고 죽어가는 한국 민중들을 보고 "사람(의사)을 길러야 한다"는 말이 터져 나왔다. 그래서 최초의 교육, 의학교육이 시작되었고 의학이라는 학문이 생기게 되었다.

에비슨의 입에서는 돈은 있으나 막상 돈을 어떻게 써야 할지 모르는 부자들을 향해 "남 살리는 일을 위해 쓰라"는 말이 터져 나왔다. 그래서 세브란스 가정에서 20여 만 불의 헌금이 아직 어두운 조선 땅에 흘러 들어와 어둠을 추방하는 빛의 돈, 병고와 죽음을 추방하는 치료와 생명의 돈으로 쓰이는 사건이 일어났다.

에비슨의 입에서는 예수의 십자가와 부활로 시작된 하나님의 용서와 구원의 사랑을 모르고 그냥 병만 고치고 등 뜨시고 배부르게 편하게만 살다가 가는 쌀벌레 인생들을 향해 "주 예수를 믿으라 그리하면 너와 네 집이 구원을 얻으리라"는 언어가 터져 나왔다. 그래서 남대문교회가 서고 양반이나 백정 같은 쌍놈이라도 영생 얻은 하나님의 자녀로 어울리고 새로운 감격으로 인생을 살고 새 시대를 열어 가는 사건이 생기게 되었다.

에비슨의 입에서는 예수만 믿고 천당이나 가고 그냥 복 받는 것으로 기독교인의 생애를 살아가는 것으로 만족하는 영적 난쟁이들을 향해 "만일 미국이 한국과 같은 상황에 놓여있다면 나는 용감히 나가 싸울 것이다"라는 말이 터져 나왔다. 그래서 기독교도들로 장한 삼일절 만세운동에 몸을 내놓아 싸우게 됨으로 "예수 믿고 천당" 이전에 "예수 믿고 나라 구원 천당" 이라는 위대한 영적 사고방식이 통하게 되어 한국역사와 민족에 대한 한국 기독교의 책임성을 생각하며 기독교회가 일어나게 되었다.

에비슨의 입에서 나오는 말 한 마디 한 마디가 한국 개화기에는 금덩이 이상으로 소중한 것이었다.

<예레미야의 입에 주신 말>

하나님은 예레미야를 처음 부르실 때에 "내가 너를 복중에 짓기 전에 너를 알았고 네가 태에서 나오기 전에 너를 구별하였고 너를 열방의 선지자로 세웠노라"고 하셨다. 예레미야는 이 음성을 듣고 "슬프도소이다 주 여호와여 나는 아이라 말할 줄을 알지 못하나이다" 했다.

"말할 줄을 알지 못한" 이 예레미야의 겸손과 슬픔의 사연이었다. 이때 여호와께서는 "너는 아이라 하지 말고 내가 너를 누구에게 보내든지 너는 가며 내가 네게 무엇을 명하든지 너는 말할지니라" 하시며 "보라 내가 네 말을 네 입에 두었노라"고 하셨다. 이 말씀을 하시면서 하나님은 예레미야의 입에 손을 내밀어 대시었다고 했다(렘1:5-9).

예레미야는 입 안수를 하나님으로부터 직접 받으며 그때부터 입에 두신 하나님의 말씀을 전하게 되었다. 그 전하는 말씀으로 바벨론 포로로 잡혀가기 전후의 민족의 가슴을 뒤흔들었다.

<말에 희망이>

히브리어에는 "말씀"과 "사건"은 다른 뜻이 아닌 동의어로 쓰여지고 있다. 하나님의 말씀이 떨어지면 그것이 바로 사건으로 이어지기 때문이다. 심지어 에스겔이 뼈 골짜기 환상에서 보듯이 하나님의 사람의 입에서 나오는 말이 죽은 뼈들이 살아 일어나 큰 군대적 위력으로 이어지는 부활의 기적을 일으킨다. 부활하신 주 예수께서는 "너희가 누구의 죄든지 사하면 사하여 질 것이요 누구의 죄든지 그대로 두면 그대로 있으리라"(요20:23)하시며 언어의 위대성을 강조하셨다.

오늘 우리에게 다가온 교회의 침체와 한국 사회의 금융위기 한파에 가장 필요한 것은 위로부터 내려오는 하늘 도움의 사건이다. 그런데 이 기적의 사건은 그냥 오는 것이 아니라 하나님의 사람들의 입에서 나오는 말에서부터 온다.

입에 하나님의 말씀이 담겨지고 있는가? 이 말씀을 크게 외치고 있는가? 희망이 여기에 있다.

(18) 눈물 사랑으로 살리는 사람

<노벨상으로 빛나는 무명의 여성>

노벨 평화상이라고 하면 세계 평화 문제에 크게 기여하거나 많은 세월 동안 독재정치에 항거한 투사에게 주는 상일 것이다. 그러나 1997년도의 공동 수상자로 선정된 미국의 조디 윌리암스(J. Williams)는 이런 기준에서 본다면 무명의 인물이었다. 전 세계 언론 앞에 나타난 이 여성은 미국 동부의 산악 전원지대인 버먼트 주의 자기 집에서 소매 없는 티셔츠와 청바지 차림이었다.

윌리암스가 대인지뢰 문제에 대해서 관심을 가진 것은 1991년 미국의 베트남 재향군인재단 책임자로 일하면서부터였다. 그때 그는 베트남전에서 장애가 된 사람들 거의가 대인지뢰 피해자임을 알았다. 놀라운 사실은 피해군인의 70%가 미국이 설치한 지뢰에 의한 것이라는 통계였다. 지뢰는 적과 아군을 구분 못 할 정도로 무자비하기 때문이다. 이에 그는 수많은 사람을 장애인으로 만드는 원흉인 대인지뢰를 전면 금지시켜야겠다는 소박한 생각으로 대인지뢰 금지운동을 시작했다. 이 운동의 취지를 설명하면서 윌리암스는 "문제의 근원을 발본색원하지 않은 채" 장애인들에게 단지 의족과 의수만 달아준다는 것은 말도 안 되기 때문이라고 했다.

여기서부터 그는 자기 집에 사무실을 열고 전 세계를 향해 전자우편(email)을 개설 미국 상하원 중 지지자들이나 남아공의 넬슨 만델라 대통령이나 영국의 다이애나 왕세자비 등 세계적 인물들의 참여를 유도해 냈다. 노벨위원회는 수상자를 발표하면서 이 국제지뢰운동(ICBL;International Campaign to Ban Landmines)단체에 대해서 "이 단체와 윌리암스가 지난 몇 년 사이 대인지뢰 금지란 세계평화의 중요 과제를 하나의 이상으로부터 현실로 바꾸도록 하는 과정을 촉발케 한 공로"가 있다고 치하했다.

과연 이 말이 맞을 정도로 윌리암스는 하나의 문서나 꿈으로 떠들지 않고 몸으로 뛰는 구체적 현실화에 공헌을 했다. 세계 여러 큰 인물들의 지지를 받아냄과 동시에 1993년에 창설된 이 단체는 전 세계 55개 지부에 1천개가 넘는 기구를 구성했다.

그리고 드디어 1988년 캐나다 오타와 회의 이후, 전 세계 121개국의 지지서명을 받아냈다. 미국은 이해관계가 깔려있기 때문에 반대를 했으나 이렇게 많은 국가가 미국과 맞서며 일어난 것은 2차 대전 이후의 첫 사건이었다. 한 여성의 소박한 꿈은 전 세계를 움직이는 현실로 바꾸어졌다.

<한반도의 아픔에 참여>

이 운동에 대해서 미국은 2010년 대인지뢰 완전 제거를 목표로 하는 "대인지뢰 2010계획(Demine 2010 Initiative)을 내놓았다. 그리고 미국의 영향권에 있는 우리의 한반도에 대해서는 대체무기가 개발될 때까지 대인지뢰 금지조약에 참여하는 것을 보류하면서 2002년까지는 미국 정부가, 그리고 2006년까지는 한반도의 대인지뢰 사용을 금지시키겠다고 발표했다. 또한 올브라이트 국무장관은 더 적극적으로 대인지뢰 제거운동을 위해 매년 10억불을 지원하겠다고 말했다. 미국의 약속처럼 한국 정부가 포괄적 대인지뢰금지조약인 오타와 협약에 2006년까지 가입하려고 한다면 이미 지뢰 포기를 전제로 한 작전 계획의 수립, 지뢰 제조의 축소, 지뢰 지대 및 지뢰 수(數)의 정확한 파악, 지뢰 피해자들에 대한 보상 계획 및 재정확보 등에 대한 연구를 착수해야만 한다고 생각한다.

돌아보면 한반도에서는 한국전쟁의 발발과 함께 지뢰가 등장했다. 전쟁 초기에는 소규모의 지뢰만이 제한적으로 사용되다가 1952년 이후 휴전협정을 앞두고 미국을 위시한 유엔군이 대량으로 지뢰를 매설하기 시작했다.

휴전 이후 유엔군은 정확한 지뢰지역의 위치와 수량에 대한 정보는 알려주지 않은 채 철수하고 말았다. 그 이후 미군 자료에 의하여 당시 미군이 비무장지대 인근에 매설한 지뢰의 수량이 100만개에 이른다는 사실만이 확인되었을 뿐 그 위치는 확인된 바 없으며 다른 참전국들이 매설한 지뢰의 정확한 수와 지역도 확인할 방법이 없이 지금까지 내려오고 있다. 이후에도 미군은 후방지역 미군부대 주위에 지속적으로 지뢰를 매설하여 왔으며 부대 이전 시에는 기존의 지뢰를 철거하지도 않은 채 새로 이전한 부대 주위에 계속 새로운 지뢰를 매설해 왔다.

한국군 역시 땅굴이 발견된다든지 간첩침투사건이 생긴다든지 하는 등의 남북 갈등 고조 현장에 수만 개씩의 지뢰를 새로이 매설하여 왔고, 이런 결과 비무장지대 근방에는 지뢰매설지역이 자꾸만 늘어나게 되었다. 그러니 기존의 100만개에다가 수십만 개 이상의 지뢰가 늘어왔다고 볼 수 있다.

휴전 후 정부는 넓고 큰 비무장 지대의 지뢰밭 개발운동을 일으켜 가난한 서민들이 목숨 걸고 지뢰를 제거하려다가 목숨을 잃거나 장애를 입게 되었다. 이들은 또한 지뢰를 제거한 후 원소유자와의 땅 소유권 소송에 밀려 그곳을 떠나거나 다시 돈을 주고 그 땅을 사는 등의 이중 삼중고를 겪으며 지금까지 살고 있다.

국방부 자료에 의하면 1992년부터 1997년 사이의 지뢰 피해자는 총 78명이고, 그 중 민간인 피해자는 29명이라고 한다(자료의 보존기간이 5년이기에 이전 자료는 폐기됨). 이는 민간인 피해자들 중 국가 배상신청을 한 사람들에 대한 통계만이고 여러 가지 이유로 신청을 못한 사람들은 제외된 숫자이다. 또한 안전사고는 되도록 축소하고 숨기려는 군부대의 특성상 군인 피해자도 상당히 있을 것이라는 추측도 가능하다. 여기 현장 경험과 지뢰지역 34곳(미확인지역 포함)이라는 국방부 발표를 종합할 때 국내에서는 약 1000명 이상의 민간인 피해자가 있을 것으로 추정되고 있으며 군인 피해자는 그 2~3배 정도일 것으로 생각되어 진다.

이런 여러 분석과 현장감에 익숙한 한국대인지뢰대책 모임은 지금까지의 세계적인 운동에 둔감한 것을 반성하면서 1997년 10월 7일 참여연대 사무실에서 8개 시민단체의 실무자들이 만나서 출발했다. 한 달 뒤인 11월 6일에 15개 시민단체가 참여한 "한국대인지뢰 대책회의(KCBL)"를 발족, 12월 캐나다 오타와 국제회의에 대표단을 파견했으며 계속 공감대가 형성되어 지금은 27개 민간단체가 이에 참석하고 있다.

지난 3월 23일 총회에서는 필자를 대표로 선임하고 앞으로 민간인 피해실태조사와 피해자 지원 사업, 피해자를 위한 특별법 청원, 한국의 대인지뢰 금지협약 가입이나 미국의 약속촉구, 그리고 국제운동 단체와 손잡고 한반도의 지뢰제거운동을 위해 헌신하기로 다짐했다.

<사람 살리는 복음>

어떤 사람들은 목사나 교회가 기도나 하고 성경이나 읽고 복음만 전하지 왜 이런 운동에까지 참여하느냐고 물을지 모르지만 복음이 사람 살리는 일이라면 이 운동이야말로 복음의 살림사업이다. 아름다운 금수강산 우리 땅 곳곳에 이런 살인적인 무기가 무수히 묻혀있다는 것을 원치 않는 하나님의 가슴을 시원케 하는 일이다.

또한 하나님의 정의와 사랑을 이 땅에 심으려던 예언자들의 피눈물 나는 운동과 맥을 같이 하는 것이며 특히 우리 믿음의 조상 예레미야가 전쟁으로 폐허가 된 예루살렘과 유다 땅을 밟으며 울고 울던 눈물의 함성을 같이 지르는 일이다.

"내 눈이 눈물에 상하며 내 창자가 끓으며 내 간이 땅에 쏟아졌으니"(애가 2:11)하며 망한 조국을 끌어안던 가슴으로 우리는 지뢰밭 없는 평화의 밭을 갈아 통일로 가는 일에 깨어있어야 하겠다.

(19) 경건의 영맥을 잇는 사람

<장공과 만우>

우리 기장 교단의 아브라함 할아버지를 김재준 박사라고 한다면 기장 교단의 방향과 성격은 다분히 이 분의 신학적 영향으로 되어졌다. 이 신학을 여러 가지로 말할 수 있으나 간단히 줄인다면 "하나님의 선교신학(Missio Dei) 냄새가 나는 사회 참여적 신학이다.

말하자면 성서의 본 뜻을 정확히 캐내어 그 성서적 사고방식과 진리를 세상의 정치 경제 사회 문화 교육 등 제반 영역에 적용시킨다는 견해이다. 그러니까 성경을 교회 안에 가두어 두지 않고 만천하 어디든지 세속 현장 속에 두자는 뜻이다. 성서 속에 살아 계신 우리 주 예수 그리스도를 특수한 교회 영역 뿐 아니라 전 세상, 전 영역에 전하자는 것이다.

예수 전하는 전도 뿐 아니라 우리 주 예수 그리스도의 사랑과 정의를 그대로 세속 현장 속에 실천하여 오늘 이 시대에도 부활하신 예수 그리스도께서 살아 생동케 하고 이 과정에서 그리스도를 따르며 제자 된 신도를 사회의 소금과 빛으로, 또 누룩으로 퍼져 들어가는 그리스도의 정병(게릴라)이 되자는 외침이다. 그러나 이런 방향으로 뛰다가 보면 영적인 뿌리가 약해지는 수가 있다. 이 약한 영적 뿌리를 강하게 하자면 끊임없는 기도와 성령의 도우심이 필요하다.

6·25 사변 때 북한에 납치된 송창근 박사는 이를 미리 내다보고 이 엠 바

운즈(E. M. Bounds)의 「기도의 영력(능력)」을 번역했다. 기도의 성자 바운즈를 한국 교회에 최초로 소개하고 기도 운동을 강하게 일으켜 보려는 의도로 번역했음이 분명하다. 정말로 이 책은 한국 기독교계에 기도의 불을 붙이기에 충분한 책이었고 전쟁 후 폐허의 땅 위에 새벽이나 낮이나 밤이나 무릎기도로 하나님께 빌어 조국을 살리는 지침서가 되었다.

이렇게 기도를 강조한 송박사는 감리교의 신비주의 운동가로 내몰린 이용도 목사와는 의형제 간이었다. 송박사가 미국 유학 갈 때 이용도 목사는 집을 팔아 송박사 유학비를 대 주었고, 이용도 목사 소천 이후로 송박사는 이용도 목사 가정(사모 송봉애 여사와 아들 영철)의 삶을 책임졌다(캐나다의 뱅쿠버의 전 한신대, 건국대 총장 정대위 박사의 증언). 뿐만 아니라 송박사는 한국 기독교계에 "이단"으로 계속 욕을 먹으면서도 끊임없는 기도와 성령운동으로 청춘을 바친 김천 용문산 기도원 나운몽 원장과도 친했다(나운몽의 글). 송박사는 이런 기도 운동의 원조들과 친했을 뿐 아니라 김재준 박사를 함경도 골짜기에서 끌어내어 일본으로, 미국으로 신학 연구 길에 들어서게 했다.

우리 기장 교단은 이 두 기둥, 즉 장공 김재준과 만우 송창근의 신앙과 신학 운동으로 일제 강점기 때 선교사 중심의 평양신학교의 노선과는 철저히 다른 조선신학교를 세운 데서부터 출발하게 되었다. 그러므로 장공 없는 만우, 만우 없는 장공은 상상도 할 수 없다. 그럼에도 불구하고 6·25 난리 때 만우가 납치된 이후로는 장공의 신학과 신앙 방향으로만 갈 수밖에 없었다. 이 신학은 전 세계 기독교와 어깨를 나란히 하는 신학이며, 동시에 내세 경향으로만 치우친 한국 기독교를 바르게 이끌 수 있는 신학이다. 그럼에도 불구하고 만우가 바운즈를 소개하면서 암시했던 영적 뿌리가 약해질 수도 있는 신학이다.

<만우를 찾아 용문산에>

특히 현장 목회에서는 장공의 방향으로 지역사회와 한국 문제를 끌어안되 만우의 가슴과 무릎이 더욱 필요하다. 그런 의미에서 이번 여름에는 아직도 살아 외치는 용문산의 나운몽 원장을 찾았다. 나원장이 살아있을 때 송창근 목사에 관한 것을 더 알아보기 위함도 되고 한국교회 기도와 부흥운동의 발화점인 용문산에 가서 은혜를 받기 위한 걸음이었다.

기도원 입구의 "재단법인 애향숙 지정기념물 제1호"인 「용문산 첫 집」에는 다음과 같은 글이 있었다.

"1940년 5월 7일 입산, 집 없이 7년 간 지내다가 1946년 가을에 비로소 지은 집, 1947년 4월 5일 때 늦은 봄눈에 덮인 초가 산막에서 다섯 명의 숙생이 모여 나숙장(운몽) 주체 하에 개숙 예배를 드리던 곳이다. 동쪽 첫 방이 등잔불 켜놓은 채 3주야를 성경 속에 들어갔던 체험을 얻은 방이다. 한국교회에 성령의 불을 지른 것은 이 집에서 시작된 일이다."

이 몇 마디의 안내판이 용문산 기도원의 모든 것을 말해 주는 듯 했다. 그러니까 20대에 들어와서 60년 동안 나원장은 여기서 기도의 한 우물을 파왔고 지금도 파고 있다. "3주야를 성경 속에 들어갔던" 신비의 경지가 그를 이토록 미치게 변함없이 만든 것이다. 이 집에서 불을 받아 찾아드는 기도의 사람들에게 불을 붙였으니 "한국교회와 성령의 불을 지른 것"이 이 집이라 해도 틀린 말이 아닐 것이다.

순복음 제단 쪽에서는 전혀 말을 하지 않으나 여의도 성전을 짓는 건축자들이 용문산 출신들이었는데 조용기 목사에게서 전혀 돈이 나오지 않자 건축자들은 이 건물을 매각 처리하려고 했단다. 나원장은 이 때 "교회가 돈을 못 낸다고 짓는 건물을 매각해서는 안 된다"고 말했으며 이를 계기로 조용기 목사는 나운몽 원장을 서울 외교구락부에서 만났다고 했다. 조용기 목사는 만나자마자 나원장에게 절하며 말하기를 자기가 16살 때 어머니를 따라 용문산에 가서 나원장에게 기도 받을 때 폐병이 나았다고 간증했다고 한다. 성락교회의 김기동 목사도 이곳에서 40일 금식기도하며 은혜를 받아 일어났다고 말했다.

한국교회에 기도와 성령의 불을 지른 나원장을 만나기란 참으로 어려웠다. 그러나 "송창근을 찾아 나선 교회 사학자" 같은 탐구적 자세를 보고는 반겨 맞아 주었고 나올 때는 많은 자료도 주었다.

"송창근 목사는 내게 늘 신학을 하라고 전했지. 그때 아마 신학교를 갔으면 강원용이랑 같이 배웠을 거야. 내가 안 가기를 잘했지"라는 말로 이야기를 시작했다.

"내가 신사참배 문제로 왜놈 순사한테 잡혀가 감옥서 고생할 때 송박사가 빼 주었어!"라고 회고했으며, 이때 나원장 부인이 김천 황금동 교회 목사인 송창근 박사를 찾아가서 호소했고, 그때 송박사는 대화를 나누는 중에 부인의 할머니와 함경도 동향 마을인 것을 알고 기뻐했다고 했다.

일제 시대의 얘기라 기억은 희미했고 송박사의 납치소식을 늦게 듣고 슬펐다고 했다. 그리고 나원장은 송창근 박사가 늘 자신의 기도생활을 격려해 준 어른으로 믿고 있었다. 나원장의 기도원 사택에서의 친교를 뒤로하고 금식하며 노천 집회장에서 말씀을 들을 때 나원장의 말씀은 아직도 청춘의 도전이었다. 40년 동안 매일 24시간 연속기도를 드리고 있는 구국제단에서 기도할 때 김 구, 김재준, 송창근, 장준하, 문익환 같은 인물이 떠올라 이 분들을 붙들고 통곡을 하다가 내려왔다.

<특별 체험의 에스겔>

에스겔은 유다와 예루살렘이 바벨론에 의하여 완전히 망하기 직전 제2차 포로 때 잡혀가(BC 597) 바벨론의 "그발 강 가"에 버려졌다. 그러나 그는 여기서 타락하지 않고 자신과 민족의 죄를 회개하며 기도하는 중에 "하늘이 열리며 하나님의 이상(비젼)"이 보여지는 체험을 했다. 그리고 "여호와의 말씀"이 특별히 자신에게 임하고 "여호와의 권능"이 자기 위에 있음을 알고 감격했다. 이런 체험과 감격 때문에 에스겔서의 이야기가 신나게 기록되고 포로 된 백성들에게 용기와 꿈이 생기게 되었다. 이런 체험과 감격이 오늘날 한반도의 상황을 살리는 새 힘도 된다.

오늘 날 소돔 고모라 성 같은 도시 문명 속에 우뚝 선 교회들이 이 경지에 들어가지 못하면 어찌할까? 교회의 지도자들이 교단 총회를 한다며 제사에는 관심 없고 잿밥에만 관심을 두어 한 자리 차지해 보려고 총회장 부총회장 선거 투개표에 의도적이고 조직적인 부정을 저지르면 어찌할까? 잘 믿는다는 평신도들이 수백 수천만 원 하는 고급 옷가게를 드나들며 몸치장을 하다가 TV에서 만인들 앞에 추태를 부리면 어찌하는가? IMF의 파고를 넘어서서 오히려 에스겔의 바벨론 포로 시대 같은 황폐기가 와야 하는가?

그런 시대가 오기 전에 40년, 60년 기도제단 쌓으며 성서의 영적 경지로 찾아드는 신령한 자세를 갖고 경건의 모양만이 아닌 경건의 능력과 그 맥을 이어가야 하지 않겠는가?

(20) 칼 쓰는 평화

<남북 평화>

2000년 한 해를 보내며 새해를 전망하는 계절이 왔다. 새 천년 첫 해의 가장 큰 뉴스는 남북 평화의 물꼬가 터진 것이다. 우리 김대중 대통령이 북한 김정일 국방위원장을 평양에서 만나 소위 「6·15 선언」을 하므로 이 큰 사건이 이루어지게 되었다. 이를 계기로 이제 한반도에는 새로운 시대가 온 것이다. 과거의 적대 관계에서 이제는 서로 살려 주는 친구 관계가 되었다. 이제 이 관계를 소중히 키워가서 미래에 통일로 가는 일을 성사시켜야 하겠다.

이 일을 전 세계가 격려하고 노벨평화상으로 축하해 주었다. 시드니 올림픽 때는 남북 선수가 동시 입장하는 것을 보고 모두 경의를 표하며 일어나 박수를 보냈다. 우리나라 칠천만 남북 겨레도 모두가 환영을 했다. 그러나 그 후 약 반년이 지나고 나니 그런 것만도 아닌 일이 있어 신경을 쓰게 만든다. 교회의 장로라고 하는 전직 대통령이 이 남북 화해 국면에 정면으로 반대하며 심지어 북한 김정일 위원장의 서울 방문조차도 막자는 서명운동에 나서고 있다. 야당의 한 국회의원은 청와대를 “친북 세력”이라고 떠들며 또 다른 야당의 국회의원은 얼마 전에 여당인 민주당을 북한 “노동당의 2중대”라고까지 말했다. 후자의 국회의원은 과거 군사 독재정권의 잔당으로 육사 출신답게 정치에 입문, 정보계통에 근무하면서 민주화를 요구하는 학생 시민을 잡은 경력을 가지고 있다. 이런 사람들은 하나님과 사람 앞에 회개하고 새 출발을 해야 할 텐데 아직까지도 군사 정권의 정당성을 주장하고 민주투사를 빨갱이로 몰아 잡은 것에 대해서 부끄러워하지 않고 있다. 이런 사람이 아직도 국회의원을 하고 있는 것은 역시 그런 논리로 지역 주민을 속이고 지역감정을 최대로 부추겨 표를 얻기 때문이다. 이런 사람들이 국회에 많다면 앞으로 남북 협력 문제에 대해서 적잖은 논란이 되고 경우에 따라서는 극한 대립이 될 것이다.

그런데 이런 사람들은 야당에만 있는 것이 아니라 드러나지 않아서 그렇지 정부 여당 안에도 있는지 모른다. 얼마 전에 전 부총리인 한완상 박사(상지대 총장)는 외교 통상부의 직원 대상 강연에서 "정부 관료 중 가장 역사의식이 날카롭고 개척 정신이 투철해야 할 외교관 가운에 '골통' 냉전의식을 갖고 있는 사람이 있다면 그건 문제"라고 꼬집었으며, "한반도의 냉전비용을 새 천년 한민족 번영의 비용으로 전환하는데 외교부가 앞장서야 우리나라의 미래가 밝아질 것"이라고 강조했다. 그는 또 "세계의 시계는 21세기 정보화 시대에 맞춰 돌아가고 있는데 한반도에서는 여전히 냉전의 시계가 돌아가고 있다"고 개탄하고 "북한 전략 불변론", "속도 조절론", "시기상조론", "북한에 퍼주기 담론" 등은 모두 냉전 논리에 불과하다고 비판하고 "문제는 정부 당국자들이 이에 대해 논리적 거시적 합목적적으로 대응하지 못하는 것"이라고 말했다. 경청해야 될 말이다. 그렇다고 여당이건 야당이건 그 일에 냉전 보수 세력이 있어서는 안 된다는 말이 아니다. 건강한 사회와 민족이 되려면 합리적인 보수주의와 건전한 진보주의가 새의 두 날개처럼 공존해야 한다. 전자가 사회의 안정적 틀을 유지하고 후자가 변화를 모색하므로 사회 발전의 동력이 된다고 보기 때문이다.

그러므로 앞으로의 남북 평화와 통일 문제에 대해서 북한을 포함해서 남한에도 건전한 비판세력이 있는 것이 좋다. 그러나 문제는 보수주의의 탈을 쓰고 과거의 군사독재 정권의 논리로 돌아 가자거나 철저한 반공 멸공의 극우 방향으로 가자는 논리이다. 이런 논리는 건강한 보수, 열린 보수주의자들의 입지조차도 어렵게 만든다. 이런 막가는 자들의 주장대로 하자면 화해

시대의 지구촌에서 유독 한반도에만 끊임없는 갈등으로 나가자는 것이고 경우에 따라서 국지전이나 세계 군수 산업자들의 부추김을 받아 전면전까지도 갈 가능성이 있었던 "평양 폭격", "서울 불바다" 같은 불안이 재현될 수도 있을지 모른다. 제발 화해 협력으로 반세기만에 손잡은 평화의 분위기를 깨지 말아야 한다. 그래야 21세기의 한반도의 미래는 밝아진다.

<평화의 왕 예수>

다시 오시는 주님, 2000년 성탄절에 다시 탄생하시는 우리 주 예수 그리스도는 평화의 왕으로 오신다(사9:6, 눅2:14). 오신 주님, 오실 주님은 지금의 한반도 평화 분위기를 지지하실 것이다. 아니 이미 세상 속에서 일하시는 주님께서 저 옛날 이스라엘의 바벨론 포로시대 때 페르시아의 고레스 왕 마음문을 여시듯 우리의 김대중 대통령과 북한의 김정일 국방위원장의 마음을 여셔서 이런 일들이 성사된 것이다. 그러므로 새 천년 첫 해의 성탄절은 "평화"에 초점을 맞추어야 할 것이다.

<전쟁의 평화>

그러나 주 예수의 평화는 갈등이 봉합된 비정상적 평화가 아니라 싸우는 평화이다.

"내가 세상에 화평을 주려고 온 줄로 아느냐 내가 너희에게 이르노니 아니라 도리어 분쟁케 하려 함이로라"(눅12:51).

"내가 세상에 화평을 주러 온 줄로 생각하지 말라. 화평이 아니요 검을 주러 왔노라"(마10:34).

이와 같이 칼로 싸우는 분쟁의 평화이다. 그러면 왜 이런 상반된 평화를 말씀하실까?

우리 주 예수 그리스도가 전하시는 하나님의 나라와 세상의 나라, 그리고 그 배후에 있는 마귀의 세력이 다르기 때문이다. 진리와 거짓이 다르기 때문이다. 겸손과 교만이 다르기 때문이다. 십자가에 죽으시는 희생으로 남 살리심과 십자가에서 내려와 타인을 짓밟고 죽이는 것과 다르기 때문이다.

빛과 어둠이 다르기 때문이다. 하늘과 땅이 다르기 때문이다. 하늘의 방법과 땅의 방법이 다르기 때문이다. 요새 말로 그리스도 중심의 문화적 가치관과 반 그리스도 중심의 문화적 가치관이 다르기 때문이다.

서로 상반되는 이 두 세력의 싸움은 주 예수 탄생 당시의 동방 박사들이 경배한 후 당시의 대 헤롯의 베들레헴 유아 학살 사건에서부터 2000년 동안 계속되어 왔다. 앞으로도 계속될 것이며 분명한 것은 "미혹하는 마귀가 불과 유황 못에 던져지고", "새 하늘과 새 땅"이 열리는(계20:10-21:1) 그 때까지 계속될 것이다. 이때까지 끊임없이 "미혹하고 모아 싸움을 붙이는"(계20:8) 사단의 도전 앞에 무슨 평화인가! 계속 진리의 검으로 사랑의 검으로, "믿음의 방패를 가지고"(엡6:16) 싸워야 한다.

에스겔은 이런 뜻에서 "칼"을 노래한다(겔21:8-17).

"칼아 모이라. 오른쪽을 치라. 대열을 맞추라. 왼쪽을 치라. 향한 대로 가라"(겔21:16).

"나도 내 손뼉을 치며 내 분노를 다 풀리로다. 나 여호와가 말하였노라"(겔21:17).

하나님은 칼 쓰는 것에 손뼉을 치실 뿐만 아니라 칼을 써서 심판함으로 쌓였던 분노가 풀리신다는 말씀이다.

아말렉에 대해서 칼을 안 쓴 사울을 버리시고 칼을 쓴 다윗을 쓰신 하나님이심을 우리는 언제나 알아야 한다. 그러므로 우리는 새 천년에 극우의 악과 극좌의 악과 그들 배후에 있는 사단의 정체를 알고 우리가 받은 하나님의 칼로 대적하며 참된 평화의 경지로 나아가야 한다.

(21) 많은 사람을 옳은 데로 이끈 사람

<환자 속에 계신 예수 보고>

1907년 평북 선천에서 태어나신 문창모 장로님은 기독교 신앙으로 깨어난 비교적 부유한 가정의 아버지의 인도로 일찍이 서울에 유학을 했다. 배제학당에 다니던 중, 6·10 만세 운동을 일으켜 그만 학교를 못 다니게 되었으나 하나님의 도우심으로 학교를 무사히 졸업, 당시의 유명한 세브란스 의전에 입학하여 의사가 되었다.

장로님 표현으로는 "세상에서 가장 살기 좋고 아름다운" 해주에서 장인 어른의 도움으로 병원을 열게 되었고, 이후 도립 인천병원장으로, 또한 무덤 직전의 국립 마산결핵요양소 책임자로, 세브란스 병원장으로서 치료의 일에 헌신했으며, 미 감리교 선교부와 캐나다 선교부와 손잡고 원주기독병원을 세워 초대 원장이 되셨다. 이를 계기로 원주 사람이 되었고 유명한 문이비인후과 원장이 되셨다. 의사가 되어 60평생 환자 곁을 떠나지 않았으며 사상초유의 의약분업 사태 때도 생명을 담보로 투쟁할 수는 없다는 논리로 병원 문을 열었다. 국회의원일 때도 환자를 돌보며 의원직을 잘 감당하셨다. 그 흔한 여행이나 휴가도 제대로 못한 이유가 아픈 환자 곁을 떠날 수 없었기 때문이었다.

장로님에게 환자가 물이라면 당신은 고기였다. 물고기가 물을 떠나 살 수 없듯이 의사 된 장로님은 환자를 떠나 살 수가 없었다. 환자가 가족이었다. 환자가 생명이었다. 환자가 전부였다. 이것은 하나님께서 환자들을 자신에게 보내 주셨고 또 만군의 의원 되신 하나님께서 자신에게 그리스도의 치유의 일을 계속 하라고 의사의 사명을 주셨기 때문이었다.

이런 치료의 사명을 감당하다보니 환자 속에 예수가 계신 것을 알았고 또 최후 심판의 말씀(마25:31-40)처럼 지극히 작은 병자와 예수님을 동일시하게 되었다. 장로님은 의사라는 직업을 통해 주 예수를 섬긴 거룩한 의사요, 주 예수의 치료의 성업을 성령의 도우심으로 잘 감당한 생명 살림꾼이었다. 이 품에서 죽어가던 많은 사람이 살게 되었고 보잘 것 없는 가난뱅이 환자들이 많이 살아났다.

<돈 의사가 아닌 사랑 의사>

이렇게 밤낮으로 열심히 의료 생활을 하는 경우가 요새도 있을 것이다. 새벽부터 밤까지 환자를 많이 보는 의사들이 있을 것이다. 그러나 열심도 돈 벌려는 열심이 있고 환자를 살리려는 사랑의 열심이 있는데, 장로님은 환자를 이용해서 돈을 벌려는 욕심은 아예 있을 수가 없었다.

"돈을 사랑하는 것이 일만 악의 뿌리"(딤전6:10)라는 것을 알고 오히려 하나님을 사랑하고, 사람을 사랑하고, 특히 하나님이 맡겨 주신 환자를 사랑하는 것이 일만 선의 뿌리라는 것을 아셨다. 그 증거로 요새 돈 벌려는 열심으로 의사가 되어 몇 년, 몇 십 년 만에 동 부동산, 빌딩 가진 자가 많은 것과는 대조적으로 장로님은 60년 의사생활에 재산이라고는 거의 없으시며 심지어 하늘의 부름을 받아 낙원에 이른 지금(2002. 3. 13)은 마지막 재산이던 문이비인후과 건물과 터도 경매로 넘어간 상태이다.

장로님은 가난한 환자에게는 돈을 받지 않았을 뿐만 아니라 오히려 돈을 주어서 보냈으니 의사로서 돈을 벌 수가 없었다. 돈을 좀 모았다 할지라도 교회 건축과 교회 개척에, 그리고 가난한 목회자들에게 아낌없이 지원했기 때문이었다. 또한 젊은이들을 키우는 장학 사업이나 교회 곁 기관인 YMCA, 가정법률상담소, 로타리클럽 등을 통해 하나님의 사랑을 널리 펴는 일을 위해 돈을 계속 쓰셨다. 돈 씀씀이에 사람의 인격이 보이는데 그 분은 꼭 써야할 때면 인색함 없이 넉넉하게 나누었으므로 가난의 세월에 오히려 그는 크게 보였다.

<주님을 사랑하여>

돈 씀씀이 때문에 인격이 커 보이기도 했지만 그 근본은 그 가슴에 하나님을 믿는 믿음과 하나님에 대한 사랑이 늘 끓고 있는 바로 그것이었다. 그는 진실로 몸과 마음과 뜻과 정성을 다하여 하나님을 사랑했다. 하나님을 사랑하기 때문에 하나님의 교회를 떠나지 않았고, 가는 데마다 제단을 쌓았고, 제단이 없는 곳에는 교회를 세워 제단을 쌓았다. 이 과정에서 드는 돈은 자신이 다 감당을 했으며 일손이 모자랄 때는 손수 몸이 망가지는 것도 개의치 않고 일했으며 심지어 욕을 먹고 오물도 뒤집어쓰며 충성을 했다.

장로님께서 자주 하는 간증 설교에서 말씀하시듯 그 입에서 하나님 사랑의 불이 붙어 나와 드디어 이 불이 우리들의 가슴에도 붙었다. 공석 사석에서나 빈부 귀천 유무식 가릴 것 없이 그 좌석에서 예수의 복음을 전하기에 힘썼고, 그 걸쭉한 농담과 때로는 거친 욕으로 울리고 웃기며 드디어는 예수 믿자는 식으로 예수 여론을 주도해 나가셨다. 그래서 이런 사랑과 권위에 말려들어 예수 믿게 된 사람이 수백 수천이 되었다.

<사랑으로 키우기>

그는 단순히 전도할 뿐만 아니라 사람을 격려하고 키우기에 애쓰셨다. 소위 우리나라 최초의 "수능고사" 같은 것을 원주시내 고등학생들에게 적용시켜 서울 학생들이 치는 시험문제를 원주의 학생들도 풀어보고, 그럼으로써 서울 수준으로 원주를 끌어올리려 발버둥 치셨다. 비록 학생들이 원주에 살아도 한국적인 수준으로 끌어올리려는 의도였다. 여기서 장학 운동이 생기고 인물 키우는 운동이 일어났다. 이런 인물 키우는 운동 때문에 원주 시내 교회들이 일어났으며 평신도들의 운동이 크게 일어났고 기드온, 와이 운동 등이 활력을 얻고 일어났다.

바로 이런 발돋움 분위기로 원주 기독병원은 지방 병원 중 가장 큰 병원으로 일어났고, 이 과정에서 세브란스 병원과 손잡고 좋은 의료진과 첨단 의료 장비를 갖춘 유명한 병원으로 일어났다. 이 기독병원 때문에 의과대학이 생기고 나아가서 연세대학교 매지리 캠퍼스가 생겼다. 장로님의 이 사람 키우는 운동이 사실상 원주를 치악산만큼이나 큰 도시로 일어나게 했다.

우리 영강교회가 "원주에 살아도 생각은 세계적으로"하며 일어날 때, 장로님은 제일감리교회 예배 후 우리 교회 5부 예배에 참석하셨고 우리 교회의 모든 행사에 직간접적 격려와 칭찬을 아끼지 않은 것은 그 특유의 키워주기 정신이었다.

<옳은 길로 인도하는 별>

그 결과 장로님의 생애는 믿음의 조상 다니엘이 받아 쓴 말씀처럼 "많은 사람을 옳은 데로 돌아오게 한"(단12:3) 삶, 바로 그것이었다. 주 예수 그리스도의 하나님을 믿고 성령의 인도를 받은 "지혜 있는" 삶으로 일제 시대와 육이오의 환난과, 그리고 이런 난리 속에서 방황하는 민중들을 옳은 데로 인도했다. 이런 사람은 "별과 같이 영원토록 비취리라"했는데 장로님은 정말 어두운 한국사에 별과 같이 빛나는 분이었다.

이제 우리는 이 별을 노래만 하지 말고 이 야성의 별 속에 계시던 주님의 말씀을 따라 또 세상의 빛으로 일어나야 한다.

(22) 힘을 아끼는 사람

<바보 새>

싸우는 평화주의자 함석헌 선생은 살아생전에 늘 바보 새 이야기를 들려주었다. 바보 새는 남태평양 군도에 많이 살고 있는 새로서 모양도 크고 잘 생기고 부리도 좋고 발톱도 좋은데, 밤낮 청소만 하고 다닌다는 것이다. 고기를 잡는다면 1등가는 고기잡이일 텐데 어떤 경우에도 살아있는 물고기는 잡아먹지 않고 다른 새들이 먹다 남은 찌꺼기나 어부들이 버린 쓰레기만 먹고 산다고 한다. 심지어 자기 몸에서 나오는 배설물조차도 가리며 산다고 한다. 그러니까 이 새들이 사는 곳에는 공해가 없고 자연 보호가 잘 되어 물고기들이 움츠려 들지 않고 오히려 춤추고 돌아다닌다고 한다.

이 새의 본래 이름이 있는데 어부들은 늘 그 이름을 부르지 않고 "바보 새"라고 부른다는 것이다. 치열한 생존경쟁 마당에서 크고 작은 새들이 잘났건 못났건 약육강식의 처절한 먹이 싸움을 하고 1등가는 영토 경쟁을 하고 있는 마당에, 이 새는 그런 싸움과는 아무 관계없이 청소만 하고 다니니까 바보같이 보여서 그렇게 부른다는 것이다.

우리 주 예수 그리스도의 정신으로 충만한 함석헌은 이 세상 속에 그의 주 예수의 말씀과 행동을 심는 몸부림으로 늘 이 바보 새를 들먹였다. 십자가 지신 우리 주 예수도 바보이니 자기 자신은 물론 제대로 믿는 사람들이라면 바보 새 같은 바보가 되어야 한다는 외침이다.

<바보 아닌 미국>

역대 미국 대통령 중에는 기독교 신앙이 없는 사람은 한 사람도 없다고 한다. 그것은 처음부터 신앙이 없는 사람은 아예 출마도 못하고 예비 선거에서 당선될 수도 없으니까 당연한 말이다. 현 대통령 부시가 공화당 후보로 나와서 민주당의 엘 고어와 한판 선거전에서 격돌할 때 공화당은 걸핏하면 당시의 집권당인 민주당을 향해서 "힘 있는 미국"을 강조했다. 왜 세계에서 가장 강한 힘의 미국이 세계에서 제일 힘없는 미국 같이 보이느냐며 공격했다. 이 도전과 그 외의 선거 전략이 먹혀들어 공화당은 가까스로 민주당을 이기고 승리를 했다. 승리의 축배를 들고 세계적인 힘을 과시하려고 한창 열을 올리려는 마당에 9·11의 테러범들이 미국의 심장부에 진입해서 그 콧대를 쳤다. 잠자는 호랑이를 건드렸다. 가만히 있을 수가 없었다. 그렇지 않아도 넘치는 힘을 어디 쓸 가를 찾고 있었는데 이 기회를 놓칠 리가 없다. 들끓는 미국인들의 여론을 타고 칼을 빼들기 시작했다. 최첨단의 살인적인 폭탄과 미사일을 날리기 시작했다. 예수를 믿는 대통령과 책임자들은 하나님 앞에서 하나님의 미국과 세계 질서를 파괴하는 악마를 예수 이름으로 징계를 해야 된다는 십자군의 논리로 강하게 나왔다. 아프가니스탄을 공격하고는 다시 이라크를 공격했다. 신이 건설했다는 바그다드 정복은 어려울 것이라는 예상을 깨고 쉽게 쳐들어가 사담 후세인 상을 넘어뜨리며 승리의 찬가를 불렀다. 이 기세는 다시 시리아나 이란이나 아니면 우리 한반도의 북한을 공격하는 것으로 이어질지 모르는 무서운 힘이다.

이렇게 강력한 미국의 전쟁 권력자들 배후에는 금융권을 쥐고 있는 보수적인 이스라엘 세력이 있으며, 이들과 직간접적으로 연결된 군수 산업자들이 있다. 이들이 제일 싫어하는 것은 미국이 힘을 갖고도 힘을 제대로 쓰지 못하여 세계 앞에 나약한 모습으로 비춰지는 모습이며, 반대로 이들이 제일 좋아하는 것은 힘 있는 미국이 힘을 제대로 써서 그 힘찬 모습을 전 세계 앞에 보이는 것이다. 그리고 힘으로 세계를 정복하여 미국 중심의 세계 평화(팍스 아메리카나)를 주도하는 것이다. 이 과정에서 이번 이라크 전에서 보았듯이 다른 우방 국가나 유엔이 연대하여 지지를 보내 주면 좋고, 협조와 지지를 보내 주지 않아도 얼마든지 미국 단독으로 일을 저지를 수 있는 자신감을 갖고 있다. 이런 미국 앞에 전 세계는 할 말을 잊고 있다. 함부로 비판하고 달려들다 보면 큰 불이익을 당하거나 공격을 받아 불바다, 피바다가 되기 쉽기 때문이다. 미국의 눈치만 보고 살게 되었다.

그러나 과연 이것이 기독교 정신으로 일어난 미국의 진정한 자세이어야 하는가? 과연 이것이 미국의 신앙 권력자들을 향한 하나님의 뜻인가? 일시적인 상황에서는 혹시 통할지 모르지만 변치 않으시는 하나님의 영원한 뜻은 절대로 아니다. 한 마디로 성서에 계시된 하나님은 힘의 하나님이 아니요, 사랑의 하나님이기 때문이다. 힘이라면 사랑의 힘, 그것이다. 성서의 핵심은 힘 있는 전지전능하신 하나님이 그 힘을 과시하지 않으시고 오히려 인간 아래로 낮아지셔서 가장 나약한 모습으로 인간의 모든 죄를 짊어지시고 인간의 죄를 대신하여 십자가에서 벌 받아 죽어 희생당하시므로 인간을 살리신 그 은총이기 때문이다.

<오월의 군인들>

해마다 4월이면 진달래 빛 피로 솟구친 4·19 학생 민주 혁명을 생각하고, 해마다 5월이면 이 어린 민주 마당을 짓밟은 5·16 군사 혁명을 생각하게 된다. 그리고 이 군정 종식을 외치며 일어난 5·18 민주 세력에 대해서 잔인한 살상의 만행을 저지른 군대의 힘을 생각하게 된다.

이 군의 힘은 하나님의 힘과 같아서 못할 일이 하나도 없었다. 정치권력을 갖게 되고, 경제 권력을 갖게 되고, 여론을 주도하는 언론 권력을 갖게 되었다. 권력의 칼을 휘둘러 사람을 함부로 죽일 수도 있고, 돈으로 불가능의 일을 다 해치우고, 언론으로 그 정당성을 계속 외치니 완벽한 힘이다. 거기다가 정보 정치에 눈을 떠 자기들 마음에 들지 않는 자들을 성분 조사하여 감시하고, 법망에 걸리면 가두고, 고문하고, 죽이는 일까지도 서슴지 않았으니 감히 누가 이 초월적 힘에 맞설 수 있었겠는가?

그러나 감히 이 하나님의 힘 같은 초월적인 힘에 달려 든 힘이 있었으니 학생들의 힘이었다. 그리고 이 학생들의 힘에 가세한 양심적인 시민들의 힘이었다. 한쪽은 탱크와 총칼로 나오고 한쪽은 맨주먹에 펜으로 나오니 절대로 학생이 이길 수 없다. 그러나 기나긴 삼십여 년의 투쟁의 세월에서 절대로 학생들이 이겼다. 군정 종식의 꿈은 현실이 되었고, 함부로 사람을 죽이려고 군사 재판을 열던 무리들과 그 두목들이, 반대로 법정에 서고 감옥에도 가게 되었다.

군정이 지나고 문민시대나 국민의 시대나 또 지금 참여정부 시대가 왔는데 가만히 군정의 시대를 다시 들여다보면서 누구나 느끼는 것은 군대의 힘이라는 것이다. 역시 군대의 힘은 나라와 민족을 적으로부터 지키고 보호하는 힘이어야지 그 힘으로 정권을 잡거나 그 힘으로 그 민족을 살상시켜서는 안 된다는 것이다. 그럼에도 불구하고 그렇게 힘을 쓴다면 그 힘은 추한 힘이고 그 힘은 징계를 받아 마땅한 힘이라는 것이다.

이렇게 징계 받지 않고 칭찬 듣는 힘이 되자면 그 힘을 힘대로 쓰지 않고 절제하여 지혜롭게 써야 한다.

<지혜로운 살길>

그러므로 호세아는 하나님의 사랑의 힘을 강조한 결론으로 "누가 지혜가 있어 이런 일을 깨달으며 누가 총명이 있어 이런 일을 알겠느냐"(호14:9)하며 하나님이 주시는 지혜로만 이런 모든 것을 알 수 있다고 했다. 그런데 하나님의 지혜는 "하나님을 경외하는"(잠9:10) 믿음과 하나님의 말씀의 법에서 나오는 것이다. 그러므로 신앙 의인이라야 "그 도"를 행하게 되고 "죄인은 그 도에 거쳐 넘어지게" 될 것이다. 여기서 "여호와의 도"는 하나님의 인도하심과 그의 말씀을 모두 포함해 인간을 의롭게 하는 생명의 길이다. 이 길만이 살길이라고 말한다. 호세아는 이 길 대로 살지 않는 조국 이스라엘에 대해서 회개를 촉구하고 이 길을 지속적으로 걸어 민족이 살도록 호소하고 있다.

"길이요 진리요 생명"되신 우리 주님께서는 "이방인의 집권자들이 저희를 임의로 주관하고 그 대인들이 저희에게 권세를 부리는 줄을 너희가 알거니와 너희 중에는 그렇지 아니하니 너희 중에 누구든지 크고자 하는 자는 너희를 섬기는 자가 되고 너희 중에 누구든지 으뜸이 되고자 하는 자는 너희 종이 되어야 하리라" 하셨다. 그리고 자신은 "섬김을 받으려 함이 아니라 도리어 섬기려 하고 자기 목숨을 많은 사람의 대속물로" 주기 위해서 세상에 오셨다고 말씀하셨다(마20:25-28).

하늘과 땅의 모든 권세를 가지신 주님께서 이렇게 사시고 이렇게 말씀하셨으니 정말 사는 길은 이방인의 집권자처럼 힘쓰지 않고 주님처럼 겸손과 섬김으로 힘쓰는 길이다. 바보 새같이 사는 길이다.

(23) 탄식하며 우는 사람

<잊지 못할 6·25>

"아 아 잊으랴 어찌 우리 이 날을 / 조국의 원수들이 짓밟아 오던 날을 / 맨주먹 붉은 피로 원수를 막아내어 / 발을 굴러 땅을 치며 의분에 떤 날을 / 이제야 갚으리 그 날의 원수를 / 쫓기는 적의 무리를 쫓고 또 쫓아 / 원수의 하나까지 쳐서 무찔러 / 이제야 빛내리 이 나라 이 겨레".

박두진 작사, 김동진 작곡의 어릴 때 부르던 6·25의 노래를 지금도 모두 잊지 못하고 있다. 남도 아닌 우리 동족끼리의 싸움이니 정말 하나님과 세계 앞에 부끄럽고 "발을 굴러 땅을 치며 의분에 떤 날"이다.

이 날, 즉 1950년 6월 25일 새벽(5:00)에 38선 전역에 걸쳐 북한 공산당 집단이 남한을 침략했다. 보병 8개 사단(병력 19만 8천명)과 전차 2개 사단(242대), 그리고 전투 폭격기 211대의 무장으로 쳐들어 왔다.

여기에 비해 남한은 보병 8개 사단이 있어도 4개 사단만 38선을 지키고 있었고, 그 나머지 병력과 경찰력으로 치안 유지와 공비 토벌에 애쓰고 있을 뿐이었다. 그리고 20대 미만의 연락용 경비행기와 정찰기, 소수의 정찰용 장갑차와 낡은 곡사포가 있었다. 이런 전력으로 소련제 중전차와 전투 폭격기를 대항한다는 것은 거의 불가능한 것이었다. 당장 서울을 내어 주게 되었고, 서울을 거점으로 공산군은 남한 전체를 장악할 수 있다는 자신감으로 남하를 계속했다.

그러나 하늘의 하나님이 이를 그냥 두고 보시지 않으셨다. 유엔 안전보장 이사회를 통해, 미국을 통해 남한을 지켜 주셨다. 하나님이 보내신 유엔군과 미군이 부산 쪽에서부터 올라오고 또 인천 쪽으로 상륙작전이 성공되며 전 전선에서 반격을 시도하였다. 인천 상륙군이 7만 5천 명이나 되었으니 미국을 포함한 참전 16개국의 유엔군 병력은 적어도 10만 명이 넘었다.

낙동강 전투에서 고전을 면치 못하던 공산군은 결국 이 도전에 당황한 나머지 급히 후퇴를 하게 되었다. 9·28일에 유엔군 총사령관인 맥아더 장군이 대전으로, 대구로, 부산으로 피난 간 우리 이승만 대통령에게 서울을 넘겨주었다. 다시 국군과 유엔군은 서울을 거점으로 북진을 시도, 10·28에는 평북 초산까지 진격하고 만주로 도망가는 공산군을 소탕하려 했다. 그러나 여기서 상상도 못한 중공군의 반격을 받으며 다시 후퇴를 하기 시작, 계속 밀고 밀리는 지루한 싸움을 하다가 휴전을 하게 되었다. 공산군에 의해서 약 37만 3천 6백 명이 죽고, 12만 3천명이 납치된 데다가, 수많은 재산 피해를 입고, 원수도 제대로 갚지 못하고 조국의 통일도 무산된 채, 그만 전쟁 발발 3년만인 1953년 7월 27일에 원통한 분단의 삼팔선을 긋고 말았다.

<비극의 분단>

그 후 곧 다시 싸울 준비로 남북은 정신없이 군비 경쟁을 했다. 전 세계가 보는 앞에서 바보처럼 동족을 서로 많이 죽이려는 데만 힘을 썼다. 흡사 닭싸움 개싸움 마당에서 닭 개들이 주인들에게 만족을 주려고 열심히 싸우듯, 우리끼리 자본주의와 공산주의의 대표국가들을 만족시키기 위해서 정신없이 전쟁 준비로 달려왔다. 10년이면 강산이 변한다는 데 무려 50년 간 변치 않고 분단을 더욱 고착화시킨 상태로 여기까지 왔다.

이렇게 서로 죽이려고 반백년 간 준비한 결과 이제는 정말 칠천만 민족을 다 죽일 정도의 군사력이 준비되었다. 심지어 우리 시대 뿐 아니라 우리 후손들까지도 다 죽일 수 있는 핵무기도 갖지 않았나 할 정도로 심각한 사태에 직면하고 있다.

아무 준비 없는 상태에서 북한의 공격을 받아 남한이 다 망할 뻔한 위험 경지를 겪었기 때문에 남한은 유사시를 대비해서 미국과 손잡고 계속 육해공군의 전력을 증강해 왔다. 이런 남한보다는 더욱 강해야 할 북한은 소련과 중국과 손잡고 역시 군사력을 계속 증강해 왔다.

그러니 아름다운 금수강산 한반도는 강대국 군수산업자들에게 군침이 도는 나라, 유사시 일어날 전쟁에 대비해서 장사 해먹기 좋은 나라로 떠오르고 있다. 실제로 우리를 36년 간 지배했던 우리의 원수 일본은 이차 대전의 잿더미 패전국 상황에서 우리의 6·25전쟁으로 짭짤한 이익을 챙기며 일어났다.

이렇게 남 좋은 전쟁 준비로 광분하다 보니 막상 인간으로서 해야 할 그 본래성을 망각하고 살게 되었다. 이런 전쟁 준비가 필요 없는 민족보다 훨씬 삶의 질을 떨어뜨리는 삶을 살게 되는 손해를 보게 되었다. 예를 들어 전쟁 준비 대신 그동안 과학의 발전을 위해 준비하고 그만한 돈을 썼다면 한반도 전역은 정말 세계의 중심 국가로 일어났을 것이다.

전쟁 준비 중에도 이제 겨우 남한은 후진국 상황에서 벗어나 경제적으로 잘 살게 되었다. 그러나 자본주의의 악한 구조 속에서 일어나 부익부 빈익빈 현상이 심각하고, 물질과 쾌락 중심의 부패가 심각해지게 되었다. 황금만능을 믿고 돈을 잡았으나 막상 그 돈은 끝없는 욕정을 불러일으킬 뿐 만족한 행복을 가져다주지 못하고 있다. 그래서 이것을 피부로 느끼는 자들이 소돔 고모라 성 같은 도시에서 온갖 죄를 짓고 방황하다가 결국은 인생을 포기도 한다. 그래서 지난 10년 간 남한은 자살하는 자들이 급증하고 있다.

북한은 지상낙원의 유토피아를 꿈꾸며 계획 경제와 거기에 도달하기 위한 천리마 운동으로 일어났으나 겨우 재래식의 국방력은 세워도 인생살이가 망가지기 시작했다. 지난 10년 간 적어도 주민 100만 명 이상이 굶어 죽는 사태가 일어나고 있다(2003. 5.11 워싱턴포스트). 이들 대부분이 움직일 수 없는 노인이나 어린아이들이라 생각할 때 일은 더욱 심각한 것이다. 설령 움직이는 젊은 층이라 할지라도 먹고살기 위해서 압록강 두만강을 넘다가 죽는 일이 많으며, 탈출에 성공해도 저 만주 벌판을 떠도는 난민으로 동물적인 삶을 사는 일이 많아지고 있다.

상황이 이렇게도 심각한데 이들의 생계를 책임지고 있는 자들은 자신들을 신격화하기 위해 천문학적인 돈을 탕진하며 그 체제를 유지하기 위해 계속해서 핵무기 개발에 신경을 쓰고 있다. 드디어는 이것이 문제가 되어 미국에 의한 한반도의 전쟁 위기설까지도 등장하고 있다.

도대체가 모든 것을 원상태로 다시 회복해야 할 이 중요한 희년의 때에, 휴전 후 꼭 50년을 맞는 역사적 시점에서 통일은 가깝다가도 오히려 멀게만 보이는 어처구니없는 이 현실 앞에서 우리는 무엇을 말하고 무엇을 해야 하는가?

<회개의 새 출발을>

우리 믿음의 조상 요엘은 조국 유다가 바벨론에 의해서 망한 다음에 다시 일어났으나 또 위기를 맞았을 때, 눈물의 회개를 촉구하고 나섰다. 가공할 만한 메뚜기 떼와 극심한 가뭄과 기근 때문에 사람들이 다시 죽어 가는 것을 보고 그 속에서 또 다른 하나님의 심판을 읽었다.

"늙은 자들아, 너희는 이것을 들을지어다. 땅의 모든 주민들아, 너희는 귀를 기울일지어다. 너희의 날에나 너희 조상들의 날에 이런 일이 있었느냐? 너희는 이 일을 너희 자녀에게 말하고, 너희 자녀는 자기 자녀에게 말하고, 그 자녀는 후세에 말할 것이니라. 팥중이가 남긴 것을 메뚜기가 먹고, 메뚜기가 남긴 것을 느치가 먹고, 느치가 남긴 것을 황충이 먹었도다." 그래서 "밭이 황무하고 토지가 마르니 곡식이 떨어지며 새 포도주가 말랐고 기름이 다하여" 큰 재앙이 찾아들게 되었다(요엘1:2-4,10).

이 상황에서 할 일은 생사화복을 주관하시는 하나님 앞에 나와 "깨어 우는"(요엘1:5) 그것 밖에 다른 할 일이 없었다. 이 우는 자들을 하나님은 버리지 않으시기 때문이다.

에스겔은 자기 죄를 인하여 회개하고 우는 자들뿐만 아니라 자기 백성들의 죄악에 대해서 아파하고 그들을 위하여 애통하는 경건한 하나님의 백성들을 또한 중요하게 보았다. 그래서 예루살렘에 죽음의 징계가 내려올 때

성의 “모든 가증한 일로 말미암아 탄식하며 우는 자의 이마에 표를 그리라”(겔9:4)는 증언을 했다. 심판의 날에 다 죽임을 당하고 “이마에 표 있는” 이 우는 자들을 통하여 새 시대가 열렸다.

그렇다면 오늘 이 남북 분단 반백년을 맞아 아직도 재앙이 끊이지 않는 한반도, 특히 저 북한의 참혹한 상황을 보고 “탄식하며 우는” 이 회개와 이 아픔의 하나님의 눈물, 이것 밖에 우리의 살 길이 없다. 누가 저 굶주린 자들과 허리 잘린 한반도의 고통을 아파하고 울 수 있는가? 그 우는 자 때문에 민족의 장래가 있다.

(24) 진리를 추구함

<잊지 못할 전경연 박사>

일반 언론보도를 통해 알려진 우리나라 선 불교의 거장 숭산 스님이 서울 성북구 수유리의 화계사에서 입적한 날(04.12.1), 우리 한국 기독교계에서는 그 절 옆에 있는 한신대학의 신학운동의 주인공인 전경연 박사께서 소천하셨다. “다만 모를 뿐”이라는 마지막 언어를 남긴 스님에 대해서는 모두가 집중 조명을 비추었으나, “길이요 진리요 생명”이신 우리 주 예수 그리스도를 알고, 평생 연구하고 따른 이 하나님의 종에게는 세상이 별로 관심을 기울이지 않았다. 그러나 세상의 빛이 그에게 쏠리지 않아도 그는 하늘의 빛의 쏘임을 받고 그 빛을 어두운 세상에 비추인 하나님의 사람이었다. 그의 사랑을 받으며 공부한 필자는 장례식의 <조시>에서 다음과 같이 읊었다.

신학이 뭔데
잔잔한 미소 속에
신학하는 열정
학문에 대한 엄격성
진리에 대한 고집을

숨기시고
성서 안의 놀라운 새 세계 감격으로
성경만 살면 다 산다는 꿈
성서적인 제자만
키우면 다 된다는 확신으로
자신의 키만큼 책을 내시며
신학에만 몰두하셨습니다.

제자가 뭔데
난해한 강의 중
세계적인 책을 안내하시고
읽은 보고서 내게 하시고
안내면
만날 때마다 재촉하시고
운동장에서 놀면 공부하라 하시고
길러 현장에 보내신 후
성경중심의 설교 권하시고
안 되면 화내어 품으시다가
참된 길을 보이시며
제자만 사랑하셨습니다.

교회가 뭔데
주님이 세우신 교회를 위해
교회를 섬기는 학문을 하시고
교회를 섬기는 제자를 키우시다가
친히 교회를 개척하시고
있는 돈 없는 돈 모아
거리 버스를 누비며 그 교회들 살리므로

교회중심의 참된 신학과
기장교회 가능성을 보이시고
바른 한국 교회상을 외치시며
교회만 사랑하셨습니다.

민족이 뭔데
의의 신학을 한 죄로
군사권력에 의해 해직되어
로마서 주석을 통해
그리스도에게 끊어질지라도
더 민족을 사랑하고
민중 신학 열기 때는
사회구원의 신학적 접근법에 의의를 제기
논쟁있는 신학적 토의를 이끌어
신학의 통전성을 꿈꾸며
민족구원을 원하셨습니다.

돌이켜 보면 그는 한국기독교의 초기 전창호 장로의 가정 6남 1녀 중 3남으로 태어나셨다. 1916년이었으니 거의 90생애를 사셨다. 그는 이 100년 동안에 그가 믿은 주 예수 그리스도의 진리 규명과 그 전파를 위해 살았다.

그가 본격적으로 신학을 공부한 것은 일본의 동경신학대학이었다. 조국을 빼앗은 적의 중심 속에 들어가서 진리를 배워 진리로 자유케 하는 운동을 꿈꾸며 학문 탐구에 몰두했다. 바다가 바다를 부르듯 진리가 진리를 부르니 일본의 신학으로 만족할 수 없었다. 미국을 중심한 세계 신학의 광장으로 가고 싶었다. 그래서 영어를 익히고 익혔다. 특히 영문학 서적을 많이 섭렵하는 중 세계적인 문학 서적이나 소설 등의 원서들을 많이 읽었다. 그 외에 칸트나 니체, 그리고 키엘케골 등의 철학 서적에 심취했다.

신학에 흥미를 느끼면서부터 교회적 교의학을 제창하고 나치 정권과 항쟁한 칼 바르트는 진정한 그의 스승이었다. 독일에서 수입되는 바르트의 신학총서들, 크레도(사도신경강해), 안셀무스 연구 등을 독파했다. 가난한 고학의 유학생으로 고서점에서 칼 홀의 교회사 논문집 세 권을 발견하고 그것이 보배인 줄 알고 모든 것을 팔아 산 기쁨을 맛보기도 하였다. 영어 독서를 넘어 독일어로 루돌프 오토의 <거룩>을 독파했다. 그리고 칼빈과 루터의 종교개혁서적들을 읽고 또 그것을 논문으로 발표하기도 했다. 끝없는 학구열이 이 모든 독서의 세계로 나아가게 했다.

결국 이런 학문적 정열로 그는 미국 동부의 프린스톤에서 공부할 수 있었고 거기서 석사학위를 받은 후 보스톤에서 박사학위를 받을 수 있었다. 보스톤 대학에 소장된 그의 박사학위 논문은 <그리스도론>에 관한 것으로 세계적인 학자들인 디벨류스나 콘첼만의 저서들과 나란히 언급할 가치가 있는 것이라고 알려져 있다.

그는 일본과 미국의 세계 정상의 신학연구와 업적을 가지고 한국전쟁 와중의 한국신학대학 교수가 되었다. 굶주림과 공포의 세월을 살면서도 그리스도의 복음을 전하려고 신학의 문을 두드린 제자들에게 먹일 빵도 중요하지만 그보다 중요한 것은 읽힐 책이었다. 그러나 외국에서는 그 흔한 책이 없었다. 그래서 동분서주하며 책을 구하여 학교 도서관에 꼽고 미국과 유럽 등지로 편지를 하여 유명한 책을 기증 받아 소위 진리의 창고를 만들어 갔다. 그래서 한신대학은 오늘날까지 한국기독교 신학운동의 원조가 되었다.

이 책 속에 깃든 진리를 감격 감탄하며 제자들에게 읽히고 또 자신은 지금까지 배운 모든 진리를 글로 토해 내어 가르쳤다. 그는 평소 일본 어느 학자가 "교수가 되자면 자기 키만큼 책을 써야 한다"는 말을 자기에게 한 것을 교훈으로 삼고 한국교회와 제자들을 위해 책다운 책을 키만큼 내려고 애를 썼다. 그래서 그의 유명한 <로마서 주석>외 30여권의 책을 내었다. 일반대학을 포함하여 신학이란 학문을 제대로 연구한 학자 중의 학자였다. 이차대전 이후의 칼 바르트의 신학을 그의 학문 동료인 조직신학의 박봉랑 박사와 함께 한신대학을 통해 한국기독교계에 소개하므로 세계적인 신학 정상으로 우리가 발돋움을 하게 되었고 또 신정통신학의 방향이 잡히게 되었다.

그의 신학광장이던 한신대 교정의 장례식장에서 설교한 조향록 목사는 전 박사의 학문한 열정을 소개하며 이분이 엘리야라면 그 옷을 입을 엘리사가 누구냐며 아쉬워했다.

<책에 살 길이>

전경연 박사를 생각하면 책을 읽는 분, 책을 읽히는 분, 책을 쓰는 분으로 기억할 정도로 그는 책에 운명을 거는 선비 신학자였다. 이 분 뿐만 아니라 우리 조상들 중 많은 분들은 전쟁과 가난에 살아도 책을 가까이 하는 선비들로 살았다. 근대식 학교가 들어오기 전부터 마을마다 서당을 두고 선비들이 그 마을의 자녀들을 가르쳤다. 그리고 그 선비들의 말을 들으며 그 마을을 글을 하는 양반 동네로 만들려 애를 썼다. 우리 민족이 그 많은 시련 중에도 망하지 않은 여러 가지 이유 중 하나가 이런 선비문화의 책 때문이었다. 앞으로 동방의 빛으로 일어날 수 있다면 바로 이 책 때문일 것이다.

그렇다면 이 책과 책에 의한 지식이 가장 큰 재산이요 위대한 가능성이다. 광화문의 금싸라기 같은 땅에 높은 교보문고를 짓고 그 지하 2700평을 서점으로 한 신용호는 바로 이 가능성을 알고 돈보다는 책을 택한 사람이다.

그런데 지난 23년 간 이 서점은 1억 500만 권의 책을 팔며 한 번도 전년도 보다 매출이 떨어진 때가 없었는데 금년(04)에 처음으로 떨어지는 충격을 받았다고 한다. 이 서점뿐만 아니라 많은 서점들이 경영난에 시달리고 이미 동네의 서점들은 문을 닫은 지 오래되고 있다. 그나마 좀 팔리는 서점이라 할지라도 인문분야의 책보다는 단말마적 쾌락이나 기술, 그리고 돈벌이 분야의 가벼운 책들이 오히려 더 많이 팔린다고 한다. 흡사 기독교 서점에서 신학이나 역사에 관한 책은 팔리지 않고 교회 성장 기술이나 찬양집 같은 것만 팔리는 것과 같은 현상이다.

옛날 중세의 암흑기에 다시 로마의 문화나 희랍의 철학을 찾으므로 계몽이 되고 문예부흥이 일어나고 종교개혁의 진리의 불이 붙어 세계적인 유럽과 미국이 일어나게 되었다. 이런 세계사의 교훈은 책다운 책을 멀리하면 인류에 재앙이 오고 책다운 책을 가까이 하면 인류에 큰 축복이 온다는 것을 말해주고 있다. 그러므로 오늘 우리에게 가장 큰 위기는 경제 공황이 아니라 책에 의한 지식의 공황이다.

하나님은 성경에서 내 백성이 지식이 없어서 망한다고 하시다가(호4:6) 차라리 이 백성에게 "내가 기근을 땅에 보내리니 양식이 없어 주림이 아니며 물이 없어 갈함이 아니요 여호와의 말씀을 듣지 못한 기갈이라"(암8:11)하셨다. 그래서 아모스는 이 말씀의 진리 고갈을 염려하며 이 진리의 회복을 위해 몸부림쳤다.

우리의 남은 세월이 이 진리를 책 속에서 찾고 또 남들을 이 책에로 이끌면 이 사회와 민족을 살리는 일에 공헌을 하게 될 것이다.

(25) 물불로 다듬어진 사람

<잊지 못할 6월 난리>

"아아 잊으랴 어찌 우리 이 날을, 조국의 원수들이"라고 노래하는 6·25전쟁을 우리는 잊지 못한다. 그때 입은 상처로 모든 가정이 과부가 되고 고아가 되지 않았다 할지라도 그 후 나라 땅덩이가 확실하게 갈라지고 반세기가 넘어도 마음껏 서로 만나지 못하는 이 서러운 현실이 아파 잊지를 못한다.

그런데 이런 분단도 서러운데 분단을 이용해서 밤낮 "북의 적화야욕", "북괴의 침략공작"의 위기 분위기를 만들어 남한에는 군사독재정권이 선거도 없는 장기집권을 획책하는 것이 또한 서러웠다. 이런 악한 상황을 극복하기 위해서 당장 북한은 어찌 할 수 없어도 남한의 권력구조만큼은 바꾸어야 한다며 깨어 있는 학생과 민중들이 일어났다. 해마다 3월에 삼일정신을 이어 받고, 4월에 사일구로 다지고, 5월에 오일팔로 불붙이며 투쟁하다가 드디어 그 해 6월에 육십 항쟁으로 6·29항복을 받아냈다. 이 항복은 군이 일체의 정치 전선에서 물러나고 군 본래의 국토방위에 전념하는 지극히 당연한 길에 들어 선 것을 말한다. 여기서부터 문민정부, 국민의 정부, 그리고 참여정부로 민주역사의 방향이 잡혀 왔다.

지났으니까 쉽게 말하지만 정말 그때 물러나지 않겠다는 군 권력의 최후 발악 때문에 얼마나 많은 희생과 고난이 있었는지 모른다. 또 다른 전쟁을 치룬 것과 같은 것이었다. 그래서 6월은 우리 민족의 민주 평화 통일 길에서 언제나 잊지 못하는 달이 되었다.

<위대한 경험>

그런데 잊지 못할 6월 경험을 회고하며 우리는 당시의 적들과 그들에 의한 희생을 생각하면서 다시 치를 떨지 모르지만 그런 중에도 분명 이런 난리는 우리에게 위대한 교훈이 되었다. 이런 경험 때문에 이 한반도에서 절대로 공산당이 있어서는 안 된다는 것과, 어떤 경우에도 강대국들에게 이용당하는 동족끼리의 전쟁을 해서는 안 된다는 것을 깨닫게 되었다. 그리고 어떤 상황에서도 군이 국토방위의 본래적인 임무를 소홀히 하고 정치에 개입하여 정치권력 욕구를 채우기 위해 민을 탄압하고 죽이는 일을 해서는 안 된다는 것을 알았다.

만약에 이런 경험이 없었으면 해방 이후의 좌우익 대립과 갈등은 더 심화되었을 것이다. 그리고 군이 걸핏하면 그 본래 영역을 떠나 정치 영역에 자꾸 침입해 들어오는 혼란이 가중될 것이다.

또 한 가지 이 초여름 경험에서 얻은 것은 고난과 죽음의 터널을 통과하면서 남은 자들이 자신들의 소중함도 알고 이웃과 민족의 소중함을 아는 자들이 되었다는 것이다. 그래서 서로를 사랑하며 서로가 민족을 지키고 온전케 해야 한다는 애국심이 많아지게 되었다는 것이다. 이 애국심은 나중에 가히 열광적이라 할 정도로 강하게 되었다. 어느 민족 어느 누구도 타도할 수 없는 강력한 민족과 나라가 되었다. 무엇보다도 이런 난리의 세월을 지나며 모두가 다듬어지고 거듭나게 된 것이다. 서투른 북한의 공산주의 체제도 완전히 새 출발하게 되었고 남한의 정부도 서투른 남북 통일론보다는 북한과의 경쟁을 염두에 두면서 강력한 반공체제의 자본주의 방향을 잡게 되었다. 너무 확실한 상호 분단 체제 때문에 요새 와서 평화통일 논의가 더 어렵게 된 것 같은 상황까지 이르렀으나 아무튼 서로가 새 출발을 하게 되었다.

반독재 민주화 인권운동에서도 아세아뿐만 아니라 세계 제일의 민주주의 국가 꿈까지도 꿀 정도로 위대한 가능성을 얻게 되었다. 민중을 위한, 민중에 의한, 민중의 민주 정치가 교과서에만 있는 것이 아니라 바로 우리의 손으로 해 낼 수 있다는 자신감을 갖게 되었다. 수천 년 수백 년 전부터 내려오는 가진 자들에 의한 지배구조가 이제 더 이상 유지 못되고, 가진 자나 가지지 못한 자나 이제는 누구든지 아름다운 사회건설에 참여할 수 있는 길이 열린 시대가 되었다. 대통령도 재벌 총수도 감옥을 갈 수 있고, 누구나 마음대로 대통령을 욕할 수도 있기에 얼마든지 누구든지 큰 소리 하며 살 수 있고, 누구든지 기회 균등의 혜택을 누리며 평등사회를 지향해 갈 수 있게 되었다.

<광야의 물불로 다듬어져야>

이런 좋은 시대가 왔으나 사람들은 어느 심리학자가 말한 것처럼 이 위대한 "자유로부터의 도피"를 많이 생각하고 있다. 그래서 "자유와 평등이 밥 먹여 주냐?"하며 경제 불황의 늪을 해매는 중 좀 독재가 있어도 경제번영을 희구하고 있다. 한 마디로 개발 독재와 그 권력자에 대한 향수를 은근히 가지며 점점 보수 경향으로 국민들은 움직이고 있다.

그 때처럼 지금 권력을 바꾸어 경제정책을 쓴다 해도 이런 국제적인 경제 불황과 고유가 시대에 그대로 성장한다는 보장은 없지만 그래도 그 시절의 지도력을 그리워하고 있다. 이런 보수화 경향은 민주 개혁 평화 통일로 가는 미래적인 안목에서 본다면 실망스럽기 그지없는 것이다. 그러나 한편 생각해 보면 새가 두 날개로 날듯이 보수나 진보의 두 날개가 항상 있어야 함은 당연한 것이다. 그리고 이왕에 있으려면 건전한 보수와 건전한 진보여야 하고 또한 양쪽이 모두 약하지 않고 강해야 한다는 것이다.

이렇게 건전하고 강해지자면 보수가 여당이 되어 보기도 하고, 진보가 야당이 되어 보기도 하고, 또 그렇게 서로 거꾸로 되어 보기도 해야 할 것이다. 서투른 진보나 서투른 보수가 권력의 온실 속에서 약하고 안일하여 방황하고 그래서 국민이 손해를 봐서는 안 되기 때문이다.

옛날 이스라엘은 전쟁의 승리에서 얻은 전리품을 반드시 불에 통과시키도록 했다.

"불에 견딜 만한 모든 물건은 불을 지나게 하라. 그리하면 깨끗하려니와 다만 정결하게 하는 물로 그것을 깨끗하게 할 것이며 불에 견디지 못할 모든 것은 물을 지나게 할 것이니라"(민31:23).

이와 같이 물불을 통과해서 견뎌내고 깨끗하게 되어야 쓸 수가 있다. 불이나 물을 통과하지 않으면 아무리 잘 난 것이라도 쓸 수가 없다.

본래가 이스라엘 사람들은 불로 응답하는 참 신이신 하나님을 만나야(왕상18:24) 쓰임 받고, 물건도 이와 같이 불로 살라져야 쓸 수가 있다. 새 이스라엘 백성이 된 기독교인들도 성령의 불을 받으므로(행2:4) 일어 날 수가 있었다. 이 하늘의 불 체험은 가만히 있다가 얻어지는 것이 아니라 그만큼 많은 눈물의 회개와 수많은 기도와 말씀 앞에서의 다짐과 꿈으로 방향이 잡힐 때 가능하다. 이런 신앙의 원리가 세속의 모든 현장에도 통할 것이다.

현재 우리나라의 민주 개혁 평화 통일을 지향하는 진보 세력도 그 권력의 온실 속에서 나와 저 광야의 불을 지나며 다듬어져야 그 약속의 가나안 땅에 들어 갈 것이다. 이 진보세력에 브레이크를 거는 우리나라의 보수 세력도 어느 특정지역의 온실 속에서 나와 저 광야의 불을 통과하며 다듬어져야 그 목적의 약속의 땅에 들어 갈 것이다.

<폭풍 속의 교회>

이 세속의 모든 진보와 보수를 품으며 나라와 민족의 방향을 예언자적인 안테나로 잡아 주는 한국교회도 항상 자기들이 만든 온실 속에서 나와야 교회다울 수가 있다. 어디 <다빈치 코드>라는 영화만 성경의 진리를 파괴하려 하는가? 교회의 지도자들은 너무나 잘 알지만 신학대학의 과정을 지나며 신학 자체가 그 온실을 거부하며 온갖 성서적 진리를 비판하고 있다. 그리고 세속 학문이나 풍조가 교회를 조롱하고 반대하고 있다. 성서적인 참된 교회는 이런 신학적인 비판이나 세속의 학문이나 풍조, 그리고 온갖 이단의 도전을 다 받고도 그 진리를 지켜 오고 있으며, 오히려 그 진리를 더 빛낼 뿐만 아니라 사랑과 관용의 주 예수 그리스도의 넉넉한 품으로 다 품어 녹이고 이긴다.

우리 믿음의 조상 중에 하나인 요나서의 요나는 좁은 민족주의의 온실 속에서 안일한 전도자의 삶을 살고 있었다. 지옥 불에 들어가기로 작정된 이방인에 대한 해외 선교는 꿈도 꾸지 못하니까 원수 놈의 나라 수도 니느웨에 가서 하나님의 뜻을 전한다는 것은 상상도 할 수 없는 일이었다. 이렇게 속 좁은 판단으로 하나님의 말씀을 순종하지 못하고 도망가는 요나를 하나님은 거대한 물고기 뱃속 죽음의 광야로 던져 시련을 겪게 하셨다. 이 죽음의 과정을 지나며 회개하고 거듭나고 다듬어졌을 때 하나님은 니느웨 도시를 살리는 도구로 쓰셨다. 이런 하나님의 뜻에 말려들고 변화되어 하나님께 쓰임 받으라.

(26) 남은 인간상

<한국기독교장로회>

해마다 9월이면 한국의 장로교단 총회가 열리는데 우리 한국기독교장로회(기장)도 이번에 91회 총회가 열렸다. 우리 기장은 미국 장로교 선교사 언더우드가 1885년에 감리교의 아펜젤러와 함께 조선에 처음으로 복음을 전파한 이래 장로교의 맥을 지금까지 이어오고 있다. 선교사 중심의 평양신학교와는 다르게 조선인 중심의 서울 조선신학교(한신대학교 전신)를 모태로 출발하였다. 말하자면 평양신학교가 미국 동부의 유명한 장로교 신학교인 프린스턴 초기 신학의 정통주의의 신학노선에 서 있다면(이 노선은 후에 웨스트민스터신학교로 발전) 조선신학교는 후기 프린스턴신학교의 신정통주의 신학 노선에 서 있었다. 신정통주의는 이차대전 이전의 자유주의 신학을 둘러엎고 출발한 신학운동이었다. 자유주의는 계몽시대를 맞아 세상이 철학이나 과학을 발전시키며 성서와 교회를 경시하고 나올 때 성서의 입장을 분명히 하되 세상을 끌어안으며 인간의 죄성을 약화시키고 인간의 가능성을 강조한 신학이었다.

그러나 이 인간의 위대한 가능성은 1,2차 세계 대전으로 돌출되어 수많은 도시가 파괴되고 수많은 인간이 죽어가는 비극을 경험하게 되었다. 그래서 전쟁 후에 인간의 무슨 유토피아를 건설할 것 같은 가능성보다는 인간은 역시 죄 중에 태어났고 역시 죄 중에 살고 있으니 예수 그리스도의 십자가의 피 사랑 안에서 하나님의 은총으로 구원받을 존재라는 것을 다시 강조하게 되었다. 이런 입장이 자유주의를 반대하는 신정통주의 신학이었다.

여기서 정통과 신정통이 다른 것은, 정통은 옛 종교개혁자들의 신학 맥을 그대로 고수하는 보수적인 입장이고, 신정통은 자유주의를 버리고 정통을 그대로 이어받되 신학하는 방법을 보다 개방적이고 진보적인 방향으로 잡는 입장이었다. 예를 들어 성경을 보아도 보수 정통은 일점일획도 틀림없는 문자 중심으로 보는 경향이 있고, 진보 신정통은 일점일획도 틀림없는 문장 중심으로 보는 경향이 있다. 간단하게 이렇게 분류하지만 많은 세월동안 논쟁하며, 논쟁이 발전하여 서로 이단이라고 정죄하며 싸운 결론으로 되어 진 신학흐름이다.

세계교회의 이 신학논쟁과 분규 분파는 자동적으로 한국으로 이어져 해방 이후 조선신학교는 진보 신정통파로, 평양신학교 계열은 보수 정통파로 갈라지게 되었다. 후에 평양신학 계열은 크게 총회신학교(보수 정통)와 고려신학교(철저 보수 정통)와 그리고 장로교신학교(진보 정통)의 세 분파로 갈라졌다. 일반적으로 조선신학교(한신)를 중심한 교회들을 "기독교장로회(기장)"라 부르고 세 신학교를 중심한 거의 모든 장로교 교회들을 "예수교장로회(예장)"라 부른다.

<보수와 진보의 공존>

우리 기장교회는 한신대학(조선신학교) 계열 진보성향의 신정통주의 신학입장으로 시작했기 때문에 보수 정통의 위의 세 파 중심의 예수교장로회로부터 집중 공격을 받으며 살아왔다. 늘 듣던 욕은 "신신학"이니 "이단"이니 혹은 "자유주의"니 하는 것이었다. 우리가 늘 하던 욕은 "정통 골통" "바리세이즘", 그리고 "폐쇄주의"니 하는 것이었다.

이렇게 서로 이런 욕을 하다가 보니 서로 마귀의 하수인으로 알아 원수시하고 서로 오가지도 않고 살았으나 세계교회의 "다양성 속의 일치"로 서로 품자는 에큐메니칼 운동이 일어나 우리 한국교회도 서서히 교파시대를 극복하고 연합시대를 열어가고 있다.

그러나 지금까지도 있는 흐름은 역시 보수와 진보이다. 이것을 부정적으로 볼 필요는 없다. 왜냐하면 새가 두 날개로 날듯이 진리는 항상 보수와 진보의 두 날개로 온전해지기 때문이다. 2000년 기독교 역사는 주님의 제자 베드로의 보수와 바울의 진보로부터 시작하여 계속 내려오기 때문이다. 초대교회가 만약 베드로적인 보수만 있고 바울적인 진보가 없었다면, 그 반대로 바울적인 진보만 있고 베드로적인 보수가 없었다면 얼마나 비참했겠는가! 베드로와 바울의 교회는 예루살렘에서 안디옥으로, 안디옥에서 로마로 가, 로마의 길과 언어 그리고 문물로 유럽과 전 세계로 퍼지게 되었는데, 이 세계로 가는 입구인 로마의 베드로 성당 앞에는 베드로 상과 바울 상이 같이 서 있다. 진보와 보수가 공존해야 된다는 뜻이다.

이 교회의 온전성을 위해 보수와 진보가 있듯이 교회 밖의 세상에서도 항상 이 둘이 있다. 예를 들어 정치에서도 늘 보수 정당과 진보 정당이 있다. 여와 야가 있다. 가장 좋지 않는 정치는 한 쪽이 한 쪽을 무시하고 죽이는 것이다. 가장 좋은 정치는 서로를 인정하고 서로를 보완하고 서로의 타락을 막으며 국민을 위해 서로 균형견제의 원리로 공존하는 태도이다.

<남은 자(Remnant)의 기장>

이와 같이 보수와 진보가 같이 가야 한다면 한 쪽이 너무 강하거나 한 쪽이 너무 약하거나 해서는 안 된다. 이왕이면 기차 철로 같이 서로 강해야 한다. 로마를 둘러엎은 초대교회의 위대성은 강한 것이었다. 예루살렘을 중심한 베드로의 보수성이 강했고 안디옥을 중심한 바울의 진보성이 강한 것이었다.

오늘 우리의 한국교회도 개인구원과 개인구원의 담을 넘어 사회와 민족구원의 경지로 나아가자면 보수와 진보가 같이 강해야 한다. 그러나 우리 모두의 느낌은 지금 한국의 경우 보수는 강한데 진보가 약하다는 것이다. 우선 모이는 교인 수나 교회 수나 그 공간 등의 규모를 보면 보수는 막강한데 진보는 보잘 것 없다. 진보성향의 기장교회도 객관적으로 봐서 너무 약한 것이 사실이다. 그러므로 기장교회는 진보를 자랑하지 말고 그리스도의 복음을 제대로 전하는 부흥운동을 일으켜서 교회를 성장시켜야 한다. 점점 아이들을 낳지 않고 젊은이들이 교회를 떠나는 이런 세상에서 "고령기장"이라는 소리를 면하기 위해서도 교회를 부흥시켜야 한다. 기장교회도 오천 명이나 만 명 이상이 모이는 대형교회도 있고 그런 큰 교회들을 중심으로 많은 교회들을 개척하거나 기성교회들을 돕고 인물을 키우고 해내외에 선교사를 파송하며 교회 키우는 운동을 일으켜야 한다.

그러나 이렇게 교회를 키워 국가조찬기도회를 하며 독재정권의 만수무강을 빌어주던 보수적인 교회들과는 달라야 한다. 이런 성장은 성장을 해도 세상과 그 배후에 있는 악마에게 무릎 꿇은 성장이기 때문에 오히려 부끄러운 성장이다. 성장을 할 바에야 세상의 빛이 되어 어둠을 추방하고, 세상의 소금이 되어 부패를 막고, 세상의 누룩이 되어 변화시키는 성장이라야 한다. 이것이 제대로 된 성서적인 성장이요 주님의 명령에 순종하여 주님에게 쓰임 받는 성장이다.

이런 성장으로 가자면 무엇보다도 신학적인 부흥운동이 일어나야 한다. 우리가 겪은 한국의 보수적인 교회들은 성장을 주도하고 있는 것이 사실이나 확실히 세상을 보는 예언자적인 눈이나, 세상 속에 일하고 계시는 "하나님의 선교 신학"적인 하나님을 보는 눈이 약하다. 그래서 교회 안에 있는 기독교이고 세상 속에 있는 교회는 아니다. 그저 교회 안에서 교회를 부흥시키며 잘 먹고 잘사는 웰빙종교의 유혹에 말려들고 있다. 이런 상황에서 교회의 담을 넘어 사회를 살리려는 몸부림의 경지로 나아가야 한다.

얼마 전에 하나님의 부르심을 입은 우리 교단의 강원용 목사의 생애는 바로 이런 세상 속의 기장교단의 성격을 잘 말해 주고 있다. 만약 해방 이후 강원용이나 문익환이나 그들을 있게 한 김재준 같은 인물이 없었다면 한국교회는 얼마나 초라했겠는가! 이런 분들의 정신을 이어 받은 진보 기장이 약하거나 성장이 되지 않는다면 한국기독교의 재앙이다. 민족의 가슴속에 시작된 하늘나라운동의 큰 손실이다. 이를 깨닫고 통분히 여겨야 한다.

옛날 우리 믿음의 조상 미가는 주 하나님의 계시를 받아 "남은 자"(2:12)에게 기대를 걸었다. 가깝게는 예루살렘 유다가 바벨론에 의해서 망해도 끝까지 신앙의 지조로 남아 드디어 민족을 다시 세우는 자들이며, 멀리는 지구의 종말과 주 예수 재림 때 제대로 된 예수쟁이로 남아 새 하늘과 새 땅에 들어가는 자들이다.

이번 기장 총회 때는 보수 기독교에 에워싸여 있지만 교회 정치와는 관계없이 이 보수에 못지않게 진보 기장을 강하게 키워야 한다는 깨달음의 "남은 자들"이 간간히 보여 실망 중에 희망도 있었다.

(27) 파수꾼

<본받아야 할 개>

집안에 개가 있으면 개는 그 집을 지키는 책임을 자동적으로 지게 된다. 얼마나 그 책임을 무겁게 느끼는 지 언제나 자기 자리를 지킨다. 잠시 집 밖을 나갔다 할지라도 그 일이 끝나면 즉시 자기 집으로 되돌아온다. 그리고 개는 얼마나 방향감각이 뛰어난 지 아무리 멀리 나가도 제집을 어떻게든 잘 찾아온다. 자기 때문에 세상이 더러워지지 않도록 대소변을 가리고 뒷발질로 그것을 덮기도 한다. 혹시 자기가 아파서 그 사명을 감당하지 못할까봐 자기 건강에 신경을 쓰며 만약에 병이 들면 먹지 않고 금식을 하며 엎드려 건강을 빈다. 그리고 귀를 기울여 말을 잘 듣는다. 그 특유한 코의 냄새 기능과 평생 안경 하나 없이 볼 수 있는 밝은 눈의 기능을 살려 낯선 사람이나 무슨 이상한 일이 있으면 이내 짖어댄다. 밤에도 자지 않고 깨어 지킨다. 주인들은 밥을 먹을 때 먹는 즐거움에 빠져 옆에 누가 있는지도 모를 때도 있지만 개는 밥을 먹을 때나 물을 마실 때 전후좌우를 의식하고 먹고 마신다. 아무리 갈증이 나도 물을 마실 때 개는 목으로 물을 통과시키지 못하고 혀로 조금씩 핥아 마시며 주변을 살핀다.

이렇게 최상 최대의 희생적 책임감으로 살면서도 자기가 얻어 터져 집안이 편하다면 매도 기꺼이 맞는다. 그리고 "개 같은 놈", "개 새끼"라는 욕도 달게 받는다.

마지막으로 자기가 하나 죽어 주인과 집안 식구 모두의 몸에 보신이 된다면 기꺼이 죽어 주기도 한다.

<교회의 사회적 책임>

얼마나 눈물 나게 고마운 지 조물주 하나님도 사람을 선택할 때 개 같은 사람을 세우라고 하셨다.

"누구든지 개가 핥는 것 같이 혀로 물을 핥는 자들을 너는 따로 세우라"(삿 7:5)고 하셨다. 물 마실 때도 자기가 맡은 책임 때문에 위기의식을 갖고 마시는 이 개를 본받으라는 말씀이다. 흔히 말하는 기드온 300명 용사들은 이렇게 탄생되었고 저들은 소수로서 막강한 수의 적을 물리칠 수 있었다.

미국 서점에 <개 신학>이란 책이 있는 것도 보았는데 우리말로는 "개 같은 기독교인"하면 큰 욕이 될 것이다. 그러나 아무리 생각해도 우리 주 예수 그리스도의 몸인 교회는 이 "개 같은 성도"로 꽉 차 있어야 한다. 개가 그 집안을 살피며 지키는 그 집안의 평화에 대한 책임을 갖고 살듯이, 교회는 교회가 있는 그 지역과 국가와 민족에 대한 사회적 책임을 갖고 살아야 한다. 저 천국에 있는 교회는 몰라도 적어도 이 세상에 있는 교회는 세상의 구원에 대한 책임을 부여받았기 때문이다.

정말이지 교회는 이 세상의 개인 영혼 구원뿐 아니라 이 세상의 정치 경제 교육 사회 문화 등의 모든 영역의 구원을 위해 깨어 있어야 하며, 또한 이 모든 세상 영역의 배후에 있는 마귀 귀신들의 악한 의도와 함정으로부터 구원해 내야 한다.

어떤 신령한 목사들은 세상 문제에 대해 전혀 설교하지 않고 오직 성경의 복음만 전하여야 한다지만 그 복음이 정말 성경에 있는 제대로 된 복음이라면 당장 그것이 틀렸다는 것을 알게 될 것이다. 그리고 그런 언행의 목회는 "신령한 것"이 아니라 하나님이 세상을 사랑하셔서 독생자까지 주신 세상을 악마나 악마의 하수인들에게 내어주어도 상관없다는 식의 "악령 충만한 것"이 될 것이다. 얼마 전에 겪은 "사학법 개정 파동"만 해도 그 법의 잘잘못을 가리기 이전에 얼마나 교회가 정치와 교육, 사회구원의 책임이 있으며 정말 "신령한 것"이 무엇인지 알게 하는 일이었다.

어떤 목사는 자기는 평생 정치 이야기는 하지 않는다고 하지만 그러나 교회의 사회적 책임을 강조하여 저 미국의 방향을 기독교적인 사고방식으로 가게 잡아 주었던 기독교윤리 신학자 라인홀드 니버는 "내가 마시는 커피 한 잔에 내가 먹는 빵 한 조각에도 정치가 들어 있으니" 어찌 정치에 무관할 수 있느냐고 말했다.

어느 신학이나 신학자의 주장이 그렇기 때문에 그래야 되는 것이 아니다. 성경이 그렇기 때문이다. "너희는 세상의 빛이요 소금이라"고 하신 예수 그리스도의 말씀이 그렇기 때문이다. "민족의 파수꾼"(겔3:17)으로 에스겔을 세웠듯이 우리를 이 국민 파수꾼으로 하나님이 세우셨기 때문이다.

옛날 하박국 선지자도 하나님과 대화를 하는 중에 민족이 적 앞에 무너지게 되는 위기감을 느끼고 "내가 내 파수하는 곳에 서며 성루에 서리라"(합2:1)고 굳게 다짐을 한다. 그리고 그는 이 파수꾼의 자리에서 하나님의 음성을 듣고 이 하나님의 뜻으로 백성을 깨우치고 살리려 몸부림을 친다.

<이명박 정권 출발의 위험성>

이 달에 등장하는 이명박 장로 대통령에 의한 이명박 정권의 방향을 잡는 대통령직 인수위원회의 도전을 파수꾼의 눈으로 보니 걱정이 앞선다. 개가 짖듯이 짖어야 할 판이다.

국가 백년대계의 교육에 지금 문제가 있다고 해서 지난 날 문민정부가 토대를 닦고 국민의 정부와 참여정부가 꾸준히 발전시켜 온 1,2,3년 간의 정책을 하루아침에 무효로 돌리는 것이 말도 안 된다. 무슨 전문가적인 입장이나 철학, 그리고 그 목표가 있어서 그런 것이 아니라 무조건 교육현장의 불만이 있으니까 그 해소차원에서 다 둘러엎겠다는 것이다. 엎어 혁명을 해보았자 귀족학교와 서민학교가 구분되며 입시와 경쟁력이 심해져 사설학원이 극성을 부려 사교육비가 더 늘어날 우려가 있게 된다. 여기다가 "교육부"의 이름조차도 없애겠다고 하니 한심하기 짝이 없다. 무엇보다도 오늘의 한반도에 살면서 가장 선한 일은 통일에 대한 일인데 반통일적이거나 통일에 대한 미온적인 태도를 갖는다는 것이다. 역시 지금까지의 민족화해와 협력의 햇빛정책을 이을 의사가 없으며 통일부의 이름도 없애는 쪽으로 가닥을 잡고 있다. 이런 태도는 국가와 민족의 정체성보다 강대국 중심의 외교를 앞세우는 천박한 실용주의의 산물로서 "대한민국은 통일을 지향하며 … 평화적 통일정책을 수립하고 이를 추진한다."(제4조), "대통령은 조국의 평화적 통일을 위한 성실한 의무를 진다"(제66조 3항)의 헌법정신에도 맞지 않는다. 이런 법 정신에 따라 1969년에 만들어진 통일부는 "통일 및 남북 교류협력에 관한 정책의 수립 총괄과 남북대화 통일교육 홍보 등의 업무"를 해 왔다. 단순히 법 때문이 아니라 지구상에 마지막 남은 분단국가의 악한 상황을 극복해 보려는 국민들의 마음을 모아 이런 일을 해 왔다. 그 결과 오늘 여기 금강산과 개성공단이 열리며 그리고 해주와 백두산이 열릴 가능성의 시대가 찾아 온 것이다. 이런 주장을 하면 지나친 "통일지상주의"니 "통일우선 정책"이니 하고 비판을 하는 사람들이 있으나, 식민지 치하에서는 독립우선정책을 펴는 것이 당연한 것이며 분단국가의 상황에서는 통일우선정책을 펴는 것이 너무나 당연하다. "경제! 경제!"하지만 경제도 한반도의 통일 분위기의 경제가 훨씬 더 전망이 밝고 분단과 대립의 갈등 분위기에서는 경제조차도 어둡기만 하기 때문이다. 예를 들어 경제이지 우리의 모든 것은 통일과 연결되어 있다. 이것이 기본이요 최우선이며 최대의 과제이다. 이런 시급성과 중요성을 인식한다면 지금까지의 통일 노력을 헛된 것으로 돌리지 않고 이어야 하며 이를 위해서 뛰는 통일부도 존속되어야 한다.

여성의 인적 자원을 생각하고 정보 통신 과학의 최첨단 발전과 공헌을 생각하는 이 시대를 살아가면서 역시 여성부나 과학부 등을 없애는 것도 말이 안 되는 일이다. 부처를 줄이는 작은 정부가 중요한 것이 아니라 다양하고 전문화를 추구하는 시대에 진용을 갖추어 효과적으로 일을 많이 하는 것이 더 중요하다.

이런 이명박 정권의 우려스러운 출발이 있음에도 불구하고 이명박 대통령이 장로이기 때문에, 또 교회가 뉴 라이트 세력으로 이분을 대통령으로 당선되도록 밀었기 때문에 계속 침묵을 지키거나 무조건 지지만 하면 이승만 장로 대통령과 김영삼 장로 대통령이 망할 때 교회가 같이 욕을 먹은 것과 같은 욕을 먹게 될 것이다. 그러므로 교회는 더욱 침체일로를 걷게 될 것이다. 우리가 항상 기억할 일이 요새 진행되고 있다. 거대한 삼성 비자금 사건과 문제를 터뜨린 변호사는 믿을만한 종교단체를 찾았는데 불교도 기독교도 아닌 천주교였으며 천주교 중에도 가장 신뢰할 만한 그 한 분 신부가 있는 정의구현사제단이었다. 이 중요한 때에 이렇게 사회로부터 신뢰를 받을 만한 바른 책임성을 교회가 가져야 교회가 교회된다. 그래야 교회도 희망이 있고 세상도 희망이 있다.

(28) 예수 모신 질그릇

<질그릇 인간 김수환>

얼마 전 우리 곁을 떠난 김수환 추기경은 세상 사람들이 그렇게 영웅시하는 것 같은 완벽한 위인은 아니었다. 할아버지의 순교 정신을 이어 받아 어머니가 아들들을 앉혀 놓고 신부가 되라 할 때 자신은 신부감이 아니라고 스스로 생각했다. 그래도 신부되는 신학 길에 들어섰지만 몇 번이나 그 길을 포기하고 싶을 때가 많았다. 심지어 꾀병을 앓아 가면서까지 그 길을 피하려고 애를 썼다. 어린 시절 "순환"이라고 이름 불려 질 때 동네 사람들로부터 "순한 아이"라고 칭찬 들어도 자신의 내면에서는 인간의 혈기와 본능의 욕정이 끓어오르는 것을 경험하면서 "주여, 이 죄인을 불쌍히 여기소서"라고 기도했다.

"선을 행하기 원하는 나에게 악이 함께 있는 것이로다. 내 속 사람으로는 하나님의 법을 즐거워하되 내 지체 속에서 한 다른 법이 내 마음의 법과 싸워 내 지체 속에 있는 죄의 법으로 나를 사로잡는 것을 보는도다. 오호라 나는 곤고한 사람이로다. 이 사망의 몸에서 누가 나를 건져내랴"(롬7:21-24). 추기경이 좋아한 바오로의 이 탄식이 바로 그의 탄식일 정도였다.

그는 가난한 사람들의 아버지였다지만 언젠가 잡지사의 인터뷰 기사처럼 노숙자나 가난한 장애인들의 몸에서 나오는 냄새를 견딜 수 없을 정도로 저들과 같이 있기가 힘든 분이었다. 높은 분으로서 가난한 자에게 그저 자비를 베풀 뿐이었지 정말 저들과 동일시하신 저 갈릴리의 주 예수 그리스도와 같이 그의 컴패션네이트(Compassionate)의 사랑 심정으로 같이 살지는 못했다.

독재 정권과 싸워 민족의 민주주의와 인권을 위해 싸웠다고 하지만 아는 사람은 안다. 확실하게 반독재 민주의 방향을 잡아 준 것은 사실이지만 중요한 민주의 언덕을 오를 때마다 추기경의 시원한 말 한 마디나 행동이 그리웠는데 그렇지 못했다. 우물우물하며 미적거리고 양쪽을 다 품으려고 한 일이 한두 번이 아니었다. 칼을 가진 자와 맨 주먹인 자가 싸울 때 칼 없는 자의 편에도 서고 칼 가진 자의 편에도 서면, 그 결과가 누구에게 유리한 가를 우리는 안다. 그래서 추기경은 한 번도 독재자의 죄인으로 옥살이를 한 일이 없다. 만약 이 분이 최전선에 나서고 교도소 내에도 있고 법정에 섰다면 그때 독재는 더 빨리 무너지고 저 망월동 묘지의 희생자들의 수를 더 줄일 수도 있었을 것이다. 그래서 이 분은 저 이스라엘 사람을 히틀러의 손에서 천여 명이나 살리고도 결국 전후에 더 많이 살려내지 못한 것 때문에 통분히 여겼던 독일인 오스카 쉰들러처럼 눈물이 많았을 것이다.

지금 이렇게 간단히 추기경을 비판하면 대통령이나 전직 대통령들까지도 조문을 하여 마치 국장(國葬) 같은 분위기인 데다가 3km이상 줄서서 추모하던 모든 분들에게 욕먹을 일일 것이다. 그러나 누구보다도 성경을 잘 알고 성경의 인물들을 잘 아는 추기경은 저의 이 말에 동조하실 것이다. 성경은 이스라엘의 해방자 모세도, 이스라엘을 가장 크게 번성시킨 다윗도 살인

죄와 간음죄에 연루된 죄인으로 보고, 주님의 수제자 베드로조차도 주 예수를 배반한 자로 볼 정도로 인간에게는 그렇게 기대를 걸지 않는 줄 알기 때문이다. 성경은 의인은 없나니 곧 하나도 없다고 하였다. 모두가 죄인이라고 하므로 이 세상 어느 누구, 어느 성자, 어느 교황도, 어느 추기경도 절대로 우상시 될 수 없음을 분명히 말하고 있다.

<질그릇에 담긴 보화>

그럼 김 추기경의 빛남은 무엇인가? 한 마디로 질그릇 같이 못난 그릇에 보화를 담은 것과 같은 상태이다.

"우리가 이 보배를 질그릇에 가졌으니 이는 심히 큰 능력은 하나님께 있고 우리에게 있지 아니 함을 알게 하려 함이라"(고후4:7).

이 말은 바울이 고린도 교회에 보낸 편지에서 한 말이다. 질그릇은 모양도 볼 품 없고 약하여 깨어지기도 쉬울 뿐 아니라 별로 귀히 쓰이지도 않는 가치 없는 그릇이다. 바울은 자신의 연약함을 생각하면서 자신을 이 그릇에 비유했다. 그는 키가 작았으며, 말을 잘 하지 못했으며, 평생 찌르는 가시 같은 병에 시달렸기 때문이다. 남들은 잘 난 것을 자랑한다지만 자기는 못나고 약한 것을 자랑한다 할 정도였다.

그런데 바울의 위대성은 질그릇 같은 자기 몸에 있는 것이 아니라, 질그릇 같은 자기 몸에 담긴 보배 예수 그리스도 때문이었다. 예수의 피 사랑이 그 안에 담기고, 예수의 진리의 말씀이 그 안에 담기고, 심지어 예수의 영인 성령이 그 안에 담겨 계셨기 때문이다.

"그러므로 도리어 크게 기뻐함으로 나의 여러 약한 것들에 대하여 자랑하리니 이는 그리스도의 능력이 내게 머물게 하려 함이라"(고후12:9).

약한 자기 생애에 그리스도의 능력이 머문 황홀한 감격이었다. 그러니까 그는 "항상 기뻐하라. 쉬지 말고 기도하라. 범사에 감사하라"했다. 집도 절도 없고, 처자식도 없고, 재산도 없고, 가는 데마다 박해자가 포위하여 달려들고 쉴 곳은 감옥이었지만 그 안에 머물러 계신 주님 때문에 그랬다. 주님 때문에 빛나는 생애를 살았다. 그래서 인생 후반기에 "나의 나 된 것은 하나님의 은혜로 된 것이니 내게 주신 그의 은혜가 헛되지 아니 하여 내가 모든 사도 보다 더 많이 수고하였으나 내가 한 것이 아니요 오직 나와 함께 하신 하나님의 은혜로라"(고전15:10).

김수환 추기경도 자기 자화상을 그려 놓고 자신을 못난 "바보"라고 했다. 하나님은 질그릇 같은 바보를 선택하셔서 오늘 이 자리에 이르게 하신 것이다.

"세상의 미련한 것들을 택하사 지혜 있는 자들을 부끄럽게 하려 하시고, 세상의 약한 것들을 택하사 강한 것들을 부끄럽게 하려 하시며, 하나님께서 세상의 천한 것들과 멸시받는 것들과 없는 것들을 택하사 있는 것들을 폐하려 하시나니, 이는 아무 육체도 하나님 앞에서 자랑하지 못하게 하려 하심이라"(고전1:27-29).

이 말씀처럼 김 추기경 자신을 자랑할 수가 없고 오직 추기경에게 은혜를 베푸신 주님을 자랑하여야 한다. 추기경을 통해 주님이 온 누리에 영광과 찬양을 받아야 한다. 이렇게 되는 것이 우리 곁을 떠나는 추기경의 마지막 부탁이다. 오직 예수! 정말 오직 십자가의 사랑 예수를 이제부터 더욱 높여 우리 모두 부족하지만 추기경처럼 우리 몸에 예수 모셔 우리도 저 아름다운 감동의 생애를 살아야 한다.

<영광의 성전>

우리 믿음의 조상 학개는 바벨론 포로에서 돌아와 성전을 짓는 유다 백성들에게 용기를 주었다. 바벨론 군대에 의해 파괴된 다윗 솔로몬 성전은 금덩이 성전인 데다가 그 안에는 모세 때부터 모셔 오던 법궤를 모셨다. 그러나 이제 짓는 이 성전은 금성전도 아닐 뿐만 아니라 그 안에는 법궤도 없었다. 70여 년 전의 첫 성전을 아는 자들의 눈에는 "보잘 것 없는" 것으로 보일 수밖에 없었다. 차라리 짓지 말아야 할, 지을 필요가 없는 것 같은 성전이었다. 그러나 이때 학개는 말한다. "이 성전의 나중 영광이 이전 영광 보다 크리라"(2:9). 왜 그런가? 학개가 거짓말 하는 것인가? 아니다. 바로 이 성전에 장차 메시야 예수 그리스도가 오시기 때문이다. 금이 아닌 나무로 흙이나 돌로 지었다 할지라도 그 안에 만왕의 왕 예수 그리스도가 계시면 빛나는 영광의 성전이 되는 것이다. 아닌 게 아니라 이 스룹바벨 성전을 증개축한 헤롯 성전 시대 때 우리 주 예수 그리스도께서 오셔서 이 안에 머무셨다. 이 성전에서 할례를 받으시고 배우시고 이 성전을 깨끗하게 하셨다. 기도 집이 되게 하라고 외치셨다.

바울은 우리 몸도 성전이라고 말했다.

"너희가 하나님의 성전인 것과 하나님의 성령이 너희 안에 계시는 것을 알지 못하느냐. 누구든지 하나님의 성전을 더럽히면 하나님이 그 사람을 멸하시리라. 하나님의 성전은 거룩하니 너희도 그러하니라"(고전3:16-17).

보잘 것 없는 질그릇 같은 우리 몸에 성령을 모셔서 우리도 저 성자나 위인들의 생애처럼 값진 생애, 빛나는 생애, 거룩한 생애를 살아야 한다.

(29) 돌아가야

<죽으며 말하는 노무현 전 대통령>

노무현 전 대통령이 세상을 떠났다. 평화로운 고향 봉하 마을에서 편하게 여생을 살려했으나, 가지가 조용하려 해도 바람이 가만히 두지 않듯이 세상이 그를 가만히 두지 않아서 그만 세상을 뜨게 되었다. 아무리 힘들고 어려워도 누구 말처럼 꿋꿋하게 살아야 되지만, 자신 때문에 괴로움을 당하는 사람이 많고 앞으로도 계속 많아질 것 같기에 자기 자신이 스스로 목숨을 끊어 친지들과 국민을 살리기 위해 갔다. 대통령까지 한 사람이 오죽했으면 그런 죽음의 방법을 택했겠는가? 더운 날 땀 같은 눈물을 흘리며 우는 사상 초유의 수백만 장례행렬의 인파들의 애도 속에 떠나갔다. 어릴 때 쳐다보고 놀던 뒷산 부엉이 바위 위에 올라가 이제는 63세의 어른이 되어 그 바위를 내려다보고 몸을 던지며 갔다.

쳐다 볼 때는 "큰 바위 얼굴" 이야기처럼 꿈을 가졌으나, 내려다보고 뛰어내릴 때는 그 꿈을 이루었고 또 이루려는 큰 바위 얼굴로 떨어졌다. 누가

"국군은 죽어서 말한다"고 시를 읊었듯이 조국에 대한 슬픔과 분노로 평생 싸워서 대통령까지 된 그는 마지막에 죽음으로 말을 하며 갔다. 짧은 유서에서도 말을 했지만 그가 죽음으로 말한 주요 핵심은 무엇이겠는가?

그 첫째는, 그 지긋지긋한 정치보복은 이제 끝을 내야 한다는 것이다.

국세청과 검찰청, 그리고 보수 언론을 통해 뚜렷한 증거도 없는데 잡범과 패륜아로 잡으려 하니 도덕성을 중시하는 전직 대통령에게는 더 이상 견딜 수 없는 일이었다. 쓰러진 권투 선수를 더 이상 때리는 것이 아니듯, 살아있는 권력이 죽은 권력을 계속 잔인하게 때리는 이것은 명백한 정치 보복이었다. 이제는 제발 이런 짓을 끝내고 앞으로 가자는 것이 그의 죽음의 메시지이다.

둘째는, 자신은 죽어 없어져도 자신의 추구했던 정신은 제발 좀 살려달라는 외마디 고함이다.

소위 "노무현 정신"을 우리 모두가 알고 있다. 그 정신은 민주 정치 발전과 남북 화해와 협력, 지역 균형 발전, 서민 복지, 그리고 시민 운동 등이다.

노 전대통령 이후 현 이명박 정권에 들어와서는 민주 발전은커녕 오히려 지난 날 민주의 싹을 짓밟던 군사독재의 흉내를 내고 있다. 남북문제는 김대중 김정일 두 정상이 합의한 6.15정신과 이를 더 구체화하고 발전시킨 노무현 김정일의 10.4 정신만 계승하면 아주 좋게 풀려간다. 이 두 합의는 어느 딴 나라 대통령이 와서 한 것이 아니라 우리가 뽑은 우리의 대통령이 수많은 난관을 뚫고 하나님과 민족 앞에 무릎 꿇어 기도하는 심정으로 이루어낸 것이다. 북한 입장에서는 자기들의 황제 같은 분이 자기들의 피 눈물 나는 민족통일의 소원을 이루기 위해 한 역사적 거보(巨步)라고 여긴다. 따라서 이 두 합의는 파기할 수 없는 성경과 같은 어떤 신성한 약속이다.

이명박 정권이 이것을 무시하는 길을 걷다가 백두산은커녕 금강산을 잃고 해주 공단은커녕 민족화해의 상징인 개성공단을 잃을 위기를 맞고 있다. 심지어 대량 살상무기 확산 금지 구상(PSI)에 가입하므로 지금 한반도를 준전시체제로 만들어가고 있다. 이 모든 책임은 전적으로 6·15와 10·4를 지키지 않는 현 이명박 정부에 있다.

지역 균형 발전 구상으로 수도권의 관공서나 기업체가 지방으로 이전하는 일을 추진하였고 자신도 퇴임 후 지방으로 갔으나, 현 정권은 이를 강력하게 추진하지 않고 있으며 오히려 수도권 비대(肥大)를 더 부추기고 있다. 그래서 각 지방의 혁신도시나 기업도시 운동이 미진한 상태에 있게 되었다. 서민복지에 대해서도 1%의 부자들을 위해 이 정권 말기까지 약 100조 원의 감세를 추진하므로 갈수록 힘들게 되었다. 민족과 조국에 대한 슬픔과 분노를 안고 일어나는 시민운동 단체들이 얼마나 힘이 들고 어려운데 이 민초들을 노무현 정권은 지원해 왔으나 이명박 정권은 이들의 목을 조르고 있다.

위의 이 "노무현 가치"를 살려 달라는 유언을 남기고 세상을 떠났다.

셋째는, 노무현 전 대통령은 사람이 사람답게 사는, 사람 사는 세상을 추구하되 이를 위해 언제나 모든 책임자들이 약자인 서민 편에 서야 함을 역설하고 갔다. 바로 이런 자세 때문에 국민장 기간에 사람들이 그렇게 아끼고 사랑하고 애도를 했다. 지금까지 정치인들이 서민인 민중 편에 선다는 말은 해도 그렇게 사는 사람들이 별로 없었는데 이분은 이렇게 살다가 죽으므로 많은 국민을 움직였다.

<죽는 운동으로 살 길을>

위의 "노무현 정신"은 가만히 생각해 보면 한 정치인의 정신이 아니다. 한 정치인을 통해 보여 주셨던 하나님의 뜻이다. 하나님의 심부름으로 오늘 지금 여기 우리 주 예수 그리스도께서 한반도에 오신다면 이 정신을 틀렸다고 하지 않으실 것이다. 지금 주님이 오시면 애초에 예수 신앙공동체에서 시작된 민주주의를 지원하실 것이다. 남북 화해와 협력문제에 대해서도 희생과 사랑을 최대의 무기로 삼고 원수를 사랑하라고 하신 그 뜻대로 찬성하실 것이다. 지역 균형이나 서민 복지 문제에 대해서도 저 낮은 곳을 향하신 주님의 뜻과 같기 때문에 지극히 당연한 것으로 밀어주실 것이다.

본래가 하나님은 교회 안에서만 활동하지 않으시고 세상의 정치 경제 교육 사회 문화 제반 영역에서 우리 보다 미리 앞서 가시며 일하고 계신다. 그러니까 하나님은 우리 노무현 정부 속에서도 일하셨다는 말씀이다. 노무현 전 대통령과 그 각료들이 하나님을 믿고 안 믿고가 중요한 것이 아니라 하나님께서 그분들을 통해서도 일하신 것이라는 말씀이다. 저 페르시아의 고레스가 여호와 하나님을 믿었는지 안 믿었는지는 모르나 그분을 통해 유다 백성들이 70년 만에 바벨론 포로에서 풀려나는 것 같이 하나님은 언제 어디서나 온갖 사람이나 사건을 통해 일하신다.

만약 이것을 우리가 인정한다면 바로 노무현 정신은 이 시대 오늘 우리 한국인들이 이루어야 할 과제이다. 이것이 현 정부 같은 권력이 막거나 또 어떤 세력이 방해한다 할지라도 우리는 기어이 이를 해 내어야 한다. 노무현 전 대통령은 죽음으로 이를 해 내려고 나선 것이다. 우리도 죽을 각오로, 한 알의 밀알처럼 땅에 떨어져 죽더라도 이를 해 내어야 한다. 본래 죽도록 충성함이 우리의 자세이다.

주님은 십자가에 죽으심으로 자신도 살고 만인류를 살리셨다. 그리고 주님을 따르는 자들은 자기를 부인하고 자기 십자가를 지고 주님을 따르라고 하셨다. 우리는 우리 몫에 해당하는 십자가를 지고 죽을 각오로 주님을 따르므로 이 세상을 살려야 한다. 이 세상을 하나님이 원하시는 방향으로 되돌려야 한다. 지금 이명박 정부 이대로라면 한반도에는 전쟁이라도 일어날 위기가 생기게 된다. 이 위기를 미국의 군수 산업자들이 전쟁무기 장사로 이익을 챙기기 전에 속히 평화의 분위기로 돌려야 한다. 분명히 말하건대 한반도에 전쟁분위기나 전쟁이 일어난다면 미래의 희망이 없다. 희망이 있는 우리 민족이 되도록 이명박 정부의 지금 대북정책 방향을 되돌리게 해야 한다.

옛날 저 유다 백성들을 장차 태어날 메시야 방향으로 되돌리기 위해 스가랴는 "너희가 악한 길 악한 행위를 떠나서 돌아오라.", "내개로 돌아오라" (1:3-4)고 외쳤다. 오늘 우리는 제사장적인 신앙도 갖지만 예언자적인 외침의 신앙도 가져서 이 민족을 바로 인도하여야 한다. 한 전직 대통령까지 죽는 나라와 민족의 중요한 시점에서 기껏해야 "불신 자살 지옥행"의 교리 논쟁이나 하고 있을 것이 아니라 이 세상을 정상적인 데로 돌리기 위해 교회가 외쳐야 한다.

(30) 하나님의 집에 양식이 있게 하라.

<빚이 많은 나라>

연초에 매일경제신문이 보도한 바에 의하면 2011년 회계부터 채택할 국제기준 재정통계 방식에 따를 경우 우리나라 빚이 기존 발표에 비해 무려 100조원 이상 늘고 국내총생산(GDP) 대비 국가채무비율도 45%선까지 급등하는 것으로 확인이 되었다. 이는 정부 재정통계가 올해부터 기존 "현금주의"에서 기업에서 쓰는 것과 같은 "발생주의"로 변경되기 때문이다. 발생주의 방식의 재정통계는 2001년 국제통화기금(IMF)이 기준을 제시한 이래 김대중 정부 때 검토를 거쳐 노무현 정부 때 2011년 회계연도부터 도입하기로 한 바 있다.

참고로 이 "발생주의회계"는 현금을 주고받는 행위가 있을 때만 회계처리를 하는 "현금주의"와는 달리 수익이 실현되거나 비용이 발생했을 때 현금 수수가 없더라도 회계 처리를 하는 방식으로, 독일 일본을 제외한 대부분의 경제협력개발기구(OECD) 회원국들이 이 원칙을 따르고 있다.

이에 따라 359조6000억 원(2009년 말)인 국가채무가 새 기준 적용 시 476조8000억 원으로 117조 2000억 원 늘어나는 것으로 나타났다. 그러므로 정부는 GDP대비 국가채무 비율이 33.8%에서 44.9%로 11.1% 높아질 것으로 분석하였다. 이는 OECD평균인 53.4%보다는 낮지만 재정위기를 겪고 있는 스페인(46.1%) 아일랜드(46.0%) 등과 비슷한 수준이다.

나라 빚이 이렇게 갑자기 늘어나는 것은 정부가 그동안 국가채무로 분류하지 않던 100여개 공공기관의 빚을 새롭게 부채에 포함시키거나 기존에 잡히지 않던 선수금과 미지급금 등도 새 기준에 따라 다 빚으로 적용시켰기 때문이다.

국가채무는 1990년에 24조 5000억 원이었고(GDP의 13.1%) 97년 외환위기 이전에도 10%대에 머물렀다. 그러던 것이 외환위기를 치유하기 위한 공적자금을 넣은 98년 이후 지속적으로 증가해 30%를 뛰어넘었고, 발생주의를 적용했을 때 50%대에 육박할 정도로 급상승했다. 이런 증가 속도는 가히 세계 최고 수준일 정도가 되었으니 걱정이 되지 않을 수가 없다.

지금 총선과 대선을 앞두고 정당들이 다투어 복지를 말하고 있지만 고령화, 저출산, 그리고 남북문제 등의 태산 같은 일들을 생각하면서 이 빚을 줄이는 일에 신경을 써서 국가의 건전한 재정기반을 조성하는 일을 먼저 서둘러야 할 것이다.

이렇게 나라 빚도 많을 뿐만 아니라 개인과 가정의 빚도 많아졌다. 정부의 장기간의 저금리 정책과 부채상환비율(DTI) 규제 완화로 모두가 돈을 많이 빌려 쓰게 되었다. 말하자면 정부가 빚을 많이 쓰도록 유도하였는데 집집마다 여기에 말려들었다. 그러나 이 정부는 지속적으로 금리를 낮게 할 수가 없을 정도로 성장위주 정책 결과로 물가가 오르고 인플레이션 상황이 되어가므로 다시 금리를 올리게 되니 가계 부채는 앞으로 더욱 많아지게 될 것이다(2016년 말 가계빚이 1344조 3천억원이라고 한국은행발표). 따라서 가정마다 빚이 많은데 이를 제대로 갚지 못한 상황에서 고금리로 더 많은 빚을 지게 된다. 갈수록 한숨이 나오는 빚의 살림이 되어가고 있다.

이런 상황에서 역시 각 가정마다 가계 파산 사태를 막기 위해 가계 대출 확대를 억제하는 것은 물론 기존 대출에 대한 구조조정도 서둘러 가정 경제를 안정되게 하여야 할 것이다.

<빚 갚기 운동을 넘어>

오늘의 국가 빚은 그 성격이 많이 다르지만 옛 우리나라 1890년대는 재정이 고갈될 대로 고갈되어 조정에서 1년 동안에 일본으로부터 무려 1천6백여 만 원의 빚을 얻어 쓰고 있었다. 요새 돈으로는 얼마 되지 않지만 당시 돈으로는 천문학적인 돈이었다. 일본은 우리에게 빚을 주려고 준 것이 아니라 침략하려는 속셈으로 이렇게 우리를 빚더미 위에 올려놓았다. 이를 늦게 안 당시의 우리 선조들은 이 빚을 갚아 나라와 민족을 구하기 위해 금반지 금비녀를 바치는 운동이나, 반찬이나 음식물을 줄이는 운동, 그리고 담배를 피우지 않는 금연운동을 벌였다. "이천만 민중들이 석 달을 한정하여 남초(담배) 피는 것을 금하고 그 대금으로 한 사람이 매초 하루마다 20전씩 내면 가위 1천3백만 원이 되리라"(대한매일신보)하였다. 당시 고종 황제도 이런 빚 갚기 나라사랑운동에 감격하여 자신도 담배 피우기를 거부하며 금연 칙령을 내렸고 모든 고관대작들도 여기에 따랐다.

당시 이런 국채보상운동에 조선 사람 3인 중 1명이 참여했던 것으로 기록에 남겨진 것을 보면 정말 감격스럽다. 이런 나라사랑의 맥을 타고 그 후손인 우리가 국제구제금융의 아이 엠 에프 사태 때 금 모으기 운동에 모두 나섰던 것 같다.

그러나 우리는 언제나 빚이 많은 나라의 국민으로서 항상 빚을 잘 갚는 국민으로 살아서는 아니 된다. 그 반대로 언제나 부자 나라의 국민으로서 항상 남의 나라와 민족을 도와주는 국민으로 살아야 한다.

우리는 이미 해방과 전쟁의 상처를 딛고 열심히 살아 빚더미 위에서 망하는 나라가 아니라 오히려 세계 선진국 경제대국의 상위권을 바라보는 나라가 되어 가고 있다. 그러나 땅덩어리는 작고 그것도 갈라진 나라인 데다가 자원이 별로 없고 석유 한 방울 나지 않는 상황에서 지속적으로 일어나기가 그리 쉽지 않다. 우리의 열성에다가 하늘의 하나님이 우리를 도우셔야 가능하다.

<하나님의 집에 양식이 있게>

성경의 배경이 된 이스라엘도 그렇다. 이스라엘은 우리나라 강원도보다는 조금 더 큰 땅이며, 인구도 별로 많지 않고 자원도 별로 없으며 역시 석유도 한 방울 나지 않는 곳이다. 지중해식 악조건의 기후로서 땅이 거칠어 농사가 잘 되지 않는다. 캐나다 사람들이 농담으로 말하는 것처럼 모세가 출애굽하여 이스라엘 백성들을 인도할 때 하나님으로부터 캐나다로 인도하라고 명을 받았는데 카나안으로 잘못 알아듣고 인도하였다 할 정도로 가나안은 가난만 있지 젖과 꿀이 흐르는 부요와 소망이 있는 땅은 아니었다. 그리고 이집트, 바벨론, 그리스, 로마 등 강대국들 틈에서 쉽게 일어날 수 없을 뿐만 아니라 저들에 의해서 망하기 쉬운 곳이었다.

구약성경의 마지막 책 말라기가 쓰인 그 때만 해도 70년 동안 바벨론의 포로로 전 민족이 잡혀갔다가 막 돌아와 다시 성전을 건축하던 주전 516년 경이었다. 주전 458년에 더 많은 유다 백성들이 귀환하여 그리던 동족 신앙 공동체가 다시 형성되던 때였다. 정말 가난하여 입에 풀칠하기도 힘들고 해방을 명한 페르시아에 빚을 지고 사는 시기였다.

그러나 이런 가난의 거리에 말라기 선지자가 나타나 "사람이 어찌 하나님의 것을 도둑질하겠느냐 그러나 너희는 나의 것을 도둑질하고도 말하기를, 우리가 어떻게 주의 것을 도둑질하였나이까 하는도다. 이는 곧 십일조와 봉헌물이라. 너희 곧 온 나라가 나의 것을 도둑질하였으므로 너희가 저주를 받았느니라"(말3:8-9)하며 가난의 저주 원인이 하나님께 바칠 십일조와 헌금을 지금까지 하나님께 바치지 않았기 때문이라고 하였다. 믿음의 조상 아브라함 때부터 바치기 시작한 십일조 헌금을 지금이라도 하면 그 십일조 헌금을 통해 하나님이 다음과 같은 복을 주신다고 하였다.

"만군의 여호와가 이르노라. 너희의 온전한 십일조를 창고에 들여 나의 집에 양식이 있게 하고 그것으로 나를 시험하여 내가 하늘 문을 열고 너희에게 복을 쌓을 곳이 없도록 붓지 아니하나 보라. 만군의 여호와가 이르노라. 내가 너희를 위하여 메뚜기를 금하여 너희 토지소산을 먹어 없애지 못하게 하며 너희 밭의 포도나무 열매가 기한 전에 떨어지지 않게 하리니 너희 땅이 아름다워지므로 모든 이방인들이 너희를 복되다 하리라"(말3:10-11).

이스라엘은 망한 뒤에 이런 말씀을 순종하여 메시아 예수 그리스도를 모시는 나라가 되었고 온갖 고난 중에 복을 받는 나라가 되었다. 세계에서 가장 많은 노벨상을 받은 인재를 배출하는 나라로서 빚은커녕 세계의 금융권을 쥐고 좌지우지하고 있다. 국내 500만, 외국에 미국을 중심으로 1000만 명이 살면서 세계를 움직이는 미국을 움직이고 사는 민족이 되었다.

오늘 우리도 지역마다 세워진 교회를 통해 예수 믿어 하나님의 영생 얻은 자녀 되는 운동과 자녀로서 십일조 헌신운동을 일으켜 경제적인 복을 받는 민족이 되어야 한다.

the New Testament

신약

1 복음서

복음서는 마태, 마가, 누가, 요한복음이다. 예수 그리스도의 나심과 활동하심, 하나님나라 운동, 그리고 십자가의 죽으심, 부활을 기록했다. 마가 자료를 중심으로 마태 마가 누가 세 복음이 거의 같은 입장에서 주 예수 그리스도를 보기 때문에 공관복음이라 하고, 요한복음은 전혀 다른 입장에서 보기 때문에 제4복음이라고 한다.

마태복음은 세리 마태가(마9:9) 기록했고, 마가복음은 바울과 바나바의 선교동역자 마가(행12:25)가, 누가복음은 사도행전과 함께 의사인 누가가(골4:14), 그리고 요한복음은 주께서 사랑하시던 제자 사도 요한(요21:7)이 요한 서신, 계시록과 함께 썼다. 거의 모두 주님의 십자가와 부활 승천 사건 이후 교회가 시작되면서 로마의 박해 중 예수 그리스도를 전하지 않으면 아니 되는 위기감에서 집필되어졌다.

'마태복음'(Matthew)은 "아브라함과 다윗의 자손 예수 그리스도"로 시작하듯 구약과 신약을 이어준다. 구약에서 예언된 메시아가 신약의 예수 그리스도임을 강조하며 이스라엘 사람들이 예수를 구주로 영접하기를 바란다. 동방에서 박사들이 찾아오는 성탄절 기사가 특이하다.

'마가복음'(Mark)은 섬김을 받으러 오신 예수가 아니라 오히려 섬김을 실천하러 오신 예수를 강조하며 십자가와 부활의 주를 외친다. 구약 이사야가 예언한 고난당하신 주님에 초점을 맞춘다.

'누가복음'(Luke)은 사람의 아들 예수 그리스도의 생애를 쉽게 전하므로 이스라엘뿐만 아니라 이방인들도 예수를 영접하도록 애쓴다. 목동이 찾아오는 성탄절 기사가 돋보인다.

'요한복음'(John)은 "나는 … 이다"의 논리로 말씀이 육신이 되신 예수 그리스도를 생명의 떡, 선한 목자, 길이요 진리요 생명이라고 하며, 믿는 자가 멸망하지 않고 영생 얻음을 강조한다.

(1) 예수 오시다

메시야! 구세주! 예수 그리스도! 드디어 이 땅에 오셨다. 이게 얼마나 기다린 사건인가? 세상에 이보다 더 큰 뉴스가 있을까? 하늘 하나님이 주시겠다고 하신 약속은 놀랍게도 너무나 먼 창세기부터이다. 아담 이브가 선악과를 따먹고 낙원을 잃었을 때였다. 이들을 유혹한 옛 뱀 곧 마귀를 향해 하나님은 장차 여자의 후손(창3:15)이 나타나 네 머리를 상하게 할 것이라 하셨다.

남자는 씨고 여자는 밭인데 씨 없이 밭으로만 되는가? 하나님은 훗날 이사야 선지자에게 "처녀가 잉태하여 아들을 낳을 것"(사7:14)이라 전하셨다. 도대체 말도 안 되는 소리다. 이 일이 어떻게 가능한가? 그런데 알고 보니 이는 하나님의 "성령으로 잉태된 것"이다. 죄인 아담으로 시작되는 죄인 인류를 그 "죄에서 구원하고"(마1:18-21) 아담을 죄짓게 한 "마귀의 일을 멸하려"(요일3:8) 죄 없는 육신을 입고 이 세상에 오셔야 하기 때문이었다.

이 일은 인간으로부터 된 일이 아니라 인간을 향한 하늘 하나님의 사랑으로 된 일이다. 인간 혈통으로 따지면 이스라엘의 "아브라함과 다윗의 자손"(마1:1)으로 오셨으므로 이스라엘은 흥분했다. 기대하며 대망을 품고 기뻐했다. 대왕 다윗이 모든 주변 강대국들을 평정하고 번영과 축복의 시대를 열었듯이, 이제 새로운 다윗 같은 힘으로 "이스라엘 나라 회복"(행1:6)으로 식민지 종주국 로마 천하를 둘러엎어 메시야 왕국을 세울 줄 알고 들떴다. 그러나 오신 예수는 전혀 그런 분이 아니었다. 이런 정치적 야망에 부합하여 로마 천하에 그리스도왕국을 세우는 분이 아니었다.

아니 왕국은커녕 로마의 죄수 사형틀인 십자가에 달려 피 흘려 죽는 길을 택하셨다. 세상에 오신 목적이 본래 이렇게 피의 길이었다. 이미 세상 사람들의 욕망 속에 숨어 든 피의 진리 즉, "피 흘림이 없이는 죄 사함이 없는" 원리로, "성령으로 말미암아 흠 없는 자기를 하나님께 드리는 그리스도의 피"(히9:14)의 길을 걸으신 것이다. 오래 전에 하나님께서 이사야를 통해 일찍이 말씀하신 바로 그대로 그 길을 걸으신 것이다.

"그는 멸시를 받아 사람들에게 버림 받았으며 간고를 많이 겪었으며 질고를 아는 자라 마치 사람들이 그에게서 얼굴을 가리는 것 같이 멸시를 당하였고 우리도 그를 귀히 여기지 아니 하였도다. … 그가 찔림은 우리의 허물 때문이요 그가 상함은 우리의 죄악 때문이라 그가 징계를 받으므로 우리는 평화를 누리고 그가 채찍에 맞으므로 우리는 나음을 받았도다"(사53:3-5).

이 예언대로 주님은 종려주일에 예루살렘에 입성, 거룩한 그 주간 목요일에 체포되시고 금요일 새벽에 산헤드린 공회에서 심문 받으시고(눅22:66-71), 금요일 아침에 재판 받으시고(빌라도 헤롯, 눅23:6-12), 금요일 9:00에 십자가에 달리시고(막15:25), 당일 15:00에 별세하시고(눅23:44-46), 당일 저녁에 장사되시고(마27:57-61), 토요일 안식하셨다.

그러니 사실상 이스라엘 백성들이 자기들의 죄를 용서받기 위해 하나님의 지시로 양을 잡아 그 피를 바르고 뿌리며 제사 드렸듯이 주님은 모든 인류의 죄를 용서 받게 하기 위해 드려진 제물 희생양의 길을 걸으신 것이다. 그래서 예수 그리스도를 가장 잘 알고 소개한 야인 세례 요한이 한 말 "세상 죄를 지고 가는 하나님의 어린 양"의 길이었다(요1:29).

예수께서 세상에 오신 것은 우리의 죄를 조사하고 처벌하기 위한 하늘나라 형사로 오신 것이 아니다. 오히려 우리 죄를 예수께서 혼자 다 뒤집어쓰시고 우리 죄를 대신해서 벌 받아 피 흘려 죽으러 오신 것이다. 그리고 죽음에서 일어나 우리를 또한 영원히 살리기 위하여 오신 것이다.

주님의 오심을 기념하는 성탄절에 "메리 크리스마스!", "기쁘다 구주 오셨네" 하지만 사실상 우리 때문에 피 흘리는 죽음을 목적으로 오셨으니 우리 죄를 보고 울며 우리 같은 죄인도 품으신 주님을 보고 기뻐하는 것이다.

(2) BC4년 12월 25일의 의로운 빛

하나님이 사람의 몸을 입으시고 사람의 몸을 빌려, 그것도 여자의 후손으로 우리 지구 인류의 시간과 공간 사이로 들어오신 사건이야 말로 기적 중에 기적이다. 예수 탄생하신 성탄절이 없으면 고난의 사순절도 기쁨의 부활

절도 없는 것이다. 뿐만 아니라 우리가 믿어 영생 하나님의 자녀 됨도 없는 것이며, 자녀로서 받는 모든 복도 없는 것이며, 영원한 새 하늘과 새 땅의 희망도 없는 것이다. 무엇보다도 지상의 교회가 하나도 없는 것이다. 귀한 우리 교회도 없고 교회로부터 시작되는 기독교문명권의 모든 문물, 그 영향으로 일어난 세계의 모든 좋은 것이 없는 것이다.

우리의 모든 것을 있게 하신 우리 주 예수 그리스도는 과연 "그 해 12월 25일"에 오신 것인가? "그 해"는 주 오신 그 해 즉, AD(Anno Domini, after the Lord 주 오신 이후) 그 첫 해였는가? 하지만 세상 역사의 호적 명령을 내린 로마 황제 아우구스투스(주 오시기 이전 BC, before Christ 31-AD14)의 재위기간과 유대 왕 대 헤롯의 재위기간(BC37-4)을 따져봐서 그 원년이 아니라 기원 전 4년으로 보는 경향이다. 그 해 "12월 25일"은 본래 로마인들이 태양절(동지, 어둠을 물리치고 이날부터 해가 길어짐)로 지켰는데 "내 이름을 경외하는 너희에게는 공의로운 해가 떠올라서 치료하는 광선을 비추리니 너희가 나가서 외양간에서 나온 송아지 같이 뛰리라"(말4:2)는 성경 말씀대로 정했다. 다시 말해서 콘스탄틴 대제가 십자가 환상으로 승리한 후 주후 313년에 밀라노 칙령(기독교를 로마 종교로 공인)을 내린 후 교회회의가 모든 교회법과 절기를 점검하는 중 말라기의 "공의로운 해가 떠오름"을 빛의 예수 탄생으로 해석하여 이 날을 정하게 되었다. 동방정교회 등의 교회가 따르지 않으나 이 때 정한 로마의 정치권력과도 연관된 교회들의 결정으로 지금까지 세계 모든 천주교 기독교가 기원 전 4년 12월 25일에 주 예수 탄생하신 것으로 지키고 있다.

(3) 피 사랑 제물의 장소

늘 궁금하다. 베들레헴에서 나시고 갈릴리에서 자라 활동하시며 사실상 갈릴리 나사렛 예수로 하늘나라 운동을 일으키셨으니 거기서 십자가에 달려 돌아가셔야 하지 않는가? 왜 종려주일에 예루살렘에 입성하셔서 거기

골고다 언덕 십자가에서 죽으셨는가? 이는 이스라엘 제사의 장소원리 때문이다. 하나님의 뜻에 따라 반드시 하나님이 지시하신 곳에 가서 거기서 제사를 드리고 제물을 바쳐야 한다.

"너희는 너희의 하나님 여호와께서 자기 이름을 두시려고 택하실 그 곳으로 내가 명령하는 것을 모두 가지고 갈지니 … 네게 보이는 아무 곳에서나 번제를 드리지 말고 … 여호와께서 택하실 그 곳에서 번제를 드리고 또 내가 네게 명령하는 모든 것을 거기서 행할지니라"(신12:11-14).

아브라함이 아들 이삭을 바칠 때에도 아무데가 아니라 하나님이 지시하신 한 산 모리아 땅이었다(창22:2). 일천 년 뒤 다윗이 제물 바치는 성전 건축부지 정할 때에도 하나님이 "나타나신 곳"이 아브라함의 모리아였다(대하3:1). "아브라함과 다윗의 자손"(마1:1)으로 오신 주님도 이 모리아에서 온 인류를 구원하는 피 제사를 자기 몸 제물로 드리려 예루살렘에 올라가신 것이다. 바로 시온산 골고다 언덕이 모리아산 제단이다. 이곳에서 부활하시고, 이곳에서 승천하시고, 또한 이곳에서 성령 보내심으로 이곳에서 교회를 시작하셨다. 바로 이곳이 인류구원의 하나님 나라 지상 거점이다.

아브라함을 통해 지시하신 모리아산(시온산 골고다) 언덕의 예루살렘은 여호수아의 가나안 땅 정복전쟁 후 땅 분배 때 유다 지파에 소속되었으나 차지하지 못하다가 다윗 시대 때 재정복, 그 아들 솔로몬이 그곳에 성전을 건축하게 되었다. 주전 586년에 바벨론에 의해 성전이 파괴되고 포로로 잡혀갔다가 70년 뒤 다시 해방, 귀환하여 스룹바벨이 성전을 세웠다. 그러나 로마의 식민지로 지배를 받는 중 분봉왕 헤롯이 성전을 증개축하여 예수 모시게 되었다.

주후 70년에 로마에 의해 완전히 망하고 점차 아랍권의 이슬람종교의 거점이 되었다.(691년 황금 돔 성전 건축) 하나님에 대한 충성의 표현으로 로마 교황 우르반 2세가 십자군 전쟁을 일으켜 예루살렘 탈환작전을 시작했으나(1095년) 오랜 세월 상처투성이로 실패했다. 1차 대전 때 영국이 이곳을 지배하므로 마침내 시온운동이 일어나 유대인 600만 명 학살의 전우의 시체를 넘어 2차 대전 후 1948년에 다시 이스라엘이 여기에 국가를 세우게 되었다. 누가 세계사를 보자면 예루살렘을 보아야 한다 했는데, 예루살렘에서 십자가 예수 피 제물을 받으신 하나님이 세계를 움직이고 계시기 때문이다.

(4) 주 오심으로 생긴 나라

우리 주 예수 그리스도께서 오심으로 하나님의 나라가 시작되었다. "때가 찼고 하나님의 나라가 가까이 왔으니 회개하고 복음을 믿으라"(막1:15) 주께서 말씀하신 그대로다. 예수 그리스도 중심의 하나님 나라가 구약에서 이미 예언되었고 이제 시동이 걸렸으며 십자가로 승리하시고 부활 승천하신 주님이 재림하시므로 완전히 이루어 질 것이다.

이 하나님 나라 사람들은 사도신경에서 고백하는 것처럼 우리 주 예수 그리스도의 창조주 아버지 하나님을 믿으며, 예수 그리스도의 성령을 믿으며, 교회와 성도의 교제를 통한 예수 그리스도를 믿으며, 예수 그리스도의 피 사랑으로 죄용서 받음을 믿으며, 예수 그리스도께서 부활하신 것처럼 몸이 다시 사는 것을 믿으며, 또한 예수 그리스도와 함께 영원히 사는 것을 믿는다. 한 마디로 우리를 위해 이 땅에 오시고 고난 받아 십자가에 죽으시고 부활 승천하시고 장차 재림하실 우리 주 예수 그리스도를 믿는 예수 그리스도 중심의 나라다.

참으로 조심할 말이 있다. 어떤 사람들은 "우리가 하나님 나라를 세운다" 하지만 틀린 말이다. "하나님께서 예수 그리스도를 통해 세우신 하나님 나라"라 해야 한다. 주체가 우리가 아닌 하나님임을 확실히 하여야 한다. 우릴 구원하시어 하나님 나라 성민으로 세워 주신 그 은혜를 보답하여 순종하므로 하나님나라 확장 번창을 위해 헌신한다는 말로 표현해야 맞다. 또는 하나님 나라를 선포한다거나, 하나님 나라를 기다린다거나, 하나님 나라에 들어간다는 말도 맞는 말이다. 믿는 자 그 한 사람이 초라할 수가 있다. 그러나 그는 하나님 나라의 하나님의 영생 백성이니 큰 인물로 위대한 가능성의 인물로 보아야 한다.

믿는 가정이 시시하게 생각되어질 수가 있다. 그러나 그 가정은 악마가 통치하는 가정이 아니라 하나님이 성령으로 함께 하시며 그 가정 자손만대를 통하여 하나님께서 큰 구원과 축복의 하나님 나라 일을 계획하시고 계시니 함부로 생각해서는 아니 된다.

교회도 그렇다. 눈에 보이는 교회는 온갖 부조리, 갈등, 거짓이 있는 것 같아서 다 둘러엎고 싶고 밤낮 욕을 하고 싶을 정도로 보잘 것 없을지 모른다. 그러나 그럼에도 불구하고 교회는 그리스도께서 세우신(마16:16) 지상의 하나님 나라 지부라 생각해야 한다. 여기서 신앙고백이 되고, 66권 주님의 말씀이 선포되고, 주님의 살과 피를 나누는 성찬이 있는 한 주님이, 성령이 함께 하신다. 특히 주님이 말씀하신 것처럼 항상 "만민이 기도하는 집"(막11:17) 상태를 유지할 때 상상할 수 없는 하나님나라 생명운동이 일어남을 알고 교회를 귀히 여겨야 한다. 밭에 묻혀 있는 보화 같이 세상 속에 숨겨진 보물인 줄 알고 모든 것을 팔아 충성을 다하여야 한다. 이를 누가 알겠는가? 이 비밀! 이 하나님나라 진리를 누가 알겠는가?

주 예수 그리스도가 베들레헴에서 탄생하셨을 때 당시 식민지 종주국 로마의 시저 아구스도는 온 천하에 호적하라는 명을 내렸기 때문에 요셉 마리아 부부도 인구조사에 응하기 위해 고향에 갔다. 분명히 우리 주 예수 그리스도는 모든 인류를 그들의 죄에서 구원할 구세주로 오셨다. 그러나 이 때 호적을 하라고 명한 아구스도도 그 이름이 "숭배와 예배 받을 자"라는 뜻으로 로마와 온 세상의 구세주로 불리어졌다. 본 이름이 옥타비안이었는데 주전 31년에 안토니와 클레오파트라 군대를 격파하므로 로마의 분열을 막고 평화와 번영의 시대를 열었다. 그러므로 아구스도라는 이름처럼 숭배를 넘어 예배의 대상인 신의 자리에 앉은 것이다. 그래서 로마는 시저 아구스도의 나라였다. 다시 말해 아구스도 신의 나라였다. 이 신이 팔레스타인 지역을 통치하기 위해 헤롯 왕을 세웠는데 이때에 메시아 우리 주 예수 그리스도께서 탄생하여 예수 그리스도 중심으로 하나님이 통치하시는 하나님의 나라를 선포하시니 이는 필시 정치적 충돌을 피할 길이 없게 되었다.

아무리 "주님의 나라는 이 세상에 속한 것이 아니니라"(요18:36) 해도 둘은 화합될 수가 없다. 실제로 주님은 하나님의 나라 복음을 선포하시며 "내가 세상에 화평을 주려고 온 줄 아느냐 내가 너희에게 이르노니 아니라 도리어 분쟁하게 하려 함이로라"(눅12:51)고 하셨다. 결국 이 싸움에서 주님은 로마의 총독 빌라도에게 고난을 받으시고 로마의 사형 틀인 십자가에 못 박혀 죽으셨다. 그러나 그 "제 삼일"에(눅13:32) 하나님이 다시 살리시므로 부활의 주가 되셨다. 그래서 주님은 십자가로 인류의 죄를 용서하시고 부활로 인류를 영원히 살리시기 위한 하나님 나라 주인공이 되셨다. 세상의 어떤 나라 황제나 신적인 권세의 권력자보다도, 아니 그보다 더 강하고 크신 영원한 하나님 나라이며 그 왕이 되셨다. 예수를 믿는다는 것은 이 하나님 나라에 소속된 영생 얻은 국민으로서 이 하나님께 예배드리고 이 예수의 말씀대로 산다는 뜻이다.

그런데 세상 나라는 그 배후에 악신이 움직이므로 죽음으로 가는 나라지만 예수의 하나님 나라는 영원히 사는 생명의 나라이다. 그래서 미국 뉴욕의 맨해튼 쌍둥이 빌딩이 악한 자들에 의해 무너지고 수많은 사람들이 죽었지만, 오늘 그 두 자리에는 엄청난 폭포수와 그 물의 소리가 가득하다. 흑백평등과 동시 헌신을 꿈꾸다가 쓰러진 말틴 루터 킹의 미국 애틀랜타 기념관도 그렇다. 어떤 사람들이 생각하고 설계했는지는 모르나 하나님의 성령이 그들을 충동질하여 물로 그 죽음과 상처를 덮게 하였다. 물은 생명을 상징하는 것으로 주님께서는 "내가 주는 물은 그 속에서 영생하도록 솟아나는 샘물이 되리라"(요4:14) 하셨다. 주님으로 말미암아 "죄와 더러움을 씻는 샘이 열렸으며"(슥13:1), 저 영원한 나라에는 "수정 같이 맑은 생명수의 강"이 흘러 강 좌우에 생명나무가 열매를 맺고 그 잎은 만국을 치료한다(계22:1-2).

말이 나왔으니까 말이지 미국이 9·11 재앙 때 자본주의 부의 상징인 빌딩의 공격을 받고 무슨 생각을 했을까? 즉각 적에 대한 공격을 하므로 힘을 다시 과시하는 것만으로 끝나서는 아니 된다. 미국을 세운 청교도 조상들은 전 지구촌 구원의 하나님 나라를 거점으로 미국을 생각했다. 그리고 신기하게도 아메리카 대륙을 처음 발견한 크리스토퍼 콜럼버스(Christopher

Columbus) 이름도 "그리스도에게 소속된 것"이며 "비둘기에게 마음을 두는" 의미다. 비둘기는 성령을 상징하는 새이니 정말 미국이 저 첫 출발을 생각하며 그리스도의 것으로 주님을 떠나지 않고 말씀과 성령으로 충만한 상태를 항상 유지하여 하나님 나라를 온전히 전파할 때 참으로 주님의 손에 쓰일 것이다. 이 하나님 나라 예수 그리스도의 생명의 힘으로 세상 나라의 모든 죄와 죽음, 그리고 그 배후의 악신을 물리친다.

그러니 예수 그리스도께서 오셔서 전한 하나님 나라 백성이 되러 지금 여기서 당장 믿어야 한다.

(5) 하나님의 나라

우리 주 예수 그리스도의 공생애 활동 중 첫 말씀이 "하나님의 나라"(kingdom of God)이다. 하나님이 왕이 되셔서 통치하는 나라를 말한다. 주님 탄생하실 그 당시, 로마의 식민지 헤롯이 왕인 유대 나라와 그 종주국 로마의 시저 아구스도 황제가 통치하는 나라가 있음에도 불구하고 하나님이 다스리시는 하나님의 나라를 선포하신 것이다. 가만히 생각하면 이 나라는 예수 그리스도로부터 시작되는, 다시 말해서 하늘로부터 탄생하신 주님으로부터 시작된 지상의 하늘나라이니 분명 하나님의 새로운 나라이다(마 19:28). 이는 무슨 구름 위의 저 삼층천 하나님의 나라만이 아니라 우리 세상 속에 시작하신 하나님의 나라, 분명히 우리 인간을 하나님의 사랑의 뜻으로 영원히 살릴 그 위대한 하나님의 나라이다. 자연히 이 나라는 세상 나라와 충돌할 수밖에 없는 새 나라이므로 세상 왕들의 낡은 나라 통치에 따라 주인공인 예수 그리스도께서 십자가에 죽으실 수밖에 없는 비극의 나라이다. 그러나 영원한 통치자 하나님은 낡은 나라가 저지른 십자가 죽음을 기쁨의 부활로 바꾸어 놓으시며 영생 부활의 새 하늘과 새 땅의 나라를 바라보게 하심으로 영원한 기쁨의 나라임을 확인시켜 주셨다.

주님은 이 새로운 희망의 나라를 선포하심으로 그의 공생애를 시작하셨다. 그러므로 그때부터 지금까지 인류는 이 하나님의 나라에 소속된 자와 아닌 자로 구분이 되었다. 예수를 믿는다는 말은 이 새 나라의 백성이라는 말이요, 믿지 않는 자는 이 나라의 백성이 아니라는 말이다. 믿고 세례 받아 낡은 것에서 탈출 새 나라에 들어가야 한다.

이 새 나라는 이미 예수 그리스도의 오심과 십자가와 부활로 이 땅 우리에게서 시작되었으나 아직 저 영원한 새 하늘 새 땅의 새 나라가 완전히 우리에게 이루어지지는 않았다. 그러나 요한 계시록의 증언처럼 주 예수 다시 오시므로 완전히 이루어질 것이다.

그러므로 이 새 나라는 이미 마태의 예수 그리스도 오심으로 시작 되었으나 아직 계시록의 주 재림으로 완전해지지는 않았으니 우리 믿는 자는 이 "이미"와 "아직" 사이에서 이 새 나라의 국민 된 감격과 감사로 힘차게 다시 오실 주님을 대망하며 달려야 한다(빌3:12-14). 그런 뜻에서 주님은 천국에 들어갈 자는 "거듭 난 자"(요3:5)로 힘써 "침노하는 자"(마11:12)라고 하셨다.

(6) 구원의 예수

이 세상에 오신 예수 그리스도의 "예수"라는 이름의 뜻은 "여호와는 구원"이라는 말이다. "자기 백성을 그들의 죄에서 구원할 자"이기 때문에 하나님이 친히 명명하신 이름이며(마1:21) 이 외에 "천하사람 중에 구원을 받을 만한 다른 이름을 우리에게 주신 일"이 없다(행4:12). 그러므로 "예수" 하면 "구원"이라고 생각하면 된다.

흔히 구원을 " … 에로부터(from) … 으로(to)"로 설명한다. 가난에서 부요로, 병고에서 건강으로, 무식에서 유식으로, 악한 성격에서 선한 성격으로, 이렇게 상황이 좋은 방향으로 잘 바꾸어진 것이 구원 받은 것이다.

그러나 탄생하신 우리 주 예수 그리스도의 구원이라고 하면 이 세상의 좋지 않은 상황에서 좋은 상황으로, 즉 궁극적인 것 이전의 세상 구원만 말하는 것이 아니라 궁극적인 것, 즉 인간 세상 불행과 멸망의 모든 원인이 되는 인간의 죄와 죽음과 영원한 멸망에서부터 용서와 영생과 천국에로의 영원 구원을 말한다. 그 방법은 친히 육신을 입고 세상에 오셔서 인간의 죄를 대신해서 십자가에 피 흘려 죽으심으로 그 공로를 믿게 하는 것이었다. 인간 쪽에서 "그 은혜에 의한 믿음으로 말미암아 구원을"(엡2:8) 받게 되는 것이다.

이렇게 믿어 구원을 받는다는 것은 하나님의 자녀가 되는 것(요1:12-13)이며 "영생"을 얻는 것(요3:16)이며 또한 물과 성령으로 거듭나는 것이다(요3:5). 완전한 구원은 "영생" 생명 가진 자가 "영생"의 나라에 가는 것이다(마25:46).

그런데 넓게 성경을 보면 구원은 한 개인의 차원에서 끝나는 것만이 아니라 사회와 민족 전체까지도 생각하여야 한다. 이스라엘 사람 한 사람의 영혼 구원만이 아니라 이스라엘 전체가 하나님을 믿고 전체가 그 믿음으로 이집트 바로의 권력과 그 체제에서 해방되어 출애굽 후 홍해 건너 가나안 땅에 들어가는 것, 그것도 구원이다. 민족 구원이다. 이스라엘에게서 민족 구원은 후에 가나안 땅 원주민으로부터 완전히 승리하여 다윗 왕조 같이 강력한 나라와 민족을 이루는 것도 구원이며, 나중에 이 왕조가 분단이 되고 바벨론 포로에서 남방 유다가 돌아오게 된 것도 구원이다. 헤롯의 박해와 로마의 식민지 치하에서 자유케 되는 것도 구원이다. 주님의 제자들조차도 얼마나 민족의 해방을 원했는지 부활승천하시는 주님을 붙들고 한 질문이 "주께서 이스라엘 나라를 회복하심이 이 때이니이까·(행1:6)"하는 물음이었다.

후에 주님의 제자가 된 바울도 "내가 그리스도 안에서 참말을 하고 거짓말을 아니 하노라 나에게 큰 근심이 있는 것과 마음에 그치지 않는 고통이 있는 것을 내 양심이 성령 안에서 나와 더불어 증언하노니 나의 형제 곧 골육의 친척을 위하여 내 자신이 저주를 받아 그리스도에게서 끊어질지라도 원하는 바로라"(롬9:1-2). 이렇게까지 원하는 바가 예수 피 안에 있어야 할 이스라엘의 구원이다.

그렇다면 오늘 우리 새 이스라엘이 된 하나님의 자녀로 살아가는 자들이 "영혼구원" 차원에서만 머물면 아니 된다. 구원 받은 그 개인이 소속된 사회와 민족의 문화가 우리 주 예수 그리스도 정신으로 확 피어나는 문화가 되도록 기도하고 움직여야 한다. 기도하는 것은 성령의 도우심으로 우리가 믿음과 사명으로 가득할 뿐만 아니라 우리가 일할 때 지혜를 주시며 인도하시기를 바람이다. “움직임”은 사람과 손잡고 서로 연대하며 사회 변화의 일을 해가는 것이다.

옛날 이스라엘에만 바로와 헤롯과 시저만 있는 게 아니다. 요새도 90% 국민의 물가와 삶을 안 좋게 지배하는 10%도 안 되는 거대 바로와 헤롯과 시저 같은 경제적 독점재벌이 있다. 그리고 자꾸 전쟁분위기를 만들어 무기장사를 해 먹는 세력이 있으며, 특히 우리의 좁은 한반도 분단을 이용하여 자기들의 이익을 챙기는 바로와 헤롯과 시저 같은 국내외 거대권력들이 있다. 여기에 대해 영혼구원의 차원을 넘어 서서 평등과 평화와 정의를 부단히 추구해야 한다. 그리고 이것에 대해 여론 형성이나 선거제도나 그 외 성서적 예언자의 도전이 있어야 한다. 이런 과정을 자꾸 거치면서 제도적인 장치를 하거나 저 미국의 윤리신학자 니버(Reinhold Niebuhr)가 자주 말한 것처럼 서로 “거북한 힘의 균형(An uneasy balance of power)”을 통해 덜 악한 방향으로 세상이 겸손해지며 공동의 선에 도달할 수 있게 하여야 한다. 막연한 정의가 아니라 쌍방 간에 서로가 동의하고, 서로 동의한 것을 지키려는 강제성을 가지고 부단히 실행해 나가는 노력을 하게 하는 것이다. 이것이 가능한가? 이미 서구 기독교문명권에는 수많은 경험을 통해서 해 내고 있다. 이 사회를 기독교정신에 의한 서구기독교문명권이라고 한다. 이런 사회를 구원을 이루어가는 과정의 사회라고 할 수 있다. 물론 저 영원한 하늘나라에 비해서는 어림도 없지만 그러나 저 영원한 구원의 꿈을 가지고 오늘 이 현세의 변화를 위해 일해야 한다. 오늘 우리의 성서적 헌신으로 얼마든지 정의를 통한 평화 구원의 덜 악한 세상을 오게 할 수가 있다.

이와 같이 우리 주 예수 그리스도의 구원의 일은 그리스도 피에 의한 개인구원뿐만 아니라 그리스도의 사랑과 정의에 의한, 다시 말해 그리스도의 제사장성인 사랑과 예언자성인 정의에 의한 평화사회구원으로까지 넓게 생각할 수가 있다.

(7) 때가 차서 오심

아담이 에덴에서 추방되는 즉시 하나님이 여인의 후손으로 보내주시기로 약속하신(창3:15) 메시아가 이사야의 처녀 아기 잉태(사7:14)로 예언 된 후 약 700년 뒤 동정녀 마리아의 몸을 통해 이 세상에 오셨다. 왜 이때인가? 바로 이때가 로마의 때가 아닌가? 그리스 철학을 바탕으로 탄탄한 내부조직과 막강한 군사력과 유화적인 포용성을 가진 로마다. 이 로마가 번성하되 지중해 문화시대의 지중해 여러 지역과 거의 전 유럽을 자기 영토로 삼아 로마 중심의 평화 시대를 이루어 내었다. 시저와 그 권력자들이 들으면 기분 나빠 할 지 모르지만 이 어마어마한 천 년 로마를 온 세상 주관하시는 하나님이 세우시고 이끄셨다. 이 로마의 언어와 도로와 조직과 군사와 노예와 영토 등 문화를 통해 땅 끝까지 예수 그리스도의 구원복음이 전파되게 하기 위해서이다.

비유로 말하자면 새들의 탁란(deposition, 托卵)의 원리 같은 것이다. 뻐꾸기는 자기가 알을 깔 수 없기 때문에 오목눈이 새의 둥우리에 몰래 알을 낳아 오목눈이 새가 뻐꾸기의 알을 까게 한다. 뻐꾸기 알에서 나온 뻐꾸기 새끼는 본능적으로 하루 먼저 나와 늦게 나오는 놈들을 다 밀쳐 내어 밖으로 나가 죽게 하고 자기가 오목눈이 새의 사랑을 독차지 한다. 오목눈이 새의 따뜻한 품과 물어다 주는 먹이를 잘 먹으며 뻐꾸기 새끼는 잘 자라 나중에 뻐꾸기 세계로 날아가 버린다.

하나님은 로마라는 큰 둥우리를 준비하시고 독생자 예수 그리스도의 교회를 그 둥우리에 집어 넣으셔서 로마와 유럽과 전 세계를 구원케 하셨다. 배타적인 예루살렘 유다 둥우리 가지고는 아니 되심을 아시니까 포용적인 로마 둥우리를 준비하시고 다 준비하신 이때에 독생자를 보내셨다. 하나님의 "때가 찼다"는 말은 이를 두고 하시는 뜻이다. 나중에 하나님은 주님의 교회를 로마 근교 공동묘지, 죽음의 지하 땅굴에서 눈물 콧물 중에 강력한 믿음으로 자라게 하시다가 때가 되어 콘스탄틴 황제의 눈에 십자가 환상으로 보이셔서 주후 313년 후 로마 온 세상을 복음으로 덮으셨다.

누가 주 하나님의 이 오묘하신 섭리와 그 사랑을 알랴! 주 하나님을 찬양한다.

(8) 사다리 예수

야곱은 하나님을 가까이 한 죄(?)보다는 장자권의 중요성을 알기에 형과 아버지를 속인 죄로 형 에서의 눈을 피해 외갓집으로 도망을 가는데 황량한 루스 광야에서 돌베개로 잠을 청했다. 그 날 밤 꿈에 하늘로부터 사다리가 자기 머리맡에 내려오고 하나님과 자기 사이에 천사들이 오르락내리락 했다. 그래서 찬송가에도 "내 고생하는 것 옛 야곱이 돌베개 베고 잠자는 것 같다"(338장2절) 했는데 이것이 무슨 고생인가? 황홀한 감격 감사였다. 아버지 이삭 어머니 리브가 사랑이 있는 가정 품에만 하나님이 계시는 줄 알았는데 여기도 계시지 않는가! 찬송가에 있는 것처럼 "야곱이 잠깨어 일어난 후 돌 단을 쌓으며" 탄성을 질렀다. "두렵도다. 이곳이여 이것은 다름 아닌 하나님의 집이요 이는 하늘의 문이로다"(창28:17)했다. 그래서 그 곳 이름을 "벧엘(하나님의 집)"이라 불렀다.

이렇게 하나님이 사다리 연결로 함께 하시는데 무슨 걱정이 있을 수 있는가? 이렇게 임마누엘로 함께 하시는데 " … 환난이나 곤고나 박해나 기근이나 적신이나 위험이나 칼이랴 … 종일 주를 위하여 죽임을 당하게 되며 도살당할 양 같이 여김을 받았나이다. … 이 모든 일에 우리를 사랑하시는 이로 말미암아 우리가 넉넉히 이기느니라"(롬8:35-37).

그 후 야곱은 사기꾼 같은 외삼촌을 만나 고생을 하고 형 에서로 가나안 땅 재입성 길이 막혔으나 기도하며 극복하고 12지파 원조인 12아들을 중심으로 일어났다. 극심한 가뭄으로 다 망할 위기에서도 아들 요셉이 이집트에 가서 국무총리 하며 이집트와 중동지방을 먹여 살리는 중에 오히려 거기서 번성했다. 그래서 야곱과 이스라엘은 항상 벧엘의 사다리 꿈을 잊어버리지 않는다.

탄생하신 우리 주님은 모두가 잊지 못하는 이 사다리 이야기를 다시 꺼내시며 주님 자신이 하늘 하나님이 내리신 사다리라고 하셨다.

"또 이르시되 진실로 진실로 너희에게 이르노니 하늘이 열리고 하나님의 사자들이 인자 위에 오르락내리락 하는 것을 보리라"(요1:51).

그렇다. 주님은 하늘 하나님이 우리에게 내리신 사다리시다. 인자이신 예수 이름으로 우리가 기도할 때 하나님의 사자들이 우리 기도 소원을 하나님께 올리시고, 우리 기도 소원의 응답을 하나님의 사자들이 하나님의 뜻에 따라 각자 우리에게 내리시는 사다리다. 하나님은 우리가 전혀 통할 수가 없는데 이 예수 이름으로 통하게 되는 사다리이다. 우리에게 예수 오셨다는 성탄절 사건은 이 사다리 기적의 사건이다. 이 사다리로 연결된 곳이 벧엘인 하나님의 집 교회다. 그러니 교회의 지성소에 있는 이 사다리를 통해 하나님과 부단히 영교하며 살 때에 우리에게 무슨 근심이 있으며 무슨 패배가 있으랴. 야곱이 이긴 것처럼 우리도 믿음으로 이긴다. 사다리 기도하는 믿음이 세상을 이긴다(요일5:5).

(9) 주님의 교회

주님은 세상 사람들이 주님을 "더러는 세례 요한, 더러는 엘리야, 어떤 이는 예레미야나 선지자 중에 하나"(마16:14)라고 하는 것에 대해 불만이셨다. 그러나 베드로가 "주는 그리스도시오 살아계신 하나님의 아들이시다"(16절)라며 알고 고백할 때 만족해 하셨다. 그리고 그 믿음의 터전인 반석 위에 주님의 교회, 즉 음부의 권세가 이기지 못할 "내 교회를 세우신다"(18절)고 하셨다.

사실상 주님이 세상에 오신 목적 중에 하나가 주님을 그리스도 구세주로 영접하고 고백하는 베드로 같은 사람들의 믿음 위에 교회를 세우려 오셨다. 인간의 교회가 아닌 주님의 교회를 세우려 오셨다. 그래서 주님의 교회가 주님의 탄생 이후로 지구상에 있게 되었다. "교회"라는 이름도 애초에 주님의 몸에 소속되었다는 '주님의 것'이라는 뜻의 그리스어 "kyriacon"에서 나와 독일어로 "Kirche" 영어로 "Church"가 되었다.

이와 같이 교회는 인간의 어떤 자연인이 어떤 무슨 인간 사상이나 어떤 위인의 이념 따라 세워진 인간의 교회가 아니라, 다시 말해서 첫 아담 죄인의 후손에 의해 세워진 교회가 아니라, 인간을 죄와 죽음에서 영원히 구원해 주실 하나님의 아들, 다시 말해서 죄 없는 둘째 아들 "여자의 후손"(창3:15) 구세주를 믿는 믿음의 고백 위에 주님이 친히 세우신 주님의 교회이다. 어제나 오늘이나 내일이나 영원히 동일하신 주님은 지금도 이 반석 위에 주님의 교회를 세우기를 원하신다.

그렇다면 모름지기 주님의 교회를 세우는 자들은 확실히 주님을 알고 고백하여야 한다. 성경에서 안다는 말은 그냥 머리로 아는 것이 아니라 항상 체험을 하여 아는 것이다. 주님은 베드로에게 "이를 네게 알게 한 이는 혈육이 아니요 하늘에 계신 내 아버지시니라"(마16:17)했다. 베드로는 육적인 연구로 아는 것이 아니라 주님을 따르는 중 하나님의 영의 감화 감동으로 주님을 알았다. "주여 영생의 말씀이 주께 있사오니 우리가 누구에게로 가오리이까. 우리가 주는 거룩하신 자이신 줄 믿고 알았사옵나이다"(요6:68-69). 이렇게 말씀에 잡히니 자동으로 믿음이 생겨 주님을 알았다. 이런 베드로의 은혜의 경지에 가야 주님의 교회가 우리 속에 세워진다.

그리고 교회를 섬기는 자들은 이 교회가 "내 교회"가 아니라 "주님의 교회"이니까 인간인 내가 교회를 좌지우지해서는 아니 된다. 노아의 방주에는 운전석이 없었다. 창문도 하늘을 향한 창문밖에 없었다. 이는 하나님이 친히 바람으로 운행하셨기 때문이요, 하니 주님의 교회는 하늘 하나님을 보고 기도를 많이 하는 중에 하나님의 성령이 운행하시게 해야 한다. 무슨 회의를 해도 기도 중에 부득불 하여야 하지 으레 의무적으로 하는 것이 아니고, 어떻게 무슨 결정을 해도 혹시 잘못될 수도 있으니 항상 마지막 기도 때는 주님의 뜻이 아니면 되지 않게 하시고 주님의 뜻이면 성령충만함으로 잘 실천되기를 간구하여야 한다.

또 주님의 교회는 "그리스도의 몸"(고전12:27)이니 각 지체가 기도를 많이 하는 중 세상의 몸 개념이 아니라 성령에 의해 활기가 넘치는 몸이 되게 하여야 한다. 항상 "교회를 교회되게 하라"는 구호를 알고 인간의 교회가 아닌 주님의 교회되게 하려는데 전력투구하여야 한다. 이때 교회개혁은 자연스럽게 되는 것이다.

(10) 주 예수를 따르자면

우리 주님은 " … 누구든지 나를 따라오려거든 자기를 부인하고 자기 십자가를 지고 나를 따를 것이니라"(막8:34) 하셨다. 주 예수를 따르자면 "자기를 부인"해야 한다. "자기를 부인"함은 자기 자신을 포기하는 것이다. 자기 입장이나 자기 뜻을 꺾는 것이나 죽이는 것이다. 예수를 따르기 위해 자기를 죽이는 것은 일종의 순교이다. 살아가는 동안 이렇게 날마다 사는 것은 순교자의 길을 걷는 것이다. 순교자도 천국 간 순교자가 있고 살아있는 순교자가 있는데 산 순교자로 사는 것이다.

아브라함이 자기가 살던 티그리스 유프라테스 강변 쪽이 더 살기 좋고 거기 자손만대에 살기를 원하지만 자기 입장을 포기하고 요단강변의 가나안 땅으로 거처를 옮긴 것이나, 아들 이삭을 제물로 바친 것 등이 자기를 포기하고 자기를 죽인 것이다.

다윗이 자기를 죽이려는 사울에게 쫓겨 다니는 과정에서 얼마든지 사울을 죽일 기회가 있었으나 그 일을 못한 것은 하나님의 기름부음 받은 자를 하나님 외에 인간이 손을 못 댄다는 거룩한 입장을 지키며 자기 분노와 뜻을 죽인 것이다.

조국 독일에 미친 운전사 같은 히틀러가 일어나 유럽대륙에 전쟁의 불을 지를 때, 본회퍼 목사는 친구들의 권유로 미국에 있었고 자기도 평안히 신학을 연구할 수가 있었다. 그러나 자기 입장을 포기하고 미국을 떠나 전쟁의 불구덩이 속으로 들어갔다. 민족의 영광을 외치며 히틀러를 지지하는 독일교회들을 대항하여 주 예수를 주로 모시는 고백교회 운동 등을 주도했으나 모든 길이 다 막혀 히틀러 암살단에 가입하기도 했다. 이후 발각되어 히틀러가 자살하기 3주 전, 나치 정권이 항복하고 해방이 오기 한 달 전쯤에 안타깝게도 형장의 이슬로 사라졌다. 하나님은 그를 순교의 제물로 받으시고 데려가셨다. 그러나 주님 말씀 하신 것처럼 한 알의 밀알이 땅에 떨어져 죽으므로 교회와 신학의 온전한 열매로 독일과 유럽 전 세계에 감동이 되었다. 자기를 부인하고 자기 십자가를 지고 주님을 따랐기 때문이다.

본회퍼가 한 유명한 말 "값싼 은혜"와 "값비싼 은혜"가 늘 생각난다. 전자는 자기를 부인함도 자기 십자가도 질 아무런 의사도 없는 자들, 심지어 회개도 믿음도 별로 없는 자들에게 교회 자리 채우기 위해 막 예수의 피 사랑의 은혜를 선포하고 함부로 세례 주고 용서를 선포하는 싸구려 예수사랑 나눔이다. 그러나 후자는 그 반대다. 정말로 은혜로 부름 받음을 알고 모든 것을 포기하고 자기 십자가를 지기로 결단하며 눈물로 회개를 하며 주님의 용서와 사랑을 구하는 자세의 사람에게 주시는 예수 사랑이다.

하나님이 우리를 구원하시기 위해 자기 아들을 우리 허물과 죄를 대신해서 십자가에 죽이기까지 하시며 값비싼 대가를 치르신 그 은혜를 생각하면 너무 쉽게 이 은혜를 받아들일 수가 없다. 그러므로 은혜로 인해 믿음으로 구원 받은(엡2:8) 우리는 자기 부인과 자기 십자가를 짊으로 늘 청종생활을 하여야 한다. "믿음만"은 값싼 은혜이며 절대 복종을 하며 십자가 질 때 값비싼 믿음이 되는 것이다. 값비싼 은혜의 믿음과 청종이 있으면 개인도 달라지고 사회와 민족도 달라진다. 값싼 은혜의 믿음만 있으면 개인도 사회도 민족도 달라지지 않는다. 그러므로 산상 수훈의 말씀을 마치신 주님께서 믿고 청종하는 자가 세상에서 집을 반석 위에 지은 지혜로운 사람 같이 살다가 세상 떠나 천국에 들어간다고 하셨다(마7:20-27).

그런데 어쩌랴? 십자가는 예수께서 이미 지고 가셨으니 우리는 십자가를 안 져도 성령충만 받아 축복만 받으면 된다는 교회들이 얼마나 많은가? 자기를 부인하고 자기 십자가는커녕 자본주의 성장주의에 줄을 대고 밤낮 적극적 사고방식의 성공신앙만 외치는 교회들이 얼마나 많은가? 꿩 잡는 게 매라고 이렇게 해서 커진 교회들이 얼마나 많은가?

"나더러 주여 주여 하는 자마다 다 천국에 들어가는 것이 아니요 다만 하늘에 계신 내 아버지의 뜻대로 행하는 자라야 들어가리라. 그 날에 많은 사람이 나더러 이르되 주여 주여 우리가 주의 이름으로 선지자 노릇하며 주의 이름으로 귀신을 쫓아내며 주의 이름으로 많은 권능을 행하지 아니하였나이까 하리니 그 때에 내가 그들에게 밝히 말하되 내가 너를 도무지 알지 못하니 불법을 행하는 자들아 내게서 떠나가라 하리라"(마7:22-23). 이 얼마나 무서운 말씀인가?

자기를 부인하고 자기 십자가 지고 주님을 따름이 이토록 핵심 생명이다. 모름지기 교회성장도 "십자가 지는 교회!" 여기에 초점을 맞추어야 할 것이다. 그러면 십자가 지고 사는 작은 교회도 실은 주님의 시선으로는 큰 교회일 수가 있을 것이다.

(11) 반석 위에 세운 교회

베드로는 "바위", "반석"이라는 뜻이다. 강하게, 아프지 말고, 흔들리지 말고, 꺾어지지 말라는 뜻으로 옛날 우리 조상들도 "바우", "반석"이라는 이름을 많이 썼다. 북한의 김일성 어머니 이름도 강반석이며 오늘 우리 믿음의 가정 자녀 이름도 같은 이름이 있다.

우리 주 예수 그리스도께서 친히 "갈릴리 해변으로 지나가시다가 시몬과 그 형제 안드레가 바다에 그물 던지는 것을" 보시고 "나를 따라오라 내가 너희로 사람을 낚는 어부가 되게 하리라"(막1:16-17)하시며 부르셨다. 이 말씀에 순종하여 시몬과 안드레는 고기 잡는 어부에서 사람을 낚는 어부가 되려는 생각으로 주님을 따랐다. 갈릴리는 종교와 정치의 중심인 예루살렘 사람들에 비해 비교적 못 살고 거룩하지 못한 서민들이 사는 곳, 아니 양반 예루살렘 사람들에 비해 상놈들이 사는 곳이었다. 그러니 베드로도 별로 잘난 사람이 아니었다. 거칠고 성급하고 덜 다듬어진 사람이었다. 허물도 죄도 많은 사람이었다. 자신을 내려다 볼 때 구제불능이며 '나는 안 돼!' 할 그런 사람, 자신에 대해 너무 실망이 많은 사람이었다.

이런 사람을 주님이 부르셨으니 제자들은 그저 황홀하고 감사 감격할 뿐이다. 그래서 주님만 쳐다보고 주님만 따랐다. 모일 때는 맨 앞자리에 앉았다. 대답도 서슴없이 맨 먼저 했다. 순종도 적극적으로 앞서 행동하기 시작했다. 잠시도 주님의 눈을 놓치지 않았다. 귀를 기울여 말씀을 잘 듣다 보니 믿음 제일의 인물이 되었다. 주 없이는 못 사는 인물이 되었다.

"어린아이 같이 믿으라"(마18:3-4) 할 때 여기서 몇 가지 중요한 뜻은 어린아이가 엄마 없이 못사는 것, 잠시도 엄마를 떠나지 않는 것인데 베드로는 잠시도 주님을 떠나서는 못사는 어린이 같은 심정으로 주님을 가까이 했다. 한 번은 주님이 식인종 같은 이야기 "내 살을 먹고 내 피를 마시는"(요6:56) 등의 이야기도 하시고 어려운 말씀을 하시니 어렵다며 사람들이 주님 앞에 모였다가 많이 떠났다. 주님께서 제자들에게 "너희도 가려느냐?" 하시니 베드로는 다급히 "주여, 영생의 말씀이 주께 있사오니 우리가 누구에게로 가오리까"하며 주님을 더 가까이 했다.

베드로는 12제자 중 주님의 사랑을 더 받는 세 애제자(베드로 요한 야고보)의 하나가 되었다. 한 번은 이 세 제자를 데리고 주님께서 기도하러 산에 가셨는데 기도 중 이 세상의 어떤 세탁쟁이도 그렇게 희게 할 수 없는 신비의 경지, 즉 하늘나라가 그대로 임하는 변화의 분위기에서 옛 모세와 엘리야가 나타나 주님과 더불어 3자 회담을 하시는 장면의 모습을 모두가 체험하게 되었다. 베드로는 너무도 놀라워 "우리가 여기 있는 것이 좋사오니 우리가 초막 셋을 짓되 하나는 주를 위하여, 하나는 모세를 위하여, 하나는 엘리야를 위하여 하사이다"(막9:5)하였다.

그때 "마침 구름이 와서 그들을 덮으며 구름 속에서 소리가 나되 이는 내 사랑하는 아들이니 너희는 그의 말을 들으라"(막9:7)하였다. 주님의 말씀은 여기가 좋아도, 여기서 천국 경험했으면 저 아래 지옥 같은 민중의 삶의 현장으로 가자는 것이었다. 저 낮은 곳을 향해 가자는 주님의 말씀과 행동 따라 베드로와 제자들은 "더러운 귀신을 쫓아내며 모든 병과 모든 약한 것을 고치기 위해" 저 낮은 곳으로 방향을 잡고 살았다.

“낮은 곳” 말이 나왔으니까 말이지 세상이 반기는 유엔 사무총장이 우리나라에 와서 내년(2017) 설부터 모든 임기를 마치고 들어와 살게 될 때 대통령 선거에 출마할 의사를 비쳤다. 그리고는 고향 충청 대망론에 부응하기 위해서인지 충청도 인사들을 많이 만나고 충청도 맹주인 전 국무총리도 만나고, 또 충청도와 여권 핵심 근거지인 경상도를 아우르는 행보를 보였다. 제주 모임 외에 경북 도청이 있는 안동이나 신라의 고도 경주 모임 등의 만남이 돋보였다. 기자들이 별명으로 붙여준 이름 “기름장어” 같이 미끈하게 잘 난 분이 기자들의 질문에 대답도 잘 하며 또 잘 빠져나가기도 하며 제법 국민들에게 호감을 주었다. 그래서 그런지 당장 대통령 후보군에 들고 인기가 제일 높은 분이 되었다. 그러나 이 분의 자세와 등장이 그렇게 명쾌한 감동을 주지는 못한 것이 좀 아쉬웠다. 대한민국 대통령이 되려는 그런 방향을 잡았으면 옛날 같이 그렇게 지방색이나 권력 밀착형으로 나서지 말고, 현대적인 신선한 감동을 주는 출발을 하여야 하지 않나 하는 그런 생각 때문이었다. 예를 들어서 아직까지도 우리 눈에 눈물이 그렁그렁 맺혀 있는 저 진도 앞바다 세월호 아픈 현장에 가든지, 위안부 문제에 대해 희미한 오해를 주었으니 그 문제를 풀기 위해서라도 이제 얼마 살지 못할 위안부 할머니들을 한 번 끌어안기 위해 가든지, 자신을 세운 노무현 전대통령의 묘지나 생가에 가든지, 남북분단의 상징인 판문점 근방에 가든지, 그렇지 않으면 빈부 격차가 심하고 서민들이 빚더미 위에서 하루하루 허덕거리는 가난의 현장에 가든지 하는 그런 움직임 말이다. 우리 생각에 발이 있는데 왜 그런 걸음이 없고 왜 누가 봐도 대권에 출마하려는 그런 걸음만 걷는지 이상하다. 이런 걸음마를 오늘을 사는 한국인들이 인정해 줄까 의문이다.

베드로가 이렇게 주님의 저 낮은 길 따라 충성하며 살아 참으로 주님이 알아주시는 제자가 되었지만, 그러나 너무나 충격적인 사실 앞에 주님과 맞선다. 주님이 십자가로 고난 받아 세상을 떠난다는 사실 앞에 “베드로가 예수를 붙들고 항변하여 이르되 주여 그리 마옵소서. 이 일이 결코 주께 미치지 아니하리이다”(마16:22) 했다. 이에 주님은 즉각 “사탄아 내 뒤로 물러가라 너는 나를 넘어지게 하는 자로다 네가 하나님의 일을 생각하지 아니하고 도리어 사람의 일을 생각하는도다"(마16:23)하셨다.

그 귀한 제자 베드로가 무슨 사탄인가? 아마도 주님은 이렇게 꾸중하실 때 눈물 어린 분노로 말씀하셨을 것이다. 사랑의 화내심으로 십자가 길에 정을 떼려 하셨을 것이다. 사랑하는 사람들이 어느 한 단계로 나아가기 위해 정을 떼는 일은 얼마나 고통스러운가? 오늘 영강신문에도 글을 썼지만 제가 신학교 다닐 때 학교 분규가 일어나 교수단들이 집단 사퇴하여 갑자기 우리를 가르쳐 주던 신학의 젖줄 교수가 없어진 원통한 사연 때문에 많이 울고 많이 싸웠다. 그분들이 언제나 우리와 함께 계실 줄 알았는데 막상 그렇지 못하여 그 교수님들과 생이별 한 것은 평생의 상처로 남아 있다. 제가 미련하게 우리 교회 와서 청춘을 다 보내며 지금까지 떠나지 못한 몇 가지 이유 중 하나가 함부로 목회지를 이동해서는 아니 된다는 느낌 때문이다.

제가 이곳에 오기 전에 경북 영주중앙교회를 섬겼는데 거기서 이리로 이사 오기 위해 이삿짐을 쌀 때 그 짐을 못 싸게 하고 저의 앞길을 방해하던 청년회장에 대한 기억 때문이다. 저는 견디다 못해 그 청년회장을 밀치고 고함질러 내 쫓았다. 그 회장은 사택 앞 버드나무를 끌어안고 밤새도록 울었고 저희 내외도 눈물로 잠이 들었는데 잠깐 한 잠 잔 새벽에 나가 보니 그가 사라졌다. 그것이 그와의 마지막 이별이었다. 그 후 그는 교회조차 나오지 않고 방황하다가 몇 년 뒤 교통사고로 세상을 떠났다. 영주 풍기 사이 헬리콥터도 내린다는 넓은 도로를 질주하다가 갑자기 좁아진 도로를 맞아 급정거 중 몸이 밖으로 튕겨나가 하늘로 갔다. 저는 그 청년이 사고로 죽은 것이 아니라 제가 죽인 것이라 여겼다. 통곡을 하고 통곡을 하다가 그 때 저도 죽을 병이 들었다. 우리교회 온 지 얼마 되지 않아 제가 많이 아팠던 것은 그 청년회장 때문이었다. 그때 그 회장이 저를 같이 천국으로 데리고 가기 위해 자주 병상에 찾아오는 것 같은 느낌이 들었다. 그렇게도 교회부흥발전에 이바지하던 그 청년회장(故 손두원)에게 화를 내고 내쫓은 것은 사랑의 정을 떼기 위함이었는데 그 일이 죽음으로 이어질 줄은 상상도 못한 일이었다.

정을 떼려고 베드로를 눈물 가슴으로 "사탄"이라고 꾸중하신 주님이셨다. 베드로는 견딜 수가 없어 주님이 십자가 길에 체포 되실 때에 칼을 뽑아 대제사장 종의 목을 쳤으나 빗나가 귀가 떨어져 나갔다. 주님은 대제사장 종의 떨어진 귀를 붙여주시며 베드로에게 인내를 명하시며 "칼을 칼집에 꽂으라"(요18:11)고 하셨다.

그 후 베드로는 갑자기 밀려오는 두려움을 견딜 수가 없어 주님이 예언하신 대로 불 피운 대제사장 집 뜰을 서성거리던 중 하찮은 사람들 앞에서 자기는 주님의 제자가 아니라며 주님을 배반했다. 그리고 닭 우는 소리를 들으며 자신이 얼마나 겁쟁이며 약하다는 것을 알고 통곡했다. 주님이 십자가에 죽으신 후 부활하셨다는 소식을 듣고 빈무덤에도 갔으나 주님을 만나지 못했다. 얼마 후 그는 갈릴리 호수에서 고기를 잡으며 참으로 자신이 죄인인 것을 느끼며 울었다. 그리고 주님이 보고 싶어 울었다. 눈물 젖은 갈릴리 바다였다. 이 눈물사정을 누구보다도 잘 아시는 부활의 주님이 드디어 베드로를 찾아오셨다. 베드로의 3번 배반을 덮어주시기 위해 똑같은 장면으로 불을 피우시고 "네가 나를 사랑하느냐?" 3번 물으시고 주님의 양들을 부탁하셨다. 주님의 교회 전체를 맡기시며 수제자로 임명하셨다. 그리고 "오직 성령이 너희에게 임하시면 너희가 권능을 받고 예루살렘과 온 유대와 사마리아와 땅끝까지 이르러 내 증인이 되리라"(행1:8)는 말씀대로 베드로는 성령과 권능을 받아 주님의 증인 되려 전혀 기도에 힘쓰는 중 급강한 바람과 불길 같은 성령이 임하시므로 "성령이 말하게 하심을 따라"(행2:4) 말하는 교회 출발의 책임자가 되었다. 이 위대하고 강한 교회가 로마에 들어갔으나 박해가 너무 심하여 베드로는 로마를 피해 도망가려 했다. 그 길에 환상 중에 나타나신 주님을 보고 엉겁결에 "쿼바디스 도미네(주님 어디로 가십니까)"하니 주님은 네가 버리려는 로마에 가서 내가 죽으려 한다 하셨다. 베드로는 "아닙니다. 제가 죽겠습니다" 하고는 그 길로 다시 로마로 가서 거꾸로 십자가 지고 주님 품에 안겼다.

뭐니 뭐니 해도 베드로 인생의 절정은 신앙고백이었다. 세상 사람들이 나를 누구라 하느냐 하시며 "너희는 나를 누구라 하느냐"의 주님 물으심에 베드로는 "주는 그리스도시요 살아 계신 하나님의 아들이시니이다."(마16:16)고

대답했다. 에덴동산 밖의 죄인 인간에게 "여자의 후손"(창3:15)이 탄생하여 마귀를 심판할 것이라는 예언이, 이사야에게서 "처녀가 잉태하여 아들을 낳음"(사7:14)이며, 복음서 첫 머리에 동정녀 마리아의 몸에서 예수 나심으로 이어지는데, 이 하나님의 아들 예수가 이스라엘뿐만 아니라 온 인류를 구원할 구세주 메시아 그리스도라고 고백한 것이다. 이 대답에 주님은 만족해하시며 이것은 베드로가 연구하거나 머리로 깨달은 것이 아니라 위의 하늘 하나님의 계시에 의한 것이라고 하시며, 이 반석 같은 믿음의 고백 위에 주님의 교회를 세우시겠다고 하셨다. 그리고 땅에서 매면 하늘에서 매이고 땅에서 풀면 하늘에서 풀리는 기도만능의 천국열쇠를 베드로에게 주시겠다고 하셨다. 저 갈릴리의 보잘 것 없는 문제의 사나이 어부가 이런 큰 인물이 된 것은 전적으로 주님의 은혜이다. 못난 우리도 주님 쳐다보며 믿고 용기를 가지기 바란다.

(12) 우레의 아들이 사랑의 아들로

요한은 야고보와 함께 세베대의 아들로 불리어지는 갈릴리 어부 출신이다. 처음에는 세례 요한의 제자였으나 안드레의 친구로 주님을 따랐거나(요1:35-40) 직접 주님의 부름을 받았다(막1:19-20). 주님은 제자들을 세우실 때 이 두 형제에게는 "보아너게 곧 우레의 아들"이라는 이름을 더하셨다(막3:17). 아마도 주님을 잘 영접하지 않는 사마리아 동네를 하늘의 불로 태워 없애자고 하던 것과 같이 성급하고 열정적인 저들의 근성을 아시고 별명을 지어 주셨을 것이다. 저들은 또한 다른 제자들의 질투를 받을 정도로 자신들과 어머니까지 동원하여 주님의 예루살렘에서 다윗 왕국 같은 하나님나라를 세우실 줄 알고 그때 영의정 좌의정을 시켜 달라고 부탁을 했다(막10:35-37).

다윗 닮은 메시아 대망론에서 모든 꿈이 좌절되고 이사야가 외친 찔리시고 상하시고 징계 받으시고 채찍 맞으시는 고난의 메시아(사53) 쪽으로 가닥이 잡히자, 베드로와 함께 가장 많이 실망할 요한은 오히려 베드로보다 더 주님을 가까이 했다. 주님의 십자가 길에 제자들은 다 도망갔으나 요한만 십자가 길을 따르고 마지막 십자가 죽으심의 골고다 언덕까지 이르렀다. 최후 만찬 때 주님 바로 곁에서 “예수님의 품에 의지”(요13:23)할 정도로 주님과 가깝던 그는 주님이 죽으시는 현장에 있었다. 주님의 십자가 위 일곱 마디 말씀 중 “어머니”를 기억하시는 말씀 후 이 제자 요한에게 주님의 어머니(마리아) 모실 것을 당부했을(요19:26-27) 정도로 주님을 가까이 모셨던 인물이다.

이렇게 “우레의 아들”이 주님에게 인정받아 성모 마리아를 자기 어머니처럼 모시게 될 정도로 “주님의 사랑 받는 제자”가 되었다(요19:27, 20:2, 21:7,20). 비록 왕국의 영의정 좌의정은 못 되어도 그리스도로부터 시작된 하늘나라의 기둥 같은 인물이 되었다. 주님 부활 승천 하신 후 베드로와 주님의 육신의 동생 야고보와 함께 예루살렘 교회의 세 기둥 중 한 명이 되었다.

주님께서 친히 “천국은 침노를 당하나니 침노하는 자는 빼앗느니라”(마11:12) 하셨는데 정말 열광적인 사모와 헌신으로 천국의 요직을 차지했다. 실제로 생전(다른 제자들과는 다르게 순교 당하지 않고 주후 100년경까지 장수)에 하늘나라 들어가 장차 되어 질 인류의 미래를 내다보는 계시록을 받아썼다. 요한 서신을 통해 하나님이 우리를 먼저 사랑하셨으니 우리도 서로 사랑하자며 사랑을 외쳤다.

요한복음에서는 거듭남의 “영생” 생명을 강조했다. 하나님께서 우리 인간을 사랑하셔서 독생자를 주셨는데 그 이유는 사람이 멸망하지 않고 영생을 얻게 하려 하심(요3:16)이며 이 독생자 예수 그리스도를 영접하여 믿어 주로 영접하면 하나님의 영생 자녀가 된다(요1:12-13)고 했다. 얼마나 영생을 강조하는 지 성경이 쓰인 것 자체가 하나님의 아들을 믿는 자가 영생 얻음을 알게 하기 위해서라고 했다(요일5:13).

그러나 영생만 얻으면 되는가? 아니다. 우리를 고아와 같이 버려두지 않으시고 주님 부활 승천 하신 후 성령을 보내시니(요14:16-17) 성령을 받아야 한다. 성령을 받아 주님이 하신 일도 하고 주님 보다 더 큰일도 한다(요14:12)는 말씀을 주님께로부터 받아썼다.

이 성령 받은 믿음이 세상을 이긴다며 믿음으로 승리생활 할 것을 권고했다(요일5:4-5). 이런 성령 받은 믿음은 친히 기도 사다리로 오신(요1:51) 주님의 이름으로 기도를 통해서 얻을 수 있음을 전했다. 이 기도사다리 예수 그리스도 이름으로만 하나님께 기도하듯이 오직 예수 그리스도 한분을 통해서만 하나님 아버지께로 갈 수가 있음(요14:6)이 그의 절정 진리 전파이다.

(13) 가리키는 그 손가락

20세기 가장 큰 신학자 칼 바르트는 르네상스의 대표적인 화가 마티아스 그뤼네발트(M. Grunewald)가 독일 이젠하임 성당의 제단 장식화로 "십자가에 달리신 예수 그리스도"를 그렸을 때 긴 집게손가락으로 오직 예수 그리스도만을 가르친 세례요한을 늘 말했다. 자유주의 신학도 정통신학도 버리고 신정통주의 신학을 열 때 "말씀신학"으로 선 그는 세례요한이 오직 예수 그리스도 한 분만을 소개하기 위해 살았던 것처럼 그 자신도 오직 한 분, 구약전체에서 말한 "오실 메시야", 신약 전체에서 말한 "오신 메시야", 마지막 요한계시록 전체에서 말한 "다시 오실 메시야" 오직 이 예수만 증거하는 그 신학을 시작했고 완성했다.

한신대에서 우리에게 신약학을 가르친 전경연 박사는 칼 발트의 제자인데 제자 목사들이 설교나 무슨 글을 썼을 때에 "도대체 거기 예수가 어디 계시냐?"고 되묻기로 유명했다. 평생 예수를 가르치며 예수로 살다가 예수 앞에 가셨다. 90 노인이 예수 품에 안기실 때 그 전날도 도서관에 들러 책을 찾다가 밤중에 들림 받으셨다. 죽음을 겪었으나 죽음의 병이나 고통 하나 없이 잠든 채로 그 귀하신 품에 안기셨다. 며느리가 아침 밥상을 준비하고 깨웠으나 이미 천국에 들어가신 후였다.

나는 급히 장례식에 참석하여 조시의 순서를 감당하며 오직 예수만 전하기로 다짐하였다. 그리고 모든 설교를 듣고 평할 때 설교를 잘 하나 못 하나의 기준은 예수를 전하느냐 전하지 않느냐의 문제라고 늘 말한다.

(14) 사랑과 정의

이스라엘 사람들이 망해 주후 70년부터 1947년까지 나라와 민족도 없이 유럽 등지에서 떠돌며 살 때에, "자기들 땅에 온 예수를 십자가에 못 박아 죽인 죄로 벌 받는 것"이라는 말을 듣는 것에 대해 화를 냈다. 유럽의 기독교도들은 이들을 더욱 화나게 하려고 예수 죽인 죄의 벌이 저렇게도 크다고 계속 떠들었다. 그러니 같은 혈통의 아브라함의 이스라엘 후손들과, 믿음으로 된 아브라함의 새 이스라엘 후손들은 원수지간이 되었다. 어쩌면 구약의 유대교와 구약의 완성인 신약의 기독교가 아주 친해질 수 있었는데 갈수록 거리가 멀어졌다. 율법적 유대교와 율법의 완성인 사랑의 기독교는 이렇게 대립 각을 세우며 싸우다가, 드디어 기독교 세력은 이차 대전 때 히틀러의 손을 빌려 유대교 이스라엘인들을 600만 명이나 학살하는 일을 도왔다. 히틀러 개인이 이들을 이렇게 많이 학살한 것이 아니라 기독교 국가와 국민의 감정이 이들을 이렇게 죽이고 싶은 마음이 있음을 안 권력자들이 이를 악용 실천했을지도 모르기 때문이다.

그러나 이스라엘이 시온운동을 벌리며 전우의 시체를 넘고 넘어 지중해를 넘고 예루살렘에 독립국가를 세웠을 때에 같은 기독교국가인 미국은 달랐다. 미국은 유럽 국가들과 달리 "예수 죽인 죄"를 말하지 않고 "예수의 피 사랑 품"을 강조하여 신생 국가 이스라엘을 품었다. 유럽에서 짓밟혀 죽어가던 이스라엘은 오늘의 광야 바벨론 포로시대가 지났다며 환호성 치고 예루살렘을 거쳐 신대륙 미국으로 이주를 해 갔다. 그 결과 이스라엘은 국내 약 500만 명, 미국을 중심한 전 세계 1천만 명의 민족이 되었다. 그리고 이들은 미국의 정치 경제 교육 사회 문화 등 모든 영역에서 열심히 살고 공헌하여 미국을 세계적인 미국 되게 하는 기여를 하였다. 미국은 또한 이들을 세계적인 민족이 되게 하는 일을 위해 사랑의 멍석을 깔아 살게 도왔다.

이스라엘을 향한 유럽 기독교와 미국 기독교는 같은 성경을 쓰면서도 이렇게 판이하게 달랐다. 전자는 확실히 좁은 율법적 정의와 정죄에 강조가 있었고, 후자는 넓은 복음적 사랑과 용서에 강조가 있었다.

2차 대전 이후 큰 재앙이 일본에 찾아왔다. 진도 9.0의 지진이 동북부해안을 흔들어 14m 파도가 해안가를 휩쓸어 쓰나미의 재앙이 온데다가 그 여파로 원자력발전소가 폭발하였다. 수만 명의 사람이 죽고 막대한 경제적 손실을 입었고, 파괴된 원자로에서 나온 방사성 물질이 삶의 전 영역에 찾아들어 일본인의 생존을 위협하고 있다. 이런 낭패와 절망적 사태를 보고 "일본이 죄가 많아 지금 저런 벌을 받고 있다"는 말을 우리가 할 수 있다. 특히 우리는 36년 간 일본의 지배를 받은 경험이 있기 때문에 다른 나라보다는 우리가 먼저 이런 욕을 할 수가 있다. 그러나 우리가 계속 이런 말을 하게 되면 불난 집에 부채질하는 꼴이 된다. 그래서 일본 쪽에서 우리 쪽을 향한 문을 닫아버린다. 그리고 세계인들이 우리를 그만큼 속이 좁은 민족들로 보게 될 것이다. 그러므로 매일 일본대사관 앞에서 일본을 규탄하던 정신대 할머니들이 그 재앙의 날에 시위를 멈추고 일본을 위해 울던 그 자세로 대하여야 한다. 우리도 울고 도와야 한다. 위로하고 일어나도록 기도하고 격려하고 힘이 되어 주어야 한다. 정의 쪽 보다는 우리의 사랑, 우리의 정으로 저들을 품어야 한다.

다시 말해서 기독교가 유럽의 이스라엘을 대하듯 하지 말고, 기독교의 미국이 이스라엘 대하듯 하여야 한다. 정의보다는 사랑으로 대하여야 한다.

당장 망한 자들 앞에서 정의로운 죄의 벌로 규탄하지 말고 사랑의 품으로 끌어안아 위로하여야 하지만, 그러나 이스라엘이 그렇게 듣고 바른 길을 걸으려던 예언자적 정의를 누구나 무시하여서는 아니 된다. 정의 없는 사랑도 아니 되지만, 사랑 없는 정의도 아니 되기 때문이다.

만약에 자식을 키울 때 어머니적인 사랑만으로 키우면 그 자식이 방탕하기 쉽다. 그러나 그 자식 속에 본래부터 있는 원죄나, 원죄를 뿌리로 하여 솟아나는 방탕성의 죄성을 다스릴 아버지적인 정의의 꾸중도 겸한다면 그 자식은 방탕성을 넘어 온전성으로 잘 자라가게 될 것이다. 그래서 예부터 우리 조상들이 엄부자모(嚴父慈母)의 교육으로 자녀를 키우려 힘을 썼다. 사랑과 정의의 하나님은 이스라엘 백성들을 키우실 때 제사장적인 사랑만으로 이끄시지 않으시고 동시에 예언자적인 정의로도 인도하셨다.

이 하나님을 아는 이스라엘 백성들은 이미 주전 586년에 바벨론에 의해 정복당하고 70년 동안 포로로 잡혀갔을 때, 성지 예루살렘과 이스라엘을 더럽힌 자신들의 죄 때문에 망한 줄 알고 예언자들의 정의 앞에서 회개의 눈물을 흘렸다. 다시 주후 70년에 로마에 의해 망하고, 로마의 유대인 예루살렘 성전파괴와 분산정책에 따라 성지를 일천 년이나 넘게 빼앗겨 살면서 역시 예언자들의 정의로운 외침 따라 울며 회개의 나날을 보내야 했다. 특히 우리 주 예수 그리스도의 십자가 길에서 "예루살렘아 예루살렘아, 선지자들을 죽이고 네게 파송된 자들을 돌로 치는 자여, 암탉이 그 새끼를 날개 아래 모음 같이 내가 네 자녀를 모으려 한 일이 몇 번이더냐 그러나 너희가 원하지 아니하였도다. 보라 너희 집이 황폐하여 버려진 바 되리라"(마23:37-38) 하신 말씀을 기억하고 통곡하여야 할 것이다. "가까이 오사 성을 보시고 우시며 이르시되 너도 오늘 평화에 관한 일을 알았더라면 좋을 뻔하였거니와 지금 네 눈에 숨겨졌도다. 날이 이를지라. 네 원수들이 토둔을 쌓고 너를 둘러 사면으로 가두고 또 너와 및 그 가운데 있는 네 자식들을 땅에 메어치며 돌 하나도 돌 위에 남기지 아니하리니 이는 네가 보살핌을 받는 날을 알지 못함을 인함이니라"(눅19:41-44)는 음성을 기억하고 같이 울어야 할 것이다. 남이 지적하여 주기 전에 하늘 하나님의 정의의 음성을 듣고 그 망한 상황에서 스스로 집나간 탕자처럼 방향을 돌이켜 아버지께로 온다는 것은 위대한 일이다.

우리는 오늘 저 재난 앞에 떠는 일본에 대해 과거의 죄를 들먹이며 자꾸 정의의 회개를 촉구하는 좁은 원수 갚기의 말과 행동을 할 필요는 없다. 원수 갚는 일은 우리가 할 일이 아니고 다만 우리는 "원수가 주리거든 먹이고 목마르거든 마시게"하려 사랑의 일을 하여야 한다(롬12:19-21). 그렇다고 하나님이 싫어하는 불의를 용납해서도 아니 된다. 기도하건데 일본이 이런 재난 앞에서 스스로 지난날의 모든 죄를 회개하고 하나님이 구하시는 정의의 자리에 이르기를 빌기도 하여야 한다. 자신들의 어떤 도덕성이나 기술이나 과학의 우월성을 믿지 말고 조물주 하나님을 믿고 남의 나라들을 침략한 지난날의 죄를 회개하고 주 예수의 보혈로 용서받고 감격하여 자기들의 모든 것을 바쳐 남에게 주며 남의 나라 섬기며 살도록 간구하여야겠다.

오늘 우리 한국교회는 사랑과 정의의 두 기둥을 제대로 세우고 붙들고 있는가? 그 흔한 사랑의 축복만 외치다가 정의의 뼈대가 없는, 그래서 교회 밖의 세상으로부터 오히려 근심거리가 되고 있지나 않는가? 그 반대로 저 북쪽의 동족에 대해서는 사랑 없이 율법적인 정의의 잣대만으로 대하여 아예 북한을 저 중국 러시아 대륙 쪽으로 잃어버리는 결과를 초래하고 있지는 않는가? 북한에 대해서도 이제는 좀 집 나간 탕자를 기다리고 기다리는 아버지 심정을 가져야 한다. 탕자가 돌아오면 송아지잡고 가락지 끼우고 새 신발에다가 비단옷 입히고 온 동네 사람들과 더불어 업고 춤출 준비가 되어 있는 아버지 사랑의 심정을 가져야 한다. 평소에 아버지 심정도 갖지 못하고 만약에 돌아오면 "아버지의 살림을 창녀들과 함께 삼켜 버린"(눅15:30) 동생을 정의의 잣대로 내쫓아 버릴 것 같은 좁은 형의 자세는 또 다른 탕자임을 알고 회개로 아버지 심정을 가져야 한다.

갈릴리에 나타나신 우리 주 예수 그리스도는 정의를 바탕으로 "때가 찼고 하나님의 나라가 가까이 왔으니 회개하고 복음을 믿으라" 하셨다(막1:15). 그리고는 어미가 자식을 향하듯 하는 컴패션(Compassion)의 사랑 가슴으로 "각종 병이 든 많은 사람을 고치시고 많은 귀신을 내쫓으셨다"(막1:34). 이 주님을 믿고 따라야 우리가 산다.

(15) 권력을 초월하는 행동의 인간상

칼릴 지브란(Kahlil Gibran)은 <거울 속에 나타난 사나이>라는 시 속에서 이런 이야기를 했다. 어떤 임금이 꿈을 꾸었다. 침실에 있는 거울 속에서 한 사나이가 벌거벗은 채 튀어 나왔다. 꿈속에서도 임금은 놀래어 "너는 누구냐?"고 물었다. 그런데 이 무례한 사나이는 "너는 무엇으로 임금이 되었느냐?"고 되물었다. 이러한 그 사나이의 위엄에 눌려 아무리 임금이라도 대답을 했다. "나는 다른 사람보다 더 잘 나서 임금이 되었노라." 이에 사나이는 "네가 정녕 잘 난 사람이었다면 임금의 자리에 앉지 않았을 것이다." 임금은 난처했다. 다시 생각하다가 "다른 사람보다 현명해서 임금이 되었다"고 대답했다. 이에 사나이는 다시 "네가 정령 현명한 사람이었다면 임금 자리에 앉지 않았을 것이다." 당황해진 임금은 곰곰이 생각하다가 무릎을 치면서 "나는 남보다 실력이 좋아서 임금이 된 줄 안다"고 대답을 했다. 사나이는 다시 한 번 "네가 정녕 실력이 좋았으면 이 자리에 앉지 않았을 것이다"하며 타박을 주었다. 이때 임금은 땅을 치면서 통곡하기를 "내가 잘 난 것도 아니요, 현명한 것도 아니요, 실력이 있는 것도 아니라면 나는 도대체 누구며 무엇으로 임금이 되었단 말인가?"라며 울부짖었다. 그때 이 벌거벗은 사나이가 한 면류관을 들고 와서 임금의 머리에 씌워주고서는 다시 거울 속으로 들어가 버렸다. 바로 이 순간 임금은 꿈에서 깨어나 그 거울 앞에까지 찾아갔으나 사나이는 보이지 아니하고 면류관을 쓴 자기만이 서 있는 것을 보았다는 이야기이다.

우리가 진정 승리하고 성공의 정상에 올랐을 때 그 상황에 도취하지 말고 오히려 거꾸로 참회의 눈물을 흘리며 자신의 무능과 부족을 느끼며 겸손히 섬겨야 한다는 교훈이다. 이 왕을 생각하면 지금 울어야 할 사람은 대선에 이긴 박근혜 대통령 당선인이다. 그녀가 무슨 대통령 될 자격이 있는가? 아버지 박정희 대통령 때문이며 박대통령을 중심한 경상도 세력 때문이며, 믿어도 유교적인 영향권에 있는 불교나 천주교나 개신교의 보수성향의 종교세력 때문이다. 특히 아버지 박정희 대통령의 지지는 그의 5·16쿠데타나 불법 유신독재, 그리고 이 과정에서 많은 사람을 죽인 흠이 있음에도 불구하고 못 사는 나라를 잘 사는 부자나라로 바꾸었다는 경제 공로 때문에 역대 대통령 중에 가장 큰 지지를 받고 있다. 많은 사람들은 단순한 지지를 넘어 열광적인, 심지어 종교적 우상시하는 경향에까지 받드는 분위기이다. 저 북한에는 김일성 어버이 수령을 "영원히 함께 하는 신"으로 모시기에 김일성 김정일 김정은 세습체제를 둘러엎고 민주화한다는 것이 거의 불가능할 정도이듯이 사실상 우리 남한에서 박정희 대통령 통치 공로를 넘어선다는 것은 거의 불가능할 정도이다. 이는 이분의 정치와 경제 치적이 크게 보일 정도로 30년 군사독재의 교육을 학교에서 그렇게 해 온 탓도 있다. 전문가들의 입장에서 본다면 사실상 박정희 대통령이 등장한 4·19학생 혁명 시대 때 참신한 학생 세력이나 민주 세력이 얼마든지 국토종합개발계획을 세우고 미국 일본 등 외국으로부터 차관을 들여와 근대화 산업화를 이룰 수가 있었다고 한다. 실제로 그런 꿈과 계획을 세우고 추진한 자료들을 볼 수가 있다. 그런데 이런 민간 권력의 기회를 짓밟아 빼어 버리고 군사독재의 권력이 이를 대신한 것이다.

아무튼 박정희 대통령으로부터 시작된 30년 군사독재의 보수 아성을 넘어선다는 것은 거의 불가능한 일이다. 이런 분위기에서 박근혜 당선인이 아버지의 대를 이어 대통령이 된다는 것은 너무나 쉬운 일이다. 자연인 박근혜 씨가 된 것이 아니라 군사독재 분위기의 보수 세력의 힘으로 된 것이다. 그러니 당장 아버지의 은혜에 감격하여 울던지, 자신의 부족한 것을 절감하여 울던지, 지금 그렇게 울어야 할 사람은 박근혜 당선인이다. 그래야 참 박근혜 대통령이 될 수가 있다.

이 보수의 불가능한 장벽에 도전하여 야당 후보가 48%의 지지를 받고 특히 2030젊은 세대의 3분의 2의 표를 얻었다는 것은 위대한 사건이다. 단순히 이겨 권력을 못 잡았을 뿐이지 선거 내용과 그 결과를 보면 절대로 부끄러운 것이 아니라 자랑스러운 것이다. 그런데 야권의 중심이던 민주당이 왜 울고 다니는가? 왜 무엇 때문에 "회초리 투어"를 다니는가. 오히려 감격 감사로 절하며 다녀야 하고, 그 열화 같은 지지를 모아 다시 "하이파이브", "파이팅!"하고 뭉쳐 일어나 새 출발을 해야 한다.

새 출발하는 야당이 그래도 자꾸 눈물이 나온다면 울어야 한다. 저 4·19 학생들을 생각하는 눈물이 나온다면 울어야 한다. 저 5·18민중들을 생각하는 눈물이 나온다면 울어야 한다. 영어의 몸에서 풀려 나와 광주망월동 묘지 앞에서 통곡하던 김대중 대통령을 생각하는 눈물이 나오면 울어야 한다. 사람 사는 세상을 위해 자기 몸을 봉하 마을 절벽에 던지므로 항의하던 노무현 대통령을 생각하는 눈물이 나오면 울어야 한다. 두 대통령이 쌓았던 남북화해와 협력의 10년 공든 탑이 무너진 것을 생각하는 눈물이 나오면 울어야 한다. 부자 감세 100조원, 실패작 4대강 22조원 낭비로 가계 빚에 시달리는 서민 생각의 눈물이 나오면 울어야 한다.

그러나 언제까지 울고만 있는가? 이제 시원한 눈물을 닦고 행동을 해야 한다. 그까짓 권력이야 못 잡으면 어떤가. 권력을 잡으려는 목적으로 권력을 잡으려 한 것이 아니라 진정 나라와 민족을 섬기려는 목적으로 권력을 잡으려 했다면 권력을 잡지 않고도 얼마든지 할 수 있는 나라와 민족을 섬기려는 행동을 하여야 한다. 저 4·19학생들과 5·18, 그리고 6·10항쟁의 민중들이 바라고 외치던 민주화운동의 행동을 해야 한다. 군사독재를 몰아내고 민주정부를 세우며 한반도를 평화통일의 동산으로 만들기 위해 헌신하던 조상들의 헌신을 이어 가는 행동을 이어 가야 한다. 어디 김재준 목사가 권력을 잡아서 행동을 하였는가? 장래가 만리 같은 어린 학생들을 죽이는 정권을 보고 더 이상 신학대학 안의 신학교육만 할 것이 아니라 거리의 예언자적 신학을 하는 것이 하나님의 뜻이라며 민중 속으로 나왔던 것이다. 4·19학생들의 민주 마당을 군화로 짓밟은 것으로도 부족해 박정희 대통령이 군 독재를 연장, 영구 집권을 노리는 강압적 3선 개헌을 하려 할 때 전국 "개헌 반대 투쟁 위원장"으로 서게 되었던 것이다.

그리고 어디 함석헌 선생이 권력을 잡아서 행동을 하였는가? 오히려 자유로운 들사람의 야인으로 평생 민족 사랑과 정의의 길을 걸었다. 사람을 죽이는 군 권력을 정면으로 비판하며 군의 총칼에 맞서 속히 군이 국토방위의 본래적 자리에 돌아 갈 것을 촉구하는 글을 쓰고 말을 하였다. "생각하는 백성이라야 산다"며, "민중이 정부를 다스려야 한다"며, 도대체 "한국기독교는 무엇을 하느냐?"며 고함치며 깨우치는 일을 하였다.

스승 김재준 함석헌 속에 있는 하나님의 뜻을 받들어 헌신하던 장준하 선생이 어디 권력을 잡아 행동을 하였는가? 그는 펜의 힘으로 "사상계"잡지를 통해 자유와 정의를 드높이고 "유신독재반대 백만인 개헌청원운동"으로 감옥을 드나들다가 순국하였다. 친구 장준하의 시신을 어루만지며 염을 하다가 장준하 속에서 나오는 하늘음성을 들은 문익환 목사 역시 권력 없이 민주주의와 평화통일을 위해 선한 싸움을 다 싸웠다.

이런 소중한 어른들과 또 유명 무명의 투사들이 혹은 하늘에서 혹은 땅에서 야당과 양심세력들을 지켜보고 있다. 이제 이분들과 함께 손을 잡고 행동하는 양심으로 일어나야 한다.

우리 한반도의 여러 상황 속에서 미리 일하고 계시는 하나님의 뜻을 따라 일어나기도 하지만 앞서 간 조상과 오고 오는 후손들을 위해서도 일어나야 한다. 그리고 지금 막 출발하는 액셀레이터 박근혜 대통령 정부의 브레이크 역할을 제대로 하기 위해서 일어나야 한다. 이 세상에 가장 위험한 것이 브레이크 장치가 고장 난 자동차이기 때문이다.

예수 그리스도의 삶을 가장 잘 소개한 제자 요한은 그가 쓴 복음서 첫 글에 "태초에 말씀이 계시니라"(요1:1)했다. 이 "말씀"은 사건이나 행동을 동반한다. 드디어 "말씀이 육신이 되어 우리 가운데 거하신" 분이 예수시다.(1:14) 이 분은 어디 고요히 도 닦으며 계신 분이 아니라 십자가 행동으로 죄와 죽음의 인간을 용서와 영생으로 살리셨다. "자기를 부인하고 날마다 제 십자가"(눅9:23)를 지는 행동이 있어야 세상이 산다.

2 역사서(사도행전)

'사도행전'(Acts)은 누가복음의 저자 누가가 썼으며, 복음서에서의 예수 그리스도 복음이 어떻게 실제적인 교회로 시작되었는가에 초점을 두고 있다. 사도행전의 원래 그리스어 제목은 '행동'이나 '행위'를 뜻하는 '프락세이스(praxeis)'였다. 이 책에는 사도들이 성령을 받아 위대한 능력으로 설교와 치유 활동을 시작하는 오순절 이야기가 이어진다.

"오직 성령이 너희에게 임하시면 너희가 권능을 받고 예루살렘과 온 유대와 사마리아와 땅 끝까지 이르러 내 증인이 되리라"(행1:8).

예수께서 부활승천 하실 때 주님이 말씀하신 대로 교회가 퍼져 간 그 처음 교회의 이야기를 사도행전에 기록하고 있다. 마지막 28장은 미완의 장으로 보이나 이 책을 읽는 이들이 29장부터 "땅 끝까지" 가는 선교행진을 계속해 보라는 뜻이 있어 보인다.

(1) 믿을 때에 성령을 받았느냐?

예수 믿는다는 일이 얼마나 통쾌한 일인가? 예수를 믿는다는 것, 그 하나 때문에 죄용서 받아 하나님의 자녀가 된다. 허무한 생명이 아닌 영생을 얻은 생명의 사람이 된다. 하나님의 자녀이니까 하나님의 복을 받으며 이 세상 넘어 영원한 하나님의 나라에서 영원히 산다.

그러나 예수 그리스도를 가장 잘 알고 가장 잘 전한 바울은 믿어도 그냥 믿지 말고 "믿을 때에 성령을 받고"(행19:2) 믿어야 한다고 말한다. 믿으면 성령을 누구나 받는다. 그리스도의 영이 없는 사람은 그리스도의 사람이 아니니까(롬8:9) 이미 믿어 그리스도의 사람이 되었다는 말은 성령을 받았다는 말이다. 그런데 왜 바울은 믿는 사람들을 보며 이런 말을 했을까?

"받는다"는 말의 희랍어 원어에는 두 가지 뜻이 있다. "데코마이"로 받는다는 말과 "람바노"로 받는다는 뜻이다. 전자는 표 안 나게 받는다는 말이고, 후자는 표 나게 받는다는 말이다. 표 나게 받는다는 뜻은 그야말로 눈동자가 달라지고 인생관이 달라지고 돈 씀씀이가 달라지는 등 사람이 달라진다. 그리고 성령의 나타내심으로 은사를 받는다. 머리에 지혜 지식 분별력, 입에 방언 예언 통역, 몸에 믿음 신유 능력의 은사를 받게 된다(고전12:7-10). 그리고 사랑과 희락과 화평과 인내와 자비와 양선과 충성과 온유와 절제의 열매를 맺게 된다(갈5:22). 다른 표현으로는 술 취한 것에 비유가 될 정도로 술에 취하는 것 같으며(행2:13) "성령으로 충만함"을 받는 것이다(엡5:18). 확실히 그냥 성령 받고 믿는 사람과 충만히 받고 믿는 사람은 다르다.

바울이 에베소 지방에 갔을 때 에베소 교인들이 이와 같이 성령의 충만함을 받지 못하고 믿는 것 같아 믿을 때에 "성령을 받고 믿느냐?"고 물은 것이다. 그러니까 성령 받은 기독인으로 끝나지 말고 성령충만 받는 하나님의 자녀가 되라는 말이다.

이 에베소 지방에 영향을 준 아볼로라는 사람은 "언변이 좋고 성경에 능통하고" 열심히 가르치나 성령의 충만함인 성령 불세례는 받지 않고 "물세례만"(행18:24-25) 받았다. 그러나 에베소 교인들의 냉랭한 신앙을 문제 삼은 바울은 아볼로와 같되 다른 것이 물세례를 넘어 성령세례까지 받았다.

사도행전은 최초의 교회 성도들이 급강한 바람과 불길 같은 성령(행2:1-4)충만의 체험으로 믿어 교회가 시작되었다는 것을 말하며 오늘 우리도 그렇게 믿기를 원한다. 오늘 우리가 아볼로 수준에 머물지 말고 바울의 수준에까지 가야 한다. 바울의 경지까지 가면 주님이 하신 일도 하고 주님 보다 더 큰일을 하게 된다(요14:12). 전도 할 때 "설득력 있는 말로 하지 아니하고 다만 성령의 나타나심과 능력으로" 하여 우리 믿음이 "사람의 지혜에 있지 아니하고 다만 하나님의 능력에 있음"을 보여 준다(고전2:4-5). 확실히 "하나님의 나라는 말에 있지 아니하고 오직 능력에 있음"을 보여준다(고전4:20). 이 하나님의 능력에 잡혀 일하는 것과 하나님의 능력에 잡히지 않고 일하는 것은 하늘과 땅 차이다. 이 능력을 인정하고 사모하여야 한다. 그러므로 이렇게 강한 하나님의 자녀로 살도록 "여호와와 그의 능력을 구하라"(시105:4) 명령하신다. 순종하여 받으라. 십계명 어기는 그것만이 죄가 아니라 이 중요한 명령을 받지 않고 믿음이 죄 인 줄 알아야 한다.

이렇게 성령충만함과 능력의 삶을 살자면 가장 먼저 "받은 것"과 "충만히 받은 것"이 다름을 인정하고 받은 자는 충만함을 받기 위해 주님을 가까이 하여야 한다. 그리고 예수 그리스도 중심의 "말씀을 듣고 마음에 찔려" 회개하고 세례 받아 하나님의 자녀가 되어야 한다(행2:37-38). 순종하는 사람이 되어야 한다(행5:32). 인정하고 사모하여야 한다(요7:37-38). 구하는 자가 받는다 하였으니 기도하여야 한다(눅11:13). 이렇게 제대로 신앙생활을 했다면 구하는 그대로 믿고 살면서(막11:24) 충만한 경지에 이르게 된다. 이렇게 성령충만과 그 능력을 받아 초대교회가 지중해를 넘어 로마로 들어가 땅 끝까지의 복음의 문을 열었다. 사도행전은 사도를 통한 성령행전이다.

(2) 무엇을 위해 바쁜가?

요새 목사들은 바쁜 귀신이 들렸다고 한다. 특히 한국교회 목사들은 새벽

기도부터 시작하여 크고 작은 심방, 상담 등의 일에 너무 바쁘다. 교회 안팎의 관혼상제의 일에 바쁘다. 시찰회 노회 총회의 일에 바쁘다. 기독교계의 일에 바쁘며 교회의 사회참여와 사회구원의 일에 바쁘다. 거기다가 가정과 부모 자녀 친척 친지의 일이 겹치면 더 눈 코 뜰 새가 없다. 그러니 바쁜 귀신이 들려도 크게 들렸다.

병석에 누워있지 않고 건강하게 바쁜 것이야 좋은 일이 아닌가? 그렇게 열성적으로 바쁜 일을 해야 교회가 부흥이 되고 세상이 달라지니까, 바쁠수록 좋은 것이 아닌가? 그러나 다른 사람이면 몰라도 성직자일 경우에는 다르다. 무엇을 위해 바빠야 하느냐가 문제다. 우리 주 예수 부활승천하시고 교회가 시작 될 때 첫 목회자인 사도들은 "오로지 기도하는 일과 말씀 사역에" 바빴다(행6:4). 모든 바쁜 일들을 제직을 선택하여 저들에게 맡기고 사도들은 기도하는 일로 바빴다. 말씀 연구하고 듣고 전하는 일에 바빴다. 이 일에 하루 이틀도 아니고 평생 이렇게 살다보니 기도와 말씀의 전문가가 되었다. 이렇게 전문적으로 몰두하는 이들에게 하나님의 성령이 나타나셔서 일하셨다. 이것이 초대교회의 출발이었다.

이 전통을 이어 받아 요새도 천주교 신부들이 세상에 나타나지 않고 명상이나 피정에 들어간다면 위대한 것이다. 또한 기독교 목사들이 새벽 4:00부터 3,4시간 동안 기도와 말씀의 자리에 있는 것은 위대한 것이다. 타종교이지만 불교의 스님들이 하안거 동안거 하고 그것도 모자라 굴속에 들어가 몇 달 혹은 몇 년간 도를 닦는 것은 위대하다.

성직자가 되어서 세속 일에 바쁘고 자기 오락에 바쁘고 자기 출세하는 일에 바쁘다면 천한 것이다. 그런 책임자가 있는 공동체는 잘 되지도 않지만 잘 되어도 불행한 일이다.

한신대학의 故 박봉랑박사는 신학연구에 지장이 있을까봐 총학장 자리나 행정직, 그리고 무슨 강사 자리도 다 거부하고 오로지 신학연구에 몰두하는 생애를 살았다. 한신대학이 신학연구로 두각을 나타낸 것은 이런 분들의 연구 분위기가 가득했기 때문이었다. 걸핏하면 큰 교회 대형교회 욕하는 사람들이 많지만 그러나 교회가 거기까지 이르기까지는 그 교회 담임목사가 천하게 바쁘지 않고 오직 지성소의 주님만 찾는 거룩한 일에 바빠서 그럴 것이다. 도대체가 교회의 지성소는 거미줄 쳐 있으면서 교회의 마당과 성소만 바쁘고 또 교회를 거점으로 한 세속 일에만 바쁘다면 그것은 교회가 아님을 알아야 한다.

(3) 믿음의 문을 여시다.

사도행전에서 최초의 교회 모임이 시작되어 예루살렘에서 땅 끝까지 가게 된 것은 그냥 사도들의 노력으로 된 것이 아니라 하나님께서 친히 땅 끝을 향한 "이방인들에게 믿음의 문을 여셨기"(행14:27) 때문이다.

베드로가 로마인 고넬료 가정에 가서 복음을 전한 것은 상상도 못했던 일이지만 하나님께서 친히 환상을 보여 주시고 그 가정으로 인도하셨다. 그 가정 식구들이 말씀을 들을 때 성령이 임하심을 보고 베드로가 "이방인들에게도 성령 부어 주심으로 말미암아 놀랄"(행10:45)정도였다. 바울이 가는 데마다 교회가 세워지고 이방인들이 믿게 된 것도 하나님께서 그 문을 먼저 여셨기 때문이다. 그런데 이상하게도 하나님은 아시아 쪽으로는 문을 닫으시고 백인들이 사는 유럽 쪽으로 먼저 문을 여셨다(행16:6-10).

이 사실 앞에 바울은 "내게 광대하고 유효한 문이 열렸다"(고전16:9)고 감격 흥분하며 뛰었다. 그래서 훗날 바울이 "내가 나 된 것은 하나님의 은혜로 된 것이니 내게 주신 그의 은혜가 헛되지 아니하여 내가 모든 사도보다 더 많이 수고하였으나 내가 한 것이 아니요 오직 나와 함께 하신 하나님의 은혜로라"(고전15:10)고 고백하고 있다.

아무에게나 이 믿음의 문이 열릴까? 아니다. 하나님은 아무에게나 문을 열지 않으신다. 쌍둥이 에서와 야곱이 있다면 팥죽 한 그릇으로 하나님의 축복권을 쉽게 팔아넘기는 에서에게 그 문을 여시지 않고, 그 귀한 축복을 사모하여 돌베개 베고 자는 고생이나 얍복 나루터에서 천사와 씨름하여 환도뼈가 위골되던 야곱에게 열어주셨다. 아니 야곱을 선택하시고 열어 주셨다. 은총의 선택을 받은 자에게 열어 주신다. 불쌍히 여길 자를 선택하시고 열어주신다. “원하는 자로 말미암음도 아니요 달음박질하는 자로 말미암음도 아니요 오직 긍휼히 여기는 하나님으로 말미암음”(롬9:16)이다. 1885년의 우리 조선도 불쌍히 여기시고 언더우드 아펜젤러를 통해 열어 주셨다. 그 몇 년 전에 죤 러스 서상륜을 통해 열어주셨다. 천국을 “침노하는 자들에게 빼앗기듯”(마11:12) 열어 주신다.

“열면 닫을 사람이 없고 닫으면 열 사람이 없는”(계3:7) 하나님이 문을 열어 주셨을 때, 메뚜기 한 철이니 미치고 환장하여 구원의 문 축복의 문이 열려졌을 때에 힘차게 헌신하자.

(4) 세상을 움직이는 사람들

예수를 믿으나 마나 믿지 않아도 좋을 그런 사람이 되어서는 아니 된다. 있으나 마나 없어도 좋을 그런 사람이 되어서는 아니 된다. 예수를 제대로 믿는 그 한 사람이 그 가정이나 그 사회에 나타나면 그 사람으로 인하여 예수의 복음이 전파되기 때문에 믿는 사람이 불어나게 된다. 자연히 교회가 부흥된다. 그 교회가 부흥되면 그 교회가 일으키는 여러 믿음의 사건 때문에 세상이 달라지게 된다.

나는 3,40년간 원주에 살면서 교회가 크게 부흥되는 것을 경험하였다. 우리 교회에서 교단 총회를 2번이나 열기까지 강원도와 한국 기독교 전체에 영향을 주었다. 교단 총회장을 하며 설교와 말과 글로 저 북한교회는 물론 국내외 타교단까지 감동적인 일을 해냈다. 이것은 내가 한 것이 아니며 주님이 하셨고 주님의 은혜로 된 일이다.

총회장 재임 시 미국 볼티모어에서 열린 미국 한인선교 100주년 기념대회에 참석하여 당시 이명박 정권을 향해 한반도 문제는 전쟁방법이 아닌 평화방법으로만이 해결해야 한다는 성명서를 내도록 설득하여 성공한 것은 두고두고 기억할 일이다. 일본 오사까 집회의 모임에서도 같은 성격의 일로 충동질했다. 한국기독교교회협의회(KNCC)와 북한기독교협의회와의 평양 봉수교회 예배 때 북한 책임자 오경우 목사의 원고사전 점검을 물리치고 아멘과 박수를 많이 받은 설교로 감동을 준 것도 아는 사람은 늘 기억할 것이다. 당시 같이 뛰던 예장 김삼환 총회장의 인도로 세계적인 명성교회 집회나, 예장 잠실체육관 선교집회에서 말씀을 전할 때 전 회중이 다 일어나 함성과 박수를 치며 서로 감동을 받던 일도 분열 후 역사상 보기 드문 일이었을 것이다.

김대중 노무현 대통령과는 후보 시절에 나의 목양실에서 같이 기도했고, 이명박 대통령과는 청와대에서 정치발언 아닌 정치발언으로 대결을 했다. 이대통령은 그때 "마지막 결과"를 두고 보자 했는데 내 말을 경청했으면 오늘 이같이 욕을 먹지는 않을 것이었다.

내가 원주에 있으므로 지역 교계에 교회성장의 파장을 일으켰다. 정부여당은 늘 나를 종북 좌파 정치 목사로 몰았지만 우리 교인보다 더 많은 원주 민주시민단체는 나와 늘 한 몸 되어 민주평화통일운동으로 일어났다. 그 선에서 모든 선거에 영향을 주었고, 어떤 때는 시장 교육감 등의 모든 후보들의 출발이 우리 교회 사무실이 되기도 했다.

수십 년 간 원주 기독병원 이사로 섬기는 동안 연세대 본부나 병원에서 나를 문제 삼는 일이 한두 번이 아니었다. 그리고 병원 의사나 관계 책임자들이 나를 싫어한다는 말을 자주 들었다. 자신들 중심의 비기독교적 평화를 자주 깨어 버리는 일에 앞서며 참으로 기독병원 되기 위해 거수기 역할을 하지 않고 계속 문제 제기를 해왔기 때문이다.

초대교회 사람들도 당시의 사람들에게 "천하를 어지럽게 하던 이 사람들"(행17:6)이란 말을 듣게 되었다. 사도 바울을 고발할 때 "이 사람은 전염병 같은 자라 천하에 흩어진 유대인들을 다 소요하게 하는 자요 나사렛 이단의 우두머리라"고 했다(행24:5). 지중해 연안의 이방 세력과 로마 황제 중심의 평화세상이 하늘나라 그리스도 중심의 평화세상으로 바꾸어지기 위해 소요가 일어나기 시작했다.

우리 주 예수 그리스도께서는 이 세상에 불을 지르러 오셨고, 예수 그리스도의 진리의 가치를 둘러싸고 분쟁이 집안 식구로부터 일어나니까(눅12:49-53) 어쩔 수 없이 기독인이 가는 곳에 시끄러운 일이 일어나게 된다. 베드로나 바울이 없었으면 로마가 조용했을 것이며, 루터나 칼빈이나 웨슬레가 없었으면 유럽 독일 영국이 조용했을 것이다. 말틴 루터 킹이 없었다면 미국이 조용했을 것이다. 문익환이 없었다면 군사독재의 한국이 조용했을 것이다.

그러나 주님은 이런 불안한 조용함이나 거짓 평화나 그 배후에 있는 사탄의 조종을 원하지 않으시고, 하나님의 나라와 그 의를 위해 싸우기를 원하신다. 하나님의 영광을 위해, 그 나라 뜻을 이 땅에 이루어드리기 위해 싸움에 나서라. 예언자의 맥을 이어 정의의 편에 서서 불의에 맞서라. 바알이냐 하나님이냐 둘 중에 한 편에 서야 한다. 그리고 하나님 편에서 바알독재왕국을 "괴롭게 하며"(왕상18:17) 엘리야처럼 싸워야 한다. 바울처럼 믿음 지키며 선한 싸움 다 싸우고 달려 갈 길 다 달려야 세상이 변화된다.

(5) 든든한 교회

2016년 2개월 독서안식년은 언더우드의 모교인 미국 뉴저지 뉴브른스윅 신학교에서 보냈다. 마침 상지영서대 교수로 섬기다가 우리교회 교인으로 추천되어 한신대학을 거쳐 뉴욕대학을 졸업하고 지금 이 대학에서 연구하고 있는 정에스더 전도사가 있기에 머물기 쉬웠다.

이 학교는 1784년 경 네덜란드 개혁교회의 미국 진출 신학교로 출발해서 지금까지 번창하는 중 언더우드를 배출해 한국의 복음화와 축복에 크게 기여하게 되었다. 화란과 미국 그리고 세계 복음화를 위해 많은 인물들을 배출했겠지만 우리에게는 이 학교가 한국의 마을마다 도시의 거리마다 빌딩마다 교회를 있게 한 언더우드 한 학생을 배출한 것으로 귀히 여겨진다.

그러나 지금 그 전성기는 어디 가고 백인들이 거의 없고 흑인들이나 한국인, 그리고 여러 외국인 학생들로 채워져 있었다. 이 학생들도 언제 사라질

지 모를 정도로 학생 존속 그리고 학생 입학생 모우는 일에 걱정을 하고 있었다. 아마도 한국 학생들이나 다른 나라 학생들이 이곳 신학교 보다는 가까운 프린스턴 신학교나 다른 신학교를 더 찾는 경향 때문일 것으로 보인다. 아니 무엇보다도 교회가 전반적으로 침체가 되니 신학지망생이 줄어들기 때문일 것이다. 그러니 지속 가능한 신학교는 지속 가능한 교회부흥이 있어야 가능하다.

이 학교 앞 기숙사에서 도서관을 드나들며 책을 읽는 중 주일에는 비교적 가까운 감리교회(갈보리)에 출석을 했다. 첫 날 순방의 첫 교회로 갔으나 더 이상 다른 교회를 순방할 필요가 없을 정도로 담임목사(도상원)의 설교에 은혜를 받았다. 갈라디아서를 주제로 초대교회 바울의 심정으로 그리스도와 그 복음에 확신을 주고 사명을 주는 말씀이었다. 어렵게 본문에 충실하여 믿을 마음을 주는 것이 흡사 포크레인으로 땅을 깊이 파 생수를 끌어올려 광야 성도들의 갈한 목을 시원히 축여주는 것 같은 느낌이었다. 목자로부터 내려오는 말씀을 먹으려 많은 사람들이 모이고 또 모여 일천 성도를 바라보는 회중들 같이 보였다. 남녀가 고루고루 모여 하늘로부터 내리는 만나를 매주 사모하고 있었다. 말씀을 받은 후 믿음과 사명으로 움직여 교육부문을 통해 2세들을 키우고 또 지성전을 열고 있었다. 그리고 해외선교로 죽어가는 나라들을 살리고 있었다. 성가대를 중심으로 뜨겁게 찬양하고 있었다. 모두가 힘차고 보람 있게 보였는데 매일 새벽 기도를 나갔더니 담임목자의 말씀을 받고 기도하는 성도가 제법 있었다. 우리의 만족은 우리에게서 나오는 것이 아니라 위의 하나님께로부터 오는 것이니(고후3:5) 이들의 그 기쁜 힘은 말씀과 기도로 얻는 것이었다. 내게도 한 주일에 설교할 기회를 주기에 "기도"를 강조했더니 담임목자가 크게 감동을 받았다며 나를 사랑으로 많이 끌어안아 주었다.

아! 여기가 어디인가? 교회 밖에를 나가면 별로 한인들도 없는데 주일이면 이렇게 많이 모이고 새벽이면 무릎기도로 엎드리는 기도꾼들이 있었다. 깨달았다. 교회는 목자가 살아 있으면 되는구나 하는 느낌이다.

이렇게 목자를 통해 교회가 든든히 서가면 소망이 있다. 그래서 교회도 커가지만 안으로 지속적인 활력과 밖으로 미국자본주의 물질주의나 이슬람 동성연애 등으로 끊임없는 도전이 포위하고 들어 또 다른 전쟁기운이 감돌고 있었다. 여기에 지속적으로 일어나고 목자가 투사로 든든히 서야 하고 또 승리해야 한다. 그래야 교회도 되고 신학교도 된다. 그래야 이곳 출신 언더우드 아펜젤러의 뒤를 이을 수가 있다. 그래야 이미 늙어가고 이상해지는 미국교회를 살릴 수 있고 또한 두고 온 한국교회도 살릴 수가 있다.

사도행전의 초대교회 사도들이 로마시대에 장하게, 그것도 순교를 당하며 교회를 세우고 키운 것에 감격하고 감사해야 한다. 그리고 바울과 하나님의 사람들이 선교하며 동시에 기록을 남겨 오늘에 성경이 있게 한 것은 정말로 저들을 통한 하나님의 성령의 나타나심과 기적이다.

오늘 우리가 이 좋은 환경에 살면서 믿음의 조상들이 남긴 성경을 기반으로 교회 하나 일으키지 못하는 것은 죄악이다. 교회를 하나 든든히 일으키므로 나라와 민족을 살릴 수 있다. 하나님이 쓰실 인재를 키워 온 세계에 희망을 줄 수가 있다.

(6) 구석이 아닌 중심에서

천주교 성도들에게 배울 점이 참 많은데 그 중 하나가 성당의 신부나 주교 추기경 교황 등 하나님의 사람들에 대해 함부로 비판하고 욕을 하지 않는다는 것이다. 아마도 집안의 자기 아버지에게 욕을 하지 않듯이 욕을 할 것이 있어도 남 앞에서는 셈과 야벳이 노아 아버지의 허물을 덮듯 그렇게 덮고 존경하고 따라야 한다는 생각이 있는 듯 한 것 같다.

한창 군사독재정권과 거리에서 싸울 때에 고 김수환 추기경을 옛 시청 앞 거리 집회 강연에서 욕을 했더니 마침 평가회 시간에 천주교 대표 하나가 자기는 태어나서 추기경을 공석에서 욕하는 것을 처음 봤다며 당황해 했다. 당시에 김 추기경은 군사독재정권과 민주화투쟁세력 사이에서 그분의 평소 말투와 같이 너무 우물우물하며 양다리를 걸치는 것이 보기 싫어서, 차라리 정권과 맞서 투옥되는 길을 걷는다면 훨씬 더 대통령직선 민주화의 길이 빨리 열리고 학생들의 피해를 줄일 수가 있는데 그것이 안 되어 화가 나서 욕을 한 것이었다. 너무나 당연한 비판임에도 그 사람들에게는 그것조차도 조심스러운 모양이었다. 지금도 말하지만 그 암울한 시기에 추기경의 확실한 신앙고백적 결단이 필요했었다. 그런데 그것이 아니 되어 다급한 그 상황에서 공적인 자리에서 비판한 것이었다.

그런데 그 당시의 그 중요한 때에 양다리 걸치기의 행보에 비하면 김 추기경은 한국제일의 세계적 인물로 추앙을 받는다. 그의 선종 이후 장례식 인파나 그 전후 그 분의 모든 언행을 부각 시킨 위대한 일들은 지금도 큰 감동이다.

이렇게 이분에게도 결정적인 흠이 있음에도 불구하고 천주교 안이나 밖 모든 사람들에게 존경을 받는 그 한 가지 이유가 있다. 우리 교단 고 강원용 목사와 크리스천아카데미 운동을 하며 서로 깨달은 그 하나를 실천한 그 자세다. 그것은 지극히 당연하나 지금까지 못했던 그 단 하나 바로 천주교가 전하는 성경과 그 성경의 진리 예수 그리스도를 천주교 안에 성당 안에 가두어 두지 않고 세상 복판에, 세상의 정치 경제 교육 문화 사회 제반 영역의 그 중심에 두려고 애쓴 그 공로 그 한 가지 때문이다. 이러한 자세를 못 가져 1919년 삼일운동 때는 민족대표 33인 중 하나도 내지 못했지 않았던가. 그러나 이 자세 하나 고치므로 천주교는 이 나라 민주평화운동의 그 중심축 중에 하나가 되었고, 따라서 천주교는 정의평화사제단은 물론 그 교단 자체가 민족의 사랑을 받게 되었고, 그래서 성장하는 교회가 되었다.

원주의 지학순 주교는 어떤가? 민주화의 십자가 길에 흔들림이 생각보다 많았다. 특히 독재정권 안기부의 연결로 평양 누나를 만나고 온 후 부터는 완전히 독재정권의 나팔수 같이 변질되었다. 그래서 1980년 광주항쟁 후 한창 투쟁기에 나만 만나면 "서목사 너무 나대지 마, 지금 학원가에 고정 간첩이 있는 줄 어찌 몰라. 지금 남한이 빨갱이로 물들고 있어. 이제는 정권에 협조해야 돼. 나도 그걸 모르고 뛰었어. 서목사 내 말 들어."

어쩌면 그렇게도 딴 사람이 되어 내 앞에 나타났을까? 나는 그때마다 "아니 주교님, 왜 갑자기 이러세요? 제 말 듣고 저희들 말 들으세요. 저놈들 말 듣지 마세요"하며 한탄했다.

하지만 천주교의 책임 있는 어른들이 얼마나 고맙고 현명한가? 변질된 주교를 거의 욕을 하지 않고 예식 집례하는 것 등 중요 행사 외에는 일반인들을 못 만나게 주교관에 가두어 모셨다.

그런 세월이 지난 후 소천하셨는데 그 장례식은 원주가 들먹일만한 성자 민주투사의 위대한 일으킴이었다. 나는 식에 참여하여 눈물나게 주교를 모시는 그 관계자들에게 감사했다. 이분도 이렇게 결정적인 흠이 있었지만 그 중요한 공로는 천주교의 성경과 그 진리를 성당 안에만 가두어 두지 않고 세상 복판에 가져 온 바로 그것이다.

바울이 로마를 향한 재판 길에서 우리 주 예수의 십자가와 부활 사건을 "이 일은 한쪽 구석에서 행한 것이 아니라"(행26:26)고 주장한다. 이 사건은 이스라엘 어느 한 구석 한 동네에서 되어 진 일이 아니라 예루살렘 중심에서 되어 진 일이며, 동시에 이 예수의 일은 예루살렘 종교권력과 정치권력을 세운 로마 권력의 그 중심에서 되어 진 일임을 역설한다.

그런데 이런 입장보다 더 중요한 것은 바울의 주 예수 그리스도! 우리 모두의 주, 온 세상의 구원자 주 예수 그리스도를 예루살렘 중심으로만 끝나지 않고 이제 온 땅 끝까지 가는 그 중심의 로마 심장부에 가서, 오직 이 예수를 전파하기 위해 종교재판 받으며 우리의 주님을 로마 중심, 온 세상 중심으로 세우려는 바울의 헌신이 너무도 위대하다.

기독교회사(史)는 언제나 코너가 아니라 시간과 공간의 센터에 그리스도의 진리를 세우려는 몸부림의 과정이다. 그런데 이 세상의 빛과 소금이 되어야 할 교회가 너무 내세적이거나 너무 자기를 한 영적 영역에만 국한시키는 것은 세상 구원의 직무유기다. 영혼구원만이 아니라 민족 구원 세상 구원까지 감당하자면 반드시 그 중심으로 들어가야 한다. 민족과 세상에 가장 영향을 많이 주는 정치 마당 중심에라도 갈 때는 가야 한다. 단 하나 그리스도 복음전파를 위해서다.

한국교회는 한국의 모든 상황 그 중심에 가야 한다. 예를 들어서 전 한국

교회가 일본강점기에 민족의 독립을 위해서 삼일운동을 일으킨 것은 민족 구원 문제의 그 중심에 선 것이다. 이 후 전 한국교회가 하나 되어 민족의 중심에 서 본 일이 거의 없었음이 아쉽다. 앞으로 통일 문제에 대해서라도 하나 되어 전쟁방법이 아닌 평화방법으로 될 것을 호소하며 그 중심에 서는 것이 중요하다. "하나 되어" 하지만 3·1정신 이은 4·19정신, 5·18민주화운동, 6·10항쟁으로 군부독재를 몰아내고 우리 손으로 선거혁명이 가능한 민주화운동과정에서 교회는 언제나 조찬기도파와 민주사회참여파로 갈라졌으니 너무 아쉽다. 도대체 하나 되어 민족 중심에 서서 민족을 구원하는 일이 어찌 이리 어려울까?

미국 교민 교회를 경험하다가 보면 교민 교회 성도들은 이민 올 그 당시 모든 한국 상황으로 굳어져 생동하는 한국교회와 민족중심에 서지 못하고 있음이 아쉽다. 그렇다고 이들이 성장 성숙하여 미국의 모든 세상 중심에 서는 것도 아니니 그 구석 신세가 보기에 좋지 않다. 속히 일어나 그 중심에 서야 한다.

(7) 그게 무슨 자랑이며 사명인가?

교회가 교회 되는 일을 위해서 역사상 교회 안에는 많은 싸움이 있었다. 바울서신에서 보듯 유대교와의 싸움이 있었고, 신학의 출발을 가능케 한 이단과의 싸움이 있었다. 종교개혁으로 천주교와의 기나긴 싸움이 있었다. 그리고 2차 대전을 전후해서 자유주의 정통주의 신정통주의의 신앙노선 때문에 교파싸움이 끊이질 않았다. 그러나 생각해 보면 이런 모든 싸움은 필요한 싸움이었다. 그것은 새롭게 갱신되는 희망의 싸움이기도 했으니 말이다.

그런데 이게 웬 일인가? 싸움 같지도 않은 싸움이 한창 교회 성장기인 1980년을 전후해서 일어났으니 바로 북미주교회에서 불을 지핀 동성애 문제 싸움이다. 싸움을 거는 당사자들도 별로 심각하게 생각지 않고 그냥 그 경향의 사람들에게 안수를 주는 문제 등으로 가볍게 생각하며 문제를 제기

했을 뿐이다. 그러나 아주 가벼운 작은 문제가 세계적인 논쟁으로 불이 붙었다. 수많은 시간과 돈을 낭비하며 수많은 사람들과 원수를 맺으며 교회가 갈라졌다.

나는 아직도 논의하는 것 자체가 시간 낭비 같아 알아보려고 하지 않는다. 다만 추측으로 "죄이다", "죄가 아니다", "죄라도 죄인 구하러 오신 예수께로 인도해야 되지 않느냐?", "소수의 인권을 무시하는 것 자체가 죄다", "그래도 소돔 고모라성의 타락자들이니 어찌 교회가 인정하느냐?" 이런 싸움일 것이다. 다 맞는 말이라고 주장하기 위해 성경을 인용하게 되고 성경 해석과 적용이 필요하니 치열한 신학적 논쟁이 가능할 것이다.

이 모든 싸움의 결과 동성애 지지 세력이 미국 쪽에서는 이기는 모양이다. 이긴 쪽이 승기를 잡고 무슨 사명이라도 생긴 듯 신명이 잡혔다. 그래서 그 동지전선이 강하고 크고 작은 모임들이 활발하다. 특히 그 표로 교회 앞에 무지개 색깔 천을 내걸고 있다. 이 색깔을 모든 일용품에도 보급하고 있다.

도대체 이게 무언가? 이렇게 까지 해야 되는가? 이 문제는 교회가 이겨도 져도 서로 숨겨야 하지 않겠는가?

"내가 달려 갈 길과 주 예수께 받은 사명 곧 하나님의 은혜의 복음을 증언하는 일을 마치려 함에는 나의 생명조차 조금도 귀한 것으로 여기지 아니하노라"(행20:24).

이 일이 바울이나 초대교회 사도들, 그리고 교회 역사상 나타났던 많은 순교자들과 같은 그런 사명으로 한 시대를 살아 하나님의 영광과 그 나라를 위해 살았던 그런 거룩한 일은 아니지 않는가? 생각하며 화를 내다가도 새벽제단에서 많이 울고 운다.

3 바울 서신

바울 서신은 사도 바울이 성령의 감동으로 쓴 책으로 교회 지도자들에게 목회의 목적으로 기록되었다. 로마서, 고린도전후서, 갈라디아서, 에베소서, 빌립보서, 골로새서, 데살로니가전후서, 디모데전후서, 디도서, 그리고 빌레몬서 등 13권이다. 대부분 주후 48년부터 68년 사이의 20년에 걸친 바울 활동기의 글이다.

이중에 '로마서, 고린도전·후서, 갈라디아서'는〈4대 서신〉으로 불리며, '에베소서, 빌립보서, 골로새서, 빌레몬서'는〈옥중서신〉, '디모데전·후서, 디도서'는〈목회서신〉으로 구분된다. 그리고 9편의 편지가 교회에 보내진 편지(로마서, 고린도전·후서, 갈라디아서, 에베소서, 빌립보서, 골로새서, 데살로니가전·후서)이며, 4편의 편지가 개인에게 보내진 편지(디모데전·후서, 디도서, 빌레몬서)이다.

'로마서'(Romans)는 신학 사상이 가장 조리있게 전개된 책으로 죄인 인간은 오직 예수 그리스도를 믿는 믿음에 의해서만 구원받을 수 있음을 말한다.

'고린도전후서'(Corinthians)는 고린도교회가 죄 문제를 극복하고 온전한 교회가 될 것을 강조하며 성령의 은사를 받고 부활을 믿으므로 새로운 존재로 살 것을 말한다.

'갈라디아서'(Galatians)는 성도가 율법으로부터 자유로운 복음의 사람임을 강조한다.

'에베소서'(Ephesians)는 은혜에 의한 믿음으로 구원받은 그리스도인이 각자 예수의 몸인 교회의 한 지체임을 말한다.

'빌립보서'(Philippians)는 그리스도 안에서 능력 받아 일하며 기쁨으로 살 것을 권한다.

'골로새서'(Colossians)는 모든 사람 모든 만물 위에 초월하신 예수 그리스도를 앙망케 한다.

'데살로니가전후서'(Thessalonians)는 재림하시는 예수 그리스도를 대망하여 일할 것을 말한다.

'디모데전후서'(Timothy)는 아들 같은 디모데에게 교회를 어떻게 사랑하며 섬겨야 할 것을 말한다.

'디도서'(Titus)는 중생의 씻음과 성령의 새롭게 하심 안에서 온전한 교회 지도자가 될 것을 말한다.

'빌레몬서'(Philemon)는 주인에게 죄를 짓고 도망간 노예이나 주안에 있는 자에게 용서하고 사랑과 자비를 베풀기를 말한다.

(1) 실패했으나 성공한 자

바울은 주전 8년쯤 동양과 서양이 만나는 소아시아 로마의 길리기아 수도 다소에서 태어나 바다와 육지를 겸한 고대 문명의 발상지 이집트 그리스 로마의 중심지에 살며 미래 세계를 꿈꾸며 자랐다. 부모에 대해서는 잘 알려지지 않았으나 이스라엘 베냐민 지파 사람으로 통일 이스라엘 초대 왕 이름을 따 아들의 이름을 사울이라고 지었다. 그의 부모는 디아스포라 교민으로서 그곳에 살며 아들의 교육에 열을 올렸다. 그래서 바울은 이스라엘 언어는 물론 그리스어와 그리스 철학을 익히며 당대 최고의 명문 가말리엘 문하에서 공부하여 모세 율법의 정통전문가가 되게 했다.

그의 부모는 바울에게 이런 좋은 교육으로 끝나지 않고 "내가 내 동족 중 여러 연갑자보다 유대교를 지나치게 믿어 내(믿음의) 조상의 전통에 대하여 더욱 열심이 있었다"(갈1:14)고 할 정도로 철저한 신앙인물이 되게 키웠다. 그래서 바울은 자신을 당당하게 다음과 같이 소개했다.

"나는 유대인으로 길리기아 다소에서 났고 이 성에서 자라 가말리엘의 문하에서 우리 조상들의 율법의 엄한 교훈을 받았고 오늘 너희 모든 사람처럼 하나님께 대하여 열심이 있는 자라 내가 이 도를 박해하여 사람을 죽이기까지 하고 남녀를 결박하여 옥에 넘겼노니 이에 대제사장과 모든 장로들이 내 증인이라"(행22:3-5).

바울은 예수 믿는 사람들을 찾아내어 죽이거나 감옥에 가두는 데 앞장섰으며 초대교회 일곱 집사 중 하나인 스데반을 죽이는 일에도 찬성하였다. 그러나 "내 어머니의 태로부터 나를 택정하시고 그의 은혜로 나를 부르신 이가 그의 아들을 이방에 전하기 위하여"(갈1:15-16) 교회 핍박 길의 다메섹에 나타나셨다. "홀연히 하늘로부터 빛이 그를 둘러 비추어져" 땅에 엎드러져 "네가 어찌하여 나를 박해하느냐?"하는 소리를 들었다. 그 빛과 소리의 주인공은 부활의 예수였다(행9:3-5). 이때 만난 부활의 예수를 그는 다음과 같이 감격하며 전했다.

"내가 받은 것을 먼저 너희에게 전하였노니 이는 성경대로 그리스도께서 우리 죄를 위하여 죽으시고 장사 지낸 바 되셨다가 성경대로 사흘 만에 다시 살아나사 게바에게 보이시고 후에 열두 제자에게와 그 후에 오백여 형제에게 일시에 보이셨나니 … 그 후에 모든 사도에게와 맨 나중에 만삭되지 못하여 난 자 같은 내게도 보이셨느니라(고전15:3-8).

부활하신 예수의 빛의 쏘임을 받아 맹인이 되었으나 다메섹의 주님의 제자 아나니아에게 안수기도를 받은 후 세례와 성령충만함을 받는 중 "눈에서 비늘 같은 것이 벗어져 다시 보게"(행9:17-18) 되었다. 이후 영안이 열려 율법 넘어 복음을 보게 되었고 모세를 넘어 예수를 보게 되었다. 땅만 보지 않고 하늘을 보게 되었다. 유대만 보지 않고 로마와 땅 끝 지구촌을 보게 되었다 순간을 보지 않고 영원을 보게 되었다. 이 놀라운 미래를 보며 "혈육과 의논하지 아니하고 … 아라비아"로 가(갈1:17-18) 3년 동안 두문불출하며 사막의 영성훈련 혹은 신학훈련을 경험하고 나왔다. 그 후 그는 큰 깨달음으로 외쳤다.

"내가 그리스도와 함께 십자가에 못 박혔나니 그런즉 이제는 내가 사는 것이 아니요 오직 내 안에 그리스도께서 사시는 것이라. 이제 내가 육체 가운데 사는 것은 나를 사랑하사 나를 위하여 자기 자신을 버리신 하나님의 아들을 믿는 믿음 안에서 사는 것이라"(갈2:20).

선한 사람 바나바는 이 바울을 찾아 예루살렘의 베드로와 사도들을 소개시키고 이방 선교의 위대한 거점 안디옥 교회로 안내했다. 이 교회에서 "주를 섬겨 금식할 때에 성령이 이르시되 내가 불러 시키는 일을 위하여 바나바와 사울(바울)을 따로 세우라 하시니 이에 금식하며 기도하고"(행13:2-3) 이 둘을 선교사로 파송했다.

이때부터(주후48년) 바울은 지중해 지역의 선교사로 1,2,3차 선교여행을 다니며 교회를 세우고, 또 그 교회를 교회되게 하기 위해 편지형식(바울서신)의 글을 남겼다. 로마에도 복음을 전하려는 열망 중 재판을 걸어 그리스도를 위한 죄수로 드디어 로마에 입성했다. 로마감옥에서 60-63년, 출옥 후 다시 선교여행(4차)을 하다가 67년에 투옥 68년경에 순교했다.

바울은 선교전선에 나섰으나 "육체에 가시" 같은 병을 앓았으며(고후12:7)

가는 곳마다 반대자들과 감옥이 기다리고 있었다. 그는 "힘에 겹도록 심한 고난을 당하여 살 소망까지 끊어지고"(고후1:8) 온갖 시련을 당한 것을 다음과 같이 기록했다.

"… 내가 수고를 넘치도록 하고 옥에 갇히기도 더 많이 하고 매도 수없이 맞고 여러 번 죽을 뻔 하였으니 유대인들에게 사십에 하나 감한 매를 다섯 번 맞았으며 세 번 태장으로 맞고 한 번 돌로 맞고 세 번 파선하고 일주야를 깊은 바다에서 지냈으며 여러 번 여행하면서 강의 위험과 강도의 위험과 동족의 위험과 이방인의 위험과 시내의 위험과 광야의 위험과 바다의 위험과 거짓 형제 중의 위험을 당하고 또 수고하며 애쓰고 여러 번 자지 못하고 주리며 목마르고 여러 번 굶고 춥고 헐벗었노라. 이 외의 일은 고사하고 아직도 날마다 내 속에 눌리는 일이 있으니 곧 모든 교회를 위하여 염려하는 것이라"(고후11:23-28).

바울은 그러나 아무리 "결박과 환난이 기다려도", "내가 달려 갈 길과 주 예수께 받은 사명 곧 하나님의 은혜의 복음을 증언하는 일을 마치려 함에는 나의 생명조차 조금도 귀한 것으로 여기지 아니하며"(행20:23-24) 헌신했다. 그는 또한 모든 역경을 "자기를 의지하지 말고 오직 죽은 자를 다시 살리시는 하나님만 의지"하는 중(고후1:9) 이겨냈다.

바울의 생애를 돌아보면 어릴 때 교육받은 목적과 꿈대로 살지 못했고, 가정도 처자식도 돈도 없고, 몸은 아프고, 감옥 드나드는 죄수의 생애를 살았으니 사실상 그의 생애는 바보요 실패자의 삶이었다.

아! 그러나 바울은 자신이 말한 것처럼 "무명한 자 같으나 유명한 자요 죽은 자 같으나 보라 우리가 살아있고 징계를 받는 자 같으나 죽임을 당하지 아니하고 근심하는 자 같으나 항상 기뻐하고 가난한 자 같으나 많은 사람을 부요하게 하고 아무 것도 없는 자 같으나 모든 것을 가진 자"(고후6:9-10)였다. 그의 평생 복음이 기쁨의 복음(빌4:4)이었다. 그것은 그의 삶이 "우리의 만족은 오직 하나님으로부터 나기"(고후3:5) 때문이었다. 그러니 불행한 자가 아니요 행복자이며 실패자가 아니라 성공자다.

교회 역사상 가장 큰 성자 어거스틴이 바울 서신의 로마서("어둠의 일을 벗고 빛의 갑옷을 입자"롬13:11-14)로 인해 살았고, 루터나 칼빈이나 그 후의 웨슬레나 다 종교개혁자들이 바울 서신의 "믿음으로 의롭게 됨"에서 일어났고, 오늘의 가장 큰 신학자 칼 발트도 로마서 주석에서 신학 세상을 바로 잡았으니 바울이야 말로 참으로 위대하다. 참으로 먹든지 마시든지 무엇을 하든지 다 "하나님의 영광을 위해" 산(고전10:31), 주 예수 그리스도를 가장 잘 알고 전한 제자다.

(2) 믿음의 열쇠

꿈을 꾸고 열심히 노력해서 정상에 오르는 사람을 누가 나무랄 수 있는가? 그러나 아담 안에서 죄와 죽음과 멸망에 있는 인간이 거기서 나올 꿈을 꾸고 열심히 노력해서 구원에 이르는 것은 성경이 거부한다. 인생 구원에 관한 궁극적인 일에 대해 성경은 이와 같은 행위를 일단 종교로 본다. 대표적인 종교행위는 이스라엘이 모세를 통해 하나님으로부터 받은 율법적 노력이다. 이 율법은 장차 오셔서 만 인류를 구원할 메시아 예수 그리스도를 가리키는 당시의 한 법에 불과한 것이지 영원한 것은 아니었다. 이 율법의 완성이신 사랑의 주님이 오신 이후로 그 사명은 끝나는 것이었다. 손가락으로 저 달을 보라 할 때 저 달이 중요하지 손가락이 중요한 것이 아님과 같고, 달을 봤으면 이제 손가락질 자체는 필요 없는 것과 같다.

그 외에 이 세상의 여러 미신과 여러 종교행위의 인생구원 노력도 아래의 땅으로부터 하늘에 닿으려는 위대한 도전이다. 그러나 아무리 뛰어나도 구원은 불가능하다. 그러나 성경이 강조하는 궁극적 인간구원의 가능한 길은 그 반대로 위의 하늘로부터 땅으로 내려오는, 즉 하나님의 계시와 그 은혜다. 다시 말해서 하나님이 세상을 사랑하셔서 독생자 예수 그리스도를 위의 하나님께서 아래의 세상에 보내심이다. 마치 깊은 구덩이에 빠진 사람을 살리기 위해서 땅 위에서 땅 아래로 밧줄이나 사다리를 타고 내려옴과 같은 원리다. 이때 죄와 죽음의 인간 쪽에서 예수 십자가 사다리의 "은혜에 의

하여 믿음으로 말미암아 구원"(엡2:8)받음이 우리 기독교다. 종교와 기독교는 이와 같이 다른 것이다. 다시 정리하면 종교는 인간 구원의 꿈을 갖고 아래로부터 위로 노력하는 도전이고, 기독교는 위로부터 내려오는 하나님의 은혜의 십자가 사랑 붙드는 믿음의 도전이다.

그래서 교회는 성경의 이와 같은 진리를 믿으며 우리 죄인 인간이 의롭게 되는 것은 인간의 율법적 공로에 의한 것(Justification by work of the law)이 아니라 하나님의 은혜에 의한 믿음이라고(Justification by grace through faith) 외친다. 이 간단한 성경진리를 왜 중세의 천주교는 몰랐을까? 아니다. 성경에 근거해서 믿으니까 알았을 것이다. 그래도 당시에는 너무 교황의 권위나 교황을 중심한 교회 회의, 그리고 그 회의의 결과를 지나치게 적용시키다 보니 인간적인 공로가 강한 세상이 되었다. 그래서 루터는 이런 종교세상을 둘러엎고 "오직 성경"과 "오직 은혜", 그리고 "오직 믿음"에 의한 새로운 세상을 부르짖었다. 이것이 종교개혁의 횃불이었다.

(3) 통할 수 없는 하나님인데

덴마크의 철학자요 신학자인 키엘 케골(S. A. Kierkegaard, 1813-1855)은 콘스탄틴 대제 이후로 기독교가 로마와 유럽 전역에 확장되면서 애초의 로마 박해 중에도 굳건했던 기독교 신앙, 즉 로마 근교 지하 땅굴 카타콤베의 믿음이 점차 사라지는 것을 탄식했다. 그리고 자유주의 신학자들과 그 영향을 받은 자들이 인간의 도덕성과 하나님의 거룩을 연결시키는 것에 깜짝 놀라곤 했다. 하나님은 전적으로 인간과 다른 분이시며 하나님과 인간 사이에는 엄청난 거리가 있어 인간이 하나님을 가까이 하는 것이 불가능하다. 그 거리는 성경이 말하는 것처럼 인간의 죄 때문이다. "여호와의 손이 짧아 구원하지 못하심도 아니요 귀가 둔하여 듣지 못하심도 아니라. 오직 너희 죄악이 너희와 너희 하나님 사이를 갈라놓았고 너희 죄가 그의 얼굴을 가리어서 너희에게서 듣지 않으시게 함이니라"(사59:1-2)의 상황이다. 바울이 말한 것처럼 "모든 사람이 죄를 범하였으매 하나님의 영광에 이르지 못함"(롬3:23)이다.

그래서 키엘 케골은 인간의 죄 문제를 심각하게 다루지 않으면 참된 기독교를 기대할 수가 없다고 했다. 그리고 이 문제 해결도 인간 쪽에서 하나님께 나아가는 인간의 공로로 되는 것이 아니라 하나님 쪽에서 하나님의 방법으로 자비를 베푸셔야 되는 것이며, 그 자비의 사랑 결과가 하나님의 아들 예수 그리스도시라고 했다.

자유주의 신학의 제자이던 칼 발트(Karl Barth, 1886-1968)는 이 키엘 케골의 주장에 큰 감동을 받으면서 인간의 죄성을 약화시키며 인간의 가능성을 강화시킨 자유주의에서 떠나 다시 인간의 죄성을 강조하는 정통주의 신학 노선으로 돌아섰다. 그러나 그의 신학 방법은 철학이나 과학을 끌어안은 자유주의 방법을 따랐기 때문에 그로부터의 신학노선을 "신정통주의신학"이라 부르게 되었다.

정말 우리는 안다. 우리 자신이 얼마나 죄성이 강한 죄인인 것을 안다. 그리고 인간이 만들어 가는 사회집단도 얼마나 구조적으로 죄악으로 얽혀가고, 또 서로 물고 뜯고 싸우며, 심지어 살인적인 무기까지 만들어 전쟁까지 하는 악한 구제불능의 인간인지를 안다. 인간이 발전해도 그 속에 더 큰 죄악도 함께 발전하는 것을 안다. 참으로 "의인은 없나니 하나도 없으며 깨닫는 자도 없고 하나님을 찾는 자도 없고 … 그들의 목구멍은 열린 무덤이요 그 혀로는 속임을 일삼으며 그 입술에는 독사의 독이 있고 그 입에는 저주와 악독이 가득하고 그 발은 피 흘리는 데 빠르다"(롬3:10-15).

이런 인간들을 위해 율법의 법 아닌 "하나님의 한 의가 나타났으니 … 곧 예수 그리스도를 믿음으로 말미암아 모든 믿는 자에게 미치는 하나님의 의"(롬3:21-22)이다. 이렇게 믿음으로 인간은 "죄의 삯인 사망"을 면하고 하나님의 은사인 "그리스도 예수 안의 영생"을 얻게 된다(롬6:23).

(4) 믿음은 들음에서

차안에 있는 돈을 좋아하고 돈에 미쳐 차창을 깨고 돈을 훔친 청소년을 보았다. 돈 몇 푼 때문에 다른 집 문을 뚫고 들어가 돈을 훔치고, 들키면 사람까지 죽이는 어른도 보았다. 그 여자 그 남자가 좋아서 그 여자 그 남자를 차지하기 위해서도 물불을 가리지 않는 것을 보았다. 그 스승이 좋아서 평생 따라다니고 희생하며 배우는 것을 보았다. 물질이나 사람 좋아하는 것보다는 이 물질이나 사람을 있게 한 예수 그리스도 주님을 알고 따르는 것은 참으로 거룩하고 위대하다.

못난 죄인이어도 예수를 보려고 키 작은 세무서장 삭개오가 나무 위에 올라갔다. 불치의 병을 고치려 예수 계신 지붕까지 뚫으며 야단법석을 떨었다. 십자가 예수 놓쳤다가 부활의 예수 너무 보고 싶어 베드로는 "바다로 뛰어내리기"(요21:7)까지 하였다.

성경은 이와 같이 예수를 가까이 하려는 거룩한 미치광이 예수쟁이들이 많다. 이런 미치광이들이 자꾸 주님을 가까이 하여 주님의 말씀을 듣고 기도하는 중에 성령에 이끌려 저들은 큰 믿음의 용사가 되었다.

오늘 예수는 몸은 계시지 않으나 영으로 살아계시니 예수를 대신한 교회의 모든 모임에 참석하여 주의 종인 목사를 통해 내려오는 말씀을 들어야 한다. 몰라도 들어야 한다. 알아도 들어야 한다. 잊어버려도 들어야 한다. 금보다 귀한 "믿음은 들음에서 나며 들음은 그리스도의 말씀으로"(롬10:17)부터 생기기 때문이다. 어떤 천재도, 어떤 종교적 천재도, 어떤 신학박사도 정기적으로 교회에 출석하여 기도하며 말씀을 듣지 않으면 믿음이 생기지 않는다. 믿음이 없으면 망한다. 믿음이 세상을 이긴다. 살려면 그리스도 중심의 설교말씀을 들어야 한다.

(5) 원수 갚으려 말고

살아가다 보면 원수가 얼마나 많은가? 어떤 사람은 평생 원수 갚으려 이를 갈고 사는 사람이 있다. 어떤 사람은 원수를 용서하라고 하는데 인간적으로는 절대 용서가 안 되니까 신앙적으로 원수를 용서하려고 평생 애쓰는 사람이 있다. 후자의 사람이 그리스도의 사람이다.

많은 그리스도인들이 더 자유하고 더 평화롭고 더 나은 세상을 만들기 위한 방법이라는 신념 하에 북한 공산주의자들도 구약 성경의 "상처에는 상처로, 눈에는 눈으로, 이에는 이로 갚을지라. 남에게 상해를 입힌 그대로 그에게 그렇게 할 것"(레24:20)을 들어 마주 대해야 한다는 원리를 세우며 지금도 싸우려고 한다. 그래서 적이 최신무기를 배치하면 맞대응해야 하고, 적이 쏘면 반드시 보복을 해야 한다고 한다. 굶주려도 돌보지 않으며 쌀이 남아돌아 창고에서 썩어 버리게 되어도 지원은 절대 안 된다고 한다. 그러나 성경이 강조하는 것은 과거의 구조를 다시 구축하는 것이 아니라 서로 용서하고 감싸 안는 특별하고 고상한 삶을 살아가는 것이다. 그것은 주 예수 그리스도께서 십자가에 달리어 만민의 죄를 용서하심을 믿기 때문이다. 예수 믿어 행복할 이유가 여기 있다. 성경은 "아무에게도 악을 악으로 갚지 말고 모든 사람 앞에서 선한 일을 도모하라 … 모든 사람과 더불어 화목하라 … 원수 갚는 것이 내게 있으니 … 악에게 지지 말고 선으로 악을 이기라"(롬12:17-21)고 했다.

이 말씀을 적용하면 우리가 북한 공산당 원수도 하나님이 갚으시게 하고 "주리거든 먹이고 목마르거든 마시게" 해야 한다. 이제 북한의 원자탄 무기도 하나님께 맡기고 남쪽의 기술과 북한의 노동력이 만나는 민족화해와 협력의 길로 가야 한다. 대화 대신 대결로 가고 서로 죽일 무기 군비경쟁이나 하면 서로 죽는 길 뿐이며, 이 죽음 길에 강대국들이 자국의 군수산업 이익만 챙길 것이다. 상살(相殺)의 어둠에 말려들지 말고 상생(相生)의 빛의 자리로 나와야 한다. 민족의 살길은 원수 보복이 아니라 원수 사랑이다.

(6) 기록된 말씀 넘지 말라

목사는 설교를 할 때 설교를 잘해 사람들에게 인기를 얻으려는데 너무 신경 쓰지 말고 성경 본문에 충실하려 하고 본문에서 말씀하려 하시는 하나님께 잘 보이려 애써야 한다. 절대로 "기록된 말씀 밖으로 넘어가지 말아야"(고전4:6)한다. 이것은 월권이며 자칫 하나님의 말씀을 뱀이 거짓으로 유혹해 죄짓게 하던 첫 아담의 죄에 빠지기 쉽기 때문이다. 특히 오늘의 모든 이단들이 성경공부를 하다가 "기록된 말씀 밖으로" 넘어가서 그렇게 된 것을 명심하고 이단이 되지 않으려면 철저히 엄하게 자신을 "기록된 말씀 안에" 가두어야 한다. 평생 교회의 지성소를 떠나지 않고, 평생 지성소에서 만나주시는 하나님의 말씀 안에 자신을 가두면 부끄럽지 않고 빛나는 목사가 될 것이다.

목사가 되어 어찌 시정잡배들의 말이나 그 배후의 사탄의 말에 휘둘릴까. 그 천한 것을 어떻게 교회의 제단에 적용시킬까. 소름이 끼친다. 노아의 방주는 사방은 막히고 하늘로만 창문이 있었다. 하나님이 노아에게 그리 설계하라 명하신 것이다. 일찍이 예루살렘 성전도 세상 빛의 영향을 차단하기 위해 창문을 두지 않았다. 하나님이 그렇게 설계하신 것이다.

세상에 의한 목사가 아니라 하나님에 의한 목사가 되어야 세상을 움직인다. 바울은 자신을 "사람들에게서 난 것도 아니요 사람으로 말미암은 것도 아니요 오직 예수 그리스도와 그를 죽은 자 가운데서 살리신 하나님 아버지로 말미암아 사도 된 것"(갈1:1)을 자랑했다.

모름지기 성직자는 말씀을 떠날 자유가 없으며 그 안에 머물며 그 안에서 만나주시는 하나님으로부터 오는 무한한 자유로 황홀해야 한다.

(7) 성령의 전(殿)인 몸

식탁 유모어가 있으면 밥맛이 좋다. 나는 항상 잘 먹고 많이 먹는 사람에 대해 "속이 깊다"고 칭찬을 한다. 그러면 그 사람이 처음에는 우쭐 겸손하다가 위장 속이 깊어 밥이 많이 들어간다는 말인 줄 알고 폭소가 터진다. 살다 살다 우리 몸이 "성령의 전"(고전6:19)이라는 말을 듣고 깜짝 놀란다. 오욕칠정의 더러운 우리 몸이 무슨 성전인가? 돼지가 목욕 후 더러운 곳에 다시 들어가고 개가 토한 것을 다시 먹듯, 회개하고는 또 죄짓고 회개하고 또 죄짓는 "또또" 버릇의 우리 몸이 도대체 무슨 성전이란 말인가?

그러나 우리가 억지로 주장하는 것이 아니라 이런 못난 우리를 불쌍히 여기시고 더럽고 못난 우리 몸임에도 불구하고 우리 몸에 하나님이 보내신 주 예수의 피 사랑이 임하고, 그 사실을 받아들여 하나님의 자녀가 되면 우리 몸에 하늘의 것이 담겨지게 된다는 말씀이다. 마치 더러운 연못에도 하늘이 담겨지고 하늘의 해와 달과 별들이 담겨지듯, 믿는 하나님의 자녀의 몸속에 그리스도의 살과 피를 뜻하는 성찬이 담겨지고, 영생생명이 담겨지고, 영원 말씀이 담겨지고, 심지어 하나님의 영인 성령이 오셔서 거하시게 된다. 마치 성탄절의 그 베들레헴 마구간 말 밥통에 아기 예수 모신 것 같은 기막힌 상황이 된다. 그래서 바울은 질그릇 같은 우리 몸이 성전일 뿐만 아니라 하늘 보배를 담았다고 했다(고후4:7).

그러나 생각해 보라! 이를 인정하지 않고 함부로 사는 것 보다는 믿고 겸손히 황송해 자기를 비워 속을 깊게 하고 회개로 자신을 깨끗케 하면(딤후2:21) 하늘 하나님의 영이 더 크게 임하시지 않으시겠는가! 더구나 나 같은 죄인을 선택하여 나 같은 죄인의 속에라도 계시겠다는데 무슨 말을 더 할 수가 있겠는가? 세리와 창녀 같은 내게라도 오시겠다는데 무슨 말을 더 할 수가 있겠는가?

그 수많은 여리고 사람들 중에 하필 죄 많고 키 작아 못난 열등감 투성이인 삭개오의 집에 오시겠다는데 무슨 말을 더 할 수가 있는가? "내 소유의 절반을 가난한 자들에게 주겠사오며 만일 누구의 것을 속여 빼앗은 일이 있으면 네 갑절이나 갚겠나이다"(눅19:8) 하며 서서 주께 여쭈며 철저히 회개하는 삭개오인데 더 무슨 말을 할 수가 있겠는가?

(8) 복음을 전하지 않고는 못 견디어

“내가 복음을 전할지라도 자랑할 것이 없음은 내가 부득불 할 일임이라 만일 복음을 전하지 아니하면 내게 화가 있을 것이로다”(고전9:16).

환자의 고통 자체가 의사의 치료가 필요한 것과 같이 모든 인간의 죄와 죽음의 상황 자체가 예수 그리스도의 십자가 사랑이 필요한 것이다. 사람이 아파 죽어 가는데도 의사가 되어서 보고도 못 본체 하고 손을 안 쓴다면 의사의 본분을 저버린 행위이다. 제대로 된 의사라면 치료하지 않고는 못 견딘다. 얼마든지 그 환자를 살릴 수가 있는데 환자를 돌보지 않는다면 천벌을 받아 마땅하다.

바울이 말한 심정이 이 경우이다. 얼마든지 예수 믿으면 죄 병이 치료되어 주 예수 십자가 피 사랑으로 용서 받아 하나님의 영생 얻은 자녀가 되어 영원히 복을 받고 살게 되는데, 그것을 전하지 않고 있으니 자신에게 화가 미칠 것 같은 심정이다. 지옥 천당이 있다면 얼마든지 전하여 지옥 갈 사람을 천국으로 가게 할 수 있는데 내가 전하지 않으므로 그 사람이 지옥에 간다면 세상에 내가 하나님 앞에 무슨 낯을 들 수가 있겠는가? 빚진 자의 가슴으로 전도하고 전도해야 한다.

“자기 때에 자기의 말씀을 전도로 나타내셨으니 이 전도는 우리 구주 하나님이 명하신 대로 내게 맡기신 것”(딛1:3)으로 알고 전도해야 한다.

“선을 행하고 선한 사업을 많이 하고 나누어 주기를 좋아하며 너그러운 자가 되어”(딤전6:18) 전도해야 한다.

“나를 충성되이 여겨 내게 직분을 맡기심이니”(딤전1:12) 직분에 걸맞게 전도해야 한다.

“밤낮으로 일하면서 너희에게 하나님의 복음을 전하였노라”(살전2:9)한 바울 사도를 본받아 일하고 바빠도 전도해야 한다.

“고난과 능욕을 당했으나 우리 하나님을 힘입어 많은 싸움 중에 하나님의 복음을 전한”사도를 본받아 “사람을 기쁘게 하려 함이 아니요 오직 우리 마음을 감찰하시는 하나님을 기쁘시게 하려”(살전2:2,4) 고생이 되어도 전도해야 한다.

“기도하되 하나님이 전도할 문을 우리에게 열어 주사 그리스도의 비밀을 말하게 하시기를 구하며”(골4:3) 전도해야 한다.

“그의 십자가의 피로 화평을 이루사 만물 곧 땅에 있는 것들이나 하늘에 있는 것들이 그로 말미암아 자기와 화목하게 되기를 기뻐하시는”(골1:20) 주님의 심정으로 전도해야 한다.

“살든지 죽든지 내 몸에서 그리스도가 존귀하게 되기를”(빌1:20) 입증하기 위해 전도해야 한다.

우리 인간의 공로가 아니라 하나님의 “은혜에 의하여 믿음으로 말미암아 구원을 받게 되는 하나님의 선물”임을 알고(엡2:8) 전도해야 한다.

그리스도의 “가난함으로 말미암아 우리를 부요하게 하려 하시는”(고후8:9) 주님의 계획을 알고 전도해야 한다.

“지금은 은혜 받을 만한 때요 지금은 구원의 날”임을 알고(고후6:2) 전도해야 한다.

“누구든지 그리스도 안에 있으면 새로운 피조물이”(고후5:17)되는 줄 알고 전도해야 한다.

“우리의 만족은 오직 하나님으로부터 나기”(고후3:5) 때문에 참된 행복을 알리기 위해 전도해야 한다.

어려울 때 “자기를 의지하지 말고 오직 죽은 자를 다시 살리시는 하나님만 의지”하여(고후1:9) 승리할 수 있도록 전도해야 한다.

사람이 “먹든지 마시든지 무엇을 하든지 다 하나님의 영광을 위하여”(고전10:31) 위대한 계획을 세우며 위대한 생애를 살도록 전도해야 한다.

“귀신에게 제사하여 귀신과 교제하지 않고 하나님께 제사하여”(고전10:20) 하나님의 자녀로 하나님과 교제하며 살도록 전도해야 한다.

스승이 아니라 “그리스도 예수 안에서 복음으로 하나님의 자녀 낳는 부모되기”(고전4:15) 위해 전도해야 한다.

“밤이 깊고 낮이 가까웠으니 그러므로 우리가 어둠의 일을 벗고 빛의 갑옷을 입고” 살도록(롬13:12) 전도해야 한다.

"사람이 의롭게 되는 것은 율법의 행위에 있지 않고 오직 예수 그리스도를 믿음으로 되는 줄 알고"(갈2:16) 전도해야 한다.

예수 외에 "천하 사람 중에 구원을 받을 만한 다른 이름을" 하나님이 우리에게 주신 일이 없음(행4:12)을 알고 전도해야 한다.

"사람을 강권하여 데려다가 하나님의 집을 채우기"(눅14:23)위해 전도해야 한다.

이와 같이 성경 전체는 전도할 이유로 가득하다. 누구는 노방전도 축호전도 등 옛 방법을 싫어하지만 하나님은 "전도의 미련한" 방법을 통해서도 세상 구원하기를 원하신다. 그리고 온갖 현대의 백 가지 천 가지 만 가지의 새 방법으로 직간접적인 유언 무언 행동이나 삶의 모범 전도법으로 세상을 구원하기를 원하신다. 그래서 나는 매주일 전 토요 저녁에 거리에 나가 시민들에게 노방 전도를 한다. 총회장 된 기념으로 전도하지 못한 죄를 회개하며 선다. 복음을 전하지 않고는 못 견디어 선다. 전도가 안 되어도 거리에서는 그 자체로 마음의 짐이 가볍고 시원하다.

(9) 사랑이 제일인가?

그렇다. "믿음, 소망, 사랑, 이 세 가지는 항상 있을 것인데 그 중의 제일은 사랑이라"(고전13:13). 그러나 아니다. 믿음도 제일이다. 믿음이 없이는 구원도 못 받는데 무슨 사랑이 제일인가? 아니다. 소망도 제일이다. 저 영원한 부활 천년 왕국 새 하늘과 새 땅을 바라는 소망 없이 어떻게 믿음 사랑인가? 그러니 셋 다 제일이다.

그래도 사랑이 제일이라는 말이 무엇인가? 믿음의 시동이 걸린 자동차가 소망의 목적지로 가고 있다면 거기에 싣고 가는 것은 사랑이어야 하기에 사랑이 제일이 아닐까. 그리고 신구약 성경을 한 마디로 압축한 요한복음 3:16의 말씀에서 풀어야 하지 않을까. 먼저 하나님의 사랑이 있어 독생자를 보내주시므로 우리가 믿어 멸망하지 않고 영생을 얻었다. 사랑을 받아들이는 믿음으로 영생 소망을 갖게 되었다. 그러니 사랑이 제일 아닌가?

사랑이 없었으면 어찌 우리가 믿을 수가 있고 소망을 가질 수 있었겠는가? 그리고 꼭 한 가지 확인하고 넘어 갈 일이 있다. 흔히 "사랑이 최고지" 하며 교회가 사랑을 강조할 때 인간적인 값싼 사랑을 뜻하는 것이 되어서는 아니 된다. 여기 사랑은 사랑 받을 가치도 없는 죄인 인간을 불쌍히 여기며 희생하시는 아가페의 하나님 사랑이다. '무엇 때문에'의 사랑이 아니라 '그럼에도 불구하고'의 귀한 사랑이다.

사랑이 최고다. 정의 없는 값싼 사랑이 아니라 정의가 깃든 값비싼 사랑이 최고이다.

(10) 극심한 가난이 풍성한 헌금을

"환난의 많은 시련 가운데서 그들의 넘치는 기쁨과 극심한 가난이 그들의 풍성한 연보를 넘치도록 하게" 된 마게도냐 성도들이다. 그들은 "힘대로 할 뿐 아니라 힘에 지나도록 자원"하여(고후8:1-3) 하나님 나라 받드는 헌금에 참여했다.

가난한 데 무슨 헌금의 액수가 많았을까? 그러나 가난한 과부의 렙돈 두 푼을 많이 냈다고 칭찬하신 주님의 입장에서 풍성한 헌금이었다. 부담 없이 많이 낸 부자들은 내고 하품했겠지만 부담 있게 낸 이들은 내고 눈물을 흘렸을 것이다.

유럽의 관문인 마게도냐 성도들의 이런 눈물 정성을 받으시고 하나님은 기적을 베푸셔서 온 세계를 살리는 문물의 유럽 축복을 주셨다. 이런 하나님을 알기 때문에 바울은 감격하여 "적게 심는 자는 적게 거두고 많이 심는 자는 많이 거두니"(고후9:6), 그 마음에 정한 대로"인색함으로나 억지로 하지 말고"(고후9:7) 즐겨 내라고 했으며 "후한 연보로 말미암아 하나님께 영광을 돌리라"(고후9:13)고 했다.

주 예수께서 "부요하신 이로서 너희를 위하여 가난하게 되심은 그의 가난함으로 말미암아 너희를 부요하게 하려(고후8:9)하신다며 부요의 꿈으로 헌금을 하라고 했다.

고린도 교회 성도들에게 헌금을 강조한 바울 사도처럼 오늘 교회 목사들도 그 교회 성도들이 이와 같은 부요의 꿈을 꾸게 하며 헌금을 많이, 그리고 인색함이나 억지로 말고 즐거이 드리게 해야 한다. 이것을 못하여 교회를 가난하게 하고 이 헌금을 잘 못 내어 교인들이 복을 못 받게 하면 책임을 지고 그 교회를 사임해야 한다.

나의 간증이다. 원주영강교회는 원주에서 21년 간 부흥이 안 되는 제일 가난하고 못난 교회였다. 나는 3,40년 이 교회를 섬기며 성경의 "십일조와 봉헌물"(말3:8)을 바칠 것을 강조했다. 특히 "십일조"는 하나님의 것인데 이를 바치지 않는 것은 "하나님의 것을 도둑질"하는 것이라고 했다. 성경 그대로를 전하는데 교인이 떨어져 나가니 그런 헌금강조는 곤란하다는 건의도 있었지만, 여기에 불만을 가진 자들은 성경대로 살지 않는 교회에 나가라는 배짱으로 꾸준히 전했다. 정말 나가는 사람들은 나갔지만 들어오는 사람들도 많아 교회가 부흥되었다. 그리고 장로가 되는 분들에게는 "봉헌물"로 시시한 정성 말고 성경의 제자들처럼 집이나 가게나 논밭 등 값비싼 재산을 바치라고 했다. 그런 부동산이 없으면 작정헌금을 하여 평생 혹은 몇 년 안에 바치도록 했다. 이를 강조하는 목사인 나도 퇴직금 재산의 주택이나 처갓집이 준 황토수양관을 다 바쳤다. 거의 모든 이들이 순종하여 장로 임직식은 눈물 정성의 축제로 힘이 났다. 결과 1,000평, 4,000평, 8,000평, 25,000평의 팔리지 않는 땅이 아직 남아 있고 650평의 지성전, 8,000평의 새성전의 땅이 있다. 현금으로 바친 돈은 이보다 더 커서 해마다 몇 억, 그리고 수십 억 원의 예산이 헌금으로 모였다. 이런 가능성들이 모여 새성전을 건축하게 되었다. 그러면 이만큼이나 바쳤으니 이만큼 못 살고 가난해야 하지 않는가? 아니다. 이로 말미암아 우리 성도들은 신령한 복과 땅의 기름진 복과 후손이 잘 되는 복, 그리고 건강의 복을 받았다.

이와 같이 내가 헌금을 강조한 것은 성경의 논리가 그럴 뿐만 아니라 12남매로서 가난하여 7남매가 죽은 우리 형제 중 막내인 내가 예수 믿고 헌금

잘하여 복을 받은 체험이 있기 때문이었다.

나는 중학교 때부터 믿었는데 고등학교 때부터 고학을 하면서도 믿어 하나님의 자녀 된 그 자체가 감격이어서 교회의 모든 헌금에서는 항상 앞장서 바쳤다. 물론 액수가 적었을 것이나 주님이 보시고 칭찬하실 정도로 나는 바쳤다. 학교 급사용 자전거 자가용으로 우체국에 시골 교회 건축헌금을 월부로 다 바친 그 순간부터 하늘 기쁨이 가슴에 가득하여 신학교를 가서 목사가 되었다. 내가 가는 교회마다 가난했지만 가는데 마다 교회가 부흥되었다. 그러니 어찌하랴? 나는 모든 성도들에게 헌금을 강조한다. 특히 가난한 성도들에게 헌금을 강조한다. 왜 그런가? 가난한 내가 바쳐 복을 받은 경험이 있기 때문에 그들도 심어 복을 받게 되는 기쁨을 누리게 하기 위해서이다.

정말 세계금융권을 쥐고 있는 이스라엘의 복을 받고 싶은가? 정말 유럽이나 영국 미국의 부의 복을 받고 싶은가? 그러면 헌금에 대해 비판 말고 바보처럼 순종하여 헌금을 바치라.

하나님은 이 헌금을 받으시고 복을 주시며, 눈으로 보지 못하고 귀로 듣지 못하고 마음으로 생각도 못한 어마어마한 일을 바치는 우리를 통해 하신다. 그리 아니 하실지라도 독생자 까지 주시는 하나님의 은혜에 보답으로 바쳐야 하지 않는가? 어찌 하늘나라 운동의 최전선에 부름 받았으면서 십일조 등 헌물 바치는 일을 위해 아직까지 우물쭈물 하는가?

도산 안창호는 태극기 만들 돈이 없어 울다가 이 민족이 정말 독립하자면 물산장려운동 하는 일부터 먼저 해야 한다고 외쳤다. 예수 중심의 하나님나라 운동에 어찌 동방박사예물이나 과부의 렙돈 두 푼이나 유명 무명의 헌금 정성이나 그리고 극심한 가난의 마게도냐 성도들의 눈물 정성을 잊을 수가 있으랴. 어찌 이 영원한 하늘나라 운동에 순간의 내가 빨려들지 않고 인색한 자로 남으랴.

(11) 목사를 세우신 분 계시니

목사를 함부로 보고 그렇게 짓밟지 말라. 목사를 키워내는 신학교 교수목사를 함부로 목 자르지 말라. 그분들이 장난으로 되거나 가위 바위 보로 이겨서 된 것이 아니다. 그분들을 세상에 보내시고 그 가슴에 성령으로 충동질 하시고 십자가 예수 사랑의 피복음을 전하도록 세우신 하나님이 계시다. 저들을 함부로 대하는 것은 저들을 세우신 주님을 함부로 대하는 것이다. 혹시 죄 중에 있어도 정당한 절차와 신중을 기해야 한다. 세상 죄인에게도 삼심제로 예의를 표하지 않는가?

갈라디아 교인들은 바울 사도가 키 작고 병들고 몸에 무슨 시험거리가 있어도 "업신여기지도 아니하며 버리지도 아니하고 오직 하나님의 천사와 같이 또는 그리스도 예수와 같이 영접"(갈4:14)하였다. 가는데 마다 일용할 양식 없이 핍박 받고 욕먹고 감옥에 갇히는데 이런 성도들이 있는 곳은 바울에게서 사막의 오아시스다. 이런 교회와 성도들 때문에 위로 받고 새 힘이 나 더욱 큰일을 할 수가 있었다.

창세기의 홍수 심판 후 선지자 노아 가정 교회가 있었다면 술 마시고 취해 나체로 나자빠진 아버지 앞의 둘째 아들 함이 덮어주지 못하여 저주받고, 첫째 둘째 셈 야벳 아들은 덮어 복을 받았다는 말인가? 그 아버지를 세우신 하나님의 영광과 그 권위를 생각하지 못해 저주 받았다는 말인가? 그럼에도 불구하고 이 아버지를 세우신 하나님을 알고 그 영광의 하나님과 영적 권위를 받들어 복을 받았다는 말인가? 한 가정의 이야기가 아니니 두고두고 묵상하고 깨달을 말이다.

(12) 하나 되기를 힘쓰라

교회가 힘쓸 일이 참 많다. 모이기를 힘쓰고(행2:46, 히10:25), 기도하기를 힘쓰고(행1:14), 손 대접하기를 힘쓰고(롬12:13), 전도하기를 힘써야 한다(딤후4:2). 그리고 무엇보다도 하나가 되기를 힘써야 한다(엡4:3).

"모든 겸손과 온유로 하고 오래 참음으로 사랑 가운데서 서로 용납하고 평안의 매는 줄로 성령이 하나 되게 하신 것을 힘써 지켜야" 한다. "주도 한 분이시오 믿음도 하나요 세례도 하나요 하나님도 한 분이심"을 아는 "한 분 성령"께서 "한 몸 되게" 하셨으니(엡4:2-6) 어찌 거역하고 나누이랴. 십자가를 앞두고 주님께서 마지막 기도하실 때도 "하나가 되게"(요17:11) 하나님 앞에 비셨는데, 어떻게 우리가 나누어지려 하는가?

본래 나 혼자 살지 않고 여러 사람과 인간관계를 맺고 산다는 말은 나와 다른 사람들과 더불어 산다는 말이다. 그러니 우선 남이 나와 같기를 기대하면 사회생활을 하지 않겠다는 말과 같으니 남이 나와 다름을 소중히 여기고 그 다른 남을 배우고 그 다른 남에게 자신을 맞추려 노력해야 한다. 그것이 바로 성공적인 사회생활이다. 그리고 그 사회 친교에서 자신이 크고 행복해져 간다. 절대로 남이 나와 같지 않다고 불평하지 말라. 내가 동그라미라면 남 중에는 마름모도, 세모도, 네모도, 전혀 다른 정상 비정상도 있다. 그렇게 생긴 것은 조물주 하나님이 그렇게 하신 것이고 세상이 본래 그런 것이니 지구촌을 떠나지 않으려면 불평 말고 적응하라. 맞춰 살다 보면 신기하고 놀랄 일도 많으며 특히 다양한 총천연색 총화 세상이라 서로 아름답게 보이기도 한다.

세상이 이런 원리인데 어찌 교회에서 단성, 획일성을 기대하겠는가? 성경이 한 권이 아니며 두 권이며 66권이니, 적어도 창세기부터 계시록까지 66가지 특성으로 믿는 자들이 있는 곳이라 생각하고 66가지 이상으로 맞춰 하나 되기를 애써야 한다. 그렇지 않으면 66파별로 싸우다가 믿는 세월 다 보내게 된다. 66교회로 66교단으로 갈라지다가 막상 교회 본래의 사명을 감당 못하게 된다. 세상의 빛은커녕 세상의 골칫거리 구경거리가 된다. 이런 초라한 교회가 되지 않으려 일찍이 세계교회협의회(WCC)는 "다양성 속의 일치"(Diversity in unity)라는 구호를 내걸었다. "나는 포도나무요 너희는 가지"(요15:5)라 하셨으니 그 가지와 그 가지에 붙은 열매는 다양해도 원줄기나무에 붙어 하나이듯 하는 발상이다. 그리스도 체험과 고백과 교리와 신학이 달라도, 저 높고 넓은 하늘과 저 깊고 넓은 바다처럼 영원 무궁무진 하나님의 영적 경지이니 다르다는 것을 인정하고, 같은 성경을 읽고 같은 사도신경을 고백하면 한 분 예수 중심으로 하나가 되어야 한다.

"WCC"라면 조건반사적으로 정죄하며 달려들지 모르지만, 그 경우도 전 세계교회 입장에서 다시 보고, 그 계통의 신학교를 다녀보거나 신학서적이라도 읽어 보고 넓은 가슴으로 말해야 할 것이다. 우리 시대에 한 번 있을까 말까하는 세계대회 주관의 교회 예배 때 인분을 투척하거나 부산의 대회마당 반대투사들의 눈에 살기가 있는 것 등등의 참담한 상황을 보고 저들 평신도를 그렇게 만든 목회자들에게 하나님의 징계가 얼마나 클까 더럭 겁이 났다. 전 세계 앞에서 그렇게 대하는 그 자체가 이미 하나 되기를 거부하는 좁은 가슴들이다. 모름지기 예수 믿는 자는 예수의 가슴같이 그 가슴을 넓게 키워 하나 되기를 힘써야 한다.

(13) 섬기기를 주께 하듯

나는 대구영신고등학교 급사출신이다. 이 학교 들어갈 때도 기도로 들어갔지만 학교 급사 자리도 기도로 얻었다. 야간부 학생으로 이 학교 교무실 전체를 맡는 것은 아무나 못하기 때문에 하나님이 직장을 위해 기도하는 내게 허락하셨다. 흔히 무슨 일을 하면 일을 맡긴 분에게 검사를 맡지 않는가? 나는 교장이나 교감 서무과장 교무과장에게 검사 맡는 것 보다는 하나님이 내게 이 일을 허락하시고 맡기셨으니 하나님에게 합격점수를 받으려고 정말 열심히 땀 흘리고 일했다. 실제로 위의 하나님을 쳐다보며 일했다. 더구나 예수 믿고 기독교 인재양성을 위해 세운 학교이니 하나님의 학교가 아닌가? 하나님의 아들로 일하니 내 학교가 아닌가? 수십 년 묵은 학교의 때까지 벗겨가며 바닥은 물론 교사들의 책상 속 서랍 속속들이 씻으며 닦았다. 당장 교무실 분위기가 달라졌고 교사들의 안색이 좋아지더니 평소에 칭찬을 별로 하지 않고 혁신적으로 학교를 섬기던 교감(훗날 민선 김연철교육감)이 전교생 앞에서 아침 조회 때 칭찬을 했다. "이름도 제일인데 학교 역사상 청소를 제일 잘 하는 학생이 들어왔다"고. 여기서 끝나지 않고 교장이 나를 탐내어 서무과 교장실까지 섬기게 했다. 드디어 졸업할 때는 교장(박재석목사)의 추천을 받아 신학교를 가고 목사가 되었다.

무심코 이렇게 살다가 보니 교무과 급사에서 서무과 교장실 급사로 진급되고 정신차리고 보니 어느새 목사로 진급되어 있었다. 하나님 앞에서 이렇게 사는 삶을 살았는데 나중에 성경을 읽다가 보니 내가 섬기는 자세 그대로 적혀 있었다.

"종들아 모든 일에 육신의 상전들에게 순종하되 사람을 기쁘게 하는 자와 같이 눈가림만 하지 말고 오직 주를 두려워하여 성실한 마음으로 하라. 무슨 일을 하든지 마음을 다하여 주께 하듯 하고 사람에게 하듯 하지 말라"(골 3:22-23).

나는 목사가 되어서도 급사 때 같이 교회를 섬겼다. "코람 데오"! 무슨 일을 하든지 하나님 앞에서 하나님이 보시는 중에 한다는 생각을 평생 하면 무슨 일에나 성공할 것이다.

특히 기독교 문명권에는 성직만 아니라 모든 직업(vocation, calling)을 하나님이 부르셔서 맡기신 것이라 여긴다. 그러니 모든 직업이 하나님이 맡기신 하나님의 일이요 거룩한 일이다. 내가 하는 일이 마귀의 일이 아니라 하나님의 일이니 어찌 게을리 하며 시시하게 할까.

4 일반서신

일반서신이란 히브리서, 야고보서, 베드로전후서, 요한일이삼서, 유다서 등 8권을 말한다. 이 서신서들은 바울 서신과 성격이 다르기 때문에 "일반"으로 분류하며 대체로 주후 70년에 예루살렘 성전이 로마에 의해 파괴되는 것을 전후해서 쓰였을 것으로 본다.

히브리서 저자에 대해서는 여러 설이 있고, 야고보서나 유다서는 주님의 육신의 형제들이, 베드로전후서는 베드로가, 그리고 요한 1,2,3서는 사도요한이 기록한 것으로 본다.

'히브리서'(Hebrews)는 구약을 많이 인용하며 이스라엘이 기다리던 참 메시아 구세주 예수 그리스도를 믿는 믿음으로 살 것을 강조한다.

'야고보서'(James)는 베드로전후서, 요한 1,2,3서와 유다서와 함께 공동서신으로 불리며 특히 야고보서는 행위가 없는 믿음은 죽은 믿음이라고 하여 믿는 자의 인격과 실천을 말한다.

'베드로전후서'(1,2 Peter)는 외적 박해에 신자들로 하여금 구원의 소망을 갖고 인내하며 그리스도의 고난에 참여하라고 하며 거짓 선지자를 경계하며 경건하고 흠 없는 삶을 살 것을 말한다.

'요한서신'(John)은 역시 이단을 물리치며 참 하나님이시며 참 인간이신 예수 앞에서 사랑과 겸손으로 살 것을 강조한다.

'유다서'(Jude)도 역시 초대교회에 파고드는 거짓 교리의 이단을 경계할 것을 권한다.

(1) 예수를 깊이 생각하라

나는 1980년 5월, 30대 중반에 원주영강교회 담임목사로 부임하여 40대 초반에 쓰러졌다. 파격적인 기적들이 속출하여 21년 간 제자리걸음이던 교회가 이제 성장의 길을 걷게 되니 그 고속성장에 말려들어 뛰다가 그만 죽을 정도가 되었다. 설교 중에 호흡이 곤란하며 손이 풀리고 다리에 힘이 빠져 주저앉게 되었다. 다시 일어났으나 무너진 권투선수가 그로기상태로 넘어지듯 그런 꼴이었다. 장로들의 부축을 받아 병원에 실려 갔더니 의사가 하는 말 "심한 과로로 인한 증세이니 교회 일을 쉬어라"는 것이었다. 평소 병원심방 다니다가 평생 병원에 입원한 환자가 되지 말고 입원한 환자를 고치는 목사가 되게 해 달라는 기도를 드리는 일도 있어 죽어도 기도원에서 기도하다가 죽겠다며 병원을 뒤로 하고 기도원에서 무릎을 꿇었다. 그러나 힘이 없고 어지러워 기도도 되지 않아 창세기부터 계시록까지 성경을 읽으며 주님의 자비하심을 구하는 중 죽이지 않고 살려 주신다는 느낌의 말씀을 주셨다.

" … 네가 만일 돌아오면 내가 너를 다시 이끌어 내 앞에 세울 것이며 네가 만일 헛된 것을 버리고 귀한 것을 말한다면 너는 나의 입이 될 것이라 …"(렘15:19).

예레미야에게 하신 말씀이 바로 내게 하시는 말씀으로 들려 죽음의 공포에서 벗어나 삶의 희망과 평안으로 하산하였다. 그래도 당장은 못 일어나 약 5년 간 앉아서 설교를 하였다. 그 때 기도 중 생각나기를 무슨 성공 속도전보다는 성경대로 살자는 것이었다. 성경으로 하루를 열고, 성경으로 하루 종일 일상을 살고, 성경으로 하루를 닫는 삶, 그리고 성경대로 충성하고 성경대로 안식일 안식년 지키자는 것이었다. 그래서 1988년 서울 올림픽이 열리던 해에 캐나다 토론토 한인 연합교회의 부름을 받아 그 교회 임시 목사로 1년 간 섬기며 전 가족이 쉬며 공부하게 되었다. 그때 그 교회 담임 이상철 목사께서 캐나다 연합교회 총회장(겸직 금지 유급 실무직 2년)이 되었으므로 그 자리에 서는 은혜를 입게 되었다. 이 안식을 통해 우리 내외가 공부를 더 하게 되었음은 물론 우리 딸 아들이 후에 세계적인 명문대학 UCLA나 시카고 대학교를 진학하는 계기가 되었다.

나는 대학원 다닐 때 영어원서 읽는 일들이 너무 힘들어 목회현장에서는 그 고생 아니하려고 영어를 놓았는데 안식하며 책방 도서관을 드나들 때 영어가 다시 보이지 않는가? 그때 "미래 목사는 반드시 영어로 책을 읽어야 한다"며 석사논문을 지도하던 하버드 출신 박봉랑 박사가 너무 너무 눈물 나도록 그리우며 고마웠다. 목사가 영어로 책을 읽어도 아무 책이나 읽을 수가 없었다. 그런데 내가 읽은 책들이 거의 다 대학원 다닐 그때 읽던 신학 서적이었다. 놀라운 사실은 그때 한신대에서 읽던 책들이 다 세계 정상 책 마당에 있었던 것을 보면 우리 대학은 정말 세계적인 대학이구나 하는 것을 느낄 수가 있었다.

신학서적을 읽어도 눈에 들어오는 쉬운 책을 자주 읽곤 했다. 그리고 학교 시절 돈이 없어 못 사던 책들을 자주 사곤 했다.

책을 사는데 항상 불만인 아내가 하루는 내가 산 책들을 보며 "아니 그 예수는 아직도 몰라서 그렇게 사느냐?"하는 것이었다. 모든 책을 사며 모든 신학 서적을 읽으며 언제나 그 중심에 예수 그리스도께서 계시며 또 우리 주 예수 그리스도에 관한 책들을 소유하고 싶다 보니 이런 말도 듣게 된 것이다. 아내는 목사가 되어 목사가 된 지 얼마나 오랜 세월을 살았는데 아직까지도 예수를 모르느냐는 투이지만 정말 나는 예수를 모르며 가면 갈수록 예수를 더 몰라 더 알고 싶어지는 것뿐이다. 1년 안식년이 지나고 다시 6년이 와 제 7년 때는 교회 건축 문제 등 일이 많아 1년에 2개월 씩 쉬기로 하였다. 그래서 해마다 세계적인 유명 대학과 유명 교회를 찾아 그 대학 도서관과 주변 서점을 다니며 책을 찾고 읽고 그 교회를 다니며 배우게 되는데 역시 예수를 몰라 예수를 더 알기 위해 다닌다.

"예수 더 알기 원하네. 크고도 넓은 은혜와 대속해 주신 사랑을 간절히 알기 원하네. 성령이 스승 되셔서 진리를 가르치시고 거룩한 뜻을 깨달아 예수를 알게 하소서. 내 평생의 소원 내 평생의 소원 대속해 주신 사랑을 간절히 알기 원하네"(찬송가 453장).

지금 이 글은 2016 안식년 7,8월에 뉴저지 뉴브른스윅(New Brunswick) 신학교에 와서 쓴다. 이 학교는 우리나라의 마을마다 면마다 도시의 거리마다 빌딩마다 교회를 있게 하여 우리나라를 축복의 땅으로 바꾼 언더우드의 모교이다. 이 선교사의 정신을 이어받으려 세계적인 도서관을 드나들며 비는데 "귀한 주님을 알고 주님이 좋아서 반하고 빠치며 미쳐 능력으로 복음을 전하게 해 달라"며 책을 찾아 읽고 있다.

쓰러져 목회도 못하고 죽을 지경인 나를 일으켜 다시 세워 주실 때 "귀한 것을 말한다면 내가 주님의 입이 되게 하신다" 했다. 그 귀한 것은 주 예수 그리스도이며 그분의 진리 말씀뿐이다. 이 귀한 분을 오늘도 더 알고자 하루를 시작하고 더 알고자 하루를 마무리 한다.

히브리서 기자는 "예수를 깊이 생각하라"(3:1)고 했다. 영어로는 생각을 예수에게 집중하라(fix your thought on Jesus)했다. 정말 우리가 지금 할 일이 성경과 책을 통해, 그리고 기도를 통해 깊은 영적 경지에서 예수를 깊이 알고 전하는 것 외에 무슨 크고 급한 일이 있을까?

(2) 말씀이 살아 있고 활력이 있어야

횟집에 갔을 때 싱싱하고 살아 있는 활어를 금방 잡아먹어야 그게 제 맛이다. 죽은 물고기나 이미 포를 떠서 얹어두었던 것을 먹는 것이 무슨 회 맛인가? 목사들이 당회는 싫어도 사시미 회는 좋아한다. 이 회를 좋아하는 목사들은 자주 회를 먹으며 평생 설교를 하는데 횟집의 활어 같은 살아 생동하는 설교를 해야 한다. 얼려 두었던 죽은 고기 회 같은 죽은 설교를 하면 교인들의 영이 죽어 졸거나 모이지도 전도도 하지 않는다. 교회가 부흥이 되지 않는다. 부흥은커녕 그 설교하는 목사도 천국에 들어가기 힘들다고 한다. 이런 설교로 교인들을 항상 잠재운 목사와 난폭운전으로 항상 승객의 잠을 깨운 택시기사가 죽어서 천국 문을 두드렸더니 베드로가 난폭기사는 받아들이고 목사는 나가라고 하는 것이었다. 그 이유는 기사는 깨웠고 목사는 그 살아있는 성경말씀을 죽은 말씀으로 전하여 교인들을 재웠다는 것이었다. 이런 유머가 이해가 갈 정도로 목사의 설교가 문제다. 좀 모자라는 것이 많아도 설교 하나에 승부를 걸면 그 목사는 그 교회 목회에서 성공할 수가 있다. 그러니 목사는 설교 하나 잘 하려고 몸부림 쳐야 한다. 그러면 어떻게 하면 목사가 살아있는 하나님의 말씀을 살아있게 전할 수가 있는가?

첫째, 하나님이 세워주셔야 한다.

아무리 신학공부를 많이 하고, 아무리 성경을 잘 안다 해도, 아무리 기도를 많이 하고, 아무리 말을 잘 한다 해도, 아무리 성품이 좋아도 하나님이 그 시대, 그 교회, 그 성도 앞에 세워 주시지 않으면 설교를 잘 할 수가 없다. 이 때 하나님이 세우시니 하나님은 그 설교자 배후에 항상 계신다.

"내가 너를 이스라엘 족속의 파수꾼으로 세웠으니 너는 내 입의 말을 듣고 나를 대신하여 그들을 깨우치라"(겔3:17). 어디 에스겔뿐인가? 믿음의 조상들이 다 그렇다.

둘째, 하나님이 세우신 그 설교자의 입에 말씀을 담아 주셔야 한다.

목사로 세움 받았으니 세워 주신 분의 말씀을 전해야 한다. 자기 자신의 주의나 주장이나 고집이나 철학을 전해서는 아니 된다. 하나님의 말씀을 전해야 한다.

"슬프도소이다. 주 여호와여 보소서. 나는 아이라 말할 줄을 알지 못하나이다 하니 … 여호와께서 그의 손을 내밀어 내 입에 대시며 여호와께서 내게 이르시되 보라 내가 내 말을 네 입에 두었노라"(렘1:6,9). 예레미야에게 두신 하나님의 말씀을 예레미야가 전할 때 "불이 되게 하시며"(렘5:14) 세상을 "뽑고 파괴하며 파멸하고 넘어뜨리며 건설하고 심게" 하셨다(렘1:10).

은총의 선택으로 세우셨으니 은총으로 입에 말씀을 담아 주시길 빌어 그 받은 말씀으로 성도와 세상의 가슴에 파고들어야 한다.

셋째, 목사로 세우신 하나님과 늘 친밀한 사귐이 있어야 한다.

목사로 세우신 하나님과는 친밀한 교제가 없이 세상이나 세상 배후에 있는 마귀와 친해서야 어찌 하나님의 말씀을 전할 수가 있겠는가? 평소에 하나님과 친밀하기 위해서는 사람과 말을 많이 하는 것보다는 사람과 세상을 위해서 하나님과 말을 많이 하여야 한다. 하나님과 소통이 잘 되어야 한다는 것이다. 이 말의 소통이 곧 기도다. 교회는 하나님의 집이며 기도하는 집이다. 기도하는 집의 마당이나 성소에 머물지 말고 지성소에 드나드는 기도의 사람이 되어야 한다. 이 지성소 기도 없이 마당에서 열 올리고 성소가 복잡해질 때 도둑들의 소굴이라고 주님으로부터 책망 받는다. 지성소를 통해서 주 하나님과 깊은 교제가 있어야 하나님의 집이 하나님의 집 된다.

설교자가 기도를 많이 하다가 보면 하나님의 성령에 이끌리게 된다. 성령의 충만함으로 방언 은사를 받게도 된다. 이 방언은 하나님과 "영으로 비밀을 말함"(고전14:2)인데 하나님과 비밀을 말할 정도로 하나님과 친한 자가 되어 비밀 된 하나님의 뜻을 전해야 한다.

또 이렇게 하나님과 친밀하다 보면 절로 하나님의 음성을 듣게 된다. 이미 기록해 주신 구약과 신약의 성경을 통해 하나님의 말씀을 듣고 전하게 된다. 하나님과 친하다면서 하나님의 말씀을 추구하지 않는 것은 하나님과 친밀한 교제가 없다는 증거다. 11세기 영국의 신학자 안셀름이 말한 것처럼 "이해를 추구하는 믿음"(Faith Seeking Understanding, fides quaerens intellectum)을 찾는다. 신앙의 목회자는 저절로 하나님의 진리를 목마른 사슴 시냇물 찾듯 찾아 헤맨다. 성경을 떠나지 않는다. 성경에 갇힌다. 성경적 사람이 된다. 옛날 믿음의 조상 에녹이 하나님과 동행했다는(창5:24)말은 기도와 말씀으로 동행했다는 말이 아닌가?

넷째, 하나님이 세운 사람은 하나님이 보내신 독생자 예수 그리스도만을 전해야 한다.

하나님이 세상을 이처럼 사랑하셔서 독생자를 보내신 목적이 독생자 예수를 믿어 멸망치 않고 영생구원을 얻게 하기 위해서이다. 그러므로 자나 깨나 설교자는 예수를 전해야 한다. 구약을 전할 때도 오실 예수를, 신약을 전할 때도 오신 예수를, 계시록을 전할 때도 다시 오실 예수를 전해야 한다. 성경의 이 예수 그리스도를 전하기 위해서 정치 이야기 할 때도 예수를, 경제 이야기 할 때도 예수를, 교육 이야기 할 때도 예수를, 사회 문화 이야기 할 때도 예수를 전해야 한다. 무슨 유머나 재미있는 이야기 할 때도 예수를 전해야 한다. 오직 예수 이 한 분만 전하여 듣는 이로 하여금 예수 믿을 마음, 예수 아멘이 절로 나오게 해야 한다. 설교에서 이 귀한 예수 믿으라는 말 한마디 못하는 것은, 예수의 십자가와 부활을 강조하여 죄 용서 받음과 영생 부활의 복음을 전하지 못하는 것은 목사로서 직무유기이며 마귀가 좋아 할 일이며 불행 중 가장 큰 불행이며 사고 중 가장 큰 대형사고이다.

다섯째, 하나님이 세우신 하나님의 사람은 성령을 받고 예수를 전해야 한다.

"너희가 믿을 때에 성령을 받았느냐?"(행19:2)고 질문한 바울은 믿을 때에 성령의 충만함과 불세례를 받고 말씀을 전했다면, 성령을 받지 못하고 에베소 교회에 영향을 주었던 아볼로는 불세례를 받지 못하고 물세례만 받았다. 성경은 아볼로 수준에서 설교를 하는 것을 원치 않고 바울 수준에서 말씀을 전하기 원한다(행18:24-19:7).

여섯째, 하나님의 사람은 하나님이 움직이시는 세상을 알아야 한다.

어떤 과학자는 연구와 실험에 몰두하다 보니 2차 대전이 지난 줄도 몰랐다고 하지만 하나님의 사람은 하나님이 움직이시는 세상에 민감해야 한다. 말이 나왔으니 말이지 2차 대전을 지나며 말씀과 신학에 철저한 믿음의 조상들이 칼 발트나 본회퍼 목사 등을 중심으로 독일 연방 복음교회들의 히틀러 지지 선언으로 전쟁의 불이 붙어 수많은 도시가 파괴되고, 수많은 사람들이 시체가 되고, 수많은 젊은이들이 서로를 죽이는 군인이 되는 역사의 소용돌이를 알고, 이에 부당함을 외치는 바르멘 선언을 내고, 고백교회를 세우며, 정의와 평화의 말씀을 전했다. 심지어 본회퍼 목사는 미친 전쟁을 이끄는 운전자 뒤에 따라 다니며 시체만 치르는 장례예배만 드릴 것이 아니라 미친 기사를 끌어내려야 한다며 히틀러 암살단에 가담하기도 했다. 이들은 대전 이후 신학과 교회의 새 방향을 제시하기도 했다.

흔히 성경공부 제자훈련 많이 말하고 많이 행하지만 여기 참여하는 자들이 하나님이 운행하시는 세상을 모르고 세상에 대해 너무 순진하거나 세상을 너무 비관적으로 보는 일, 그래서 하나님이 원하시는 참된 민주 정의 평화에 대한 사명의식이 없거나 세상을 변화시키는 선거에 대해서도 참여나 선택도 제대로 못하는 불상사가 난다면 참으로 마귀가 좋아할 일이 아닌가? 이스라엘 역사에서는 하나님이 세우셨던 예언자들이 한결같이 과거를 돌아보고 현재를 진단하며 미래를 예언하여 사람들에게 갈 길을 안내하였다. 그러므로 하나님의 사람들은 한손에는 성경을 한손에는 신문을 들고 있어야 한다. 주님은 들끓는 세상을 "화평하게 하는 자는 복이 있나니 그들이 하나님의 자녀라 일컬음을 받게 될 것이라"(마5:9)고 하셨다.

일곱째, 하나님이 세운 사람은 하나님이 움직이시는 세상의 언어로 전해야 한다.

삼층천 구조(위는 하늘, 사는 곳은 땅, 밑은 지옥)의 세상 이해에서 성령의 감동으로 받은 하나님의 말씀이라도 그 핵심 예수 그리스도의 구원을 알고 전할 때 역시 성령의 감동을 받아 말씀을 받는 세상이 둥근 지구, 도는 지구, 세상 이해를 가지고 그 세상에 맞게 그 세상 언어로 전해야 한다. 다른 말로 수천 년 전의 성경적 종교언어를 오늘 전할 때는 오늘의 사람들이 가장 알아듣기 쉬운 세상 언어, 즉 거리에서 통하는 거리언어로 전하여야 한다. 예를 들어 "하나님이 지금 역사하신다"는 말을 할 때 "하나님이 지금 일하신다"는 말로 바꾸어야 한다. 이렇게 바꾸지 않고 귀한 생명의 말씀을 종교적 철학적 신학적 언어로 어렵게 전하면 아무리 좋은 내용이라도 설교 처음부터 잠이 오게 된다.

여덟 번째, 하나님이 세운 사람은 하나님을 닮은 삶과 인격을 지녀야 한다.

문제는 사람이다. 성경도 하나님이 세우셨던 사람을 알아가며 풀어가기도 한다. 미국과 영국, 유럽의 기독교 문명사에 어떤 사람이 그 책임자가 되었느냐에 따라 세상이 달라진 것을 본다. 최근의 우리나라도 김대중 노무현 대통령 때와 이명박 박근혜 대통령 때를 민족화해와 협력의 때와 민족대결 군비증강의 때로 구분해 본다. 역사가 다시 말할 것이다.

설교자의 됨됨이가 제대로 되지 않으면 천사 같은 설교를 해도 은혜가 되지 않는다. 그러므로 하나님의 사람은 상당한 식견과 통솔능력이 있되 물과 성령으로 거듭난 사람으로 디모데전서 3:1-7에 해당하는 사람이어야 한다.

히브리서에 "하나님의 말씀은 살아 있고 활력이 있어 좌우에 날선 어떤 검보다도 예리하여 혼과 영과 및 관절과 골수를 찔러 쪼개기까지 하며 또 마음의 생각과 뜻을 판단하나니"(히4:12) 했는데 성경인 하나님의 말씀을 설교자가 전할 때 정말 이와 같은 일들이 일어나야 설교로 사람이 달라지고 세상에 희망이 있게 된다.

(3) 왕 초보 신세를 면하고

사람을 세 가지 종류로 분류한다면, 예수 믿지 않는 자연인이 있고 예수 믿으면서도 육이 강한 육에 속한 사람이 있고 예수 믿으면서도 영이 강한 영에 속한 사람이 있다. 그런데 자연인은 전도 받아 속히 예수 믿어 영생 얻은 하나님의 자녀가 되어야 한다. 예수 믿으면서도 육에 속한 사람은 아직 어린아이와 같이 젖을 먹거나 이유식, 그리고 부드러운 음식을 먹는 단계와 같으니 어서 아무 것이나 다 잘 먹는 어른 식 단계의 영에 속한 사람으로 올라가야 한다. 이는 음식만 말하는 것이 아니라 유치 초등학교에서 대학 대학원으로까지 가는 그런 성장의 단계를 말하는 것이다.

신앙생활에서도 성장 성숙의 단계로 반드시 나아가야 한다. 성경 말씀을 잘 모르거나, 성경을 설교로 들을 때 잘 모르거나, 들어도 걸핏하면 시험에 들어 교회를 쉬거나, 맡은 바 직분에 불충성하거나, 꼭 해야 할 일에 불순종하는 등의 교인은 아무리 오래 다니거나 나이가 많아도 육신에 속한 어린아이와 같은 신앙인이다. 이런 사람들은 서서히, 그리고 빨리 이런 초보 왕초보 단계를 지나 성숙한 경지로 가는 어른 신자가 되어야 한다. 말씀과 성령에 잡혀 상상도 못할 주님의 일에 참여하는 주님의 동역자가 되어야 한다.

"그러므로 우리가 그리스도의 도의 초보를 버리고 죽은 행실을 회개함과 하나님께 대한 신앙과 세례들과 안수와 죽은 자의 부활과 영원한 심판에 관한 교훈의 터를 다시 닦지 말고 완전한 데로 나아갈지니라"(히6:1-2)고 한다.

(4) 믿음으로 여기에 서 있다

나는 경상도 북부지방 안동 산골짜기에서 태어났다. 아버지는 고아로 친척 부잣집에서 어릴 때부터 머슴으로 살았다. 남들 보다는 늦게 결혼하여 어느 농막에서 살았는데 외로운데다가 산아제한도 못하니 생기는 대로 아이를 낳아 12남매를 낳았다. 가히 어머니는 아기 낳는 기계와 같았다. 그런데 시골 산촌에서 양식도 주사도 약도 없었으니 어찌 다 살 수가 있을까? 지금까지 7남매가 죽고 5남매가 살아 있다. 나는 그 중 남자로서 막내다. 큰 형도 고등학교를 제대로 졸업 못하고, 작은 형 셋째 형도 중학교도 제대로 못했다. 그런데 막내인 내가 중학교도 고등학교도 대학 대학원, 그리고 해외 다니면서까지 공부를 했으니 이 무슨 이변의 기적인가? 그 단 한 가지 이유는 예수를 믿기 때문이었다.

그런데 어디 예수를 믿어도 아무나 목사가 되는가? 고등공민학교인 중학교 과정 다닐 때 교장이 기도하면 예수님이 알아주고 쓰시는 훌륭한 사람이 된다고 해서 그때부터 기도를 쉬지 않았더니 기도 중에 성령께서 목사 되는 소원을 담아 주셔서 여기 목사로 서 있다.

목사가 된 후에는 교회를 일으켜야 되는데 아무나 목회를 하고 교회를 부흥시키는가? 아무런 연줄도 힘도 없는 내가 맡은 교회들은 한결같이 문 닫기 직전의 기장 교회였다. 그러나 성령께서 부흥의 소망을 담아 주시고 계속 부르짖어 기도하게 하시는 중 포항성동교회, 대구동부교회, 영주중앙교회, 원주영강교회가 일어났다. 성공이라는 말도 별로 좋지 않는 말이나 구태여 그 말을 쓴다면 목회 성공한 목사로 여기 서있다.

수도권 세력도 없는 경상도 출신에다 강원도 목회자가 교단 총회장 되기는 더 어렵다. 그래서 두 번이나 떨어졌으나 이 지역과 온전한 기장과 한국교회 전체를 위해서 계속 소원을 갖고 기도하는 중 당선되었다. 정말이지 그 자리를 위한 것이 아니라 그 자리를 통해 기장과 한국교회, 그리고 민족 현실 속에 하나님의 복음의 뜻을 전하기 위해 나름 열심히 뛰었다. 특히 예장 통합총회장(김삼환목사)과 손잡고 WCC(세계기독교교회협의회) 한국 유치에 성공했으며, 평화의 복음을 전하되 미국교민교회 100주년을 맞아 볼티모어에서, 일본교민교회 100주년을 맞아 오사카에서, 남북교회 연합(우리 KNCC 100명, 북한 400명)을 위해 평양봉수교회에서, 300만 신도 운동을 위한 예장 통합측 잠실체육관 집회에서, 그리고 청와대를 향한 광화문 집회에서 불타는 말씀을 전한 것을 잊지 못하고 늘 감사한다.

나는 하나님의 이런 일들을 한 사람으로 여기 서 있다. 이는 내 자랑이 아니라 "믿음은 바라는 것들의 실상이며 보이지 않는 것들의 증거"(히11:1)이기 때문에 믿음을 말하기 위해서이다.

"믿음이 없이는 하나님을 기쁘시게 하지 못하나니 하나님께 나아가는 자는 반드시 그가 계신 것과 또한 그가 자기를 찾는 자들에게 상주시는 이심을 믿어야 할지니라"(히11:6)는 말씀대로 실천하기 위해서다.

그런데 믿음으로 산다고 해서 만사형통이나 죄 없는 신령한 삶만 사는 것이 아니다. 얼마나 눈물골짜기 사망의 골짜기도 많은가? 얼마나 불가능의 장벽도 많은가? 얼마나 죄도 많은가? 얼마나 가난도 많은가? 얼마나 원수도 많은가? 얼마나 마귀가 우는 사자와 같이 달려드는 일이 많은가? 그러나 이스라엘 역사에서 보듯이, 새 이스라엘 역사의 교회사에서 보듯이 결국 믿음이 이 모든 것을 이기게 한다. 나는 이겼고 믿음으로 또 이길 것이다. 이겨 설 것이다.

"무릇 하나님께로부터 난 자마다 세상을 이기느니라. 세상을 이기는 승리는 이것이니 우리의 믿음이니라 예수께서 하나님의 아들이심을 믿는 자가 아니면 세상을 이기는 자가 누구냐"(요일5:4-5).

(5) 길들일 수 없는 혀

"혀는 곧 불이요 불의의 세계라 혀는 우리 지체 중에서 온 몸을 더럽히고 삶의 수레바퀴를 불사르나니 그 사르는 것이 지옥 불에서 나느니라. 여러 종류의 짐승과 새와 벌레와 바다의 생물은 다 사람이 길들일 수 있고 길들여 왔거니와 혀는 능히 길들일 사람이 없나니 쉬지 아니하는 악이요 죽이는 독이 가득한 것이라"(약3:6-8).

"길들일 수 없는 혀"로 밤낮 사니까 정말적인 말씀이다. 그러나 이 혀를 사람이 길들일 수가 없으니 하나님께서 길들여 주시길 부탁해야 되지 않을까? 회개하는 혀로 기도하는 혀로 하나님께서 내 혀를 주장하시도록 늘 빌어야 할 것이다. 마침 성령의 은사를 주실 때 머리에 지혜와 지식 분별력을 주시고, 몸에 믿음 신유 능력을 주시고, 문제의 입술 혀에 방언 예언 통변의 은사를 주신다고 약속하셨으니 성령의 충만함을 간구해야 할 것이다.

창세기의 바벨탑(11:1-9) 사건에서는 징계 받은 방언의 혀였지만 오순절(행2:1-13)에서는 용서와 사랑을 받은 방언의 혀였다. 이 혀는 "성령이 말하게 하심을 따라 다른 언어들로 말하는"(행2:4) 혀였다. 성령의 제어를 받는 혀! 성령의 불이 붙어 말하는 혀! 우리가 길들일 수 없는 구제 받지 못할 혀는 이 경지에서나 기대를 해볼 만하다. 아닌 게 아니라 속 혈기 욕정에서 나오는 혀로 수많은 사람을 죽이는 경우도 있고, 위의 성령의 강림과 충동으로 움직이는 혀로 수많은 사람을 살리는 경우도 있다.

(6) 병 낫기를 서로 기도하라

나는 언제나 예배와 기도 시간에 병 낫기를 위해 기도한다. 육체의 피부마다, 골절마다, 핏줄마다, 세포마다, 골수마다, 내장마다, 신경마다 있는 병이 물러가기를 위해 기도한다. 내가 하도 병이 많아 남이 내 병 낫기를 위해 기도해 줄 때 그렇게 기분이 좋고 또 금방 나을 것 같은 기대감이 있었고 실제로 병이 나았기 때문에 나도 남이 이와 같이 되기를 바라며 늘 남을 위해 기도한다. 특히 교회 찾아오는 성도를 위해 기도한다. 멀쩡한데 마음의 병이 있는 사람도 있고, 몸에 남이 모르는 병을 갖고 고민 고생하는 사람도 있고, 또 인간관계 물질관계 때문에 병이 있는 사람도 있고, 심지어 마귀 귀신에 잡힌 병도 있다. 당장이라도 자살 충동증이 걸린 사람이나 타살 충동증에 걸려 온 자들도 있다. 이런 교인의 상황을 모르면 몰라도 안다면 어찌 예배 혹은 심방 상담 때 기도하지 않을 수가 있겠는가?

갈릴리에 나타나신 주님께서는 모든 상황과 모든 현장에서 병자를 보고 그냥 지나치지 않으시고 바로 고쳐주셨다. 그냥 형식적이거나 사무적이거나 혹은 돈 버는 의사의 마음으로가 아닌 컴패션(Compassion)의 불쌍히 여기심(어미가 자식 아플 때 마음)으로 치료해 주셨다. 우리 위해 십자가에서 상하시고 징계 받으시고 채찍에 맞으심으로(사53:5) "우리가 나음을 받게" 길을 여셨다. 그리고 바로 이 십자가를 지실 때 우리의 "병도 짊어지셨다"(마8:17). 이 예수 그리스도를 보내신 하나님도 우리의 병을 "치료하는 여호와"(출15:26)이시다. 그리고 이 치료자 하나님, 우리 병을 십자가에 지고 가신 주님을 대신해서 오신 성령님도 "병 고치는 은사"(고전12:9)로 임하시니 도대체가 이 성부 성자 성령 삼위일체 고치시는 하나님을 믿는 자가 어찌 병 낫기를 기도하지 않겠는가? 기도하지 않는 것이 직무유기 아닌가?

그래서 야고보는 "너희 죄를 서로 고백하며 병이 낫기를 위하여 서로 기도하라"(약5:16)고 명한다. 기도한 후 낫고 낫지 않고는 내가 염려할 일이 아니고 주님이 알아서 하신다는 뜻으로 "믿음의 기도는 병든 자를 구원하리니 주께서 그를 일으키시리라"(약5:15)하셨다. 특별히 죄의 원인이 되는 죄를 회개하며 병을 위해 빌라 하셨다.

나는 이 말씀에 순종하여 목회현장에서 늘 기도 중에 많은 사람이 치료되는 것을 보았다. 그래서 우리 교회 신문과 <영강에서 만난 주님>이라는 책에는 치료받은 성도들의 간증문이 실려 넘친다.

(7) 엄청난 기적의 사람들

우리가 이렇게 믿어 큰 복을 받아 큰 소리하고 다니지만 언제나 바울이 말한 것을 기억하고 감격감사하고 놀라야 한다.

"형제들아 너희를 부르심을 보라 육체를 따라 지혜로운 자가 많지 아니하며 능한 자가 많지 아니하며 문벌 좋은 자가 많지 아니하도다. 그러나 하나님께서 세상의 미련한 것들을 택하사 지혜 있는 자들을 부끄럽게 하려 하시고 세상의 약한 것들을 택하사 강한 것들을 부끄럽게 하려 하시며 하나님께서 세상의 천한 것들과 멸시 받는 것들과 없는 것들을 택하사 있는 것들을 폐하려 하시나니"(고전1:26-28)하셨다.

우리가 무능하고 미련하고 약하고 천하고 멸시 받는 자리에 있었지만 오늘 이렇게까지 우리보다 잘난 사람들 못지않게 살아 복을 받는 것은 전적으로 주님의 은혜임을 알아야 한다.

고대 인류문명의 발상지 지중해 연안의 가장 작은 이스라엘이 당시 강대국 이집트나 희랍이나 로마나 바벨론 등에 의해 짓밟혀 콩가루가 되고 오징어가 되어 망해 없어질 것 같아도 아직까지 망하지 않을 뿐만 아니라 이 땅에서 메시아 예수 그리스도께서 탄생하시고, 그 분은 온 인류의 죄를 위해 십자가에 죽으시고, 온 인류의 영생희망을 위해 부활하신 예수 믿음, 새 이스라엘 출발의 거점이 된 것은 전적으로 하나님의 은혜와 섭리다. 이 이스라엘이 이차대전 때는 독일 나찌 정권에 의해 600만 명이 학살 되어도 아직까지 끝나지 않고 지금도 본토 예루살렘과 미국에서 세계에 가장 영향력을 주는(노벨상2,30%, 경제과학상65%) 나라로 살아있는 것 자체가 하나님이 살아계신 증거다. 그리고 예수 그리스도의 교회세력이 로마의 박해를 넘어 로마와 전 유럽을 살리고 미국을 일으킨 새 이스라엘로 살아있는 것 자체가 하나님이 살아계신 증거다. 이 살아계신 하나님의 은혜를 알고 더욱 하나님께 소망을 두며 이 "소망에 관한 이유를 묻는 자"(벧전3:15)에게 항상 기쁨과 감격으로 말할 준비를 하고 항상 소망을 전해야 한다.

지금의 이 문명이 발전은 하지만 파괴하는 인자를 안고 발전하기 때문에 우리 인류로부터의 소망은 없다. 그러나 미래에 저 하나님 쪽으로부터 새 하늘과 새 땅을 준비하고 예수 그리스도 안에 사는 자들을 품으려 우리에게 임하시는 하나님께 소망을 두면 소망이 있다. 이 소망을 전하기 위해 "우리는 택하신 족속이요 왕 같은 제사장들이요 거룩한 나라요 그의 소유가 된 백성이니"(벧전2:9) 실로 엄청난 기적의 사람들이다.

이 어마어마한 위치에서 이 어마어마한 인류 구원의 막강한 책임을 맡았으니 더 이상 무기력하게 살지 말자. 더 이상 약하지 말고 머리에 구원의 투구를 쓰고 가슴에 의의 호심경을 붙이고 허리에 진리의 띠를 띠고 복음의 신발을 신고 무시로 성령 안에서 기도하며 성령의 검인 말씀을 들고 하나님의 전신갑주로 무장(엡6:10-18)하자. 이를 무효로 하려는 악마를 물리치고 총무장 전진 또 전진하자.

(8) 나의 성령체험기(뱀과의 싸움)

어릴 때 우리 집에서 구렁이나 뱀이 나오면 "집 지킴이 나왔다"고 했다. 그러니 이 뱀을 잡기는커녕 예우를 했다. 말 그대로 이 뱀이 우리 가정과 식구들을 지켜 주는 수호신으로 생각한 모양이다. 그 지킴이 일 중에는 자동으로 막내 아들인 나를 지킬 의무와 사명이 있었던 것 같다.

철들어 나의 신앙고백으로 우리 주 예수 그리스도를 따르려 하니 나를 예수에게로 못 가게 막는 일을 서슴없이 많이 했다. 뱀은 성경에서 마귀가 아닌가? 마귀가 자기 영역에 속한 서재일을 그리스도의 영역에 속하지 못하도록 철저히 방해했다.

신학교에 가서 목사가 되어 기도 중 성령충만함을 사모할 때는 이 뱀이 더욱 노골적으로 달려들었다. 1978년에 경북 영주역에서 중앙선 열차를 타고 청량리역에 도착했을 때 기도원으로 가는 내 가방 위에 그 뱀이 똬리를 틀고 앉아 나를 노려보고 있었다. 깜짝 놀라 도망가다가 보니 가방이 없지 않는가? 다시 가서 늦게 내리는 낯선 청년들을 불러 쫓아내 주기를 바랐지만 저들도 기겁을 하고 도망갔다. 그래서 나는 열차 선반 위의 가방을 밑에서 자꾸 흔드는 식으로 하며 뱀을 쫓아냈다. 그제야 가방에서 내려 선반을 따라 반대쪽으로 기어가고 있었다. 그래서 얼른 가방을 들고 '걸음아 날 살려라' 하며 뛰어 역을 빠져 나왔을 때는 내 몸이 땀에 흠뻑 젖어 있었다. 이윽고 한얼산 가는 버스를 타니 자리가 없어 서서 가게 되었는데 이상하게도 가방이 더 무겁게 느껴졌다. 그래서 조금 전 일도 생각나고 엉뚱한 생각을 하게 되니 더 무거운 것은 뱀 한 마리가 내 헝겊가방 안에 들어갔을 것이라는 생각 때문이었다. 도망 간 그놈이 숫놈이면 암놈이 가방 안에 있을 것이라는 생각 때문이었다. 그 느낌이 들자 금방 가방과는 거리를 두며 멀리 떨어져 가방을 보게 되었다. 그러나 다시 그 뱀이 나오지는 않았다. 그래도 겁이 나 기도원에서 방 배정을 받아 가방을 열 때는 나 혼자 있기가 무서워 몇 분의 목사님들이 왔을 때 열어 보았다. 다행히도 가방 안에는 뱀이 없었다. 그러나 열차 안의 선반 가방 위에서 내려다보는 뱀은 기도원에 앉아서 말씀을 들을 때에도 계속 나를 내려다보고 있었다. 그러니 그 뱀은 도망 간 것이 아니라 내 머리 속에 따라 들어와 나의 기도원 은혜 길을 막는 일을 하고 있었다.

나는 그 기도원에서 뱀과 싸웠다. 금식하며 기도를 하는데 매일 소리 질러 뱀을 없이 해 주시고 성령충만함의 믿음을 달라고 부르짖었다. 마지막 날 밤은 기도원 뒷산의 소나무를 끌어안고 울부짖었다. 얼마나 소리를 질렀는지 귀가 먹먹하고 기진하듯 했다. 이상하게 될까봐 숙소에 들어가 서러움으로 잠이 들었는데 그날 밤에 나는 죽었고 고향 시골 상여꾼들이 나의 시체를 처리하는 듯 했다. 그런데 갑자기 종소리가 울렸다. 벌떡 일어났더니 꿈이었다. 후다닥 옷을 입고 새벽 기도회에 참석했는데 강대상에 빛이 가득하고 흰옷 입은 강사(이천석원장)가 천사처럼 보였다. 말씀 후 안수기도를 받을 때 생각해 보니 그 뱀이 없어졌다. 그 뱀이 죽고 내가 살았다. 뱀과의 싸움에서 내가 이긴 것이다. 감격감사로 눈물이 쏟아졌다. 하산 길의 산과 계곡이 그렇게도 밝고 맑았다. 그때 보았다. 성령충만의 신령한 삶은 저 산 계곡의 물과 같은 것임을 보았다. 세속죄악 삶은 반대로 하수구 시궁창 썩은 물에서 사는 것임을 보았다. 버스를 탔더니 내가 구원할 대한민국 백성들이라는 생각으로 사명이 가득하고 소중히 여겨졌다. 교회에 왔더니 우리 교인들이 그렇게도 귀하게 보였다. 성경말씀을 봐도 전과 같이 보이지 않고 살아 움직이는 말씀으로 보였다.

우리 주님을 핍박했던 바울이 다메섹에서 거꾸러진 후 맹인이 되었다가 안수기도를 받은 후 눈에서 비늘 같은 것이 떨어지며 다시 보게 되었다고 했는데(행9:18), 나도 세상 모든 것을 다시 보고 교회를 다시 보게 되었다. 눈이 있어도 보지 못하던 영적인 세계를 보게 되었다. 직접 뱀을 만나기 전에는 성령충만하게 해달라고 기도를 많이 하였다. 약 7년 간 항상 목쉬는 소리를 낼 정도로 부르짖었다. 기도 중에 물론 기도를 하지만 기도가 끝나고도 "성령충만", "충만성령"을 일상생활 중에 외우고 다녔다. 그러나 아무리 그렇게 해도 달라지는 것이 없었는데, 때가 되니 금요철야기도회에서 주님이 찾아오셨다. 몇 주나 기도회를 마치고 나면 가마솥이 머리에 떠오르고 거기에 똥오줌 오물이 끓고 있었다. 이게 무언가? 도대체 이런 환상이 무언가? 어떤 사람들은 기도를 할 때 입신도 하고 방언도 하고, 제단에서 나오는 향내도 맡는다는 데 이게 무언가? 의심했다. 장로교는 특히 예정론 선택론을 강조하는데 도대체 나는 예정도 아니 되고 선택도 아니 되었는데 목사가 되었다는 말인가? 더러워서 못 믿겠다. 무슨 솥에 오물이냐?

어느 금요철야회 때도 몸도 좋지 않고 어려움도 많은 중 또 그런 환상이 떠오르기에 교인들이 다 가고 난 다음 나 혼자 다시 무릎 꿇었다. 나를 버리십니까? 나는 예정에도 없고 선택도 되지 않았습니까? "주께서 택하시고 가까이 오게 하사 주의 뜰에 살게 하신 사람은 복이 있나이다"(시65:4)하셨는데 저는 주님께로부터 가까이는커녕 멀어지는 자입니다. "주의 성전의 아름다움으로 만족이 없으며 더러움으로 방황입니다"하며 울부짖었다. 아! 그때 주님이 나타나셔서 정확하게 말씀하셨다. "그렇게도 모르느냐. 네가 솥이면 네 속에는 더러운 죄악의 오물이 끓고 있어. 내가 성령인데 들어갈 자리가 어디 있어. 비워 내. 비워 내." 하시는 것이었다. 그 순간 그물을 깊은 데로 내리라는 주의 말씀을 듣고 순종하여 그물이 찢어지도록 잡힌 고기를 보고 당장 무릎 꿇어 "주여, 나는 죄인입니다. 나를 떠나소서" 하던 베드로의 기도가 생각났다(눅5:8). 그래서 "나는 죄인입니다. 내 속에는 더러운 오물이 끓고 있는 죄인입니다. 나는 '성령'의 '성'자도 말 못 할 죄인입니다. 받을 자격도 없는 것이 감히 '성령충만'이라고 했습니다. 용서하소서. 나는 죄인입니다. 나를 불쌍히 여기소서"하며 울었다. 내 가슴을 치며 통곡을 했다. 울고 계속 울었다. 울면서 생각해 보니 성령 받기 위해 목이 쉬도록 기도를 해도 눈물이 많이 나오지 않았는데 그때부터 우는 눈물이 40년이 가까운 지금까지 기도를 조금 세게 했다하면 눈물이 나온다. 울고 울고 또 우는 눈물 부르짖음이 내 기도가 되었다.

이렇게 우는 중에 전국교역자금식성회 공문이 왔다. 수많은 공문 중에 엽서로 온 그 안내 공문이 내 눈에 들어왔다. 주님이 친히 부르시는 모임 같았다. 당장 보따리 싸서 기차를 탔는데 그 차안에서 또 뱀을 만났다. "옛 뱀이요 마귀요 사탄인"(계20:2) 것이 내게는 우리 집 "지킴이"로 행세하다가 나의 영생 구원 길을 막으려 내게 나타났다. 성령충만 신앙 길을 막았다. 그런데 "마귀의 일을 멸하려"(요일3:8) 오신 내 주 예수 그리스도께서 친히 내게 오셔서 사탄의 역사를 막으시고 이기게 하셨다. 예수 그리스도께서 나의 주가 되셨다. 주께서 나의 "영원한 지킴이"가 되셨다. 이 은혜를 받았으니 감사하여 마귀에게 속한 모든 사람을 그리스도께 속한 모든 사람으로 바꾸는 전도자로 더욱 헌신해야 하겠다. 할렐루야!

(9) 믿는 자는 영생을

구약에는 하나님을 믿는 자를 '하나님의 백성'이라고 했다면 신약에서는 하나님의 보내신 독생자 예수 그리스도를 믿는 자를 '하나님의 자녀'라고 했다.

"영접하는 자 곧 그 이름을 믿는 자들에게는 하나님의 자녀가 되는 권세를 주셨으니 이는 혈통으로나 육정으로나 사람의 뜻으로 나지 아니하고 오직 하나님께로부터 난 자들이니라"(요1:12-13).

이런 말씀들 때문에 "전능하사 천지를 만드신 하나님 아버지"라 고백하고 "하늘에 계신 우리 아버지"라 부르며 기도한다. 그리고 우리는 하나님 아버지의 자녀 된 긍지와 자랑과 사명을 갖고 산다. 이때 하나님 아버지의 자녀인 자들이 갖는 생명은 믿지 않아 하나님의 자녀가 아닌 자들의 생명과는 다르다. 믿지 않는 자들의 생명은 그냥 죄와 죽음과 멸망과 관련된 아담의 생명을 갖고 있다면, 믿는 하나님 자녀의 생명은 기존의 생명 위에 영생의 생명을 더 갖는다. "하나님이 세상을 이처럼 사랑하사 독생자를 주셨으니 이는 그를 믿는 자마다 멸망하지 않고 영생을 얻게 하려 하심이라."(요3:16), "믿는 자는 영생을 가졌나니"(요6:47) 등의 말씀이 강조하는 바다. 심지어 성경이 기록된 목적조차도 믿는 우리에게 "영생이 있음을 알게"(요일5:13) 함이라고 했다.

이런 생명을 가진 자가 하나님을 아버지라 부르며 자녀답게 살려 한다. 그리고 이런 생명을 가진 자들끼리 모여 하나님을 믿고 공동체의 삶을 산다. 생명 생긴 대로 노는 법이다. 개 생명 갖고 있으면 개끼리, 고양이 생명 갖고 있으면 고양이끼리 노는 법이다. 사람도 영생을 가진 자와 갖고 있지 않는 자의 어울림 형태가 다르다. 그리고 앞으로 이 세상 떠나서도 "영벌에" 혹은 "영생에" 들어가게 되는데(마25:46) 첫째 아담의 생명을 갖고 있는 자는 영벌에 들어가며, 둘째 아담인 예수 그리스도를 믿어 영생 얻은 자는 영생의 나라에 들어가게 된다. 마치 닭의 생명을 갖고 있으면 땅 나라에 가고(닭은 목욕도 흙에서 한다.) 오리 생명을 갖고 있으면 물나라에 가는 것처럼 말이다. 당신은 영생을 얻었는가?

5 계시록

하나님께서는 그리스도 예수 안에서 하나님의 자녀가 된 자들을 끝까지 보호하시며 영원한 새 하늘과 새 땅으로 인도하셔서 영원히 살게 하신다는 예언의 말씀이 '계시록'(Revelation)이다. 사도 요한이 약 95년경에 썼을 것으로 추측이 된다.

처음 2,3장에서는 일곱 교회들에 대한 경고와 격려의 주님 말씀을 전한다. 4장부터는 천국에서 "어린 양"(5:6)이 두루마리로부터 일곱 인을 떼실 때에 땅에 전쟁이 일어나고 온갖 기근과 재앙이 있는 환상 내용을 말한다. 한 용과 두 짐승이 하나님을 대적하며 대재앙 중 사람들에게 경배를 받으려하나 하나님의 역병과 흑암과 우박이 있는 "진노의 일곱 대접"(16:1) 징계로 무너지기 시작한다. 결국 공중권세 잡은 "옛 뱀"(20:2) 세력이 천년동안 무저갱에 가두어지고 교만하고 거대한 바벨론 악의 체제가 파괴된다. 천년 후 다시 사탄이 전면전을 일으키나 하늘 불 심판으로 불과 유황 못인 지옥에 던져지고(20:10) 하나님은 모든 성도들의 눈에서 눈물을 닦아주시며 "새 하늘과 새 땅"을 보이신 것을 기록한다(21:1). 이 신천지의 경지로 "성령과 신부"의 초청(22:17)따라 성도가 다시 오실 주님과 영원히 살게 된다.

(1) 인 치심을 받은 14만 4천명

옛날 한 여성을 만나 사귈 기회가 있었다. 좀 이단 끼가 보이는 교회에 다니며 장차 종말이 올 때 계시록의 "14만 4천"(7:4) 명 중에 소속되어야 함을 중요시했다. 당시 한신대학에 재학 중인 나 같은 경우는 그 교단이 보기에 이단같이 보이니 거기서 나와야 그 수에 들어 갈 수 있음을 암시했다. 나를 불쌍히 여기며 그 수에 소속되기를 바라 신학을 포기하고 자기가 다니는 교회에 등록을 하면 계속 사귀고 결혼까지도 가능함을 내비쳤다. 그런 방향을 감지하고 내가 먼저 그 여자를 차버렸다. 만날 때마다 무슨 그런 교리 이야기가 심각하며 만날 때마다 무슨 그런 강요가 있는 것인가? 사랑은 즐겁고 사랑은 가슴이 뛰고 사랑은 한 마디로 지상 천국인데 그 무슨 종교교리인가? 그때 그 예쁜 여성을 만나면서 이상한 종교가 이상한 사람을 만드는 것을 보았다.

그 여자가 말한 14만 4천 명 수는 무엇을 말하는가? 12×12×1000의 수다. 구약의 12지파를 상징하는데다가 신구약 성도 모두를 생각하여 두 번 곱한 수라고 생각된다. 아울러 1000은 완전성과 무한성을 함의하는 수로 하나님께 대한 충성을 다한 신앙 의인들의 총수를 상징적으로 생각한 것이다.

그러므로 아무리 생각해도 이 수는 문자 그대로 아라비아숫자 14만 4천만이 아니라 그 뒤 9절에 나오는 "흰옷을 입은" 큰 무리다. "큰 환난에서 나오는 자들인데 어린 양의 피에 그 옷을 씻어 희게 한"(계7:14) 자들이다. 어린 양 우리 주 예수 그리스도의 피로 말미암아 거룩하고 희게 된, 즉 어린 양 예수 그리스도의 십자가 피로 구원 받은 거기에 강조가 있지 문자적인 그 수 자체에 강조가 있는 것은 아니다. 또한 인 맞음도 하나님의 은혜의 선택에 속한 것이다. 에스겔은 하나님의 뜻을 전하며 "우는 자의 이마에 표를 그리고" 죽이는 마당에 그들을 살리라고 했다. 예루살렘 거리에 하나님을 배반한 가증한 것들로 인해 "탄식하며 우는 자"(겔9:4)의 가슴이 바로 하나님의 은혜의 선택으로 살 하늘 하나님의 눈물이 있는 자들이다.

그러니까 하나님의 은혜의 선택을 받아 성별된 자들로 예수의 십자가 피 사랑에 의해 구원 받은 무수한 성도들을 말하는 수가 14만 4천 명이다.

(2) 666의 세력이 다 잡아도

인간의 문명이 발전하고 정치 경제 교육 문화 등의 공로로 크게 일어난다. 과학 기계 기술 문명이 갈수록 발전한다. 인공두뇌를 가진 로봇 인간이 등장하여 사회를 움직이는 시대도 올 것이다. 그러나 인간 역사를 관찰한 역사학자 아놀드 토인비가 말한 것처럼 "인간은 발전하되 파괴하는 인자를 안고 발전"한다. 이 파괴하는 인자는 나타난 현상으로 원자탄과 그 재앙이다. 파괴하는 인자의 숨은 실세는 인간의 죄악이며 그 죄를 발판으로 인간 속에 들어온 마귀와 그 세력들이다. 그러므로 인간은 발전할수록 교만하지 말아야 하는데 노아 홍수 심판 이후 바벨탑 사건에서 보듯이 하나님 앞에 마구 달려든다.

6은 인간의 수인데 인간이 만든 과학 등 강한 결과물이 6이다. 그리고 인간 속에 인간의 죄악 틈으로 들어 온 마귀의 수가 6이 되어 666 인간 삼위일체 세력이 뭉쳤다면 누가 당하랴. 지상의 완벽한 힘의 총집결체다. 그 어느 누구도 "사람의 수로 된 666"(13:18)의 영향을 받지 않는 자가 없다. 이를 피하다가 보면 그 피하는 것 자체도 감지되어 저절로 망하게 된다. 그런데 누가 여기서 구원 할 수가 있으랴? 지상에는 없다. 애초에 에덴동산 밖의 인간에게는 자체 구원 능력이 없었다. 그 인간들이 발전하고 발전해도 자신들은 구원하지 못한다. 스스로 구원하지 못할뿐더러 남도 구원하지 못할 것이다.

"오호라 나는 곤고한 사람이로다. 이 사망의 몸에서 누가 나를 건져 내랴. 우리 주 예수 그리스도로 말미암아 하나님께 감사하리로다"(롬7:24-25). 예수 그리스도! 십자가와 부활로 어제나 오늘이나 영원토록 동일하게 인간을 구원하신 그 분으로 말미암아 인간은 구원을 받는다. 성부 성자 성령 삼위일체 하나님 수는 7이니 777의 하나님으로부터 종말에 인간이 구원을 받게 된다.

태산이 아무리 강하고 크고 높아도 하늘 아래 있는 뫼이다. 인간이 아무리 강하고 크고 높아보여도 하나님 아래 있음을 알아야 한다. 유한한 인간이 무한하신 하나님을 어찌 이기랴? 피조물이 어찌 창조주를 이기랴? 그러니 종말이 와도 하나님을 가까이 하고 하나님을 믿는 믿음 그 하나로 인간세상 이김을 알자. 이 하나님을 바로 알고 많이 알고 찬양드리자.

"이 일 후에 다른 천사가 하늘에서 내려오는 것을 보니 큰 권세를 가졌는데 그의 영광으로 말미암아 땅이 환하여지더라. 힘찬 음성으로 외쳐 이르되 무너졌도다 무너졌도다 큰 성 바벨론이여 … 내 백성아 거기서 나와 그의 죄에 참여하지 말고 그가 받을 재앙들을 받지 말라. … 하늘의 성도들과 사도들과 선지자들아 그로 말미암아 즐거워하라 하나님이 너희를 위하여 그에게 심판을 행하셨음이라"(계18:1-2,4,20)하셨다. 666을 이기게 하신 하나님을 찬양하라.

(3) 옛 뱀을 잡아야

"용을 잡으니 곧 옛 뱀이요 마귀요 사탄이라"(계20:2)

뱀은 소리 소문 없이 찾아온다. 깨끗하게 예의를 갖추며 위장하고 찾아온다. 하나님의 원수이면서도 절대로 하나님을 욕하지 않고 하나님을 가장 잘 아는 것처럼 가장하며 찾아온다. 심지어 하나님의 말씀을 들먹이며 "참으로 너희에게 동산 모든 나무의 열매를 먹지 말라 하시더냐?"(창3:1) 하며 부드럽게 물으며 찾아온다. 그리고는 동산 중앙의 나무 열매를 먹으면 죽지 않고 오히려 "눈이 밝아져 하나님과 같이 되어 선악을 알 줄 하나님이 아신다"(창3:5)며 하나님도 아신다는 것을 들먹이며 선악과를 먹는 용기와 정보를 제공하며 찾아온다. 인류의 조상이 이런 아름다운 간교의 뱀에 말려들어 원죄를 저질렀다고 성경은 시작부터 말한다. 이 옛 뱀 곧 마귀는 본래 하나님께 대적하여 하나님으로부터 땅으로 던져진 타락한 천사라고 말 할 수가 있다.

"너 아침의 아들 계명성이여 어찌 그리 하늘에서 떨어졌으며 너 열국을 엎은 자여 어찌 그리 땅에 찍혔는고 네가 네 마음에 이르기를 내가 하늘에 올라 하나님의 뭇 별 위에 내 자리를 높이리라. 내가 북극집회의 산 위에 앉으리라. 가장 높은 구름에 올라가 지극히 높은 이와 같아지리라 하는도다. 그러나 이제 네가 스올 곧 구덩이 맨 밑에 떨어짐을 당하리로다. 너를 보는 이가 주목하여 너를 자세히 살펴보며 말하기를 이 사람이 땅을 진동시키며 열국을 놀라게 하며 세계를 황무하게 하며 성읍을 파괴하며 그에게 사로잡힌 자들을 집으로 놓아 보내지 아니 하던 자가 아니냐 하리로다"(사14:12-17).

이 마귀의 선악과 유혹 사건에 대해서 하나님은 즉각 보복하여 멸하지 않으시고 장차 "여자의 후손"이 나타나 "머리를 상하게"(창3:15)하므로 그 "마귀의 일을 멸하게"(요일3:8)하셨다. 여자의 후손, 즉 예수 그리스도께서 오셔서 마귀를 멸하는 것이 아니라 인간과 그 가능성을 "도둑질하고 죽이고 멸망시키려는"(요10:10) 그 일을 멸하신다는 것이다. 그렇다면 마귀는 그 일이 멸하여지건 말건 계속 인간에게 도전하며 인간을 괴롭히며 존재한다는 것이다. 왜 하나님은 이렇게 마귀를 그냥 두시는가? 전지전능하신 하나님이 무능해서 그렇게 허용하시는가? 아니다. 하나님의 비밀 된 섭리다.

영어에 "I cut my eyeteeth fighting"이라는 말이 있다. 이 말 뒤에 "Satan"이라는 말을 두면 사탄과 싸우며 지혜롭게 강하게 된다는 뜻이다. 우리말에 "아이들은 싸우면서 큰다"는 말과 통한다. 아마도 하나님께서는 우리 인간으로 하여금 환난과 풍파와 역경 시련 어둠과도 싸우되 마귀와도 싸우면서 그 상대보다 더 강하여 이기며 살라고 마귀를 허용하셨을지 모른다.

우리 주님께서는 기도를 가르쳐 주실 때 "다만 악에서 구하소서"라고 하셨는데 이 때 "악"이라는 말은 윤리 도덕적인 악이 아니라 "악마"의 악을 말한다. 하나님께 빌기를 성령의 충만함을 구하며 일용할 양식을 구하되 악마를 의식하며 정신 차려 세게 기도하라고 가르치셨다. "호사다마"라는 말도 있지만 좋은 일에서나 안 좋은 일에서나 언제나 "마귀가 우는 사자 같이 두루 다니며 삼킬 자를 찾는"(벧전5:8) 줄 알고 살도록 하나님은 인도하셨다.

마귀는 이것도 모르고 때로는 기고만장하여 하나님의 아들 예수 그리스도 조차도 잡아 죽이고 영원히 승리할 줄 알았으나 오히려 그로 인하여 십자가에 걸려 거꾸로 예수 이름으로 망하는 길을 걷게 되었다.

마지막 때에 하나님의 "천사가 무저갱의 열쇠와 큰 쇠사슬을 그의 손에 가지고 하늘로부터 내려와서 용을 잡으니 곧 옛 뱀이요, 마귀요, 사탄이라" 했다. 이 옛 뱀 마귀가 천년이 차도록 결박 되었다가 "천년이 차매 사탄이 그 옥에서 놓여나와서" 다시 무장, 온 지면에 퍼져 전쟁을 일으켜 "성도들의 진과 사랑하시는 성을 두르매 하늘에서 불이 내려와 그들을 태우고" 마지막으로 "마귀가 불과 유황 못에 던져져" 세세토록 밤낮 괴로움을 받게 된다(계20:7-10).

이로써 하나님이 우리에게 허락하셨던 마귀와 그 일은 영원히 끝나게 되고 하나님의 아들 예수 그리스도를 믿는 자는 멸망치 않고 영생을 얻어 새 하늘과 새 땅에서 영원히 살게 된다.

(4) 영원한 성전을 향하여

성전의 첫 출발은 하나님의 명령에 의한 모세의 성막(출25-30, 35:30-40:38, 레10:1-7)이다. 하나님의 임재를 상징하는 법궤(십계명돌판)를 모시는 지성소를 중심한 성막 성전이다.

두 번째 성전은 다윗에 의해 하나님의 허락으로 건축되어진 솔로몬 성전이다(삼하7:1-29, 왕상8:1-66, 렘32:28-44). 모세 성막 성격이나 다윗이 하나님으로부터 설계도를 받은 것이다.

세 번째 성전은 바벨론에 의해 파괴된 성전을 바벨론 포로 이후 스룹바벨이 다시 건축한 성전이다.(스3:1-8, 4:1-14, 6:1-22) 참으로 비참하게도 법궤가 없는 성전이다. 비록 법궤가 없으나 유대인들의 마음을 사기 위해 대 헤롯이 증개축하여 여기에 예수를 모셨으니 영광의 전이다.

네 번째 성전은 우리 주 예수 그리스도를 믿어 성령을 모시는 믿는 자의 몸이다(고전6:19-20).

다섯 번째 성전은 바벨론 포로 시대 때 환상을 본 에스겔 성전이다(겔40:1-42:20).

여섯 번째 성전은 영원한 하늘나라 왕국의 영적인 성전으로 "주 하나님 곧 전능하신 이와 및 어린 양이 그 성전이시다"(계21:22, 22:1-21).

"새 하늘과 새 땅!", "새 예루살렘!", "하나님의 영광이 비치고 어린 양이 그 등불이" 되시며 또한 "주 하나님 곧 전능하신 이와 및 어린 양이 그 성전"이신 영원한 희망을 향해 우리 인류는 나아간다. 이 하나님의 나라에 만민을 초청하기 위해 예수 그리스도께서 육신을 입고 세상에 오셨다. 아무나 이 나라에 들어가지 못하고 오직 영생 얻은 하나님의 자녀가 들어가게 하기 위하여 자신이 죄인 인간의 허물과 죄를 다 뒤집어쓰시고 십자가에 달려 대신 벌 받아 피 흘려 죽으시므로 이 나라에 들어가게 허락하셨다. 그러므로 사람들은 이 예수 그리스도를 믿는 믿음의 옷을 입고 다시 오실 주님 앞에 "자기의 부끄러움을 보이지 아니하는 자"(계16:15)로 들어가야 한다.

사실상 이 나라에 들어가야 인간의 구원이 완성된다. 이 구원을 위해 주님은 오셨기 때문에 주님 오실 때부터 하나님의 나라는 시작된 것이다. 이 말은 이 세상 나라가 끝나게 되고 하나님 나라가 도래하게 되는 것을 말한다. 소위 종말적 상황이 오게 된 것을 뜻한다. 그래서 주님의 복음은 느긋하거나 안일한 설득이 아니라 다급하고 강력한 외침이었다. 성경 전체가 종말언어로 되었지만 로마의 박해 세상 속의 하나님 나라운동은 더 종말의식의 언어로 움직여졌다. 이를 모르면 몰라도 이 예수 소식을 아는 자들은 "지금 여기서" 당장 믿어 하나님 나라에 소속된 영생 자녀가 되어야 한다. 그리고 이 하나님의 자녀들은 세상에서 환난 풍파 역경 시련을 당하는 광야세상이 있을지 모르지만 저 가나안 땅 영원한 새 하늘과 새 땅에 들어간다는 희망으로 살아야 한다. 이 희망도 그냥 수동적으로 기다리기만 하는 희망이 아니라 옛 모세 시대 때 광야 이스라엘 같이 새 땅 새 질서에 맞게 살아갈 모든 준비를 하며 구름 기둥 불기둥 따라 부단히 움직였던 것과 같이 능동적으로 앞을 향해 나아가는 희망이다. 그러므로 이 희망의 근거가 되는 요한 계시록은 단순히 끝의 책이 아니라 새로운 시작의 책이다.

사람들은 착각한다. 현 세상이 경제적으로 과학적으로 자꾸 발전하면 낙원의 세상이 올 줄 안다. 그러나 이미 50년, 100년 인생을 산 사람 중에 생각이 좀 있는 사람들은 그 말이 틀린 것을 이미 알고 있다. 세상이 갈수록 편리하나 갈수록 악해지는 것을 느끼기 때문이다. 그래서 인간의 꿈과 계획과 그 실천에 의한 나라에는 소망이 없음을 잘 알게 된다. 대신에 하나님이 예수 그리스도 안에서 인간을 구원하시려는 하나님의 사랑 꿈과 계획은 계시록 예언대로 확실히 이루어진다. 이 책에 의한 하나님께만 희망이 있다.

(5) 영원한 승리와 희망을 향해

아무리 생각해도 기독교의 끝은 비극이 아니라 희극이다. 절망이 아니라 희망이다. 패배가 아니라 승리이다.

이스라엘 믿음의 조상들은 이집트에서 노예살이를 했으나 그것으로 끝나지 않고 출애굽을 했다. 홍해 건너 광야에서 죽을 고생을 했으나 요단강을 건너 가나안 땅에 들어갔다. 12지파 중에 10지파가 망하기도 하고 남은 예루살렘 유다 세력이 포로로 잡혀갔으나 결국 돌아와 메시아 예수 그리스도를 만났다.

예수 그리스도께서는 십자가에 달려 죽으셨으나 부활하셨다. 부활 승천하신 예수께서 다시 오실 것으로 계시록은 말한다. 세상과 배후에 있는 악마의 세력이 준동하나 결국 하나님에 의해 사탄과 그 세력이 끝나고 부활의 주님이 다시 오시며 믿는 자가 부활의 주님과 영원한 부활체로 영원히 주님과 더불어 사는 영원한 빛의 나라! 새 하늘과 새 땅이 도래하고 믿는 주 하나님의 자녀가 영원히 주님과 더불어 거기 산다. 그러니 절망과 비극의 시대를 살았던 예레미야가 말했듯이 결국은 우리 믿는 자에게 "미래와 희망"을 주는(렘29:11) 주 하나님을 알고 언제 어느 때든지 우리는 희망을 외쳐야 한다.

그런 뜻에서 "희망의 신학"을 말한 몰트만에게 귀를 기울여야 한다. 이 신학은 부활하신 예수 그리스도의 승천과 재림에 기대를 걸며 앞에 계신 하나님께로 기울어지는 신학이다. 과거의 신학이 "지식을 찾는 신앙"(Faith Seeking Understanding)에 강조를 두었다면 이 신학은 "지식을 찾는 희망"(Hope Seeking Understanding)에 강조를 두고 있다. 한 마디로 "지금까지의 신학이 과거가 신학적 사고와 토대의 동기와 출발점이 됐다면 이 신학은 미래가 신학적 사고의 토대와 동기와 출발점이 되는 것이다. 그것도 신앙의 관점에서가 아니고 희망의 관점에서, 좀 더 정확히 말해서 예수 그리스도의 부활에서 오는 희망의 관점에서 하나님의 계시, 그리스도, 역사, 인간, 교회, 기독인의 사명 등 신학적 모든 내용을 해명하고 … 부활의 그리스도께서 다시 오심으로 실현될 새 하늘과 새 땅을 온 인류의 역사의 참된 영원한 희망으로 제시하고, 그리스도인들은 이 희망 속에서 봉사하도록 구체적인 부르심을 받고 있음"을 강조한다.(박봉랑의 종말론적 신학, 기독교서회 p.428)

이 신학은 이런 희망의 논리로 거짓된 공산주의의 유토피아적 미래를 넘고, 동시에 자본주의 물질주의의 악을 넘어 하나님의 사랑과 정의에 입각한 새로운 희망의 출애굽교회 공동체를 일으키며 오늘의 교회가 모든 비성서적인 권력과 금력, 그 배후에 있는 악의 세력으로부터 온 인류를 탈출케 하여 저들을 새로운 미래로 나아가게 하는 희망의 혁명을 부단히 시도해야 함을 역설한다.

우리가 계시록을 읽고 성경 전체를 읽으면서 항상 희망을 말하고 희망의 일을 위해 움직이는 크리스천이 되도록 하자.

부록

01 성경의 역사

성경의 원어 : 구약은 히브리어로 신약은 희랍어로 쓰여졌다.

현재의 모양

(1) 장(章) - 구약의 장은 예부터 이스라엘 사람들이 회당에서 읽을 때 편리를 따라 구분, 신약의 장은 1200년 경 라틴어로 성경을 처음 번역한 불가타(Vulgate)역에서 보이고 1382년의 위크리프(Wyclif) 역에도 공식화 되어 있다.

(2) 절(節) - 구약의 절 구분은 이스라엘이 기독교인들의 성경을 보고 자기들도 구분, 신약의 절 구분은 1551년에 프랑스 사람 로버트 에스틴(Robert Estienne)이 시도했다.

(3) 70인역(Septuagint)

가장 오래된 구약의 희랍어 역으로 70명의 번역가를 동원해서 작업을 했기 때문에 이런 이름이 주어졌다. 주전 275-100년에 알렉산드리아에서 헬라 말을 쓰는 유대인들이 헌신했다. 아마도 주님이 읽으셨던 성경일지도 모르는 이 성경을 주후 70년경부터 기독교인 들이 쓰니까 유대인들은 이를 쓰지 않았다. 희랍 정교회는 아직도 이 말씀을 쓰고 있다.

(4) 불가타

2세기에 로마가 세상을 지배하며 처음으로 희랍어를 라틴어로 번역한 성경(405년에 Jerom이 종합 정리 완성)으로 사실상 유럽에 성경이 상륙한 것을 말하며 나중에 개혁자들에 의해서는 로마 카톨릭 성경으로 인식된 책이었다.

(5) 초기 영어성경

1380년경에 영국의 죤 위클리프(John Wycliffe)가 신약성경을 영어로 번역하고 순교당했다. 그 후 개혁자 요한 칼빈의 후계자인 베자(Theodore Beza)가 1565년경에 프랑스에서 시도했고 다시 영국에서 옥스퍼드와 케임브리지 출신인 틴데일(William Tyndale)이 1534년에 번역을 했다. 그는 사형을 당하면서 왕의 눈을 여시어 백성들이 성경을 보게 해 달라고 기도를 드렸는데 그 후 1년이 되어 틴데일의 성경이 세상에 나오게 되었다.

그 후 틴데일의 친구인 카버데일(Miles Coverdale)이 틴데일을 돕는 마음으로 구약을 번역하게 되어 완전한 영어성경이 세상에 나오게 되었다. 그 후 역시 틴데일의 친구인 토마스 매튜의 헌신으로 더욱 영어성경은 빛을 보게 되었고 영국 왕 헨리 8세의 허락으로 1538년에 큰 성경이 나오게 되었으며 스위스에서 칼빈의 처남인 위팅함(William Whitting)의 노력으로 제네바 성경이 나오게 되었다.

드디어 1604년에 영국 왕 제임스 1세(King James 1)가 등장하면서 최초의 개신교 성경이 나오게 되었으니 역사적인 1611년의 일이었다. 그리고 이 성경을 읽던 웨슬레 (John Wesley)가 100년이 넘은 뒤에 보다 더 현대어로 번역을 시도하였고(1755년), 그 뒤로 영어성경은 오늘 날까지 그 시대마다 다양한 계층과 민중들을 향해 최신언어로 번역을 지금까지 계속하고 있다.

02 로마 황제들의 탄생과 통치기간

쥴리어스 씨자(Julius Caesar)	주전 100	주전 49-44
아우구스도(Augustus)	주전 63	주전 27-주후14
티베리우스(Tiberius)	주전 42	주후 14-37
칼리구라(Gaius Caligula)	주후 12	주후 37-41
클라디우스(Claudius)	주후 10	주후 41-54
네로(Nero)	주후 37	주후 54-68
티터스(Titus)	주후 41	주후 79-81
도미티안(Domitian)	주후 51	주후 81-96
콘스탄틴(Constantine)	주후 306-337	

03 이스라엘의 하루

오전 6:00 해 뜸(막16:2) 넷째 시의 마지막

7:00 첫째 시

8:00 둘째 시

9:00 셋째 시 첫째 기도 시(행2:15)

10:00 넷째 시

11:00 다섯째 시

12:00 여섯째 시 정오(마20:5)

오후 1:00 일곱째 시 (요4:52)

2:00 여덟째 시

3:00 아홉째 시(마27:45) 기도 시(행3:1)

4:00 열째 시(요1:39)

5:00 열한째 시(마20:6)

6:00 해짐 첫 시의 시작

(하루 24시간을 6:00시를 기점으로 12로 나누며 저녁을 첫 시의 시작으로 구분. 또한 24시간을 다음과 같이 4경으로 나눔.

1경:해짐----밤9:00 2경:밤9:00---자정 3경:자정---새벽3:00 4경:새벽3:00-해뜸

1경:해뜸----낮9:00 2경:낮9:00---정오 4경:정오---오후3:00 4경:오후3:00-해짐

단3:6, 5:5 요11:9)

04 이스라엘의 카렌다와 명절

달	세계력	농사	날	축제(Festival)
Nisan(1월)	3월-4월	보리 추수	1	초하루(민10:10)
			10	유월절(Pesach) 양 선택(출12:3)
			14	유월절 양 죽임(출12:6) 유월절 시작(민28:16)
			15	무교절(Mazzoth) 첫날(민28:17)
			16	초실절(레23:10)
			21	유월절과 무교절의 끝(레23:6)
Iyyar(2)	4월-5월	곡식 추수	1	초하루(민1:18)
Sivan(3)	5월-6월	밀 추수	1	초하루
			6	오순절(Shavuoth, 초실절 후 50일째) 일곱 안식일제(레23:15-21)
Tammuz(4)	6월-7월	포도 추수	1	초하루
Ab(5)	7월-8월	무화과 추수	1	초하루
			9	성전파괴 애도의 날
Elul(6)	8월-9월	포도주 담금	1	초하루
Tishri(7)	9월-10월	쟁기질	1	초하루, 설, 트럼 절기(레23:24 민29:1-2)
			10	속죄일(Yom Kippur, 레23:26-) 금식일
			15-21	성막절(Sukkoth, 레23:33-)
Marhesvan(8)	10월-11월	파종	1	초하루
Kislev(9)	11월-12월		1	초하루
			25	성전헌당절(Hanukkah,마카비서) 8일간 빛들의 축제
Tebeth(10)		우기	1	초하루
Shebat(11)	12월-1월	겨울	1	초하루
Adar(12)	2월-3월	윤달(아몬드꽃)	1	초하루
			14-15	부림절(에9:21)

*** 3년마다(19년에 7번씩)29일을 Adar과 Nisan 사이에 더하기 하는 윤달 제도.

05 고난의 이스라엘 역사

연대는 항상 예수탄생 5년 아닌 1년으로 잡아 "주전(BC)" "주후(AD)"로 사용*

주전 931-남쪽 유다와 북쪽 이스라엘로 분열

722-북 이스라엘 앗시리아에 의해 멸망

586-남 유다 바벨론에 의해 포로

538-바벨론 포로에서 귀국(페르시아 등장)

333-알렉산더대왕의 히랍이 팔레스틴 지배

323-알렉산더대왕 후계자 프토레미가 이집트 지배자로 팔레스틴 통치

198-알렉산더대왕의 후계자 세레우시드가 시리아 지배자로 팔레스틴 통치

166-유다의 막카비 형제들에 의해 혁명, 예루살렘 성전 제사

63-씨자의 로마가 팔레스틴 점령 통치

37-로마의 파송으로 헤롯 대왕이 유대인의 왕으로 부임

5-만왕의 왕 예수 그리스도 탄생

주후 33-만왕의 왕 예수 그리스도 모든 인류를 위해 십자가에 죽으심

70-로마에 의해 완전 정복(예루살렘 성전 파괴, 유다민족분산)

06 성경과 돈

돈이 통하지 않던 시대에는 물물교환(신25:13-16)으로 살았다. 재산을 말할 때는 욥기에서 욥이 가진 동물 수나 금 은 수로 표시했다. 가나안 땅에서는 금보다 은이 통용되어 금이 점점 값지게 되었다.

"저울에 달기"라는 말에서 온 "세겔"이 이스라엘 사람들의 기본 돈이 되었다. 아브라함은 은 400 세겔로 최초로 가나안 땅의 조그만 부지를 묘지용으로 사게 되어 그 땅의 거점을 확실하게 확보하게 되었다(창23:16).

주전 600년 전에 리디아(터키)에서부터 돈 개념이 등장하였으며, 구약성경에서는 주전 445년

경 "코인(왕의 얼굴을 새긴 돈)"에 대해 언급(느7:71)이 있다.

로마 코인은 신약에서 앗사리온(마10:29), 데나리온(눅10:35)으로 표시되었고, 유대 코인은 주전 135-104년에 만들어진 구리 종류의 돈으로 "얇다"(thin)는 뜻의 "렙돈"(제일 작은 화폐 가치)으로 불려졌다. 희랍 코인은 은으로 만든 드라크마(로마의 데나리온과 같은 가치, 눅15:8-10)였다. 이러한 돈들을 팔레스타인에서는 은행도 보관 시설도 없었기 때문에 땅에 묻었다(수7:21, 마25:25). 그리고 "탈란트"는 "코인" 개념이 아닌 큰 돈과 금융 거래 셈법에서 쓰이는 말이었다.

07 성경의 상징 언어

초대교회가 로마의 박해를 피해 로마 근교의 공동묘지 밑 굴(Catacombs)에 살면서 비밀 언어를 쓴 것처럼 성경에는 무수한 말과 수가 상징으로 표현되어 있다. 예를 들어 초대교회 성도들은 "물고기"(fish)라는 희랍 말 "Ichthus"를 다음과 같은 뜻으로 써왔다.

I : Iesous .... 예수(Jesus)

Ch : Christos......... 그리스도(Christ)

Th : Theu............... 하나님의(God's)

U : Uios................. 아들(Son)

S : Soter................ 구원자(Savior)

【 언어 】

기름부음................ 능력입힘(행10:38)

재.......................... 겸손(욥42:6)

어린 양의 아내....... 교회(계21:9)

뿔.......................... 능력(렘48:25)

세마포 옷............... 의로움(계19:8)

벗음....................... 하나님의 의의 부족(계19:8, 고후5:3)

믿는 자의 몸.......... 성전(고전3:16-17)

【 손 】

우편........................ 권세 가짐(막14:62)

빈손........................ 안전한 장소(사40:12)

안수........................ 축복 직분 세움(딤전5:22)

손 씻음 .... 결백 정결(마27:24, 막7:3-4)

환도뼈 손넣음........ 진지한 서약(창47:29)

【 수(數) 】

1 .... 연합 하나(신6:4, 요17:21-23)

3 .... 삼위일체(마28:19, 벧전1:2)

6 .... 인간(창1:17, 계13:18)

7 .... 완전(레4:6, 16:29, 왕하5:10, 출25:32)

12 .... 하나님의 목적(창49:28, 마10:1)

40 .... 하나님의 능력 새 시대(창7:17, 출24:18, 신9:9, 욘3:4)

70 .... 하나님 일의 이동(창46:27, 민11:16, 렘25:11, 29:10, 눅10:1)

666 .... 짐승의 수(계13:18)

1000 .... 무한 수(시90:4, 단7:10, 벧후3:8, 계5:11)

08 성경과 음악

(1) 구약에서의 음악

1. 유발은 첫 음악인(창4:21)
2. 가족과 축제의 모임(창31:27)
3. 노동에 힘을 공급(민21:17, 사16:10, 렘48:33)
4. 음악은 전쟁과 승리의 모임(출32:17-18, 수6:4-20, 삼상18:6-7, 삿7:18-20, 11:34-35)
5. 춤은 음악적 기쁨의 표현(출15:20, 32:19, 삿11:34,21:21 삼상18:6, 21:11, 29:5, 30:16)
6. 음악은 성전 예배 찬양(대상15:16, 23:5, 25:6-7, 대하5:11-14)

7. 음악은 왕의 권위 표현(삼상16:14-23, 삼후19:35, 전2:8)
8. 기쁨과 축제의 표현(사5:12, 24:8-9, 마14:6)
9. 인간 정서의 넓은 영역 표현(시편)
10. 애통과 탄식의 표현(삼하1:17-18, 대하35:25, 마9:23)
11. 성령 은사의 부흥과 악령 추방을 위하여 사용(왕하3:15, 삼상16:14-23)
12. 나쁜 음악 경계(암6:5-6)
13. 의인의 표현(잠29:6)
14. 음악은 새로운 계약의 기쁨(렘31:7-13)

(2) 구약 시대의 악기

1. 나팔 피리 수금 삼현금 양금 생황(단3:5)
2. 비파 소고 저 수금(삼상10:5)
3. 수금과 퉁소(창4:21)
4. 소고 현악 퉁소 제금(시150:4-5)
8. 잣나무 악기 수금 비파 소고 양금 제금(삼하6:5)

(3) 신약의 음악

1. 찬미하며 고난의 감람산으로 향함(마26:30)
2. 주 예수 잉태 감격 감사의 마리아 찬양(눅1:46-56)
3. 성령의 충만함을 받아 찬양(눅1:67-79)
4. 바울이 감옥을 기도와 찬송으로 채움(행16:25)
5. 영으로 찬송하고 마음으로 찬송(고전14:15)
6. 시와 찬송과 신령한 노래들로 서로 화답(엡5:19)
7. 고난 중에 기도 즐거움 중에 찬송(약5:13)
8. 부활 때에 나팔 소리 나고(고전15:52)

【 Bibliography 】

Blaiklock, E. M. Blaicklock's Handbook to the Bible. Old Tappan, New Jersey: Fleming H. Revell Company, 1980.

Blair, Edward P. Abingdon Bible Handbook. Nashville: Abingdon Press, 1975.

Eerdman's Handbook to the Bible. David and Pat Alexander, eds. Grand Rapids: William B. Eerdman's Publishing Company, 1973.

Halley, Henry H. Halley's Bible Handbook. Grand Rapids: Zondervan Publishing House, 1965.

McKenna, David L. How to Read a Christian Book. Grand Rapids: Baker Books, 2001

Moody, D. L. Pleasure and Profit in Bible Study. Chicago: Moody Press, n.d.

Newell, William R. The Book of the Revolution. Chicago: Moody Press, 1978.

Terry Lawson. How To Study The Word. Tulsa: Faith Library Publications, 1999.

Unger, Merrill F. Unger's Bible Handbook. 1st ed. Chicago: Moody Press, 1966.

66권 책 주인공 예수 생각, 나와 세상을 살리는

성경 생각

2017년 6월 30일 초판 발행

지 은 이 | 서 재 일
펴 낸 이 | 류 선 영
표지사진 | 강 자 희
디 자 인 | 윤 일 선

펴 낸 곳 | 도서출판 선교문화사
등 록 | 1989. 4. 21 (제 2-795호)
주 소 | 서울특별시 동대문구 무학로 34길 14(용두동)
전 화 | (02) 927-2164
팩 스 | (02) 927-2165

ISBN 978-89-7822-083-5 03230
값은 표지에 있습니다.